CÉDRIC DUMONT

FRANZÖSISCH FÜR GOURMETS

KÜCHE · KELLER · MENÜS · MÄRKTE

HALLWAG VERLAG
BERN UND STUTTGART

Die beiden ersten Auflagen dieses
Taschenführers erschienen unter dem
Titel „Sprachführer für Gourmets,
Französisch–Deutsch".

Umschlagillustration: Polly Raynes
(© Mitchell Beazley Publishers, London)

Umschlag:
Robert Buchmüller

Lektorat:
Urs Aregger

Satz:
Utesch Satztechnik GmbH, Hamburg

Druck und Einband:
Franz Spiegel Buch GmbH, Ulm

Alle deutschen Rechte bei
© 1990 Hallwag AG, Bern
3., verbesserte Auflage, 1997

ISBN 3-444-70184-5

Hallwag

INHALT

GEBRAUCHSANLEITUNG

Dieser Sprachführer mit dem Titel „Französisch für Gourmets" gliedert sich in drei Teile.

Der erste Teil, „Die kulinarischen Provinzen Frankreichs", soll kurz in die Vielfalt der französischen Landschaften einführen, in ihr Wesen, ihre Geschichte, Kultur und Gastronomie. Er ist nicht eigentlich ein Reiseführer – dafür wäre zu wenig Platz gewesen –, aber doch eine Einstimmung auf das, was den entdeckungs-, eß- und trinkfreudigen Besucher in den meist historisch gewachsenen Provinzen des Landes an Verlockendem, Köstlichem erwartet.

Der Hauptteil, „Kulinaria von A bis Z", führt lexigraphisch die vielen Ausdrücke, Begriffe und Wendungen auf, denen der Reisende in den Küchen und Kellern Frankreichs begegnet, in Kochbüchern, auf Märkten und Menüs auch nicht nur dieses Landes, sind sie doch oft stehende gastronomische Begriffe geworden weit über seine Grenzen hinaus (weshalb Sie diesen Sprachführer auch in Ihre eigene Küche, in Läden und Restaurants Ihrer Umgebung mitnehmen dürften). Der Abschnitt ist streng alphabetisch angeordnet, Französisch und Deutsch in einem, wobei Funktionswörter wie *à, à la, au, aux, de, du* usw. im Alphabet nicht immer berücksichtigt wurden.

Die Aufzählung von Zutaten, die Erklärung von Zubereitungen sind nicht als Rezept zu verstehen, sondern sollen die Eigenart der betreffenden Gerichte kennzeichnen; wo eine Beitat nicht allgemein üblich oder zwingend vorgeschrieben ist, wurde sie in Klammern gesetzt. In diesem Zusammenhang sei nicht verhehlt, daß die Terminologie der französischen Küchensprache in den letzten Jahren eine Wandlung durchgemacht hat, um nicht zu sagen: verflacht ist. Hergebrachte Begriffe wie zum Beispiel *boudin*, Blut- oder Weißwurst, *paupiette*, Roulade, oder *tarte*, Kuchen aus Teig, haben eine neue, erweiterte oder sogar andere Bedeutung angenommen, und auch die Orthographie läßt immer öfter zu wünschen übrig, die *échalote*, Schalotte, wird zur *échalotte*, der Wein aus der Gegend von *Margaux* zum *Margot* – man weiß nicht, soll man darüber lächeln oder sich ärgern. In all diesen Fällen wurde hier der ursprüngliche, herkömmliche Gebrauch beibehalten.

Von den Weinen werden nur die wichtigsten möglichst knapp und praxisbezogen beschrieben. Wer mehr über sie wissen will, sei auf die umfassende einschlägige Weinliteratur nicht zuletzt des Hallwag Verlags verwiesen.

In diesen Abschnitt wurden auch regionale Ausdrücke aus anderen französischsprachigen Ländern Europas hineingenommen, aus Belgien, Luxemburg und der Westschweiz.

Der letzte Teil, „Sprachschatz und Redewendungen" samt phonetischer Umschrift nach Sachgebieten, erleichtert schließlich dem Besucher, sich in diesen Ländern verständlich zu machen und zurechtzufinden. Er wird damit zum zuverlässigen und praktischen Reisebegleiter.

Aussprache des Französischen

Im Interesse einer leichten, schnellen Lesbarkeit ist die Lautschrift möglichst einfach im deutschen Alphabet gehalten; sie kann deshalb nicht auf alle Feinheiten der französischen Aussprache eingehen, bietet jedoch Gewähr, daß sie der Französischsprechende ohne Schwierigkeit versteht.

~	Die Schlangenlinie (Tilde) über einem Vokal steht für einen Nasal:
ã	nasales a wie in Restaurant: räßtorã
ä̃	nasales ä wie in *bien*, gut: bjä̃
õ	nasales o wie in Salon: ßalõ
ö̃	nasales ö wie in Parfum: parfö̃
sch	weiches, stimmhaftes sch wie in Journal: schurnal
–	Längezeichen für gedehnte Vokale wie in Café: kafē
◡	Der Bindebogen zwischen zwei Vokalen zeigt an, daß sie ineinander übergehend ausgesprochen werden wie zum Beispiel in Pointe: po̯ä̃t
|	Senkrechter Strich für getrennte Aussprache zweier Vokale wie in real: re|al

Abkürzungen und Zeichen

a.	auch
allg.	allgemein
AO	*Appellation d'origine*, kontrollierte Herkunftsbezeichnung
ausgespr.	ausgesprochen
bes.	besonders
Dép.	*Département*, französischer Verwaltungsbezirk
Dez.	Dezember
dgl.	dergleichen
eigtl.	eigentlich
einges.	eingesalzen
evtl.	eventuell
f	weiblich (Artikel *la*)
fam.	familiär
Fettgeh.	Fettgehalt
Frankr.	Frankreich
frz.	französisch
gastr.	gastronomisch
geb.	gebacken
gebr.	gebraten
ged.	gedämpft, gedünstet
gef.	gefüllt
geh.	gehackt
gek.	gekocht
ger.	geräuchert
ges.	gesalzen
getr.	getrocknet
gleichn.	gleichnamig
gr.	groß
haupts.	hauptsächlich
hist.	historisch
i. a.	im allgemeinen
insbes.	insbesondere
ital.	italienisch
kl.	klein

m	männlich (Artikel *le*)
mdal.	mundartlich
Midi	das französische Mittelmeergebiet
N	Norden
nördl.	nördlich
NW	Nordwesten
Nov.	November
o. ä.	oder ähnliche(s)
Okt.	Oktober
pl	Plural (Artikel *les*)
reg.	regional
SO	Südosten
s. u.	siehe unten
südl.	südlich
SW	Südwesten
TR	Trinkreife
trad.	traditionell
TT	Trinktemperatur
u. a.	und andere(s), und anderswo
u. ä.	und ähnliche(s)
ugs.	umgangssprachlich
urspr.	ursprünglich
usw.	und so weiter
v. a.	vor allem
versch.	verschiedene
vorw.	vorwiegend
W	Westen
westl.	westlich
↑	Der Verweisungspfeil fordert auf, das dahinterstehende Wort nachzuschlagen, um weitere Auskunft zu erhalten.
○	Das betreffende Wort wird im Gegensatz zum Bezugsstichwort mit einem großen bzw. kleinen Anfangsbuchstaben geschrieben.
|	Ein senkrechter Trennungsstrich dient zur Angabe des gleichbleibenden Wortteils.

EINFÜHRUNG

„Man sollte übereinkommen, die französische Zunge als Sprache der Küche zu verwenden, so wie die Gelehrten das Latein für die Botanik, die Entomologie und all ihre Wissenschaften angenommen haben", stellt Honoré de Balzac in seinen „Kleinen Miseren des Ehelebens" fest. Und in der Tat, während Französisch als Diplomatensprache – der Franzose hört das nicht gern – mehr und mehr an Bedeutung verliert, ist es heute wie eh und je das Universalidiom der Gastronomie in Theorie und Praxis.

Aber wie das mit den Fachjargons so geht: Selbst wer – wie ich – einen in jedem Sinne guten Teil des Jahres in Frankreich verbringt, wer Französisch leidlich zu sprechen und verstehen meint, stößt da und dort auf Ausdrücke und Begriffe, die Rätsel aufgeben und in den meisten Wörterbüchern nicht nachzuschlagen sind, ganz abgesehen davon, daß man so einen dicken Wälzer in den seltensten Fällen mit sich trägt.

Solche Schwierigkeiten haben mich zum Verfassen dieses „Sprachführers für Gourmets" bewogen, wobei nicht verheimlicht sei, daß sich ihm darüber hinaus manches Hindernis entgegenstellte: Es gibt in Frankreich über 400 Käsesorten – „wie soll man ein Land regieren, wo es so viele Käse gibt", seufzte einst General de Gaulle –, mehr als 3000 Saucen, über 420 Zubereitungsarten für Seezunge, gegen 5000 Weine, um nur die zu nennen; da kam man um eine Auswahl nicht herum, und die mußte notgedrungen unvollständig und subjektiv bleiben, sollte das Werk nicht ins Unermeßliche anwachsen. Wir hoffen aber, die Auswahl sei so umfassend, so übersichtlich wie nur möglich und im Ergebnis doch handlich ausgefallen.

Da zu den einzelnen Stichwörtern auch Auskunft über Verwendungsmöglichkeiten, Eigenarten und regionale Besonderheiten gegeben wird (allein das Schlachtfleisch wird bekanntlich in jedem Land verschieden geschnitten und benannt), ist aus dem Sprachführer zugleich eine kleine Warenkunde und Schule für Feinschmecker geworden. Sie helfen uns, über die Gastronomie ein Stück französischer Lebenskultur kennenzulernen. Denn chinesische Küche hin, italienische Küche her, die französische Küche ist in ihrer schier unendlichen Mannigfaltigkeit bis zum heutigen Tage das

Credo des Guten Geschmacks geblieben, ein Tor zum Genuß in seiner einfachsten und auch edelsten Form.

Eines nämlich steht fest: Essen und Trinken gehören in Frankreich zur Lebensqualität, sie sind weder sture Ideologie noch pure Nahrungsaufnahme, sondern ein Teil französischer Lebensart, Lebenskunst. Ob wir auf der Vorbeifahrt in einer rustikalen Auberge haltmachen, die nach frischer Brioche und würzigen Kräutern duftet, nach hausgemachter Pastete und Pot-au-feu, ob wir am Ferienort ein Dorfbistrot aufstöbern, in dem Madame kocht und Monsieur serviert, während einem das Hündchen Minou freundlich zuwedelt, oder ob wir einen der hochgepriesenen Gourmettempel, deren Altar die chromblitzende Küche ist, mit unserm Besuch beehren (meist ist es umgekehrt, das Personal beehrt uns mit seinem Service) – eine Mahlzeit in Frankreich (zu der sogar gelegentliche Enttäuschungen gehören, denn auch dort ist die Touristenabfütterung eingezogen) offenbart mehr über das Wesen der *Douce France* als so manche aufgeplusterte Folkloreschau, als der eingelernte Drill so mancher geführten Besichtigung.

Das Schlagwort vom „Essen wie Gott in Frankreich" ist, so naheliegend es in diesem Zusammenhang wäre, zu abgedroschen, als daß man es verwenden möchte; zudem läßt sich schwer nachweisen, ob der liebe Gott tatsächlich die Speisen dieses Landes dem himmlischen Manna vorzieht. Soviel jedoch steht fest: wir sterbliche Gourmets und Gastronomaden können uns nichts Lohnenderes, nichts Schöneres wünschen als eine Fahrt durch Frankreichs Küchen und Keller, Märkte und Menüs. Bon voyage, bon appétit!

Cédric Dumont

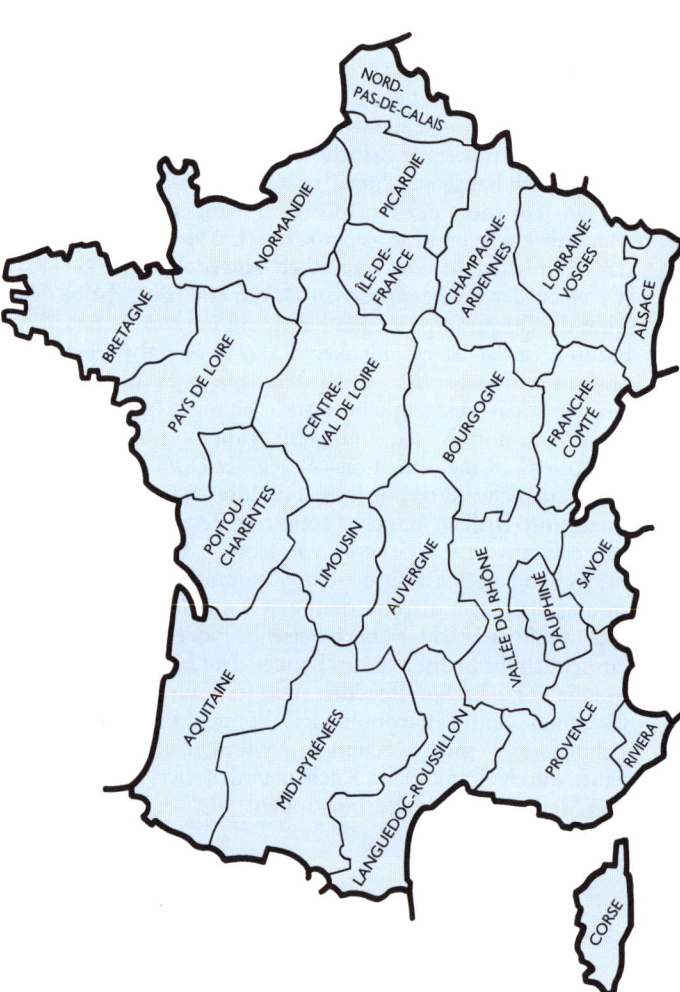

DIE KULINARISCHEN PROVINZEN FRANKREICHS

ALBIGEOIS ↑ MIDI-PYRÉNÉES

Zentrum: Strasbourg/Straßburg
Départements: Bas Rhin/Unterelsaß (Strasbourg), Haut
Rhin/Oberelsaß (Colmar)
Landschaft: Sundgau

ANGOUMOIS ↑ POITOU-CHARENTES

ANJOU ↑ PAYS DE LOIRE

Zentrum: Bordeaux
Départements: Dordogne (Périgueux), Gironde (Bor-
deaux), Landes (Mont-de-Marsan), Lot-et-Garonne
(Agen), Pyrénées-Atlantiques (Pau)
Landschaften: Béarn, Bergerac, Bordelais, Côte d'Argent,
Pays Basque/Baskenland, Périgord

ARDENNES, ARDENNEN ↑ CHAMPAGNE–
ARDENNES

ARGONNES, ARGONNEN ↑ CHAMPAGNE–
ARDENNES

ARMAGNAC ↑ MIDI–PYRÉNÉES

ÄRMELKANAL, LA MANCHE ↑ BRETAGNE,
NORD–PAS-DE-CALAIS, NORMANDIE

ARTOIS ↑ NORD–PAS-DE-CALAIS

AUNIS ↑ POITOU–CHARENTES

Zentrum: Clermont-Ferrand
Départements: Allier (Moulins), Cantal (Aurillac), Haute-
Loire (Le Puy), Puy-de-Dôme (Clermont-Ferrand)
Landschaft: Bourbonnais

BASKENLAND, PAYS BASQUE ↑ AQUITAINE

BÉARN ↑ AQUITAINE

BEAUCE ↑ ÎLE-DE-FRANCE

BEAUJOLAIS ↑ BOURGOGNE

BELFORT   ↑ FRANCHE-COMTÉ

BERGERAC   ↑ AQUITAINE

BERRY   ↑ CENTRE–VAL DE LOIRE

BIGORRE   ↑ MIDI–PYRÉNÉES

BORDEAUX, BORDELAIS   ↑ AQUITAINE

BOULONNAIS   ↑ NORD–PAS-DE-CALAIS

BOURBONNAIS   ↑ AUVERGNE

BOURGOGNE, BURGUND   SEITE 23

Zentrum: Dijon
Départements: Côte-d'Or (Dijon), Nièvre (Nevers),
Saône-et-Loire (Mâcon), Yonne (Auxerre)
Landschaften: Beaujolais, Charolais, Mâconnais, Mor-
van, Nivernais

BRAY   ↑ PICARDIE

BRESSE   ↑ VALLÉE DU RHÔNE

BRETAGNE   SEITE 26

Zentrum: Rennes
Départements: Côtes-du-Nord (Saint-Brieuc), Ille-et-
Vilaine (Rennes), Finistère (Quimper), Morbihan
(Vannes)

BRIE   ↑ ÎLE-DE-FRANCE

BUGEY   ↑ VALLÉE DU RHÔNE

BURGUND   ↑ BOURGOGNE

CAMARGUE   ↑ LANGUEDOC-ROUSSILLON

CENTRE–VAL DE LOIRE,
ZENTRUM–LOIRETAL   SEITE 28

Zentren: Orléans, Tours
Départements: Cher (Bourges), Eure-et-Loir (Chartres),
Indre (Châteauroux), Indre-et-Loir (Tours), Loiret (Or-
léans), Loir-et-Cher (Blois)
Landschaften: Berry, Forez, Orléanais, Sologne, Touraine

CÉVENNES, CEVENNEN   ↑ LANGUEDOC–
ROUSSILLON

CHAMPAGNE–ARDENNES,
CHAMPAGNE–ARDENNEN   SEITE 31

Zentrum: Reims
Départements: Ardennes (Charleville-Mézières), Aube
(Troyes), Haute-Marne (Chaumont), Marne (Châlons-
sur-Marne)
Landschaft: Argonnes/Argonnen

CHARENTES   ↑ POITOU–CHARENTES

CHAROLAIS   ↑ BOURGOGNE

CORSE, KORSIKA   SEITE 34

Zentrum: Ajaccio
Départements: Corse-du-Sud (Ajaccio)), Haute-Corse
(Bastia)

CÔTE D'ARGENT   ↑ AQUITANE

CÔTE D'AZUR   ↑ PROVENCE, RIVIERA

CÔTE D'OR   ↑ BOURGOGNE

CÔTE VERMEILLE   ↑ LANGUEDOC–ROUSSILLON

CRAU, LA   ↑ PROVENCE

DAUPHINÉ   SEITE 37

Zentrum: Grenoble
Départements: Hautes-Alpes (Gap), Isère (Grenoble)
Landschaft: Oisans

DOMBES   ↑ VALLÉE DU RHÔNE

DRÔME   ↑ VALLÉE DU RHÔNE

ELSASS   ↑ ALSACE

FLANDRE, FLANDERN   ↑ NORD–PAS-DE-CALAIS

FOIX   ↑ MIDI-PYRÉNÉES

FOREZ   ↑ CENTRE–VAL DE LOIRE

FRANCHE-COMTÉ   SEITE 39

Zentrum: Besançon
Départements: Belfort, Doubs (Besançon), Haute-Saône
(Vesoul), Jura (Lons-le-Saunier)

GASCOGNE   ↑ MIDI-PYRÉNÉES

GENFER SEE, LAC LÉMAN   ↑ SAVOIE

GÉVAUDAN   ↑ LANGUEDOC–ROUSSILLON

GEX   ↑ VALLÉE DU RHÔNE

ÎLE-DE-FRANCE   SEITE 42

Zentrum: Paris
Départements: Essonnne (Évry), Hauts-de-Seine (Nan-
terre), Seine-et-Marne (Melun), Seine-Saint-Denis (Bobi-
gny), Val-de-Marne (Créteil), Val-d'Oise (Pontoise), Ville
de Paris, Yvelines (Versailles)
Landschaften: Beauce, Brie, Valois

JURA   ↑ FRANCHE–COMTÉ

KORSIKA   ↑ CORSE

LANGUEDOC–ROUSSILLON   SEITE 46

Zentrum: Montpellier
Départements: Ardèche (Privas), Aude (Carcassonne),
Gard (Nîmes), Hérault (Montpellier), Lozère (Mende),
Pyrénées-Orientales (Perpignan)
Landschaften: Camargue, Cévennes/Cevennen, Côte Ver-
meille, Gévaudan, Vivarais

LIMOUSIN   SEITE 49

Zentrum: Limoges
Départements: Corrèze (Tulle), Creuse (Guéret), Haute-Vienne (Limoges)
Landschaft: Marche

LOIRE (Fluß) ↑ CENTRE–VAL DE LOIRE, PAYS DE LOIRE

LOIRE (Dép.) ↑ VALLÉE DU RHÔNE

LORRAINE–VOSGES,
LOTHRINGEN–VOGESEN   SEITE 51

Zentrum: Metz
Départements: Meurthe-et-Moselle (Nancy), Meuse (Bar-le-Duc), Moselle (Metz), Vosges (Épinal)

LOTHRINGEN ↑ LORRAINE

LUBERON ↑ PROVENCE

LYONNAIS ↑ VALLÉE DU RHÔNE

MÂCONNAIS ↑ BOURGOGNE

MAINE ↑ PAYS DE LOIRE

MARCHE ↑ LIMOUSIN

MIDI ↑ MIDI-PYRÉNÉES, PROVENCE, RIVIERA

MIDI-PYRÉNÉES   SEITE 54

Zentrum: Toulouse
Départements: Ariège (Foix), Aveyron (Rodez), Gers (Auch), Haute-Garonne (Toulouse), Hautes-Pyrénées (Tarbes), Lot (Cahors), Tarn (Albi), Tarn-et-Garonne (Montauban)
Landschaften: Albigeois, Armagnac, Bigorre, Foix, Gascogne, Gers, Quercy, Rouergue

MORVAN ↑ BOURGOGNE

NIVERNAIS ↑ BOURGOGNE

NORD–PAS-DE-CALAIS,
NORDEN–STRASSE VON CALAIS   SEITE 57

Zentrum: Lille
Départements: Nord (Lille), Pas-de-Calais (Arras)
Landschaften: Artois, Boulonnais, Flandre/Flandern

NORMANDIE   SEITE 59

Zentren: Caen, Rouen
Départements: Calvados (Caen), Eure (Évreux), Manche (Saint-Lô), Orne (Alençon), Seine-Maritime (Rouen)
Landschaft: Perche

OISANS ↑ DAUPHINÉ

ORLÉANAIS ↑ CENTRE–VAL DE LOIRE

PARIS ↑ ÎLE-DE-FRANCE

PAS-DE-CALAIS ↑ NORD–PAS-DE-CALAIS

PAYS BASQUE, BASKENLAND ↑ AQUITAINE

PAYS DE LOIRE, LAND DER LOIRE   SEITE 63

Zentrum: Nantes
Départements: Loire-Atlantique (Nantes), Maine-et-Loire (Angers), Mayenne (Laval), Sarthe (Le Mans), Vendée (La Roche-sur-Yon)
Landschaften: Anjou, Maine

PERCHE ↑ NORMANDIE

PÉRIGORD ↑ AQUITAINE

PICARDIE, PIKARDIE   SEITE 65

Zentrum: Amiens
Départements: Aisne (Laon), Oise (Beauvais), Somme (Amiens)
Landschaft: Bray

POITOU-CHARENTES   SEITE 67

Zentrum: Poitiers
Départements: Charente (Angoulême), Charente-Maritime (La Rochelle), Deux-Sèvres (Niort), Vienne (Poitiers)
Landschaften: Angoumois, Aunis, Saintonge

PROVENCE   SEITE 70

Zentrum: Marseille
Départements: Alpes-de-Haute-Provence (Digne), Bouches-du-Rhône (Marseille), Var (Toulon), Vaucluse (Avignon)
Landschaften: La Crau, Luberon

PYRÉNÉES, PYRENÄEN ↑ AQUITAINE, LANGUE-DOC-ROUSSILLON, MIDI-PYRÉNÉES

QUERCY ↑ MIDI-PYRÉNÉES

RHÔNE (Fluß) ↑ LANGUEDOC–ROUSSILLON, PROVENCE, SAVOIE, VALLÉE DU RHÔNE

RHÔNE (Dép.) ↑ VALLÉE DU RHÔNE

RIVIERA   SEITE 74

Zentrum: Nice/Nizza
Département: Alpes-Maritimes
Landschaft: Valbonne

ROUERGUE ↑ MIDI-PYRÉNÉES

SAINTONGE ↑ POITOU-CHARENTES

SAVOIE, SAVOYEN   SEITE 77

Zentrum: Chambéry
Départements: Haute-Savoie (Annecy), Savoie (Chambéry)

Landschaften: Genfer See/Lac Léman, Tarentaise, Trois-Vallées

SOLOGNE ↑ CENTRE–VAL DE LOIRE

SUD-OUEST, SÜDWESTFRANKREICH ↑ AQUI-TAINE, MIDI-PYRÉNÉES

SUNDGAU ↑ ALSACE

TARENTAISE ↑ SAVOIE

TOURAINE ↑ CENTRE–VAL DE LOIRE

TRICASTIN ↑ VALLÉE DU RHÔNE

TROIS-VALLÉES ↑ SAVOIE

VALBONNE ↑ RIVIERA

VAL DE LOIRE, LOIRETAL ↑ CENTRE–VAL DE LOIRE

VALLÉE DU RHÔNE, RHÔNETAL   SEITE 79
Zentrum: Lyon
Départements: Ain (Bourg-en-Bresse), Drôme (Valence), Loire (Saint-Étienne), Rhône (Lyon)
Landschaften: Bresse, Bugey, Dombes, Gex, Lyonnais, Tricastin

VALOIS ↑ ÎLE-DE-FRANCE

VIVARAIS ↑ LANGUEDOC-ROUSSILLON

VOSGES,VOGESEN ↑ LORRAINE-VOSGES

Es trifft sich gut, daß unsere „Tour de France gastronomique" mit dem Elsaß beginnt, denn es ist zum einen Frankreichs östlichste Provinz, die „Provence allemande" König Ludwigs XIV. und als solche so alemannisch wie französisch, zum andern kulinarisch ein Land der deftigen Eßlust wie der raffinierten Feinschmeckerei.

Solcher Dualismus prägt das Elsaß bis hin zu seinem Boden zwischen den natürlichen Grenzen des Vogesengebirges im Westen und des Rheins im Osten; dazwischen bergwärts das waldige Hügelland mit seinen Bergweiden und Schluchten, Mooren und Seen, mit vorzeitlichen Opfersteinen, Burgen, einsamen Gehöften und Melkereien, flußwärts die fruchtbare Tiefebene mit ihren saftigen Wiesen, Gemüse- und Obstgärten, Wingerten, der „gemeinsame Garten, worin deutscher und französischer Geist ungehindert verkehren" (Schickelé). Darin als beschauliche Tupfen Marktflecken mit spitzgiebeligen Fachwerkhäusern, gastlichen Herbergen, „Winstuben" und alterhaltene Städte wie Straßburg und Colmar, steinerne Monumente der europäischen Historie.

Eine Kulturlandschaft voller Geschichte und Geschichten, von denen das „Elsasserditsch" kündet, dessen „Schatz an lustigen und hintersinnigen Ausdrücken Vertrautheit schafft von Mensch zu Mensch" (Giraudoux) und das heute noch in den Küchen des Elsaß „gebabbelt" wird – ein Zeichen, daß auch sie volkstümlich sind und exquisit zugleich.

Das *Schiefela,* die geräucherte Schweinebrust, ist nur eines der vielen Stücke dieses nützlichen Tiers, dieser „veritablen Mahlzeit auf Pfoten" (Grimod de la Reynière), die als *charcuterie,* als Schinken, Würste, Würstchen zusammen mit Terrinen und Pasteten den Ruhm der Elsässer Küche ausmachen. Ihre Krönung ist die *choucroute garnie,* eine schlemmerische Schlachtplatte auf Sauerkraut. Anderes Fleisch kommt als *Baeckeoffa,* nahrhafter Eintopf aus dem Bäckerofen, auf den Tisch, und auch die Gans ist ein geschätztes Haustier, schon wegen ihrer Leber, der weltberühmten *foie gras.*

Wie schon die „Route de la carpe frite" im Sundgau verrät, die „Straße des gebackenen Karpfens",

schwimmt dieser Fisch nebst Aal, Forelle und Zander
in vielen Teichen und Flüßchen; Geflügel und Wild aus
Zucht und freier Bahn ergänzen das üppige Angebot
(einst auch die heute meist importierten Froschschenkel und Weinbergschnecken).
Neben Weißkohl, Rotkohl und Kohlrabi werden besonders Zwiebeln angebaut, die man gern als *Zewelewai*, Zwiebelwähe, oder *Flammeküeche* auf Brotteig
genießt. Ob man weiterhin während der Saison frische
Spargeln bekommt, hängt davon ab, ob sich der Raub-
bau der vergangenen Jahre eindämmen läßt. Kartoffeln
hingegen wird es noch lange und reichlich geben, sie
werden zu *Pflütten*, Klößen, verarbeitet. Der alemanni-
sche Einfluß macht sich auch bei den Teigwaren bemerkbar, die als *Knepfles*, Knöpfle, *noques*, Nocken,
oder *Spätzle* manches Gericht begleiten.
Von den Hügelhöhen kommt der mildherbe *Munster*-
Käse, aus der Ebene saftiges Obst, das leckere Kuchen
ziert oder zu klaren Wässern, den berühmten *eaux-de-
vie blanches,* destilliert wird – ausdrücklich seien jene
besonderen aus wilden Beeren und Früchten empfohlen, Elsbeere, *alisier*, Hagebutte, *églantine*, Holunder,
sureau, Schlehe, *prunelle*, von der braven Tanne, *sapin*, bis zur kostbaren Stechpalme, *houx*. Sie alle sind,
zusammen mit dem traditionellen *Kougelhof*, dem
auch anderwärts beliebten Gugelhupf, und manch wei-
terem althergebrachten Gebäck der vollendete Abschluß eines Elsässer Mahls.
Dazu trinkt der Elsässer seinen würzig-feinen, meist
weißen Wein, den einzigen Franzosenwein, der als
Herkunftsbezeichnung auf dem Etikett nicht Anbaugebiet oder Lage trägt, sondern unter dem Sammelbegriff
Alsace, Vin d'Alsace, Alsace Grand Cru die Rebsorte.
Manchmal bringt allerdings ein berühmter Produzen-
tenname das Qualität-Preis-Verhältnis etwas aus der
Balance, aber da die meisten Rebberge noch in altem
Familienbesitz sind, geht man selten fehl, wenn man
sich aus der unverwechselbaren *flûte*, der schlanken
Schlegelflasche, einen Wein des Hauses oder aus der
Gegend ins ebenso typische Glas mit grünem Stiel ein-
schenken läßt. Nicht vergessen sei, daß im Elsaß viel
Hopfen angebaut und daraus ein ausgezeichnetes Bier
gebraut wird, über 40 % der gesamten französischen
Produktion.
Der elsässische Wein macht hungrig, das Elsässer Es-
sen macht durstig – wer ins Elsaß kommt, steigt in
einen köstlichen Kreislauf der Tafelfreuden ein, denn

immer noch ist es, wie es einst Goethe beschrieb (auch ein Frankreich-Buch kommt anscheinend nicht um ihn herum!), „gastfrei und so gern Küche und Keller als Gärten und Weinberge, ja die ganze Gegend aufschließend."

AQUITAINE – AQUITANIEN

Aquitanien heißt „Reich der Gewässer", und es sind in der Tat die zahllosen Bäche, Flüsse, Teiche, Sümpfe, die diese Landschaft im Südwesten – „einen Mikrokosmos Frankreichs" nannte sie Chastenet – wie ein Mosaik zerteilen und zusammenhalten. Aquitanien, das klingt aber noch nach uralter Mär, nach dem Dunkel der Zeit, und wer vom Innern Frankreichs in die Dordogne kommt, die östliche Provinz der Region, der stößt dort neben allen Schlössern und Burgen auch auf Höhlen mit steinzeitlichen Wandmalereien – atemberaubend, 15 000 Jahre alte Menschheitsgeschichte vor Augen! Und daß viele dieser *abris,* Felsunterschlüpfe, bis in unsere Tage besiedelt blieben, macht die Funde zu einer eindrücklichen Erfahrung historischer Kontinuität.

Solche Beständigkeit waltet auch an den Herden dieses Landstrichs, einer „Küche ohne Butter und Tadel" (Curnonsky): Heute noch wird dort wie eh nach alten Rezepten mit Schweine- oder Gänseschmalz gekocht. Und ihren kulinarischen Ruf verdanken Périgord und Quercy wohl eher ihren natürlichen Ressourcen als ausgesuchter Kochkunst. Zwiebeln, Tomaten und Gewürze vereinen sich zum drallen *tourin,* Schwein, Gans und Ente werden als *confit* im eigenen Fett konserviert und *cèpes,* saftige Steinpilze, werden über Holzkohlenglut in Walnußöl gedünstet. Die unumstritten kostbarsten (in jedem Sinne) Edelprodukte sind jedoch die Trüffeln, *truffes,* die „schwarzen Diamanten", die ich am liebsten ganz gekocht wie Radieschen abbeiße, und die *foies gras,* Stopflebern von Enten und Gänsen, ebenfalls am besten *entier,* am Stück. Bleibt nach solch opulenten Genüssen noch Platz im Magen, schließe man mit einem *cabécou* oder *rocamadour,* mildherben Schaf- oder Ziegenkäsen, mit einem *pescajoun,* Obstpfannkuchen, oder sonst einem Nachtisch aus den allgegenwärtigen Walnüssen, die neben dem famosen Zwetschgenwasser *vieille prune* auch den Verdauungsschnaps liefern, die *eau-de-noix* (besonders exquisit die beiden gemischt als *mesclou*).

Der Weinfreund entdeckt in dieser Gegend den schwarzdunklen *Cahors,* Liebling der Zaren einst und Popen, den *Bergerac, Pécharmant* oder gar, besonders zur *foie gras,* den samtsüßen *Monbazillac.* Nebst einigen weiteren ehrlichen Landweinen können sie es allesamt mit manch berühmteren Kreszenzen aufnehmen.

Dazu gehören vornehmlich jene aus dem benachbarten Bordelais, die Bordeauxweine. An der weiten Trichtermündung der Gironde, der „Schönen", in den Atlantik liegt das wohl größte Weinbaugebiet der Erde, das fast die Hälfte aller großen Rotweine erzeugt. (Wobei nicht vergessen sei, daß es dort auch ganz hervorragende Weiße gibt, seien sie trocken wie die *Graves* oder süß wie die *Sauternes* oder gar der unübertreffliche *Château d'Yquem*). Es würde in diesem Rahmen zu weit führen, die zahllosen erwähnens- und trinkwerten Schloßweine und Bürgergewächse auch nur aufzulisten – der Interessierte kann in der umfassenden Literatur darüber nachlesen –, aber allein schon die Erwähnung der wichtigsten Anbaugebiete läßt das Herz des Kenners höher schlagen: das *Médoc* an der Spitze mit den berühmtesten Rotweinen der Welt, *Graves* sodann, *Saint-Émilion, Pomerol, Fronsac, Bourgeais* und *Blayais.*

„Nehmt Versailles und fügt Antwerpen hinzu, dann habt ihr Bordeaux", rief Victor Hugo begeistert über diese Binnenstadt am Meer aus mit ihren klassizistischen Palais und Comptoirs aus dem Goldenen Zeitalter, in der eine Art hansischer Geist weht und aus der so helle Köpfe wie Montaigne und Montesquieu, Anouilh und Mauriac herkamen.

Kulinarisch wetteifert Bordeaux mit Lyon, aber – ich wage die ketzerische Behauptung – eine eigentliche Bordelaiser Küche gibt es nicht. Es sei denn, man nehme die *sauce bordelaise* für ihre Essenz, eine Rotweinsauce mit Mark, Schalotten und Kräutern. Ansonsten herrscht dort die darin dem Lyonnais tatsächlich verwandte rustikal-raffinierte, mannigfaltige Kost des ganzen umliegenden Aquitanien vor.

Dazu zählen Fische und Schaltiere aus Fluß, Strandsee, *étang,* und Meer wie Hecht und Aal, Alse, *alose,* und Neunauge, *lamproie,* sowie deliziöse Austern aus der Bucht von Arcachon, die man am Ort gern mit würzigen Würstchen ißt, was seltsamer klingt als schmeckt. Weiter hinten in den Landes hat die Jagd auf Ringeltauben, *palombes,* Ammern, *ortolans,* und Wandervögel, *bec-figues,* (leider) immer noch ihre Anhänger.

Je weiter man den längsten Sandstrand Europas hinunterkommt, bis zur Biskaya, desto südlicher wird das Gepräge. Im Vorland der Pyrenäen spürt man, daß Spanien nah ist – und doch so fern. „Hier will niemand erlöst werden", hat schon Kurt Tucholsky festgestellt, „weil niemand sich unterdrückt fühlt." Immer noch hält man die stolzen Bräuche der Väter und derer Väter hoch, zum Basken gehört stetsfort die nach ihm benannte Filzmütze wie das kraftvolle Ballspiel *pelote* als Zeichen trotzigen Unabhängigkeitswillens.

Das Département Pyrénées-Atlantiques liegt zwischen Frankreich und Spanien, zwischen Meer und Berg, und das sind auch die Komponenten des kulinarischen Angebots seiner Landschaften Baskenland und Béarn. Der *ttoro* (ausgesprochen „tioro") ist ihre Fischsuppe, die *pibales,* Glasaale, und *chipirons,* Tintenschnecken, werden in Öl fritiert, und der Salm aus dem Gave d'Oloron gehört zu den besten Frankreichs. Die Atlantischen Pyrenäen sind das Land der grünen oder roten, milden oder scharfen Paprikaschoten. Zusammen mit Tomaten und Zwiebeln, Knoblauch und Kräutern wandern sie in die pikante *piperade;* mit ihnen wird der auf besondere Art gesalzene *Bayonne*-Schinken abgerieben, der nach Ansicht der Einheimischen am besten ist, wenn sich „die Würmer an den Knochen machen".

Die alte iberische Baskensprache gibt Gerichten wie *elzekaria,* einer Bohnen-, Kohl- und Zwiebelsuppe, *tripotcha,* einer Wurst aus Innereien, und dem Rindsoder Kalbsragout *hachua* fremdklingende Namen, während die *garbure,* eine deftig-dicke Suppe, in der der Löffel steckenbleibt, und das Geflügelragout *alicot* dem Franzosen leichter von der Zunge geht.

In der Hauptstadt Pau wurde König Henri Quatre geboren, der jedem Untertanen sonntags sein Huhn im Topf wünschte und – mit edelsüßem *Jurançon*-Wein getauft wurde. Daneben sorgen so herzhaft kräftige Weine wie *Irouléguy, Madiran* und *Pacherenc-du-Vic-Bilh* dafür, daß man auch in dieser südlichsten Provinz Aquitaniens nicht durstig vom Tisch aufsteht.

AUVERGNE

Diese Vulkanlandschaft inmitten des Zentralmassivs gilt manchen Franzosen und Touristen als ein Stück Erde, das außer ein paar Mineralquellen und Blicken in geschützte Senken oder vom hohen Berg nicht viel hergibt. Wir wollen das nicht bedauern, denn so können wir dies „Land unter offenem Himmel" (Pourrat) ungehindert durchstreifen, seine gehegten Felder, lauschigen Flußauen und anmutigen Ortschaften mit ihren romantischen Kirchtürmen, ehe es vom Bourbonnais, dem Stammland des Hauses Bourbon, bergwärts geht. Fixpunkte sind das winklige Clermont-Ferrand mit seinen schwarzen Häusern aus Lavagestein, das berühmte Thermalbad Vichy und die malerisch auf einem Hügel gelegene Spitzenstadt Le Puy.

So natürlich wie dieser Landstrich, so bodenständig wie seine Bewohner ist auch die Küche der Auvergne. Landwirtschaft und Viehzucht sorgen für gutes Fleisch, Gemüse und Obst, in den Bächen und Flüssen schwimmen muntere Fische, in den dichten Wäldern sammelt man Kastanien und Pilze.

Überall in den Bauernküchen Frankreichs brodeln verführerisch nahrhafte Eintöpfe, und auch die Auvergne ist ein Suppenland. Von ihrer *potée* gibt es, sagt man, zweierlei Arten: eine gute und eine bessere; in sie gehören Schweinefleisch, Würste, Kohl, Karotten und weiße Rübchen. Eine reichere Variante ist, trotz ihres simplen Namens, die *soupe aux choux* – da kommen gefülltes Huhn, Kalbshachse und Rindskotelett hinzu. Sie muß vier bis fünf Stunden auf Holzkohle schmoren; der Duft, der dabei durch die ländliche Stube streicht, ist unbeschreiblich. Auch weitere Eintöpfe wie *mourtayrol* oder *cousinat* haben es im wahrsten Sinne in sich.

Aus den Flußfischen werden würzige *matelotes* bereitet, Anglergerichte, während Schwein und Rind, Kalb und Lamm, deren Brüste man als *falettes* füllt, die Fleischeslust stillen. Von den fruchtbaren Feldern kommt herrliches Gemüse, wobei die Linsen *du Puy* besonders hervorzuheben sind, die im *estouffat* mit Rebhuhn ausgezeichnet schmecken, und die Karotten, deren mancherlei Zubereitung Vichy seinen Namen gab. In den Gärten werden Äpfel, Birnen, Aprikosen, Pfirsiche und anderes Obst gezogen, um sie zum Nachtisch als *flaugnardes* oder *millards* im Teig zu überbacken oder aus

ihnen Konfitüren und die beliebten Fruchtpasten her-
zustellen.

Von den kräuterreichen Almen der Berge kommen
Käse mit Weltruf: kräftige *bleus,* Blauschimmelkäse,
der mildere *cantal,* den schon Plinius lobte und der sich
mit Kartoffeln zu schmackhaften *aligots* und *truffades*
verbindet, der nussige *saint-nectaire,* verschiedene Ziegenkäse und andere mehr.

Man sitzt lange bei Tisch in der Auvergne von der
Suppe bis zum Käse, und das will begossen werden.
Dies ist zwar keine eigentliche Weingegend, aber die
einfachen, frischen *Côtes-d'Auvergne,* dem Beaujolais
nicht unähnlich, passen gut zu den rustikalen Genüssen, auf die man zum Schluß einen *marc,* Trester-
brannt, oder Kräuterlikör, die *verveine du Velay,* setzt.

BOURGOGNE – BURGUND

Im Ständesaal des alten Herzogspalasts in Dijon ist ein
Wandgemälde zu sehen, „Les Gloires de la Bourgogne", auf dem einige fünfzig bedeutende Söhne dieser Landschaft abgebildet sind, in ihrer Mitte, sie be-
schützend und anspornend, die Symbolgestalt Frankreichs. Und in der Tat, das Burgund, Drehscheibe zwischen Atlantik, Alpen und Mittelmeer, ist die wohl
französischste aller Provinzen dieses Landes, mehr historisch als geographisch zusammengewachsen. Seit
den Zeiten der Großen Herzöge aus dem Hause Valois
im Mittelalter, ja schon des Keltenfürsten Vercingeto-
rix, dem Gegner Cäsars im Gallischen Krieg Jahrhunderte zuvor, wurde auf den umliegenden Getreidefel-
dern wechselweise gekämpft und geerntet.

Solch bewegte Geschichte brachte im Burgund auch
immer wieder Männer hervor, die von missionari-
schem Geist erfüllt waren, vom heiligen Bernhard von
Clairvaux, Ritter und Kreuzzugprediger, über den
Kanzelredner Bossuet bis zum Friedenskämpfer Ro-
main Rolland noch in unseren Tagen. „Ich genieße den
Frieden der weiten und heiteren Fluren", besang der
seine Heimat, „die sanften Wellen der blauen Hügel,
die klaren Flüsse, die sich zwischen Pappelreihen durch
die Wiesen schlängeln, und die Juwelen der Architektur, die das Land jenen Jahrhunderten verdankt, da das
erhabene Rom und das alte Frankreich hier herrsch-

ten." Auf Schritt und Tritt kann man hier, „wie aus vielen Jahrhunderten herauf, tief Atem holen" (Rombach).

Ein Erbe der „Großen Herzöge des Abendlands" hat alle Wirrsale überdauert: Zum Prunk an ihren Höfen gehörten auch gutes Essen und kräftiges Trinken, und seither blieb das Burgund Ziel aller Freunde nicht nur romanischer Kunst und Kultur, sondern auch der hohen Gastronomie – wenn je das Wort vom „Leben wie Gott in Frankreich" galt, so hier.

Nach den Hunderten von Abteien, Kirchen, Landschlössern und verschlafenen Städten kann man sich in ebenso vielen Gaststätten erholen, wo eine überlieferte, so urwüchsige wie raffinierte Kochkunst hochgehalten wird, zu der das reiche Land seine Schätze beisteuert: das Charolais das saftig-zarte Fleisch seiner falbweißen Rinder, das ruhmreiche Nivernais wohlgenährte Schweine und Lämmer, die Bresse schmackhaftes Freilandgeflügel, die Saône ihre Flußfische, das wald- und wasserreiche Hochland Morvan seinen luftgetrockneten Schinken und Wildbret, die Teiche der alten Grafschaft Dombes Frösche und Krebse, und das Auxois seine frischen Gemüse, Karotten und Karden, Spargeln, Rosenkohl und Zwiebeln; nicht vergessen seien die vielen würzigen Käse von Kuh und Ziege, an ihrer Spitze der in Weißwein und jungem Tresterschnaps gebadete *époisses*. Aus ihnen allen werden Gerichte zubereitet, die etwas von der Üppigkeit flämischer Kunst haben, wie sie unter der Herrschaft Burgunds blühte, und die heute zur großen französischen Küche gehören: die pikanten Käseküchlein *gougères* als Vorspeise oder zur Weinprobe, *matelotes* und *pochouses,* Ragouts aus Süßwasserfischen, *quenelles* und *suprêmes de brochet,* Klößchen und Pasteten vom Hecht, *escargots,* Schnecken in Weißwein, der klassische *bœuf bourguignon,* in Rotwein mit Zwiebeln und Kräutern geschmortes Rindfleisch, der ebenfalls zu Recht berühmte *coq au vin,* Hähnchen in Burgunder, der *saupiquet,* Schinken in Rotwein-Rahm-Sauce, und was der Köstlichkeiten mehr sind; abschließen kann man so ein königliches Mahl mit einem fetten Krapfen, *bugne,* einem herzhaften Apfelkuchen, *flamusse,* oder aber dem edlen Tresterbrand *marc de Bourgogne.*

Der aufmerksame Leser wird es schon gemerkt haben: Die meisten Gerichte werden mit (gutem) Wein gekocht, und man kann diese Landschaft wie eine der vorangegangenen auch nicht von ihren Reben trennen

– was für Bordeaux die *sauce bordelaise,* ist für sie die *meurette,* eine Zubereitungsart mit Rotwein, Speck, Schalotten und Zwiebeln – kondensierte burgundische Eß- und Lebenslust.

So ist wohl die beste Art, dies Burgund kennenzulernen, seine Weinberge auf den kleinen Landstraßen und Wegen zu durchwandern, die an ihnen entlang oder, besser noch, in sie hinein führen, im nördlichsten Teil um das Städtchen *Chablis,* das einem der großen Weißweine der Welt seinen Namen gegeben hat, in der Hügelkette der sagenhaften *Côte-d'Or* sodann, der „Goldküste", deren jeder kostbare Quadratmeter einen berühmten Namen trägt – sie alle hier aufzuzählen, vom *Aloxe-Corton* bis zum *Vougeot,* dessen Schloß zugleich Sitz der angesehenen Weinbruderschaft der *Chevaliers du Tastevin* ist, würde allein schon diesen Abschnitt füllen; weiter südlich dann die *Côte Chalonnaise* um *Mercurey* herum und das *Mâconnais,* auch sie wahre Schatzkammern allbekannter Weine, wobei hier mit der landläufigen Meinung aufgeräumt sei, sie müßten alle einen großen Namen haben. Es lohnt sich immer noch, abseits von den mit schreierischen Plakatwänden verbarrikadierten Touristenstraßen bei qualitätsbewußten Winzern und Händlern nach Entdeckungen zu fahnden, die nach dem Wort der Schriftstellerin Colette, ebenfalls einer Tochter dieses Landstrichs, „ein Saft von vollendeten Proportionen" sind, „Samt und Flamme".

Auf solchen Streifzügen wird man sich Abstecher in die Weinmetropolen am Wege nicht entgehen lassen, nach Mâcon zum Beispiel nahe der ehrwürdigen, heute leider arg vernachlässigten Benediktinerabtei Cluny, oder, vor allem, nach Beaune mit seinen altertümlichen, winkeligen Fachwerkhäusern, in dessen Hôtel-Dieu, „Spittel des lieben Gottes", immer noch Barmherzige Schwestern dienen und alljährlich eine vielbesuchte, vielbeachtete Weinauktion stattfindet.

Die Hauptstadt Dijon ist, versteht sich, ebenfalls ein bedeutendes Weinzentrum. Daß von daher aber auch zwei kulinarische Besonderheiten kommen, verdient erwähnt zu werden: die *moutarde de Dijon,* Frankreichs bekanntester Senf, recht scharf und würzig aus gemahlenen schwarzen Körnern und Traubenmost, wie auch ein aromatisch dunkler Likör aus schwarzen Johannisbeeren, *crème de cassis,* den der Domherr und ehemalige Bürgermeister der Stadt Félix Kir, ein Fingerbreit davon in trockenem Weißwein, seinen Gästen anzubieten pflegte; er hat das erfrischende Getränk nicht erfunden, aber seinen Namen damit zu einem Weltbegriff gemacht.

Eine Ecke im Burgund fehlt noch: *Der* Beaujolais ist mittlerweile allgemein bekannt, aber nicht jeder weiß, daß *das* Beaujolais zum Burgund gehört als südlichste Region der Provinz zwischen Mâcon und Lyon, so heiter und liebenswert wie seine Weine. Der alle Jahre ab Mitte November wiederkehrende Rummel um den *Beaujolais primeur,* den jungen, um nicht zu sagen: frühreifen Beaujolais, mag einem im wahrsten Sinne auf den Magen schlagen, aber es ist nicht zu leugnen, daß dieser Wein, besonders in seinen besseren, länger haltbaren Ortslagen, ein charmanter Tischgenosse ist, ein echter Franzose. Und ihn zu trinken gibt es laut einer Inschrift in Savigny-lès-Beaune genug Gründe: „Die Ankunft eines Gastes / den gegenwärtigen Durst / den zukünftigen Durst / die Güte des Weines und / alle Gründe, die einem sonst in den Sinn kommen."

BRETAGNE

Einem steinernen Schiffsbug gleich schiebt sich diese größte Halbinsel Frankreichs zwischen Atlantik und Ärmelkanal ins Meer, „hinter sich", vermerkt der Dichter und Besucher Flaubert in seinem Reisetagebuch, „ganz Europa, ganz Asien" – und, um im Bilde zu bleiben, das Mutterland, denn für alle echten Bretonen, einen eigenwilligen keltischen Menschenschlag, liegt ihr Land nicht in, sondern neben Frankreich. Erst kürzlich las ich in einer Biographie des noch lebenden Schriftstellers Youenn Olier, er sei in seiner Jugend aus Breizh, wie die Bretagne in der bretonischen Sprache heißt, nach Frankreich emigriert...

Solch souveräner Stolz entspringt dem Bewußtsein einer langen, großen Vergangenheit dieses Landes am Meer Armorika. Deren Zeugen sind heute noch zu sehen: bei Carnac zum Beispiel Überreste geheimnisvoller Megalithmale aus der Jungsteinzeit, Menhire, Hünensteine und Dolmen, Steinkammern, denen nach der Christianisierung Jahrtausende später ebenfalls sehenswerte, ebenfalls steinerne Kalvarienberge folgten inmitten von Pfarrhöfen mit Kirchen und Beinhaus. Zusammen mit den geduckten Katen aus Granitbruch inmitten weiter Heckenlandschaft erwecken sie den Eindruck, hier sei die Zeit stehengeblieben.

Verändert aber hat sich die Küste selbst: Wohl stehen noch die schroffen Felsklippen, denen die Tide ein bald herausforderndes, bald melancholisches Antlitz verleiht – eine Schwermut, wie sie auch das Werk des sakralen Romantikers Chateaubriand prägte, dessen Wiege in einer der vielen Inselstädte der Bretagne stand, in Saint-Malo. (Ob wir das Rinderfilet seines Namens tatsächlich ihm oder seinem Koch verdanken, ist nicht zweifelsfrei erwiesen.) Dazwischen jedoch, neben den alten Hafenstädtchen, wo immer noch Fischfang und Fischhandel getrieben werden, sind reizvolle Badeorte entstanden mit langen Stränden von feinem Sand – alle ein Schlemmerparadies für frische Meerfische (aus denen man natürlich auch eine traditionelle Suppe macht, die *cotriade*) und, vor allem, köstliche Meeresfrüchte, von den Muscheln, *moules, palourdes, coques,* den Seeigeln, *oursins,* und was uns die See sonst noch alles für Gaben beschert, bis hin zu den berühmten Austern, *huîtres, belons,* – mit kräftigem Roggenbrot, *pain de seigle,* und der bretonischen Salzbutter, *beurre salée,* ist so ein opulenter *plat de fruits de mer* ein barockes (Fr)Eßvergnügen, das von Taschenkrebsen, *tourteaux,* Hummern, *homards,* und Langusten, *langoustes,* gekrönt wird.

Die Bretagne hat aber nicht nur ein granitenes Gesicht. Schon an der grünen Smaragdküste, der *Côte d'Émeraude,* in der Südregion Morbihan läßt der milde Golfstrom Oleander, Kamelien, Mimosen, ja Feigen blühen. Im Innern dann, im Argoat, dem Land der Wälder, haben diese neben der kargen Heide, auf der man sich die beiden zur Zeit wohl bekanntesten Bretonen, die Comic-Raufbolde Asterix und Obelix, vorstellen könnte, ausgedehnten Ackerbau- und Weideflächen Platz gemacht. Es ist nicht allgemein bekannt, daß die Bretagne eines der führenden Landwirtschaftsgebiete Frankreichs ist, der größte Lieferant von Schweinefleisch, und daß dort, von Heimkehrern aus Kanada mitgebracht, Kartoffeln angepflanzt wurden, bevor sie Parmentier im übrigen Land bekannt machte. Hingegen weiß in Frankreich jedermann, daß von den salzigen Marschweiden der Bretagne herz- und schmackhafte Lämmer kommen, die *pré-salés,* und fleischige Artischocken, die *camus.* Der widerstandsfähige Buchweizen, *sarrasin,* oder auch sonst Weizen, *froment,* liefern Mehl für die bretonischen Nationalgerichte *crêpes* und *galettes,* einst alltägliche Bauernkost, in die man, wenn es hoch herging, Schweinswürste hüllte; heute werden sie in *crêperies* inner- und außerhalb der Bretagne mit kunstfertigem Geschick auf vielerlei Art zubereitet. Der kulinarischen Phantasie sind dabei keine Grenzen gesteckt: sie können salzig sein oder süß, mit Pilzen, Schinken, Käse oder mit Marmelade, Apfelmus, Schokolade und anderen Geschmacksbereicherungen. Das gleiche Getreide wird zu *fars,* Fladen verarbeitet, am liebsten zum *far breton* mit Backpflaumen. Dazu trinkt man eine Schale Apfelwein, *une bolée de cidre,* denn mit den Weinen ist es in dieser Provinz nicht weit her, es sei denn, man zähle den *Muscadet* und *Gros-Plant* aus der Gegend um das benachbarte Nantes dazu, das für die Bretonen ohnehin noch zu ihrem Land gehört.

Nach einem *mic,* einem Kaffee mit Schnaps, oder einem *chouchen,* einer Art Honigmet, ziehen sich die trink- und bibelfesten Bauern und Fischer zum Kartenspiel ins Bistrot zurück, die Frauen in ihren schneeweißen Röhrenhauben aus gestärkten Spitzen zum Sticken in die Wohnstube, welche mit ihrem *lit clos,* dem Schrankbett, zugleich Schlafstätte ist.

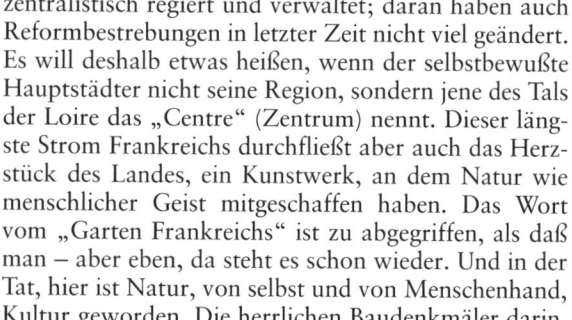

CENTRE – VAL DE LOIRE
ZENTRUM – LOIRETAL

Frankreich wird seit Königszeiten von Paris aus stark zentralistisch regiert und verwaltet; daran haben auch Reformbestrebungen in letzter Zeit nicht viel geändert. Es will deshalb etwas heißen, wenn der selbstbewußte Hauptstädter nicht seine Region, sondern jene des Tals der Loire das „Centre" (Zentrum) nennt. Dieser längste Strom Frankreichs durchfließt aber auch das Herzstück des Landes, ein Kunstwerk, an dem Natur wie menschlicher Geist mitgeschaffen haben. Das Wort vom „Garten Frankreichs" ist zu abgegriffen, als daß man – aber eben, da steht es schon wieder. Und in der Tat, hier ist Natur, von selbst und von Menschenhand, Kultur geworden. Die herrlichen Baudenkmäler darin, die Kathedrale von Chartres, dieses Naturereignis aus Stein, die königlichen Schlösser Chambord, Chenonceaux, Azay-le-Rideau, um von den mehr als hundertzwanzig nur sie zu nennen, jene „unvergleichliche Galerie von Meisterwerken" (Romains), die Abteien, Wehrtürme und altertümlichen Städte (die neuzeitlichen Atomkraftwerke lassen wir beiseite) – sie alle sind nur steinerne Ausrufezeichen in einem Landstrich, der Ebenmaß atmet, Harmonie und Charme unter weichem Licht.

Kein Wunder, hat diese gesegnete Gegend im Verlauf ihrer jahrhundertealten Geschichte große Geister hervorgebracht und angezogen, Helden und Könige, Dichter und Denker. Das heilige Hirtenmädchen Jeanne d'Arc befreite 1429 Orléans von den Engländern, nicht ganz hundert Jahre später starb Leonardo da Vinci als „premier peintre, architecte et mécanicien du Roi" auf seinem Schlößchen bei Amboise, in jenem Jahr 1519, da in Florenz Katharina von Medici geboren wurde, die später als Gemahlin König Heinrichs II. auf Schloß Blois residieren sollte. Es ist, als wehte seither ein Hauch leben- und kunstgestaltender italienischer Renaissance über dieser Landschaft. „Ich liebe sie – nicht, wie man seine Herkunft liebt, nicht, wie man eine Oase in der Wüste liebt; ich liebe sie, wie ein Künstler die Kunst liebt", schrieb Balzac, der „Sklave der Feder, der Tinte und – seiner Gläubiger", der in Tours geboren wurde und dort immer wieder Zuflucht suchte vor manischem Schaffenszwang und ungeduldigen Geldgebern.

Es heißt, der Loiremensch sei von Natur müßig und nonchalant. Das ist aber nur der äußere Schein eines, der im Einklang ist mit sich und seiner Welt. „Fragt man einen Bauern des Berry nach dem Weg", erzählt die Schriftstellerin George Sand, die dort auf Schloß Nohant wohnte, „so wird er nur mit einem nachsichtigen Lächeln antworten, denn er kann sich nicht vorstellen, daß jemand irgendwohin geht, ohne den Weg dorthin zu wissen."

Die Zeit der Geschichte hat den Bewohner des Loiretals gelehrt, sich Zeit zu lassen, auch beim Kochen. Die Küche dort ist, nach den Worten wieder eines berühmten Sohnes, des „Prinzen der Gastronomen" Sailland alias Curnonsky, „friedsam und sanft vor sich hin köchelnd", nicht so reich wie die burgundische, nicht so exotisch wie die provenzalische, aber durch und durch ehrlich. Es lohnt sich deshalb, sie in einer der *fermes-auberges* zu suchen, einem ländlichen Gasthof, wo einem herzhaft Wohlschmeckendes aufgetischt wird. *Rillettes* zum Beispiel oder *rillons*, im eigenen Schmalz eingemachtes Schweinefleisch, wie es schon der derbe Phantast und unmäßige Genießer Rabelais aus Chinon an der Vienne pries – ich kenne Feinschmecker, die alles andere stehenlassen, wenn ihnen die vorgesetzt werden.

Hier steht meist noch die Frau am Herd und kocht, wie ihre Mutter und deren Mutter kochten. Köstlich duftende Suppen natürlich, *soupes, mitonnées* und *potées* aus Kohl – seine Köpfe werden im Kochtopf wie in den Schloßgärten als Kunstwerke behandelt –, andern Gemüsen, Pilzen und Kartoffeln (die man *tartouffes* nennt), mit Grieben, *fritons,* oder, apart, mit Kürbis, *citrouille* oder *potiron.* Aus der fruchtbaren Beauce, einer der Kornkammern Frankreichs, kommt Geflügel, aus der waldigen Sologne Haar- und Federwild, und aus den Flüssen und Teichen ringsum Fische, Alsen, Salme, Hechte, obwohl die hier wie überall auch leider immer weniger werden; man reicht sie meist mit dem berühmten *beurre blanc,* einer Buttersauce mit Essig und Schalotten, die ebenfalls aus dieser Provinz stammt. Nicht vergessen sei eine eigenartige Kombination: die *matelote d'anguilles,* ein Aalragout mit – Backpflaumen, deren rezente Süße sich aber ausgezeichnet mit dem fetten Fischfleisch verträgt.

In den anmutigen Strichen des Orléanais, des Berry oder der Touraine begegnet man übrigens noch Fleisch, das nicht nur *mouton* heißt, sondern es auch ist, wirklich vom Hammel, dem Schöps, der viel ausgeprägter, markanter schmeckt als das neutralere Lamm, nicht jedermanns Sache, zugegeben, aber für den Liebhaber ein Genuß.

Von der Ziege hingegen stammen die meisten Käse aus dem Loiretal, der *crottin de Chavignol, olivet, saintemaure, selles-sur-cher, valençay* und wie sie sonst noch alle heißen. Sie sind meist von kräftig würzigem Geschmack und besonders gut als Zwischengericht zu einem mit Walnußöl angemachten Salat.

Auch das Backwerk zum Nachtisch blickt in dieser Provinz auf eine lange Vergangenheit zurück – oder wenigstens die Rezepte dafür! Der schon zitierte Rabelais läßt seinen Riesen Gargantua eines aufsagen für die *fouace,* einen flachen Kuchen aus Weizen-, heute meist Brioche-Teig, den man salzig gewürzt oder süß aromatisch zubereiten kann. Der bereits erwähnte Kürbis und viele saftige Früchte, Birnen und Pfirsiche, Erdbeeren und Kirschen aus dem Anjou, „Obstgarten" des Loiretals, wandern auf knusprige Teigböden.

Abenteuerlicher ergeht es den Äpfeln bei der *tarte Tatin:* sie werden geschmolzen, karamelisiert und gestürzt. Dieser leckere Kuchen wird den Schwestern Tatin zugeschrieben, um die Jahrhundertwende Besitzerinnen des Bahnhofrestaurants von Lamotte-Beuvron; er war in der Sologne jedoch seit langem bekannt, und heute kennt man ihn in ganz Frankreich, ebenso wie den *pithiviers,* einen Blätterteigkuchen mit Mandelcreme.

Die klare, lichte Helle über dem Loiretal vermag vieles: hier spricht man das reinste Französisch, hier fiel dem mathematisch-philosophischen Genie Descartes, dessen Geburtsort La Haye inzwischen nach ihm umbenannt wurde, vielleicht jene so eminent französische Gleichung zu: *cogito, ergo sum* („ich denke, also bin ich"), und hier wachsen charmante Weine, die alle, so verschieden sie voneinander sind, trocken oder natursüß, still oder schäumend, eleganten Charme entfalten, die „doulce France", das liebliche Frankreich im Glas. Es soll Liebhaber geben, die ihre Loire-Ausflüge in zwei teilen, einen durch die Schlösser und einen durch die Keller. Man kann ihnen nur beipflichten, es gibt da vieles zu entdecken, was in diesem Rahmen nur zu knapp aufgezählt werden kann: die weißen *Pouilly-Fumé, Sancerre, Quincy* und *Reuilly,* die süßen *Quarts-de-Chaume, Saumur, Savennières,* die Rosés des *Anjou,* die roten *Bourgueil, Chinon* und vor allem *Vouvray* – auch sie und viele andere mehr sind allemal eine Reise wert. Und wer will, kann aus Anjou, dem Lande der Liköre, einen *Cointreau* als Andenken heimnehmen oder, typischer noch, einen *Guignolet* aus schwarzen Herzkirschen.

CHAMPAGNE – ARDENNES
CHAMPAGNE – ARDENNEN

Der Name „Champagne" hat für uns einen prickelnden, wenn nicht gar frivolen Klang, so sehr ist er mit dem Hauptprodukt dieser Landschaft verknüpft. Im Französischen bedeutet er jedoch, in Ausweitung des Begriffs „Campagne", nichts anderes als „ausgedehnte Kreide-, Kalkebene", und genau das ist sie, diese nördlichste aller französischen Weinprovinzen, die das waldreiche Ardennengebirge im Norden wie ein dunkler Balken gegen Belgien abschirmt: eine fruchtbare Ebene mit freundlichen Dörfern, friedlichen Tälern und grünen Hügeln, so recht geschaffen für geruhsame Erholung. (Daß in den meisten Wirtshäusern dort Champagner offen ausgeschenkt wird wie hierzulande ein Schoppen, Viertl, Dezi, gehört für den Weinfreund sicher nicht zu den geringsten Lockungen.)

Eine Landschaft aber auch, in die schwere Geschichte sich eingegraben hat, in dem alten Bischofssitz Châlons-sur-Marne, im Festungsstädtchen Langres, wo der kühne Enzyklopädist Diderot geboren wurde, nach Goethe ein „ursprüngliches und unnachahmliches Genie", in Troyes an der Seine mit seinen vielen Kirchen und Palastbauten, in der Krönungsstadt Reims nicht zuletzt mit der monumentalen Kathedrale Notre-Dame, für die Franzosen ein Symbol der nationalen Einigung; hier wurde nach etlichen unsäglich unseligen Händeln 1945 auch die Versöhnung der Franzosen mit den Deutschen eingeleitet, und es mutet nicht zufällig an, daß einer ihrer Baumeister, der General und Präsident Charles de Gaulle, nicht weit weg davon, in Colombey-les-Deux-Églises, begraben liegt.

Ein weiterer Anklang – „champaigne" heißt auf altfranzösisch „Schlachtfeld" – erinnert daran, daß Champagne und Ardennen jahrhundertelang Schauplatz mörderischer Kriege zwischen diesen beiden Völkern waren – nirgendwo, sagt man, blüht der Mohn so rot wie dort, denn nirgends ist der Boden so blutgetränkt. Es ist bewundernswert, mit welch gefaßtem Gleichmut die Bevölkerung diese Heimsuchung überstanden hat, heute erinnern nur noch Namen wie Valmy, Sedan, Marne mit ihren (darum nicht weniger bedrückenden) Gebeinhäusern und Soldatenfriedhöfen an diese grauenvollen, des Grauens wirklich vollen Zeiten.

Fast könnte man meinen, dieser geschundene Boden habe seine geprüften Bewohner mit einer der kostbarsten Kreszenzen der Welt für alle Unbill entschädigen wollen, mit dem Champagner, Haute Couture der Weine sozusagen. Die Legende will, seine Herstellung sei gegen Ende des 17. Jahrhunderts zuerst dem Benediktinermönch und Kellermeister Dom Pérignon in der Abtei Hautvillers geglückt. Heute weiß man, daß schäumender Champagner schon vorher bekannt war. Nach der *méthode champenoise* gären die Weine – jeder Champagner wird aus mehreren zu einer *Cuvée* verschnitten – in zwei langsamen Phasen bis zur Entfernung des Hefedepots in der Flasche. Eine langwierige Behandlung von Hand, die bisher nicht durch Maschinen ersetzt werden konnte und erklärt, warum dieses Produkt ein Luxusartikel geblieben ist; sie verleiht dem Champagner seine edlen Insignien, feinen Schaum und anhaltendes Perlen, herrlich erfrischend und belebend. „De ce vin frais l'écume pétillante de nos Français est l'image brillante" schrieb der kluge Voltaire, „der prickelnde Schaum dieses frischen Weines ist das spritzige Ebenbild von uns Franzosen."

Es lohnt sich, in einem der großen Champagnerhäuser von Épernay, Reims oder Ay eine Führung durch die unterirdischen Kellereien mitzumachen: In kleinen Elektrozügen fährt man kilometerweit durch in den Kreidefels hineingehauene Gänge und Gewölbe, in denen Millionen von Champagnerbouteillen lagern, ein flüssiger Goldschatz, den zu heben es keiner Götter und Riesen bedarf.

Man vergißt gern, daß es daneben in der Champagne auch die stillen Weine von den *Coteaux-Champenois* gibt, *Avize, Bouzy, Cramant* und wie sie alle noch heißen. Sie können weiß, rosé oder rot sein und passen für meinen Geschmack in ihrer lebhaften Herzhaftigkeit oft besser als der elegante Champagner zur eher rustikalen Kost der Champagne.

Dazu gehören die *andouillettes*, Gekrösewürste aus Schweinekutteln, die es auch anderswo in Frankreich gibt, die aber in der Gegend um Troyes besonders schmackhaft sind, mehr Fleisch als Fleck; man ißt sie hier mit Pommes frites (Vorboten der belgischen Küche) oder gebraten an einer Sauce. Ins gleiche Kapitel gehören die *boudins blancs*, Würste aus weißem Geflügelfleisch, auch Kaninchen oder Schinken; zu ihnen reicht man gern Erbsbrei oder aber nur einen Löwenzahnsalat mit Speck. Eine andere Zubereitungsart von Fleisch, insbesondere Schweinsfüßen, nennt sich, nach dem gleichnamigen Marne-Städtchen, *à la Sainte-Ménehould:* Es wird paniert, grilliert und mit Senf aus Meaux oder an einer Zwiebelsauce serviert.

Aus den Ardennen kommt ein würziger Räucherschinken, der *jambon des Ardennes*, und in ihren Wäldern, wo einst schon Karl der Große Wildschweine jagte, wimmelt es noch von Getier. Es mag La Fontaine, der weiland daselbst Forstmeister war, zu seinen berühmten Fabeln angeregt haben. Wacholder und Chicoree, *endives*, begleiten das Wild auf dem Teller.

Außer dem sahnigen Schimmelkäse *chaource,* dem in Asche gereiften *cendré* und dem rahmigen *caprice des dieux* werden heute auch die meisten *bries* und *coulommiers,* ursprünglich von der Île-de-France für sich beansprucht, in der Champagne hergestellt.

Zum Kaffee oder – um zum Ausgangspunkt zurückzukehren – zu einem letzten Glas Champagner gibt es verschiedene trockene, aber knusprige Biskuits, *biscuits roses, croquignoles, croquettes.* Eine Spezialität aus den Ardennen sollte man sich als Mitbringsel nicht entgehen lassen: die *confiture de norbertes,* eine fruchtig-frische Marmelade aus kleinen Pflaumen.

CORSE – KORSIKA

Würde ich aufgefordert, Korsika, die viertgrößte Insel im Mittelmeer, ethnisch einzuordnen, ich würde sie bestimmt nicht französisch nennen. Aber was sonst – römisch, arabisch, italienisch, spanisch? Am besten wohl, man läßt es dabei bewenden, daß Korsika ein Tiegel ist alles Mediterranen, in dem alle Eindringlinge und Bewohner eben zu Korsen zusammengeschmolzen wurden. Einst unter der Herrschaft der Sarazenen, dann, nach einem kurzen, glücklichen Interregnum der Unabhängigkeit mit unglücklichem Ausgang unter dem Staatsmann Pasquale Paoli – er lebt heute noch in der Erinnerung jedes rechten Korsen –, bis 1769 unter der Flagge von Genua, heute als Angehörige eines selbständigen französischen Département, mußte sich dies Volk immer auf sich selbst zurückziehen, wollte es seine Eigenart bewahren.

Das spürt man gleich bei der ersten Begegnung: Der Korse ist nicht so impulsiv wie der Südfranzose, nicht so entgegenkommend wie der Italiener, er ist eigenwillig im eigentlichen Sinn, verschlossen und stolz. Ihn kennenzulernen muß man ihm ins Landesinnere folgen, in abgelegene, oft halbverlassene Dörfer an Steilhängen oder auf schroffen Felsen. Hier fühlt er sich frei und sicher, denn für den Korsen kam das Unheil von jeher übers Meer – von da überfielen ihn Vandalen und Piraten, von da kehrten die „pieds noirs", die weißen Siedler, mit ihren maghrebinischen Gehilfen nach dem Algerienkrieg zurück – und von da kommt jedes Jahr die Invasion der Touristen.

Verständlich deshalb, wenn viele Städte und Ortschaften auf Korsika mit ihren Wachttürmen und Zinnen Festungen gleichen: der Adlerhorst Corte, die Handels- und Hafenstadt Bastia (korsisch mit betontem -i- ausgesprochen) mit ihrem Bollwerk, die Felsenstadt Bonifacio und der Hafen Calvi, die von mächtigen Zitadellen beschützt werden; aus der weißen Stadt Ajaccio zog 1793 der Artillerieoffizier Napoleon Buonaparte aus, die Welt das Fürchten zu lehren, ein Naturereignis – und, ist man zu sagen versucht, eine Naturkatastrophe, denn als er abtreten mußte, Leid und Tränen hinter sich lassend, war Europa kaum verändert, geschweige denn besser. Er liebte seine Heimat nicht, hatte er sie doch mit seinen Eltern und Geschwistern fluchtartig und mausarm verlassen müssen. Trotzdem blieb er zeitlebens ein trotziger, herrschsüchtiger Korse, der die Sippe (den „Clan", würde man heute sagen) an seinen Plündereien teilhaben ließ wie nur irgendein Mafioso in Marseille, Nizza oder Paris – der heute noch nicht selten ein ausgewanderter Korse ist.

Wer um die bewegte Geschichte Korsikas weiß, ist nicht erstaunt, wenn er an Hauswänden in Korsisch, einer auch wieder eher italienischen als französischen Sprache, Parolen wie „I francesi fuori", „Franzosen raus" geschmiert sieht, wenn da und dort eine Plastikbombe für Separation und Autonomie hochgeht. So verwerflich (und nutzlos) das ist, kann man es doch begreifen: Während in Korsika Festlandfranzosen mit Immobiliengeschäften und Ferienklubs ihr Geld machen, behandelt das ferne Paris sein Inseldépartement in vielem verständnisloser und stiefmütterlicher als manches Entwicklungsland; die Löhne sind dort niedriger, die Arbeitslosigkeit wächst, und in den korsischen Amtsstuben walten sture Beamte aus der Zentrale ihres Amtes.

Das darf aber nicht darüber hinwegtäuschen, daß die Korsen im Grunde wissen, wie sehr sie auf Frankreich angewiesen sind, wo allein 130 000 Landsleute ihr Auskommen finden als Zollbeamte und Gendarmen, als Rechtsanwälte und Ärzte, als Sänger wie etwa Tino Rossi und als Schauspieler, und daß Frankreich andererseits seine „Île de Beauté" nicht aufgeben will. Denn das ist sie immer noch, eine „Insel der Schönheit" mit ihren gepflegten Sandstränden und Uferpromenaden an der *impiagha,* Küste, wo man so gut faulenzen kann und die einheimische Fischsuppe *asiminu* wie auch fangfrische Meerfische aller Arten genießen. Dahinter

Zitrushaine, Obstgärten, Oliven-, Feigen-, Mandel-
bäume und als Saum gegen innen riesige Kastanienwälder. Deren Früchte, das „Brot Korsikas", werden geröstet, gekocht, gebacken und zu Mehl gemahlen für das
korsische Nationalgericht *brilloli,* eine Art Polenta,
oder sonst Gebäck wie den *castagnacci.* Daneben gehört Fleisch auf den Tisch, meist Schweinernes, als
Wurst, *figatelle, coppa, lonzo* über Kastanienholzfeuer
geräuchert.

Je höher man hinaufkommt, desto romantischer wird
die Szenerie. Durch die zähe, wildwachsende Macchia,
einen dichten Buschwald mit Hartlaubgehölzen,
Zistrosen, wildem Wein und wilden Brombeeren, Myr-
ten und balsamischen Kräutern, die im Frühjahr betäu-
bend duften, schlängeln sich kurvenreiche Straßen, auf
denen der Autofahrer oft brüsk abbremsen muß, weil
ihm eine Gruppe fröhlich grunzender Wild- oder
Hausschweine den Weg versperrt, so genau kann man
sie nicht unterscheiden. Sie sehen nämlich alle gleich
aus – rötlich und schwarz gescheckt, schlank und be-
weglich – und ernähren sich von den feinen Kräutern,
Wurzeln und Kastanien ringsum. Das macht sie zu be-
gehrten Lieferanten der schon erwähnten *charcuterie
corse;* schade nur, daß auch sie, wie so vieles Gute auf
dieser Erde, immer seltener werden.

Dies ist auch das Land der korsischen Hirten, die mit
ihren Schafen, Ziegen und Hunden ein ungebundenes
Leben führen wie ihre Vorfahren. Aus der Milch der
Tiere wird eine weitere Spezialität der Insel hergestellt,
der Quarkkäse *brocciu.* Er ernährt den Hirten und bereichert weiter unten viele Gerichte: Kräuteromeletts,
gefülltes Gemüse, salzige und süße Kuchen, *imbruc-
ciate* und *fiadone.*

Noch höher – Korsika ist ein Gebirge, das aus dem
Meer aufsteigt – gelangt man in alpines Bergland mit
über 2000 m hohen Gipfeln, in das die Stadtkorsen des
Sommers bergsteigen, des Winters skifahren gehen.
Abseits von allem Rummel hat sich jedoch die Fels-
landschaft Korsikas in vielen Teilen ihre fast mythische
Urgestalt bewahrt. Der Dichter Maupassant hat das
geschildert: „Rund, verdreht, krumm, unförmig, uner-
wartet, bizarr erschienen diese überraschenden Felsen
wie Bäume, Pflanzen, Tiere, Denkmäler, Menschen,
Mönche in Kutten, gehörnte Teufel, übergroße Vögel –
ein Volk von Ungeheuern, eine Menagerie von Alp-
träumen, die der Wille eines närrischen Gottes zu Stein
hatte erstarren lassen."

Aber zurück auf den fruchtbaren Boden Korsikas. Curnonsky, dem wir schon in einem vorhergehenden Abschnitt begegneten, lobte den Wein, der ihm entsprießt, als „stark, solide und gehaltvoll". Dieser *vin de Corse* ist von eigenem Charakter und trägt sowohl italienische wie – hauptsächlich dank der Anbaukünste der Algerienflüchtlinge – französische Züge. Dafür ein gutes Beispiel ist der *Patrimonio,* voll, aromatisch und mit dem Duft der Macchia. Der Kenner wird sich daneben die beiden delikaten Weißen vom Cap Corse nicht entgehen lassen, den trockenen *Malvoisie* und den natursüßen *Muscat* von der Nordspitze der Insel, einem kleinen Korsika in der Nußschale.

DAUPHINÉ

Wieder so ein Name, der für den Gourmet einen kulinarischen Klang hat: Die Dauphiné ist die Heimat des *gratin dauphinois,* jenes köstlichen Kartoffelgratins, der in seiner originalen Form weder Eier noch Milch oder Käse enthält, sondern nur aus Scheiben roher Kartoffeln besteht, die in einer mit Butter und Knoblauch ausgeriebenen Pfanne mit *crème fraîche* goldgelb überbacken wurden.

Beide, Gericht und Provinz, sind nach dem Dauphin benannt, dem französischen Thronfolger, dem jene seit dem 14. Jahrhundert jeweils als Erbland verliehen wurde. Ein Land, das sich als Teil der französischen Alpen zwischen Savoyen und der Provence vom Rhôneknie über das Gebiet der Isère bis zur italienischen Grenze erstreckt. „Ich sah das ganze Dauphiné vor mir, wie das Gold der Kornfelder in den Ebenen in das Silber des ewigen Schnees der Berge überging; ich sah, wie sich die Landschaft vor meinen Blicken wie eine göttliche Partitur öffnete", beschrieb es der Dichter Paul Claudel, für den es, nach seinen eigenen Worten, zwar nicht Geburtsland, aber doch Wahlheimat war. Eine Partitur, wie sie – die kühne Assoziation sei mir erlaubt – der Phantast und Komponist Hector Berlioz geschrieben haben könnte, dessen Wiege in La Côte-Saint-André nahe der Hauptstadt Grenoble stand. Mit ihren alten Kirchtürmen und modernen Hochhäusern ist diese ein Brennpunkt von Tradition und Fortschritt, blickt sie mit ihrer gotischen Kathedrale Notre-Dame

und der Festung Bastille doch auf eine lange Geschichte zurück und, als Atomforschungszentrum und
Ort der Olympischen Winterspiele 1968, nach vorn.
Grandiose Staffage sind die weißen Berge des südlichsten Hochgebirges der Alpen. „Über dieser Ebene, vielleicht der schönsten, deren Frankreich sich rühmen
kann, ragt die Kette der Gipfel empor, und Granitzak-
ken heben sich in dunklem Rot vom ewigen Schnee
ab", schildert Henri Beyle-de Stendhal, dessen unnach-
ahmlicher Schreibstil so kristallklar war wie die Luft
dort oben, den Blick von seiner Geburtsstadt aus.
Eine Landschaft, die zum Klettern, Skifahren, aber
auch zum Wandern einlädt, besonders im prächtigen
Nationalpark, dem Parc des Écrins, wo noch keine
Seilbahnen und Kunstbauten die Natur verderben. In
den vielen Hochtälern blühen üppig Bergblumen, auf
den saftigen Matten weiden gesunde Kühe und Schafe.
Kein Wunder, ist das Dauphiné ein Land von Milch
und Sahne; sie verleihen vielen ihrer Speisen sanfte
Milde, den erwähnten Gratins, Suppen *à la dauphi-
noise,* selbst den Forellen, Renken, Saiblingen aus den
Alpseen und Gebirgsbächen oder anderen Fischen aus
der Isère und Rhône bis hinunter nach Vienne und
Valence.
In den ausgedehnten Wäldern, im Vercors etwa mit
seinen Schluchten, während des Zweiten Weltkriegs
Unterschlupf der Widerstandskämpfer, gibt es Wild
und edle Pilze, Röhrlinge, Morcheln, Steinpilze, sogar
Trüffeln, und im Herbst ist Zeit für Kastanien und die
besten Walnüsse Frankreichs.
Versteht sich, daß es aus der guten Dauphiné-Milch
auch ausgezeichnete Käse gibt, den mild-säuerlichen
saint-marcellin etwa oder den pikant-würzigen *pico-
don* von der Ziege.
Die lokalen Weine, die solche Genüsse begleiten, werden (zu Unrecht) gern unterbewertet, mit Ausnahme
allerdings des zu Recht hochgeschätzten, großartigen
Ermitage von den oberen *Côtes-du-Rhône* oder des für
meinen Geschmack etwas gar süßlichen Schaumweins
Clairette-de-Die aus dem Drôme.
Zu ihm paßt jedoch eine der ebenfalls recht süßen
Nachspeisen des Dauphiné nicht schlecht: der Nußku-
chen, *gâteau aux noix,* aus Grenoble, die *pogne,* ein
Hefebrot mit kandierten Früchten, oder der *touron,*
ein parfümiertes Konfekt. Die südlichste Stadt des
Dauphiné ist auch seine süßeste – in Montélimard wird
der beste Nougat Frankreichs hergestellt, und nach

ihm duften dort zu gewissen Zeiten auch alle Straßen und Plätze.

Wir haben uns schon daran gewöhnt, in Frankreich ein Mahl mit einem *digestif* zu beschließen. Dafür müssen wir uns im Dauphiné wieder weiter nordwärts begeben, nach Voiron in der Nähe von Grenoble. Dort wird heute von Kartäusermönchen nach jahrhundertealtem, sorgfältig geheimgehaltenen Rezept aus kostbaren Heilkräutern einer der großen Liköre des Landes gebraut und vertrieben, die *Chartreuse*. Mein Rat: vorher mache man einen Rundgang durch die benachbarte mittelalterliche Klosteranlage Grande Chartreuse, das Mutterhaus des Ordens und beeindruckender Ort der Stille und Einkehr. Bevor die Mönche sich wieder ihrem strengen Tageslauf von Arbeit, Gebet und Meditation zuwenden, wird man mit einem frommen Spruch verabschiedet: „Wir danken Ihnen, daß sie unsere Einsamkeit achteten, in der wir für Sie beten."

FRANCHE – COMTÉ

Eine Provinz trägt ihren Namen gemeinhin nach dem Volk, nach den Herrschern, nach der Geographie, die sie geprägt haben. Anders die Franche-Comté: zu deutsch heißt sie „Freie Grafschaft", nichts als das. Wer aber Sinn hat für den Bedeutungsinhalt solcher Begriffe, der spürt sogleich, daß damit Wesentliches gesagt ist: In unruhiger Zeit auf der Scheide zwischen dem Heiligen Römischen Reich Deutscher Nation und dem Französischen Königreich, lange unter – vergleichsweise milder – spanischer Herrschaft („diese Provinz nannte sich ‚frei', und sie war es tatsächlich, denn die Könige von Spanien waren eher ihre Beschützer als ihre Gebieter", stellte Voltaire fest, der sich auf seiner Flucht vor politischer Verfolgung eine Zeitlang in der Franche-Comté aufhielt), verstand es dieses Land, sich am Rande des Geschehens aus allen Querelen und Wirrnissen herauszuhalten. Und wenn auch die Industrialisierung später sich wie überall anderswo nicht zurückdämmen ließ – landauf, landab entstanden Betriebe der Präzisions- und Mikromechanik, bei Montbéliard zum Beispiel entwickelten die Brüder Peugeot um 1890 aus ihrer Gießerei eine der führenden Automobilfabriken Frankreichs–, so hat sich diese

Provinz bis in unsere Tage, weit hinauf zum Faltenge-
birge des Jura mit seinen dunklen Wäldern und lichten
Weiden, einen Charme der Abgeschiedenheit bewahrt,
wie er den Ruhe und Stille in der Weite suchenden Gast
auch auf der anderen Seite der Grenze, beim Schweizer
Nachbarn und Namensvetter, noch umfängt.

Die Vermutung, daß eine so demokratische Einrichtung wie die *fruitières*, die Käsereigenossenschaften der
Franche-Comté, von dorther angeregt wurde, liegt
nahe, denn man weiß, daß Schweizer auch den *Franc-
Comtois* die Käseherstellung beibrachten. Sie waren
gute Schüler; heute noch kommt der meiste *emmental*,
den man in Frankreich kauft, nicht aus dem Berner
Hügelland dieses Namens, sondern aus dem Département Haute-Saône, und der *gruyère* mit seinen kleinen
Löchern stammt nicht aus Fribourg, sondern aus der
Comté, was geschmacklich – hier schreibt ein Schweizer – nicht ganz das gleiche ist, seit der Konvention von
Stresa 1952 aber durchaus legal. Daß es in diesem
Lande der Käse noch andere gute Sorten gibt, ist nicht
verwunderlich, den milden *morbier* zum Beispiel mit
seiner Rußschicht in der Mitte oder den jungen Frischkäse *cancoillotte,* aufgewärmt eine Mahlzeit für sich,
und nach einem Skilanglauf über die weitgeschwunge-
nen Schneefelder gehört auch hier die *fondue* zu den
bewährten Muntermachern, wir werden ihr in Savoyen
wiederbegegnen.

In der Franche-Comté (sie hat, auch wieder bezeichnend, das im Mittelalter übliche weibliche Genus beibehalten) fließt aber nicht nur Milch, sondern auch viel
Wasser. Auf einem stürmischen Lauf durch Felstore
und Bergschluchten, durch Klusen und Klammen um-
spült es manch sehenswertes Naturdenkmal, manche
historische Stätte: das düstere Fort de Joux auf steiler
Höhe zum Beispiel unweit von Pontarlier, Frankreichs
höchstgelegener Stadt, wo ehedem die Maison Pernod
nach einem Schweizer Rezept den später verbotenen
Absinth herstellte. In der Trutzburg wurde der aufsäs-
sige Graf Mirabeau gefangengehalten, später gar der
deutsche Dichter Heinrich von Kleist als vermeintli-
cher Spion. „Nichts kann öder sein als der Anblick
dieses auf einem Felsen liegenden Schlosses", klagte er
damals. Oder dann erinnert einen in Lons-le-Saunier
ein Standbild von Rouget de Lisle daran, daß hier der
Dichter der Marseillaise geboren wurde. Prosaischer,
aber für den Gourmet nicht minder bemerkenswert ist
das geruhsame Städtchen Nantua mit seinem See, das

einer klassischen Krebssauce seinen Namen gegeben
hat und damit kundtut, daß es in dieser Gegend allerlei
delikates Wassergetier gibt, neben den erwähnten
Krebsen (die leider dort auch in des Wortes übertrage-
nem Sinn zurückgehen) feine Fische, Forellen, Äschen
und Karpfen, Hechte und Barben. Ähnlich wird es dem
neugierigen Feinschmecker mit dem Ferienort Morteau
ergehen: Da wird er nicht nur das Renaissancepalais
aufsuchen, sondern auch die kräftige Wurst dieses Namens probieren wollen.

Sind all die Wildbäche und Schnellen des Umherrie-
selns müde, vereinen sie sich zu größeren Flüssen und
fließen als Doubs durch die Festungs- und Hauptstadt
Besançon (von wo eine Uhrenstraße nach dem schwei-
zerischen Neuchâtel führt) in die Saône, die ihrerseits
bei Lyon in die Rhône mündet.

Wen so viele Zeugen vergangenen Geschehens, soviel
heutige Betriebsamkeit ermüdet haben, dem sei ein Besuch der Wallfahrtskirche Notre-Dame-du-Haut in
Ronchamp im Norden der Provinz empfohlen. Der
Schweizer Architekt Le Corbusier hat sie nach dem
Zweiten Weltkrieg in kühner Form wiederaufgebaut,
und wie ein großer Vogel nimmt sie den ruhebedürfti-
gen Gast unter ihre weiße Fittiche.

Die Natur gebliebene Franche-Comté hat manch
währschaft-natürliches Gericht anzubieten. Auf den
Höhen wird das *brési* getrocknet, das dem Bündner
Fleisch ähnelt. In den behäbigen Bauernstuben unter
ausladendem, einladendem Dach wärmt man sich mit
gaudes, einer Art Maispolenta, oder *matafans*, „hun-
gerstillenden" Pfannkuchen aus Kartoffeln, Speck, Spinat. Deftige Suppen und Eintöpfe, auch als *meurettes*
und *pochouses* mit Fischen, vervollständigen die Speisekarte. Von den Bergen und aus den Wäldern kommt
Wild – wenn man Glück hat, sogar Gemsen oder Ha-
selhühner –, dazu viele Pilze, die *croûtes aux morilles*,
die Morchelschnitten, sind ein Genuß. In den *curtils*,
geschützten Bauerngärten, werden Gemüse, Obst-
bäume und vielerlei Beeren gezogen, welche nicht nur
Nachtische und Kuchen zieren, sondern auch gebrannt
werden – der *kirsch* von Fougerolles ist berühmt.

Die wahren kulinarischen Schätze der Franche-Comté
waren jedoch immer Salz und Wein. Während die Bedeutung der Salinen nachgelassen hat, blieb dieser für
den Kenner ein gesuchter Artikel. „Im Arbois wird ge-
lacht, gesungen und getrunken", sagt ein Sprichwort,
und in Dole, nahe Arbois, wurde der große Bakterio-

loge und Chemiker Louis Pasteur geboren, der uns soviel über Wesen und Wert des Weins gelehrt hat. Das
sind so zwei Pole, die dafür stehen, daß die *Côtes-du-
Jura* immer noch Fundgruben sind für den, der sich
seinen Sinn für das Gute und Besondere bewahrt hat.
Zu letzterem zählt der *vin jaune*, der „gelbe Wein" aus
der Gegend von Château-Chalon, der eigentlich
„Goldwein" heißen müßte, so köstlich ist er. Seine
Trauben werden spät gelesen, gären langsam und reifen viele Jahre im Faß. Er ähnelt einem edlen trockenen
Sherry (man denkt unwillkürlich an die spanische Vergangenheit der Provinz) und altert praktisch unbeschränkt.
Die andere Spezialität ist dagegen süß: Der *vin de
paille*, Strohwein, hat seinen Namen davon, daß er eine
Auslese ist, deren Trauben monatelang auf Strohmat-
ten (heute meist auf Gittersieben in durchlüfteten Räu-
men) getrocknet werden; das gibt einen großen, edel-
süßen Naturwein.
Der ausgezeichnete Schaumwein *L'Étoile* und der *mac-
vin* schließlich, ein altüberlieferter Aperitif- und Ver-
dauungslikörwein aus Traubenmost und Tresterschnaps, sorgen dafür, daß nicht nur der Natur- und
Kunstfreund in der Franche-Comté auf Entdeckungs-
fahrt gehen kann.

ÎLE-DE-FRANCE

In Frankreich, da gibt es keinen Zweifel, führen alle
Wege nach Paris. Diese Stadt ist Herz, Kopf – und
Magen des Landes. Um dorthin zu kommen, muß man
jedoch durch die Île-de-France, in deren Mitte sie liegt,
eine von Flüssen umschlossene „Insel", Krongut des
alten Frankreich, Kern und Keim des gegenwärtigen
Staates.
Schade nur, daß sich die wenigsten Reisenden die Zeit
nehmen, auf dem eiligen Weg zur Hauptstadt dort einen Halt einzuschalten. Denn diese malerische Landschaft ist von einer natürlichen Anmut, einer harmonischen Ausgewogenheit, die man typisch französisch
nennen möchte. Aus dieser weiten, sanft gewellten
Ebene, in der vergangene Geschichte mit lebendiger
Gegenwart verschmolzen sind, aus diesem Land der
Bauern und Könige, der Gehöfte und Schlösser steigt

die Seele Frankreichs empor, in der Ordnung und Phantasie, Herz und Geist Platz haben.

Es sind weniger so berühmte, vielbesuchte, heute jedoch irgendwie museal wirkende Stätten wie Versailles, Fontainebleau, Chantilly oder Malmaison, die diesen Eindruck vermitteln, als vielmehr die Felder, Äcker und schmucken Dörfer. Einst war diese Gegend der Getreide-, Gemüse- und Obstgarten der Kapitale – die zunehmende Verstädterung hat diesen jedoch zusammenschrumpfen lassen. Immerhin kommen aus *Meaux* immer noch ein körniger „Senf der Gourmets" und der *brie,* „König der Käse" (Talleyrand); nicht weit weg davon wird, neben anderen, auch der ähnlich sahnige *coulommiers* hergestellt.

Die klare, lichte Helligkeit über der Landschaft hat von jeher Künstler angezogen; hier entstanden Impressionismus und Pointillismus, hier malten Corot, Pissarro, Sisley, van Gogh, Signac, um nur sie zu nennen; die Komponisten Massenet, Debussy und Ravel, Daguerre sodann und Braille, die Erfinder der „Camera obscura" und der Blindenschrift, der Wiederbeleber der Olympischen Spiele de Coubertin – die Kette der Namen derer, die aus dieser Wiege Frankreichs stammten oder hier Anregung und Inspiration empfingen, will nicht abreißen.

Je näher wir der Hauptstadt Paris kommen, desto mehr Ausflüglern begegnen wir, die sich aus der lärmenden Hektik hierher ins Grüne flüchten und an die Ufer der Seine, der Marne, wo es noch so aussieht, wie es die Maler vor einem Jahrhundert festhielten: Courbet die „Demoiselles an der Seine", Monet das „Frühstück im Freien", Renoir den Badeplatz „La Grenouillère", Seurat die „Badenden" – „jede Flußbiegung, jede Erle läßt da an eine Ausstellung denken", notierten die Goncourts, und in den *guinguettes,* den Ausflugslokalen unter schattigen Bäumen am Wasser, geht es wie in ihrer Zeit fröhlich zu bis in die Nacht.

Um nach Paris zu gelangen, müssen wir zunächst durch einen schier endlosen, grauen und monotonen Vorstadtgürtel, da unterscheidet sich diese Metropole nicht von den anderen der Welt. Steht man aber endlich auf einer der vielen Brücken über die Seine, schaut man vom Arc de Triomphe die prächtigen Champs-Élysées hinunter, blickt man von der Terrasse des Centre Pompidou oder vom Eiffelturm auf das Häusermeer hinab, geht einem auf, daß diese Hauptstadt, nach Weltmaßstäben eine der kleineren, nicht leicht auf einen Nenner zu bringen ist, besteht sie doch aus zwanzig verschiedenen *arrondissements,* Bezirken mit eigenem Bürgermeister, und vierzig *quartiers,* Vierteln, die für die meisten Einwohner der Lebensraum ist, aus dem sie nicht oft herauskommen.

Der Bewohner dieser Stadt hat sich eine Art „ruppiges Selbstgefühl" (Troller) bewahrt, er gefällt sich, und wem er nicht gefällt, der soll gefälligst zu Hause bleiben. Daneben ist er aber immer zu einem Schwatz, zu Spiel und Geselligkeit aufgelegt. Die Pariserin steht ihm nicht nach; auch sie hat ihren ganz eigenen, aus Durchstehwillen und Charme zusammengesetzten Charakter, ob sie kokett Mode vorführt oder als Concierge im Hauseingang sitzt, in eleganter Toilette ihren Hund spazierenführt oder im Bistrot am Herd steht.

Wer den Pariser (und Paris) kennenlernen will, der gehe auf die Straße, *„dans la rue".* Das muß nicht die luxuriöse Ladenstraße St-Honoré sein oder der Flanierboulevard St-Michel, der *Boul'Mich,* eine x-beliebige Gasse in einem x-beliebigen Quartier tut es auch. Dort findet man ihn in seiner meist offenen Werkstatt, beim Einkaufen, beim Buchtrödler, dem *bouquiniste,* auf dem Flohmarkt, dem *marché aux puces,* oder in der Kneipe nebenan, dem *bistrot du coin.*

Im übrigen: In die Kathedrale Notre-Dame oder in den Louvre, in die Künstlercafés an der *Rive Gauche* oder zum Jogging in den *Bois de Boulogne,* zu den Intellektuellen im Montparnasse oder in den knalligen Nepp des Montmartre, das ist nun die Frage. Man erspare mir, hier näher auf die verwirrend bunte Vielfalt der Angebote einzugehen, das würde den Rahmen dieses Abschnitts sprengen, und zu jedem nur denk- und wünschbaren Thema gibt es sach- und fachkundige Literatur zuhauf. Auch fange ich gar nicht erst an, all die berühmten und bekannten Namen aus und von Paris aufzuzählen, das ergäbe nämlich eine ganze Enzyklopädie der Dichter und Denker Frankreichs, leben dort doch zwei Drittel der Künstler und Intellektuellen des Landes.

Nur einige ganz wenige persönliche Hinweise seien mir erlaubt auf Orte und Plätze, die mir besonders lieb sind und etwas abseits von den üblichen Touristentouren liegen: die charmante Insel St-Louis zum Beispiel mit ihrer Front vornehm Distanz haltender Residenzen, mit den Cafés und Galerien – es ist, als habe sich die aufdringliche Gegenwart nicht über den Fluß hinübergetraut; man sollte sie im Frühling oder Herbst an einem Sonntagmorgen aufsuchen oder an einem Sommerabend wegen des Blicks auf die beleuchteten Türme der Notre-Dame und die Kuppel des Panthéon (ohnehin das Schönste an diesem Bau). Dann die Place des Vosges im historischen Maraisviertel, von Henri Quatre genial geplant und in seiner strengen Architektur die Verkörperung französischen Adels und Geistes; in der einstmaligen Wohnung dort des Dichters Victor Hugo, von den Franzosen immer noch als einer ihrer größten verehrt, wurde ein Museum eingerichtet. Durch das Collège de France, das 1530 von König François I. gegründete, ehrwürdige Gelehrteninstitut im Quartier Latin hilft einem der Concierge, während man sich auf der baumbestandenen Place Dauphine zwischen Justizpalast und Pont-Neuf selbst zurechtfindet – ach, was gäbe es nicht alles noch zu empfehlen! Für den Feinschmecker – ihn wollen wir nicht vergessen – sei am Rande vermerkt, daß es auf der ganzen Welt nirgendwo auf so kleinem Raum so viele, so besondere kulinarische Spezialitätengeschäfte gibt, für Kochgeräte, Delikatessen, Käse, Backwerk, Süßigkeiten und was alles Herz und Magen begehren.

Dieser Gourmet wird sich auch einen Abstecher nach dem Vorort Rungis nicht entgehen lassen, wohin 1969 die berühmten Markthallen, Schauplatz von Emile Zolas „Bauch von Paris", verlegt wurden. Dort, wo auch viele gute Restaurants und Häuser aus Deutschland, Österreich und der Schweiz ihre Ware beziehen, geht es nicht mehr so romantisch zu, aber immer noch imposant. Man sollte sich möglichst früh am Morgen dort einfinden, nach einer Nacht etwa im Chansonkabarett oder im Jazzkeller, im Revuepalast oder in einer Diskothek.

Wenn Sie mich nun fragen, ob es eigentlich eine Pariser Küche gibt, muß ich mit „jein" antworten. Die *gratinée* gehört dazu, gewiß, jene gratinierte Zwiebelsuppe, die eine durchzechte Nacht so wunderbar glättet, der von Balzac gepriesene *miroton* dann, ein Eintopf aus Rindfleischresten und Zwiebeln, oder das *entrecôte marchand de vin,* ein saftiges Zwischenrippenstück mit Rotwein und Schalotten; wenn Sie wollen, kann man auch die vielerorts unvermeidlichen *pommes frites* dazuzählen und die allgegenwärtige *baguette,* die knusprige Weißbrotstange.

Ansonsten liegt jedoch die Stärke von Paris auch gastronomisch in der Vielfalt des Angebots: In den Küchen dort brodelt es afrikanisch und asiatisch, arabisch und jüdisch, nordisch, östlich, südamerikanisch – für den, der von unstillbarem Heimweh befallen ist, sogar deutsch, österreichisch, schweizerisch.

Daneben ist Paris, versteht sich, ein Hort der großen französischen Küche, sei es in den Gourmettempeln, wo die Lust am Gern- und Gut-Essen zelebriert wird (ein Besuch dort, wenigstens einmal nur, lohnt sich auf jeden Fall, auch wenn einem die Preise schwerer zu Kopf steigen als der wenige Wein, den man dafür bekommt – schließlich zahlt man heute auch für Bayreuth oder Salzburg Phantasiepreise) oder in einem der unzähligen *bistrots* oder *brasseries*, wo man sich wie im Schlaraffenland durch alle kulinarischen Provinzen Frankreichs essen kann, bretonisch oder elsässisch, normannisch oder provenzalisch. Wer die Lichterstadt Paris entdecken will, der muß es auf eigene Faust selbst erkunden, sein Paris – das gilt auch für das Essen.

LANGUEDOC-ROUSSILLON

Es ist noch gar nicht lange her, da suchte man auf dem Weg in den Urlaub an der Côte d'Azur oder in Spanien den Küstenstreifen am Mittelmeer zwischen Rhône und Pyrenäen möglichst rasch hinter sich zu bringen, zu wenig einladend war dieser öde, versumpfte und versandete, von Mücken heimgesuchte Strich. In erstaunlich kurzer Zeit, seit 1964 eine interministerielle Behörde ein großzügiges Erschließungsprojekt entwarf, für Verkehrswege, Trinkwasserversorgung, Abwasserentsorgung und nicht zuletzt „Entmückung" sorgte, wandelte sich das Durchgangsland zum Ferienland. Allenthalben entstanden Erholungszentren und Jachthäfen, so massenhaft, daß man sich fragen muß, ob da nicht des Guten oder vielmehr Unguten zuviel getan wurde – so monströse Wohnpyramiden wie die Grande Motte sind nicht jedermanns Sache. Zum Glück gibt es noch – das gilt übrigens auch für die Provence – ein bildschönes Hinterland, bewahrte selbst an der Küste noch mancher Flecken seinen Charme. Die Fischer- und Seefahrerstadt Sète zum Beispiel, von der ihr Sohn Paul Valéry sagte, er sei an einem Ort geboren, wo er auch tatsächlich hätte geboren sein wollen (was ebenso Georges Brassens hätte singen können, der gleichfalls von hier stammt), oder weiter westlich, im Roussillon nahe der spanischen Grenze, wo einen die Côte Vermeil, die feuergoldene Küste, die Costa Brava vorausahnen läßt, das hübsche Hafenstädtchen Collioure, in dem sich die Fauves-Maler Braque, Matisse, Dufy trafen, oder der Badeort Banyuls-sur-Mer, Geburtsstadt des Bildhauers Maillol, der hier der Natur abguckte, seinen Plastiken harmonisch runde Formen zu geben „wie der Apfelbaum seinen Äpfeln". Nicht zu vergessen natürlich die einzigartige Camargue am andern Ende gegen die Rhônemündungen zu, ein weites Sumpfland, wo Reis angebaut wird, *gardians* Pferde und Stiere hüten und seltene Vögel wie Flamingos eine Heimstatt haben; zu der Kirche von Saintes-Maries-de-la-Mer nahe der mittelalterlichen Festungsstadt Aigues-Mortes („tote Wasser") pilgern alljährlich Zigeuner aus ganz Europa zur Maiprozession.

Das Meer beschert frische Fische, Muscheln, Schaltiere; vom üppigen Reichtum seien nur Sardellen und Sardinen genannt, die gern in Asche oder am Spieß geröstet werden, Austern von den Bänken vor Bouzigues, Venusmuscheln, *clovisses,* Seeigel, *oursins,* und was der Herrlichkeiten mehr sind. In den vielen Verkaufsständen die Küste entlang wird die *dégustation de fruits de mer* zum erschwinglichen Vergnügen. Selbstverständlich hat diese Gegend auch ihre eigene Fischsuppe, die *bouillinade.* Dazu, aber auch schon als Wachmacher am Morgen gibt es *el pa y all,* eine mit Knoblauch eingeriebene, mit Olivenöl beträufelte und geröstete Brotscheibe.

Solche fremd klingende Namen verraten, daß wir uns wieder einmal in einem Gebiet mit eigenen Idiomen befinden: „Languedoc", das kommt von der *langue d'oc,* der „Sprache des Oc", wie das Ja hier einst im Gegensatz zum nordfranzösischen *oui* hieß; und im Roussillon gegen Spanien zu, im auch sonst ganz südländischen Perpignan etwa, spricht man noch viel katalanisch. Deshalb fühlte sich der gebürtige Katalane und integre Musiker Pablo Casals hier, in Prades, so wohl und seiner Heimat nahe, die er, solang der Diktator Franco dort herrschte, nicht mehr betreten wollte; hier auch trifft man so katalanische Speisen wie das Pfannengericht *paella* aus Meerfrüchten, Fleisch und Langkornreis, die harte Knoblauch-Paprika-Wurst *chorizo* und viele andere, deren Endung auf -*ade* ihre Herkunft erkennen lassen: das cremige Stockfischpüree *brandade,* die Kohlsuppe *oulade,* die *cargolade,* auf

Rebholz gegrillte Schnecken – alles derbe Kost für gute
Mägen. So scharf gewürzt diese meist ist, mit Paprika,
Zwiebeln und viel Knoblauch, so süß sind die Nach-
speisen, die ihr folgen, die *tourons* zum Beispiel aus
Mandeln, Haselnüssen oder Pistazienkernen.

Die unerbittliche Sonne, lange Regenlosigkeit und hef-
tige Gewitter, die widrigen Fallwinde *mistral* und *tra-
montane* haben den Bewohner des Languedoc, den
Languedocien, rauh, verschlossen und störrig werden
lassen, gar nicht, was man sich gemeinhin unter einem
heiteren Südländer vorstellt. Die Natur schenkt ihm
nichts, denn auch in den Ebenen landeinwärts wechselt
Dürre mit Überschwemmungen. Man spürt im Hérault
und Aude allerorten fast körperlich die bewegte Vergangenheit dieses Landstrichs, wo sich Katholiken und
Protestanten, frühe Protestler, grausam bekriegten, wo
Troubadours Heldentaten und die Minne besangen.
Davon zeugen heute noch das vieltürmige Carcassonne
(der Gourmet wird notieren, daß hier auch eines der
drei authentischen Rezepte für das *cassoulet* herkommt, jenen famosen Bohneneintopf mit vielerlei
Fleisch, für den allein ich wieder dorthin fahren
würde), das imposante Nîmes, Geburtsort des Dichters
Alphonse Daudet, das mit seinen gut erhaltenen Über-
resten antiker Bauwerke in eine noch fernere, römische
Vergangenheit weist, oder die altehrwürdige Universi-
tätsstadt Montpellier, wo schon ein Petrarca die
Rechte, ein Rabelais Medizin studierten, heute auch
Sitz einer ausgezeichneten Landwirtschafts- und Wein-
bauschule.

Man vergißt nämlich gern, daß diese Provinz das
größte zusammenhängende Rebgebiet der Welt ist, wo
man kilometerweit durch Anlagen fahren kann, in denen *Costières-du-Gard, Coteaux-du-Languedoc, Minervois, Fitou* und *Corbières* heranreifen, kräftig, robust und von vielerlei Art. Darunter hervorzuheben
sind besonders die *vins doux naturels,* natürliche Süßweine, deren Herstellung durch Alkoholverstärkung
der Arzt und Mystiker Villanova, Rektor der Universi-
tät Montpellier, schon im 13. Jahrhundert entwickelte,
der *Banyuls, Maury, Rivesaltes,* die verschiedenen
muscats und, nicht zuletzt, die *blanquette de Limoux,*
ein feiner, eleganter Schaumwein, der allemal seinen
Preis wert ist. Mit der laufenden Verbesserung auch
der „gewöhnlichen" Weine steigen allerdings die Erste-
hungskosten, wodurch leider das bisher bemerkenswert gute Qualität-Preis-Verhältnis aus dem Gleichge-

wicht zu geraten droht. (Lassen Sie sich nun aber nicht durch sogenannte vorteilhafte, „billige" Angebote verleiten – die fallen meist auch qualitativ entsprechend aus.)

Steigt man weiter hinauf, kommt man in die Cevennen, ein Schiefergebirge am Rande des Zentralmassivs mit wilden Schluchten und Höhlen, in den unseligen Religionskriegen Schlupflöcher der Kamisarden, heute, in der Nähe des Städtchens Roquefort, Lager, in denen der berühmte gleichnamige Blauschimmelkäse reift – nur dort, heißt es, an der frei zirkulierenden feuchtkühlen Luft entwickelt er seinen besonderen, kräftig belebenden Geschmack. (Im Vertrauen: Der *bleu des Causses* kommt aus anderen Höhlen derselben Cevennen, ist deshalb praktisch ebenso gut und – billiger.) Die Milch für diese Käse kommt, wenn sie nicht importiert wird, von den Schafen, die nebenan auf den mit Gras, Thymian und Lavendel karg bewachsenen Kalkebenen, den *causses* und *garrigues*, in riesigen Herden weiden.

Der Kreis schließt sich: Von den Höhen der Cevennen hat man bei gutem Wetter und guter Sicht einen wunderbaren Rundblick über das Vorland bis zum Meer am Horizont: Aus einem Land, das man einst mied, ist bis in die vordersten Ränge das grandiose Amphitheater Frankreichs geworden gegen das Mittelmeer hin.

LIMOUSIN

Die isolierte Lage dieser Provinz am Nordwestrand des Zentralmassivs zwischen Frankreichs Norden und Süden, die schlechte Verkehrslage und ein, besonders in der *Montagne*, dem bis zu 1000 m hohen Tafelland in der Mitte, oft rauhes und niederschlagsreiches Klima waren und sind ihr Nach- und ihr Vorteil; sie blieb krisenanfällig, und selbst verstreute Industrialisierung konnte die Landflucht nicht aufhalten. „Limosage", das war in Paris ehemals der Ausdruck für das Bauhandwerk, das meist *limousins* als – würden wir heute sagen – Saisonarbeiter, als Maurer, Poliere, Steinsetzer ausübten, und auch die „Limousine", der Schutzmantel der Fuhrleute, die ihre Ware weitweg führten, wurde zum allgemeinen Begriff für einen geschlossenen Wagen.

Anderseits förderte die Lage neben autarker Landwirtschaft und Viehzucht eine Reihe von Gewerben, die sich seit dem Mittelalter halten konnten, Lederverarbeitung, Papierfabrikation, Feinmechanik, vor allem aber Weberei. Die Teppichwirkereien von Aubusson sind dafür das hervorragende Beispiel: Waren es im 18. Jahrhundert Sujets von Watteau und Boucher, die ihren Weltruhm begründeten, so erneuerte Jean Lurçat in unserer Zeit die Kunst des Wandgobelins, die im 15. Jahrhundert aus Flandern herübergekommen war. Im 12. Jahrhundert schon begann man gleichfalls im Limousin, aus Silikat- und Bleiglas kunstvoll Email zu schmelzen, und reiche Kaolinvorkommen ließen Ende des 18. Jahrhunderts in Limoges eine heute noch bedeutende Porzellanmanufaktur entstehen. Lassen wir uns aber nichts vormachen: Die Tapisserien und Porzellanprodukte, die einem heute an Ort angeboten werden, sind meist mehr Dutzendware als Kunsthandwerk.

Lohnender ist ein Ausflug in die unversehrte Natur rings um die Hauptstadt mit ihren sanften Hügeln und vielen Seen, ihren Auwäldern und einsamen Gehöften dazwischen. „Dieser liebenswürdige Flecken atmete Unschuld, Farbe, Fruchtbarkeit und Helle", beschrieb der Romancier Giraudoux die Umgegend seiner malerischen Heimat Bellac, und es ist sicher nicht ohne Belang, daß sich besonders Frauen von dieser lieblichen Landschaft angezogen fühlten: In Pompadour richtete Ludwig XV. seiner Geliebten ihr Schloß ein, und aus den Werken der Schriftstellerinnen George Sand, Colette und Simone de Beauvoir sprechen oft Erinnerungen an glückliche Tage im friedlichen Limousin. Der Ferienreisende von heute kann sie in den zahlreichen *gîtes ruraux* nacherleben, einfachen, aber gemütlichen Bauernhöfen mit Gästezimmern für Urlaub auf dem Land, zum Wandern und Reiten, zu Wassersport und Radfahren.

Dort kann man auch eine Küche genießen, die unverfälscht und natürlich ist wie das Land: die *bréjaude* zum Beispiel, eine dicke Kohlsuppe mit Speck und Kartoffeln auf Roggenbrotscheiben, den *lièvre en cabessal*, einen Hasen mit leckerer Farce, oder eine mit Kastanien gefüllte Blutwurst, *boudin*. Überhaupt hat sich viel der hergebrachten Nahrung erhalten, die *galette de sarrasin,* ein Buchweizenfladen, gekochte Rüben und, eben, Kastanien, das „Brot der Limousins". „Boun Sen Marsau, nostre Sauvadour" beginnt eine alte Fürbitte an den heiligen Martial, den ersten Bischof von Limoges, in der Sprache, die das eigentlich Verbindende in dieser trotz allem vielgestaltigen Provinz ist, einer Mixtur von Gallisch und der *langue d'oc,* der wir schon im Languedoc begegnet sind. Ihr Singsang erinnert daran, daß das Limousin im hohen Mittelalter auch ein Land der Troubadours war, eines Bertran de Born, Marcabru, Bernard de Ventadorn, auch politisch oft unerschrockener Liedermacher ihrer Zeit. Der volle Wortlaut jenes Reims aber lautet auf deutsch:

> *Lieber Sankt Martial, Retter unser,*
> *Bete zu Gott für uns,*
> *Daß er gnädig mög' schützen*
>   *Unsre Kastanien,*
>   *Unsre Rüben,*
>   *Unsre Frauen.*

Das eigentliche Wahrzeichen der limousinischen Küche jedoch ist der *clafoutis,* ein herrlich saftiger Kuchen aus einfachem Biskuitteig mit reifen, süßen, nicht entsteinten schwarzen Kirschen in der Auflaufform. Er hat inzwischen ganz Frankreich erobert, oft gar mit anderen Früchten – Pflaumen, Birnen, Äpfeln, aber am besten schmeckt er in der Originalfassung, mit einem Gläschen Kirsch etwa. Denn auch auf gebrannte Wässer verstehen sich die Limousins, ihre Heidelbeer-, Himbeer-, Quitten-, Wacholder-, Walnußgeiste und -liköre sind ausgezeichnet.

Bei den Weinen muß sich der Limousin, einige einfache lokale Gewächse ausgenommen, allerdings mit solchen aus der Nachbarschaft zufriedengeben, einem Bergerac oder Cahors zum Beispiel. Auch hier bleibt das Limousin, wie allgemein wirtschaftlich, von seinen Nachbarn Poitou, Aquitanien und Auvergne abhängig.

LORRAINE – VOSGES
LOTHRINGEN – VOGESEN

Wenn eine Provinz Frankreichs das Attribut „europäisch" verdient, ist es Lothringen, Grenz- und Durchgangsland zwischen dem deutschen Rheintal und dem französischen Seine-Becken für Jahrhunderte. Es hat darunter gelitten, seit dem Dreißigjährigen Krieg bis in

unsere Zeit hinein, da todbringende „Stahlgewitter"
über es niedergingen. Heute noch mahnen Namen wie
Verdun und Douaumont daran, und die Soldatenfried-
höfe und Kriegerdenkmäler in dieser Gegend sind nicht
zu zählen. Aber: „Diese Schlachten haben den Franzosen und Deutschen ins Bewußtsein gerufen, daß alle
Kämpfe ihnen nichts als Schmerzen eingebracht haben;
heute sehen die beiden großen Nationen den Weg ge-
meinsamen Handelns vor sich", sagte General de
Gaulle an einer Gedenkfeier 1966. Mittlerweile ist Lothringen eine der Bastionen eines neuen, geeinten Europas – es ist vielleicht von tieferer Bedeutung, daß
einer seiner visionären Baumeister, Robert Schuman,
Lothringer war. Diese Rolle verdankt es nicht nur seiner Lage, sondern seinem ökonomischen Potential. Die
tatkräftige Ausweitung seiner traditionellen Industrie,
Salzgewinnung, Kohle- und Erzverhüttung, durch Raf-
finerien und Kraftwerke hat es zu einem wichtigen
Pfeiler im Montandreieck Lothringen-Saarland-Lu-
xemburg werden lassen.
Diese kurze Rück- und Ausschau auf Lothringens Geschichte und Wirtschaft soll uns jedoch nicht den Blick
auf seine kulturellen und landschaftlichen Reize ver-
sperren. Der Schriftsteller Maurice Barrès, in Charmes
an der Mosel geboren, fand dafür fast mystisch-über-
schwängliche Worte: „Es gibt Stätten, wo der Geist
weht, Stätten, die die Seelen aus ihrer Lethargie auf-
schrecken – hier empfinden wir plötzlich das Bedürf-
nis, uns aller kleinlichen Fesseln zu entledigen und uns
weit dem Licht zu öffnen..". Einem Licht, das auch
der schlicht „Le Lorraine" („Der Lothringer") ge-
nannte Maler Claude Gellée aus Champagne in seinen
heroischen Landschaften einzufangen verstand: Es
wird diesem gelernten Pastetenbäcker (historisch wohl
nicht ganz zuverlässig) nachgesagt, er habe den Blätterteig erfunden; aus diesem Teig aber, soviel steht fest,
bestand ursprünglich der Speckkuchen, die *quiche*, mit
– soll sie echt sein – nichts als geschlagenen Eiern,
crème fraîche und Räucherspeck, der inzwischen zum
nicht nur französischen Küchenklassiker avanciert ist.
Ein anderer Lothringer, Jean-Pierre Clause, hat als erster die Gänseleberpastete hergestellt, die den gastronomischen Ruhm Straßburgs begründen half.
Überhaupt stößt der Interessierte in Lothringen neben
allen Denkmälern und Sehenswürdigkeiten immerfort
auf kulinarische Geschichte und Geschichten. So erzählt man sich in Metz folgendes hübsche Begebnis:

Als Kaiser Karl IV. einst in die alte Kathedralenstadt kam, die Goldene Bulle in Kraft zu setzen, briet man ihm zu Ehren einen Ochsen am Spieß. Der Ochse aber war mit einem Schwein gefüllt, das Schwein mit einer Gans, die Gans mit einem Huhn, das Huhn mit einem Ei, und dieses Ei wurde dem hohen Gast dargebracht. (Ob es richtig gargekocht war, darüber schweigt sich die Geschichte aus...) In der prächtigen Barockstadt Nancy sodann, wo der ehemalige König von Polen und Schwiegervater Ludwigs XV., Stanislas Leszczyński, feudalen Hof hielt, entstand der *baba:* Dem verwöhnten Gouverneur war der Gugelhupf, wie er ihn aus seiner Heimat mitgebracht hatte, zu trocken, und so ließ er ihn mit Rum tränken – das ist das ganze Geheimnis.

Nicht weit von Nancy liegen Domrémy-la-Pucelle, von wo aus Jeanne d'Arc, die Jungfrau von Orléans, auszog, Frankreich von den Engländern zu befreien, und, gegen die bewaldeten Vogesen zu, Baccarat, wo aus den Glashütten des Mittelalters moderne *cristalleries* entstanden sind, in denen aber noch das alte Handwerk des Bleikristallschliffs geübt wird. In Nancy selbst schuf Emile Gallé im letzten Jahrhundert aus dem gleichen Material jene zartfarbenen Gebilde, die als meisterliche Proben des *art nouveau,* des Jugendstils, heute gesuchte Kunstobjekte sind.

Nicht nur Menschenhand, auch die Natur hat Lothringen reich ausgestattet. Die Hochebene zwischen Maas und Mosel mit ihrem ruhigen Rhythmus von Hügeln, den *côtes,* und Feldern, von Seen und Weilern, sie lädt zum beschaulichen Verweilen ein – und zum Genuß ländlicher Freuden. Eines der vielen Flußfische zum Beispiel, Karpfen, Hecht, Forelle, oder der *potée,* eines Eintopfs mit Speck, Schweinefleisch, mancherlei in Schweineschmalz geschmorten Gemüsen und Kartoffeln; die *œufs sur le plat à la lorraine* dann, die für meinen Geschmack besten Spiegeleier überhaupt, mit Räucherspeck, Comté-Käse und *crème fraîche* im Ofen gebacken, oder ein *cochon de lait en gelée,* ein Spanferkel mit Kräutern und Gemüsen in Aspik. Dazu ein frisches Lothringer Bier vom Faß oder (mindestens) ein Glas *vin gris,* Schillerwein von den *Côtes-de-Toul,* wenn es nicht ein Moselwein sein soll – aber ein französischer diesmal, ein *vin de Moselle.*

In weiten Obstpflanzungen wachsen Kirschen, Himbeeren, Johannisbeeren, Zwetschgen und, vor allem, Mirabellen. Dem Gourmet fällt der Entscheid schwer, ob sie in Konfitüren gehören, auf Fruchtkuchen oder in klare Brände – für alle ist Lothringen weiterum bekannt.

Wem soviel Deftiges auf den Magen zu schlagen droht, der kann auf Straßen, an denen noch barocke Wegkreuze für Dorfheilige stehen, in eines der vielen Heilbäder am Rande der Vogesen fliehen, nach Vittel, Contrexéville, Plombières und wie sie alle heißen. Dabei sollte man einen Abstecher nach Épinal nicht versäumen, wo eine Sammlung jener Bilderbogen zu besichtigen ist, Vorgängern unserer Bunten Presse, für die diese Stadt an der jungen Mosel berühmt ist. Oder, besser noch, er fährt weiter hinauf in die Vogesen, nach dem malerisch gelegenen Touristenzentrum Gérardmer etwa, wo er im Sommer wandern kann und Wassersport treiben, im Winter Skisport – und woher der bekannte Käse kommt, dessen mundartlich verfärbter Name schon seine Herkunft verrät, der *géromé*.

Lothringen, das ist eine Provinz, in der Geschichte, Kultur und Natur zu einer Einheit verwoben sind.

MIDI – PYRÉNÉES

Unter dem „Midi" verstehen wir und auch die Franzosen gemeinhin den Süden Frankreichs am Mittelmeer. Seit der Neuordnung der Verwaltungs- und Wirtschaftsregionen in den sechziger Jahren heißt jedoch die Provinz von den Ausläufern des Zentralmassivs zu den Pyrenäen zwischen Aquitanien und Languedoc im engeren Sinne „Midi-Pyrénées". Man könnte sie also das Herzstück des französischen Südens nennen, und sie bietet in der Tat alles, was diesen Himmelsstrich für uns so anziehend macht, natürliche Landschaft und traditionsreiche Stätten, weite Ebenen und hohe Gipfel, dazwischen Weinberge, Laubwälder und Weideland.

Schon die Namen einzelner Gegenden und Orte allein verraten dem Kundigen, was alles sich auf diesem geschichtsträchtigen Boden zugetragen hat. „C'est un vrai Gascon", „das ist ein echter Gascogner", sagt der Franzose und meint damit: „Das ist ein rechter Aufschneider". Denn die Menschen hier sind pfiffig, temperamentvoll und draufgängerisch. Im kleinsten Dorf werden die kämpferischen Sportarten Pelota und

Rugby geübt. Es ist die Heimat der fecht- und trinkfreudigen Drei Musketiere, und Edmond Rostand läßt
in der Komödie „Cyrano de Bergerac" seinen Helden
singen:

> „Das sind die Gascogner Kadetten,
> Sie raufen und lügen und wetten;
> Das sind die Gascogner Kadetten,
> Sie halten zusammen wie Kletten
> Und lieben und zürnen im Nu."

Die streitbare, zelotische religiöse Bewegung der Albigenser trägt ihren Namen nach dem „purpurnen" Albi,
mit seiner alles beherrschenden, großartigen Backstein-
Kathedrale eines der vollkommensten Stadtbilder
Frankreichs. Im einstigen Bischofspalast daneben, dem
Palais de la Berbie, sind zahlreiche Werke des Malers
Henri de Toulouse-Lautrec ausgestellt, der als Sproß
eines alten Adelsgeschlechts hier geboren wurde, auch
er ein echter Albigenser, frei, unkonventionell und –
frech.
Etwas weiter westlich die Gegend des *Armagnac,* die
ihrerseits dem ältesten Weinbrand Frankreichs ihren
Namen gegeben hat. In ihm glüht das milde Feuer dieser Landschaft – der eingefleische Cognac-Liebhaber
möge mir verzeihen, wenn ich seine edle Kraft in vielem über jene seines berühmteren, eleganteren, aber
auch glätteren Cousins aus der Charente stelle.
Diese feurige Würze, die das nahe Spanien jenseits der
Pyrenäen spüren läßt, zeichnet ebenfalls die Küche des
Landes aus, die statt Butter Gänse-, Schweineschmalz
oder Olivenöl verwendet und der Knoblauch, Schalotten, Zwiebeln und vielerlei Gewürze ihr unverwechsel-
bares Aroma verleihen. Nach ihnen duften die *garbu-
res* und *tourins,* solide Suppentöpfe, und die *alicots*
oder *estouffades,* ebensolche Ragouts aus Geflügelklein oder geschmortem Fleisch. Dies wird als *confit*
auch im eigenen Fett eingemacht (mit dem es allerdings
die unter diesem Namen in ganz Frankreich angebote-
nen, fabrikmäßig hergestellten Konserven nur selten
aufnehmen können). Und wen es zur Abwechslung
nach heimatlichen Bratkartoffeln, nach einer Rösti gelüstet, der wird von den *pommes sarladaises* sicher
nicht enttäuscht sein, in Gänseschmalz gebratenen
Kartoffelscheiben mit Petersilie und Knoblauch. Ver-
suchen Sie nach so einem nahrhaften Mahl einmal *à
faire chabrol,* wie das die Südfranzosen nennen, aus
dem leeren, noch warmen Teller etwas Rotwein zu löf-

feln, das hilft der Verdauung und „erspart das Fünf-
frankenstück für den Arzt".

Selbst Nachtische wie die *cruchade,* eine Art Maispolenta, die auch gezuckert genossen wird, oder der *pastis gascon,* ein mit in Armagnac eingeweichten Apfelscheiben belegter Kuchenboden, sind deftige, aber
schmackhafte Kost.

In den Rebbergen des Mittellands wachsen robuste,
markante Weine heran, gute Begleiter der herzhaften
Tafelfreuden: *Gaillac, Côtes-du-Frontonnais, Côtes-
du-Tarn,* allen voran der wohl beste Rotwein Südwest-
frankreichs, der dunkle, körperreiche *Cahors,* den
schon Horaz und Vergil besangen, Liebling der Zaren
und Popen. Alles Gewächse, die wie so vieles in diesem
Land auf eine alte Tradition zurückblicken können.

In dieser Provinz ist man jedoch nicht nur der Vergangenheit verhaftet. „Der Kopf blickt zurück, aber die
Beine tragen einen nach vorn", schrieb Gustave Flaubert in seinen Erinnerungen an eine Reise in diese Gegend nieder. „O Toulouse, aïmi tèi flous, toun cel,
toun soulel d'or" („Oh Toulouse, ich liebe deine Blumen, deinen Himmel, deine goldene Sonne"), besingt
ein Chanson in der alten Sprache dieses Landes, die das
R rollt wie ihre Flüsse die Kieselsteine, die rosafarbene
Kapitale der Provinz, die mit ihrer Concorde- und Air-
busindustrie, mit dem Raumfahrtzentrum zugleich
eine Metropole der Technik von morgen ist.

Wie seine Geschichte sind auch die Landschaften des
Midi-Pyrénées an Kontrasten reich: Üppige Felder
wechseln mit dunklen Wäldern, weite Flächen mit
sanften Hügeln. Es ist die Welt des Dichters Francis
Jammes, die dieser mit seinen zarten Mädchen und
frommen Hasen belebte. Überall verstreut malerische
Dörfer, befestigte Städtchen, Wallfahrtsorte wie das
berühmte Lourdes mit seiner „Grotte der Erscheinungen", wo im Scheine vielhunderter Kerzen Klerus und
Kommerz eine eigenartige Symbiose eingegangen sind,
oder das abgelegenere *Rocamadour* am ehrwürdigen
Pilgerweg nach Santiago de Compostela, woher auch –
mit dem gebührenden, respektvollen Abstand sei es
vermerkt – der kräftig würzige Schaf- oder Ziegenkäse
gleichen Namens kommt sowie der diesem ähnliche
cabécou.

Von der Ebene südwärts hinauf in die Berge. Am an-
dern Ende der Midi-Pyrénées liegt, wie schon der
Name sagt, das Grenzgebirge zwischen Frankreich und
Spanien. Einst wildes, unwegsames Bergland, „la

grande barrière" nannten es die Anrainer, sind die Pyrenäen heute ein vielbesuchtes Wintersportgebiet mit Skilifts und Langlaufpisten in über 2000 m Höhe, aber auch mit Gelegenheiten für Wanderungen und Gletschertraversierungen.

Der Midi-Pyrénées bietet, was sein Name verspricht: sonnigen Süden und verschneite Berge, historische Stätten und moderne Kur- und Ferienorte. Sie alle, das hat sich nicht geändert, empfangen einen mit herzlicher Gastfreundschaft.

NORD – PAS-DE-CALAIS
NORDEN – STRASSE VON C.

Der Norden Frankreichs, so hört man oft, nicht zuletzt von Franzosen selbst, sei grau und platt und eintönig. Und es ist wahr: Den blauen Himmel, die strahlende Sonne des Südens sucht man hier vergebens. Dafür werfen silberne Wolken wie ein Spiegel eine ganze Palette von blauen, grauen, grünen Farben über eine stets wechselnde Landschaft, auf das wohlhäbige Flandern mit seinen Windmühlen, auf das hügelige, waldreiche Hainaut, den Hennegau, auf die Kreideböden des Artois, auf die Weiden des Boulonnais und auf die *Côte d'Opale*, die „opalene Küste" am Kanal, die nach Victor Hugo in ihrer strengen Schönheit eine der eindrucksvollsten der ganzen Welt ist.

In dieser meeresnahen Provinz fühlt man sich auf flämischem Grund, und die Region Flandern erstreckt sich ja tatsächlich von hier aus über die Grenzen hinweg bis nach Belgien und den Niederlanden. Wie dort ist der Boden hier auf weite Strecken von Menschenhand gemodelt, mit der Geduld und Zähigkeit, die seine Bewohner auszeichnen: Der Norden Frankreichs ist nicht nur einer der Industrie-Kreuzpunkte Europas – wenige Gebiete sind so dichtbesiedelt, so städtereich wie er –, sondern auch intensiv beackert und bewirtschaftet. Getreide wird angebaut, Flachs und Hopfen, Zuckerrüben, Endivien und Kartoffeln, daneben werden Rinder, Milchkühe und Schweine aufgezogen. Behagliche Gehöfte und Bauernhäuser zeugen vom Fleiß ihrer Besitzer – „hofstede", „huys" nennt man diese, denn es wird dort noch immer flämisch gesprochen.

Das macht sich auch bei den Speisen bemerkbar, der *hochepot,* ein deftiger Eintopf mit verschiedenerlei Fleisch und Gemüse, heißt zugleich *hutspot,* eine Kasserolle mit drei Sorten Fleisch *potje vleesch,* ein Kuchen *kouke.* Im allgemeinen ist die Kost einfach und bescheiden, aber an Festtagen wird aufgefahren, daß man sich in eine der bäuerlichen Szenen des Flamen Pieter Bruegel zurückversetzt fühlt. Da kommen Karbonnaden auf den Tisch, *andouillettes, boudins* und wie die Würste alle heißen, Fleisch, Kaninchen und Geflügel, dazu Lauch, Chicorée, die man hier auf belgische Art *chicon* nennt, Kohl, Trockenbohnen und Kartoffeln, Backpflaumen und Rosinen. Hinuntergespült werden sie mit dem guten einheimischen Bier, hell oder dunkel, das auch zum Kochen verwendet wird; selbst der Käse, der pikante *maroilles,* wird mit Bier abgewaschen.

Flamiche nennt sich ein Brotkuchen mit Gemüse oder Käse, *cramique* ein Hefebrot mit Korinthen. Zum Abschluß gibt es *gaufres,* Waffeln, *koeckbotteram,* Rosinenbrot, und eine *bistouille,* einen Kaffee mit *genièvre,* dem aus Getreide destillierten, mit Wacholderbeeren gewürzten Genever.

Selbstverständlich findet der Gourmet in den größeren Ortschaften auch feinere Kost, im alten flämischen Arras, Geburtsort des autokratischen Revolutionärs Robespierre, oder in der Provinzmetropole Lille, ihrerseits Heimatstadt des Generals de Gaulle. (Sein Großvater sorgte als Deputierter dafür, daß in den Schulen dort wieder das Flämische eingeführt wurde.) Neben den zugegebenermaßen nicht gerade zahlreichen Sehenswürdigkeiten gibt es hier mehr gute Restaurants als in manch anderer Stadt Frankreichs gleicher Ordnung – es lohnt sich, sie zu entdecken.

Von Lille sind es nicht mehr als gute hundert Kilometer bis zur Küste am Pas-de-Calais, den wir die „Straße von Dover" nennen, durch die Enge des Ärmelkanals. Hier, an einem der verkehrsreichsten Meeresteile unserer Hemisphäre, nimmt einen die Betriebsamkeit der Hafenstädte gefangen, in Calais, wo sich die Passagiere nach England und Übersee einschiffen, in Boulogne, wo die Fischdampfer anlaufen, in Dunkerque, Dünkirchen, wo Waren umgeschlagen werden. Versteht sich, daß vor einem da, aus erster, aus des Fischers Hand sozusagen der Reichtum des Meeres ausgebreitet wird: Glattbutt, Seezunge, Steinbutt, Wolfsbarsch und was es noch an Verlockendem gibt. Die Fische kann man auch zusammen als *waterzoï* oder als *caudière* genießen, zwei nordische Arten Bouillabaisse. Wer etwas Ungewöhnlicheres will, der halte sich an den gar nicht so gewöhnlichen Hering, den es auf vielerlei Art gibt, am besten, meine ich, frisch vom Fang grilliert oder als zarter Matjes, *vièrge,* oder dann ganz leicht geräuchert als *craquelot.* Am Rande sei vermerkt, daß in dieser Gegend auch der bewährte Rollmops nicht unbekannt ist.

Wer sich nach allem Wirbel in einem der eleganten Seebäder mit ihren endlosen Stränden ausruht, in Le Touquet zum Beispiel, der wird sich die *moules aux frites,* Miesmuscheln mit Pommes frites, nicht entgehen lassen, nichts Raffiniertes, aber ein herzhaftes Vergnügen, wie man es von Belgien her kennt.

Eine süße Spezialität des Nord schließlich sind die *bêtises de Cambrai,* die „Patzer von Cambrai", erfrischende Pfefferminzbonbons, die durch das Ungeschick eines Lehrlings erst so leicht und luftig geraten sein sollen. Keine *bêtise,* kein Fehler wäre es hingegen, sich einmal den Besuch dieser vielgesichtigen Provinz vorzunehmen, die einiges zu bieten hat, jedoch – was wiederum auch nicht ohne Reiz ist – immer noch abseits vom großen Touristenstrom liegt.

NORMANDIE

Die Normandie, fruchtbar und weltoffen, war unter ihren Besatzern, dänischen Wikingern – den „Nordmannen", die ihr den Namen gaben –, Franken und Engländern jahrhundertelang ein begehrter Zankapfel. Und ihr kulinarisches Wahrzeichen war und ist der Apfel im wörtlichen Sinn. Man erlaube mir deshalb, mich zu Anfang dieses Kapitels schon mit ihm zu beschäftigen. Diese verlockende Frucht hat ja immer schon die Phantasie der Völker beflügelt, vom Baum der Erkenntnis zum Urteil des Paris, von Wilhelm Tell bis zum Reichsapfel. Das milde Klima, lange Sommer und kurze Winter begünstigen in der Normandie die Kultur des Apfelbaums, und im Frühling hüllen seine Blüten die Landschaft des Pays d'Auge in einen zartrosa Schleier.

Der Apfel, übrigens meist weniger rotbackig als klein, hart und verschrumpelt, wandert in *boudins,* Blutwürste, begleitet Fleisch, Wild und Geflügel wie die besonders feine Ente von Rouen, den *caneton rouennais*, läßt sich als *bourdelot* zum Nachtisch in den „Schlafrock" (Teig) kleiden und wird vor allem für zwei typische Getränke verwendet, den *cidre* und den *calvados*, die man beide pur trinken kann, mit denen man aber auch *à la normande* kocht. Ersterer ein fruchtiger Apfelwein, den es in vielen Varianten gibt, von herb, *brut*, bis mild, *doux*, und schäumend, *bouché* – der Kenner unterscheidet und schätzt ihn wie den Wein nach Herkunft, Jahrgang und Apfelsorte. Letzterer verdankt seinen Namen dem vor der Küste zerschellten Schiff „El Salvador" der spanischen Armada, ein duftender Apfelbranntwein, dem man, im Laufe eines Mahls als *trou normand*, als „normannisches Loch" genossen, appetit- und verdauungsfördernde Kräfte zuschreibt; Erich Maria Remarque und Georges Simenon haben ihm als *„calva"* ein literarisches Denkmal gesetzt. Als *pommeau* aus Calvados und Cidre kann man den Apfel schließlich auch zum erfrischenden Aperitif trinken. Aber nicht nur Cidre und Calvados fließen in der Normandie, auch Milch und Sahne, denn diese Provinz ist Bauernland geblieben. Neben den Obstgärten weiden auf heckenumsäumten Triften Kühe, deren Milch feine Butter (jene von Isigny ist geradezu ein Markenbegriff geworden), Doppel-, ja Tripelrahm und weiche, sahnige Käse gibt, den weltbekannten *camembert* (der einem nicht entgegenkommen, sondern davonlaufen sollte), dem *livarot* und *pont-l'évêque*. Diese guten Dinge geben der normannischen Küche ihr Gepräge, haben ihr aber auch den nicht ganz gerechtfertigten Ruf der Wuchtigkeit eingebracht. Denn der Feinschmecker weiß: mild und sahnig ist nicht unbedingt fett und schwer – die Normandie ist eine ausgesprochen gastronomische Provinz, in der jeder Gourmet auf seine Kost und Kosten kommt. Mit einigem Recht konnte deshalb der Schriftsteller Guy de Maupassant, wie sein Freund Gustave Flaubert ein Normanne, ausrufen: „Nur die Einfältigen sind keine Feinschmekker!" Seine Landsleute sind nämlich alles andere als täppisch: „C'est un fin Normand", sagt der Franzose von einem, der besonders draufgängerisch und schlau ist.

Zum Wohlleben hat wohl auch beigetragen, daß keine andere Gegend Frankreichs so dicht von *manoirs*, Herrensitzen überzogen ist. Hier wurde verfeinert, was die Natur ringsum so verschwenderisch anbietet. Das gilt auch für Provinzhauptorte wie die Museumsstadt Rouen, wo das tapfere, arme Hirtenmädchen Jeanne d'Arc auf dem Scheiterhaufen endete, und dessen *gros-horloge* für den Normannen das ist, was der Zeitglok-kenturm für den Berner, für Évreux mit seinem schö-nen Reliquienschrein im alten Bischofspalast und, schon mehr gegen die Küste zu, für Bayeux, wo ein wie durch ein Wunder heil gebliebener Wandteppich aus dem Mittelalter in bildhaften Szenen die Eroberung Englands durch die Normannen darstellt.

Bevor wir nun aber näher an die Küste kommen, stat-ten wir rasch den *prés-salés* einen Besuch ab, den Strandwiesen, auf die Meereswinde Salz und Jod her-überwehen und die deshalb ideal würziges Futtergras für die dort weidenden Schafe hervorbringen.

Von hier aus sieht man auch schon auf die weißen Kalkfelsen, die sich mit dem satten Grün der Wiesen unter hellem Licht zu jener irisierenden Farbensinfonie verbinden, die so viele Maler angezogen hat: Corot, Monet, Matisse, Braque, Dufy und Léger, welch beide letztere den Vorrang hatten, hier geboren zu sein. Wie an den meisten französischen Küsten wechseln an die-ser *Côte d'Albâtre,* „Alabasterküste", bizarre, steil ab-fallende Klippen mit langen Stränden, elegante Seebä-der mit riesigen Hafenanlagen.

Besonders eindrücklich die Granitinsel Mont-Saint-Michel am südwestlichsten Punkt, an der Grenze zur Bretagne (viele Bretonen haben heute noch nicht ver-wunden, daß dieses grandiose Bauwerk der Norman-die zugeschlagen wurde), eine Engelsburg im Meer, in deren Abtei seit 1969 wieder eine kleine Mönchsge-meinde den frommen Geist der Stätte gegen den ent-würdigenden Touristenrummel zu schützen sucht. So wie die Küste weiter oben, in Fécamp, Benediktiner *deo optimo maximo*, Gott dem besten und größten zur Ehre, ein Wunderelixier brauten, die *Bénédictine,* ei-nen edlen Likör von rundem Wohlgeschmack; heute überwachen Schwestern von Saint-Vincent-de-Paul seine Herstellung.

In den zwanziger Jahren des letzten Jahrhunderts schon erwählte sich die Herzogin de Berry den Badeort Dieppe zum sommerlichen Aufenthalt, und bald ver-sammelte sich während der Saison die Haute Volée in Trouville, Deauville, Cabourg, den „Badeständen von Paris", wo man hinfuhr, sich distinguiert zu benetzen und – gesehen zu werden. Daß neben prächtigen Pro-menaden, Casinos und Pferderennen die Kunst der Kulinarik nicht zu kurz kam, versteht sich am Rande, dafür sorgten die Früchte des Meeres, darunter exquisite *bigorneaux,* Strandschnecken, *tourteaux,* Taschenkrebse, und *coquilles Saint-Jacques,* Jakobsmuscheln, wie natürlich auch Fische aus dem Nordostatlantik, die vor Frische glänzten; unter ihnen war und ist die *sole à la normande,* eine Seezunge mit Rahm und (ursprünglich) Cidre oder (heute meist) Weißwein, Königin.

Die großen Häfen der Normandie, Cherbourg, Le Havre, und die Küstenstriche dazwischen waren im Sommer 1944 Zeugen und Opfer der Invasion. Sie wurden zum größten Teil ausradiert – „in wenigen Tagen fielen allein auf Le Havre an der Seinemündung 11 000 Tonnen Bomben nieder", meldete General Eisenhower –, und es nötigt einem Respekt ab, mit welchem Unternehmungsgeist alles wiederaufgebaut wurde – heute sind es moderne Städte, die sich von einer bösen Vergangenheit ab- und lebendiger Zukunft zugewendet haben. Und in Caen, der Hauptstadt von Calvados, kann sich der Gourmand wieder in Ruhe die berühmten *tripes à la mode de Caen* wohlschmecken lassen. Rinderkutteln und Kalbsfüße mit Zwiebeln, Karotten, Knoblauch und einem kräftigen Kräuterbündel in Cidre und Calvados.

Es ist das Schicksal der Normandie, ein Land der Invasion zu sein. Ende des 9. Jahrhunderts drangen die Normannen ein, von hier zog Wilhelm I. aus, England zu erobern, das seinerseits die Provinz mehrmals besetzte, 1944 landeten die Westalliierten. Heute steht die Normandie vor einer neuen, weniger bedrohlichen, aber dennoch beunruhigenden Einkreisung: Aus der Hauptstadt kommen die Pariser, über den Ärmelkanal die Briten, die „*rosbifs*", sich auf diesem schönen Flecken niederzulassen – es ist ausgerechnet worden, daß es hier mehr Zweitheime gibt als Bauernhäuser; besorgte Einwohner rufen schon nach einer neuen Johanna. Es steht zu hoffen, die Normandie werde auch diese hoffentlich letzte Heimsuchung unbeschadet überstehen.

PAYS DE LOIRE
LAND DER LOIRE

Im Kapitel über das Centre haben wir die Loire, den längsten Fluß Frankreichs, seine Lebensader zwischen Nord und Süd, bis zum Anjou begleitet. Hier, bei Angers, wird sie ein letztes Mal breiter, bevor sie sich auf den Weg in den Atlantik macht. Dabei durchfließt sie ein Gelände, das zwar nicht mehr so großartig, so prunkvoll ausgestattet ist wie der obere Lauf mit seinen Schlössern und Parks – eine Landschaft, die von einem Ende zum andern sozusagen unter Denkmalschutz steht –, das dafür aber mit seinen blumengeschmückten Dörfern, seinen fruchtbaren Feldern und kleinen Gehölzen menschliches Maß hat. „Mehr als kalter Marmor gefällt mir der weiche Schiefer, mehr als alles Gepränge mein sanftes Anjou", besang der Dichter Du Bellay seine Heimat. Hier kann man sich, in „vacances discrètes", wie der Franzose sagt, erholen, ohne sich zu langweilen, dafür sorgen viel Wasser, Wälder und manche Sehenswürdigkeit auch hier. Obendrein hat das westliche Loiregebiet noch ein Atout: Es stößt ans Meer – nicht ohne Sinn heißt sein letztes Département „Loire-Atlantique".

Man gestatte mir deshalb auch, für einmal die Loire gegen den Strom von der Mündung her aufzurollen. Hier, am 80 km langen Trichter zwischen Nantes und seinem Vorhafen Saint-Nazaire, stehen gewaltige Docks und Werften, hier wurden und werden Schätze aus aller Welt in alle Welt verladen, einst Tabak, Baumwolle, Kaffee, exotische Hölzer und Gewürze – und das „schwarze Ebenholz", Negersklaven aus Afrika, heute Industriewaren, Lebensmittel und Erdölprodukte. In den Kaianlagen von Nantes befiel den jungen Jules Verne das Fernweh, das er sich später in utopischen Romanen von der Seele schreiben sollte, und die nahe Weite des grenzenlosen Meers, könnte man sich denken, ließ im Knaben Aristide Briand Pläne reifen für ein friedliches Europa ohne Grenzen.

Zum Glück blieb ein ausgedehnter Streifen an der Küste von aller Hektik unberührt. Auf beiden Seiten des eleganten Badeorts La Baule erstrecken sich kilometerlange Sandstrände, die zu den schönsten Frankreichs gehören. Zu den reich anfallenden Meeresfrüchten liefert das Hinterland gleich noch die passenden Weine,

Tropfen, die inzwischen ganz Frankreich als ideale Begleiter dieser köstlichen Ernte schätzt, den Muscadet und den Gros-Plant.

Der *Muscadet,* am besten wohl jener von *Sèvre-et-Maine,* ist sehr trocken, aber von einer leichten Würze, die noch prickelnder wird, wenn er *sur lie,* von der Hefe, direkt auf Flaschen abgefüllt ist; der *Gros-Plant* ist eher noch trockener, manchmal fast hart, aber immer noch pikant und lebendig.

Diese Weine passen auch zu den Fischen, die im Frühling, so weit es die Verschmutzung erlaubt, den Fluß hinaufziehen, dem Maifisch, *alose,* und dem Neunauge, *lamproie.* Sie kommen meist mit dem berühmten *beurre blanc* auf den Tisch, einer herrlich sämigen Buttersauce mit Schalotten, Essig und Weißwein. Zu einem anderen typischen Fischgericht, der *matelote d'anguilles,* einem leckeren Aalragout, empfiehlt sich hingegen eher einer jener Loireweine, die an anderem Ort erwähnt sind.

Das gilt auch für weitere Rezepte des Loirelands, die oft jenen der Nachbarregionen gleichen – die Grenzen sind da wie überall in Frankreich fließend –, wo aber das Kalb, seine gefüllte Brust, sein Nierenbraten, eine besondere Rolle spielt. Nicht vergessen sei, daß das Gebiet voll *galeries* ist, in denen Champignons gezüchtet werden, die frisch von einem köstlichen, erdigen Duft sind, wie wir Konservengeschädigte ihn gar nicht mehr kennen. Die gleiche Gegend ist auch ein Füllhorn von Früchten, Äpfeln, Birnen, Pfirsichen, Kirschen, Himbeeren und was es an Saftigem sonst noch gibt. Aus Pflaumen wird eine feine Süßspeise bereitet, der *pâté aux prunes,* eine Mürbeteigpastete mit Mirabellen und Renekloden, *crème fraîche* und einem Schuß jenes Fruchtlikörs, für den die Loire ebenfalls bekannt ist.

Stromaufwärts machen wir einen Abstecher nach dem hübschen Städtchen Ancenis, wo in den *Coteaux-d'Ancenis* ein weiterer süffiger Loirewein wächst. Landeinwärts gen Norden geht es dann nach Solesmes, der Mutterabtei der französischen Benediktiner, einer Feste des Glaubens, wo in einer, wenn ich sie so nennen darf, „Hochschola" die alte, bewegende Kunst des gregorianischen Gesangs gehütet und gepflegt wird, und weiter nach Le Mans, das mancher wohl nicht so sehr seiner großartigen romanisch-gotischen Kathedrale wegen kennt, sondern als lärmigen, staubigen, stinkenden Schauplatz der „Vingt-Quatre-Heures", der 24-Stunden-Autorennen jeden Sommer.

Zurück gegen die Loire zu kommen wir in die Kunst-
und Blumenstadt Angers. Sie bringt uns keinen Ner-
venkitzel, aber zur Besinnung. In der imposanten
Schloßfestung ist nämlich die älteste und größte noch
erhaltene Tapisserie zu sehen, die „Apokalypse des Jo-
hannes". „Non es homs que pogues escrieure ni recon-
tar la valor, la beutat, la noblesa d'aquelos draps!" ruft
im Jahre 1400 Bertrand Boysset ergriffen aus. „Es gibt
keinen Menschen, der die Bedeutung, die Schönheit,
den Adel dieser Teppiche beschreiben oder schildern
könnte." Dem ist heute noch nichts beizufügen – sie
sind der würdige Abschluß einer Reise durch diese se-
hens- und erlebenswerte Kulturlandschaft Frankreichs.
Nur ein Rat: Man kehre nicht gleich nach dem letzten
abgehakten Schloß zurück, sondern lasse sich auf der
Fahrt weiter westwärts von den vielen weiteren Schön-
heiten überraschen, die einen dort noch erwarten – bis
der Ozean Halt gebietet.

PICARDIE – PIKARDIE

Wer alt genug ist, kann noch jenen sentimentalen
Schlager mitsummen, den die englischen und amerika-
nischen Soldaten nach dem Ersten Weltkrieg heim-
brachten, „Roses of Picardy". Diese „Rosen aus der
Pikardie" rufen uns zweierlei in Erinnerung: daß die
Provinz zwischen Normandie und Artois in unserem
Jahrhundert Schauplatz blutiger Schlachten war – im
riesigen Wald von Compiègne wurde 1918 und 1940
in einem Eisenbahnwagen, der heute noch zu besichtigen ist, ein Waffenstillstand unterzeichnet – und daß
dies anderseits eine fruchtbare Landschaft ist, in der
Weizen, Zuckerrüben, Mais und – eben – Rosen gedeihen, denen zu Ehren in Gerberoy jedes Jahr im Juni ein
Fest gefeiert wird. Die zarte Farbenpracht mag den
genialen Maler La Tour aus Saint-Quentin angeregt
haben, seine beseelten Pastelle zu vervollkommnen.
Die Pikardie ist aber auch ein Land der Kathedralen.
(Ich habe nachgerade Hemmungen, immer auf diese
sakralen Denkmäler hinzuweisen, aber Frankreich ist,
neben allen anderen Sehenswürdigkeiten, nun einmal
das Reich der Kathedralen, und in dieser Region wird
das, im wörtlichen Sinn, besonders augenfällig.) Am
größten, vollkommensten jene von Amiens, „der abso-

lute Gipfel höchster Anmut" (Auguste Rodin), dann
Laon, Soissons, um nur sie zu nennen – an den Kathedralen der Pikardie läßt sich die ganze Entwicklung der
Gotik ablesen von den ersten Spitzbogen bis zu den
üppigen, flamboyanten Fialen- und Rippenwerken.
Die aus der Natur herausgewachsene, himmelstre-
bende Gläubigkeit wird in Jean de La Fontaine den
Grund gelegt haben zur Moral seiner Fabeln, während
der überwältigende Prunk den ebenfalls aus diesem
Land gebürtigen Reformator Jean Calvin vielleicht
mitbewogen hat, sich zu einer trockenen Theokratie zu
bekehren, die alle Pracht und Festlichkeit, ja Fröhlich-
keit verbannte – sein Zeitgenosse Karl V. nannte sie
etwas rüde, aber nicht unzutreffend mehr viehisch als
menschlich.
Die Pikardie, heißt es, ist die Provinz, die ihre Rezepte
– wie auch ihren Dialekt – am reinsten bewahrt hat.
Dazu gehören die *flamique*, ein buttriger Brotkuchen
mit Lauch, *porjon* heißt er hier, die *caghuse*, Schweine-
hachse mit Zwiebeln, oder, neben anderen, eine dicke
Suppe mit Kutteln, *soupe aux tripes*. Besonders verführerisch sind die Wildenten, die *sarcelles*, Knäk- und
Krickenten, und der *colvert*, Stockente, mit ihrem
dunklen, kernigen Fleisch. Schon die Marquise de Sé-
vigné schwärmt in einem Brief an ihre Tochter vom
legendären *pâté de canard d'Amiens*, einer Enten-
pastete, in welcher „der Vogel wie in einer Schmuck-
schatulle ruht, von balsamischen Gewürzen und Kräutern eingehüllt, deren geheimnisumwitterte Zusam-
mensetzung das Plaisier verdoppelt". Zu diesen kräftigen Genüssen nimmt der Pikarde einen herzhaften
Schluck Bier (wir selbst würden wohl einen robusten
Rotwein wählen), aber auch Apfelwein, *cidre*, oder
Birnmost, *poiré*; eine Spezialität ist sodann die *fré-
nette*, ein Gärgetränk aus Eschenblättern.
Auch die Nachtische sind altüberliefert: die *rabottes*
und *taliburs* sind Äpfel und Birnen im Teig, der *gâteau
battu*, der „geschlagene Kuchen", ist reich an Butter,
Eiern und Zucker, andere wieder werden aus Reis oder
Backpflaumen zubereitet. Die Käse sind ebenfalls
nahrhaft und pikant, der *rollot, guerbigny, manicamp*.
In der Somme-Bucht am Atlantischen Ozean weiden
wieder Schafe auf den Salzwiesen, *prés-salés*, und nah
davon, zwischen Kieferwäldern, Dünen und dem
Meer, liegen freundliche Fischer- und Badeorte, die
den nicht zu unterschätzenden Vorteil haben, weniger
überlaufen zu sein als andere, bekanntere Seebäder die

Küste weiter hinauf oder hinunter, Le Tréport, Mers-les-Bains, Cayeux-sur-Mer, Fort-Mahon-Plage. Und die Fische und Meeresfrüchte dort sind so gut wie irgendwo anders, wobei ich besonders auf die Heringe hinweisen möchte und die Herzmuscheln, die man hier *hénons* nennt.

„Die drei Edelleute nahmen den Weg durch die Pikardie, der ihnen so vertraut war", berichtet Alexandre Dumas von seinen Musketieren – es wäre kein schlechter Rat, ihnen nachzugehen.

POITOU – CHARENTES

„Glorieux, gueux, gourmand" nennt sich der *Poitevin*, einen, frei übersetzt, „glorreichen, aber armen Schlukker und großen Esser". Wie dem auch sei – eines steht fest: Für den Gourmet ist diese Provinz zwischen Loire und Gironde ein, um bei der burschikosen Sprache zu bleiben, „gefundenes Fressen". Fruchtbare Erde, weite Sumpfgebiete und das Meer bringen ein, was Herz und Magen begehren.

Wenn man hier auch nicht auf hohe Aussichtspunkte steigen kann, sich ein Bild von der Landschaft zu machen – über 350 m kommt keiner hinaus –, so birgt sie für den, der Augen hat zu sehen und einen Mund zu schmecken, doch viele Köstlichkeiten. Das Poitou ist nämlich die Schatztruhe der französischen Romanik. Ihr begegnet man in der monumentalen Kathedrale von Poitiers, in den Kirchen von Saintes, Hauptort der Saintonge, wo alle Jahre ein Folklorefestival stattfindet, in Angoulême, wo einzig die Cathédrale Saint-Pierre mit ihren großartigen Fassaden erhalten geblieben ist.

Ich erspare mir die Aufzählung weiterer weihevoller Baudenkmäler und steuere, der Kunstfreund möge es verzeihen, geradewegs auf einen Höhepunkt jeder Reise durch diese Provinz zu: nach Cognac, das zwar nicht besonders ansehnlich ist und das man auch wohl kaum aufsucht, weil Kaiser Franz I. dort geboren wurde, aus dem aber ein kostbarer Weinbrand herkommt, der seinen Namen in der ganzen Welt berühmt gemacht hat. Wo in den Reiseführern auf bauliche Sehenswürdigkeiten hingewiesen wird, heißt es hier: „die Lagerfässer des Cognac". Er ist aber auch unübertrof-

fen „an Vielfalt des Aromas, an der Breite der Ge-
schmacksfacetten, an der soliden Beständigkeit seiner
großen Qualität", wie das Gert von Paczensky aus-
drückt, ein Gourmet deutscher Feinschmeckerzunge
und profunder Kenner der edlen Materie.

Wir befinden uns in einem der beiden Départements
Charente, und Niort, eine ihrer Städte mit alten Gassen
und Blumenschmuck, ist das Tor zum berühmten Marais, einem geheimnisvollen Moorgelände, „Land der
stillen, sanften Gewässer. So still, so sanft, getragen
von so vielen Geheimnissen, daß ein einsamer Schiffer
sich einbilden könnte, er rudere außerhalb jeder Zeit,
inmitten einer verzauberten Landschaft, während sein
Boot auf dem Wasser gleitet unter der verwirrenden
Unwirklichkeit des Windes, des Lichtes und der Blätter" (Jacques Nanteuil).

Die Frösche darin wollen wir in Ruhe lassen (obwohl
sie, zugegeben, eine Delikatesse sind), aber die feinen
Gemüse aus den Poldern ringsum sollte man nicht verpassen, die zartsüßen Erbsen, den Kohl, der mit Speck
und Sauerampfer zum *farci* gefüllt wird, die milden
Zwiebeln, die Fürst de Soubise so gern hatte, daß seither viele Gerichte damit nach ihm benannt werden,
und vor allem die *mojettes,* weiße Bohnen, die man mit
Speckschwarten und grünem Knoblauch in Nußöl
oder in Butter mit *crème fraîche* ißt. Das alles ist eine
nahrhafte Mahlzeit für sich, mit Mehl, Eiern und
Fleischwürfeln als *farée,* kann aber auch zu Schweineinnereien, *gigourit,* oder zu einer saftigen Hammel-
oder Lammkeule beigelegt werden, einem *gigot*:

„Wenn der Gigot auf dem Tisch erscheint,
Nach Knoblauch duftend und auf einem Bett
   heiterer Bohnen,
Geht's gleich besser, und Wohlbehagen
   durchströmt einen."   (Paoul Ponchon)

Auch Wildgeflügel findet sich in und auf dem vielen
Wasser, Enten, Ringelgänse, *barnaches.* Nicht vergessen seien auf trockenerem Boden die wesentlich kleineren, aber nichtsdestoweniger feinen grauen Weinbergschnecken, die *cagouilles, lumas, petits-gris,* wie sie je
nach Gegend heißen; sie sind besonders würzig und
dürfen in vielerlei Zubereitung, selbst als Suppe, auf
keiner Festtafel fehlen.

Kein rechter Franzose wird nach dem Mahl auf einen
Nachtisch verzichten, auch der Poitevin und der Cha-
rentais nicht. Das kann ein Käse sein, hier meist von

der Ziege, kräftig und pikant, *chabichou, la mothe-Saint-Héray* oder andere lokale Varianten. Zu beidem, Käse und Süßem, gehört der *tourteau fromagé* aus frischem Ziegenkäse mit Eiern, Mehl, Zucker und einem Schuß Cognac zur Krönung. Aber auch die Fruchtkuchen sind nicht zu verachten, *clafoutis, grimolle*. Wer lieber beim guten *beurre de Charentes* bleiben will, frage nach einem *broyé*, einem butterzarten Mürbeteigkuchen. Von der Milch heißt es sonst – obwohl auch die *caillebotte*, der Quark, seine Anhänger hat –, der Poitevin würde sie erst trinken, wenn die Kühe Trauben fräßen. Letztere aber wandern zum größten Teil, das läßt sich nicht verheimlichen, in die Herstellung von Cognac; es sei denn, ihr Most werde direkt mit dem Weinbrand zum *Pineau des Charentes* vermischt, einem fruchtigen Likörwein, den man als Aperitif, zur in dieser Gegend besonders guten Melone oder zum Dessert trinken kann.

Die Vendée gehört für viele nicht mehr zur Charente, sondern zum Pays de Loire, und sie steht wirtschaftlich tatsächlich stark unter dem Einfluß von Nantes. Ihre Wälder jedoch, die Heide unter melancholischem Himmel, scheinen mir eher auf die Nachbarregion hinzudeuten. Es ist eine bäurische Scholle, in deren versteckten Dörfern noch die *quichenotte* getragen wird, die beidseits vorragende gestärkte Haube, mit der sich die Frauen während der Besetzungen durch die Engländer vor den Zudringlichkeiten der Soldaten zu schützen suchten – ihr Name ist nämlich eine Verballhornung von „kiss not". Dies ist überhaupt ein legendenumwittertes, wehrhaftes Land, das tüchtige Söhne hervorgebracht hat wie den „Tiger" Georges Clemenceau und den Marschall de Lattre de Tassigny, die beide aus dem Dorf Mouilleron-en-Pareds stammten und 1918 und 1945 den Schlußstrich unter die „deux victoires" gezogen haben.

Wir wollen es aber lieber mit den Dichtern halten, mit Pierre Loti aus Rochefort zum Beispiel, der, zuerst ebenfalls Marineoffizier, die Atlantikküste seiner Heimat eindrucksvoll beschrieb: „Ihre Strände erstrecken sich ohne Krümmung, schnurgerade, unendlich, und die Wellen, majestätisch wie an der Saharaküste, werden durch nichts aufgehalten." Die reizvolle Hafenstadt La Rochelle, alte Hugenottenfestung und lebhaftes Touristenzentrum, viele attraktive Badeorte wie die Sables d'Olonne und eine Kette romantischer, gastfreundlicher Inseln bieten mannigfache Gelegenheit zu erholsamem und zugleich abwechslungsreichem Aufenthalt. Er wird durch die frischen Fische und Früchte des Meers bereichert. In großen Becken, *claires*, werden, besonders um Marennes-Oléron herum, Austern gemästet (denen Epidemien und Hagelwetter die letzten Jahre arg zusetzten, die aber auf dem Wege der Besserung sind), an Pfählen, *bouchots*, Miesmuscheln gezüchtet. Von den vielen originellen Zubereitungsarten solcher Schätze an diesem Gestade seien nur wenige Beispiele genannt: Die Austern ißt man mit heißen Würstchen oder gratiniert, die Muscheln werden mit frischer Sahne und Weißwein zur *mouclade* oder über Olivenholz unter einer Decke glühender Kiefernnadeln zur *éclade*. Weitere Trouvaillen – es sind ihrer viele – mögen dem entdeckungsfreudigen Besucher vorbehalten bleiben.

PROVENCE

Für uns „gens du Nord", Nordländer, führen viele Wege in die Provence. Der eine geht, von Lyon her, das Rhônetal hinab, wo sie nach der Schriftstellerin Colette, die diese Provinz kannte und liebte, hinter Valence beginnt, „an jener Stelle, wo man die Zikaden hört"; bald ist man in Avignon, im 14. Jahrhundert Exil der Päpste, deren wehrhafter Palast nach einem anderen Bewunderer, Prosper Mérimée, „den Eindruck macht, als wäre er die Zitadelle eines asiatischen Despoten und nicht Sitz der Stellvertreter des göttlichen Friedensfürsten", und, durch gemüse- und fruchtschweres Land, wo Artischocken und Melonen gedeihen, Spargel und Erdbeeren, Quitten und Feigen, in Aix-en-Provence, der Stadt Cézannes und Zolas, in deren Brunnen, Boulevards und Hausfronten bürgerliche Kultur geradezu sinnlich wahrnehmbar wird, nicht nur zur Zeit der Musikfestspiele. Eine andere Zufahrt in die Provence führt über Italien das Mittelmeer entlang, durch die italienische und französische Riviera, die einen auf das „empéri dou soulèu" einstimmen, das flirrende „Reich der Sonne" des provenzalischen Dichters Frédéric Mistral.

Am frappantesten aber, so dünkt mich, ist die Anreise von der Dauphiné, von Grenoble her über Sisteron, wo sich die Durance und ihr Ufer entlang der Route Napoléon durch eine enge Felsschlucht fressen. Man muß dabei einige Kurven in Kauf nehmen, wird aber mit einem herrlichen Blick belohnt in die Ebenen der Haute Provence, der Oberen Provence, hinein, hinter denen die berühmte Küste, die Côte d'Azur, zu ahnen ist. Auf dieser Fahrt wird einem aber auch bewußt, daß es nicht nur eine Provence gibt, sondern daß sie aus vielen Gegensätzen besteht. Es ist nämlich ein Irrtum, sie sei ein elysisches Land nur des Lichts, der Sonne und heiterer Fülle; im Hinterland, gegen die Berge zu, kann sie auch grau sein, herb und karg. Die Äcker dort sind unfruchtbar, die Menschen verschlossen und arm. Je weiter man aber gegen das Mittelmeer kommt, öffnet das Gelände sich, das Grau weicht dem Silber der Olivenbäume, von uralten knorrigen Pinien umstandene Straßen führen durch Lavendel und Sonnenblumen, durch Weinberge und Mimosenhaine, ockernes Gelb, helles Licht geben den Ton an für die vielen Maler, die sich seit je von dieser Landschaft angezogen fühlten, Renoir, van Gogh, Signac, um nur sie zu nennen. „Als mir klar wurde, daß ich dieses Licht jeden Morgen wiedersehen würde, konnte ich mein Glück kaum fassen", sagte einer von ihnen, Henri Matisse.

Dem sonnenhungrigen Touristen sei empfohlen, zwischen die Tage am Meer Abstecher einzuschalten in dies abwechslungsreiche Hinterland. Nichts Geruhsameres, als in einem der stillen Dörfer dort (es gibt sie noch) unter Platanen vor einem Bistrot zu sitzen, einen *pastis* zu trinken, jenen milchig weißen Anis-Aperitif, der zur Provence gehört wie Knoblauch und Lavendelhonig, mit den Einheimischen (meist Männern, die Frauen gehören aufs Feld oder in die Küche) zu plaudern oder ihnen beim Boule-Spiel zuzusehen.

Das macht hungrig, und so wollen wir etwas zu essen bestellen (vom *menu touristique* sei abgeraten, es ist selten selbst seinen billigen Preis wert), eine *daube* etwa, eine Kasserolle mit lange langsam geschmortem Rindfleisch, oder ein Braten, *rôti*, eine Schulter, *épaule*, oder gar Keule, *gigot*, vom besonders würzigen Sisteronlamm. Dazu feine frische Gemüse, Auberginen, Paprika, Tomaten, Zucchini, neue Kartoffeln, die in Olivenöl, Knoblauch und Kräutern gedünstet sind. (Die Annahme übrigens, der Provenzale koche mit möglichst viel Kräutern, ist irrig. „Zu einem guten Gericht braucht es nur wenig Kräuter – die richtigen", rät der Schriftsteller Henri Bosco, der es wissen muß, er stammt aus Avignon; und nur dann, möchte ich fortfahren, werden Petersilie oder Thymian zu kulinarischen Abenteuern.) Diese Gemüse kann man auch für sich als Hauptgang genießen, sie heißen dann *ratatouille*, oder man überbäckt sie im *tian*, einer Gratinform; mit Ei werden die Auberginen zum *papeton* gebacken, aus Kichererbsmehl gibt es fladenartige *panisses*. Ganz raffinierte Köche (oder Köchinnen, deren es in der Provence viele gibt) vollenden sie, Zucchiniblüten, Zwiebeln, Tomaten, als *petits farcis* mit allerlei weicher Füllung, Milchbrot, Schinken, Kalbsbrät, Käse, zu gastronomischen Gedichten. Die Wartezeit – es ist ein Zeichen guter Küche, wenn alles frisch zubereitet wird – verkürzen wir ebenfalls mit Gemüse, Fenchel, Sellerie, Radieschen, Blumenkohl, aber diesmal roh als *crudités* mit einer *tapenade*, pikant scharfen Paste aus Anchovis, schwarzen Oliven, Kapern mit Gewürzen und Kräutern auf geröstetem Brot. Die Käse hinterher sind ebenfalls meist vom Schaf oder dann von der Ziege, *banon, brousse, cachat*.

Und was den Wein dazu anbetrifft, will ich hier gleichfalls mit einem Vorurteil aufräumen: Die *Côtes-de-Provence, Coteaux d'Aix, Coteaux des Baux, Bandols, Coteaux Varois, Palettes* haben in den letzten Jahren enorme Fortschritte gemacht, sie sind nicht mehr bloß leichtgewichtige Ferienweine (obwohl die Rosés genau das sind, aber auf ihre Art höchst erfrischend und bekömmlich), die Roten, unter idealen klimatischen Verhältnissen sorgfältig ausgebaut, können es mit manch renommierterem Cru aufnehmen und altern gut bis zu zehn und mehr Jahren.

Ich möchte wünschen, Sie seien nun auf weitere Entdeckungen im Binnenland der Provence neugierig. Die beiden Hafenstädte Marseille, das griechische Massalia, oder Toulon, das römische Telo, drohen zwar heute im Verkehr zu ersticken, aber der Ortskundige wird immer noch ein ruhiges Plätzchen finden für eine *bouillabaisse*, den – wir wandeln hier auf klassischen Pfaden – Topos aller Fischsuppen, oder ihre sanftere, cremigere Schwester *bourride*, wenn es nicht ein *aïgo sau* sein soll, eine Fischsuppe mit Kartoffeln (und natürlich Knoblauch); dazu reicht man gern eine pfeffrige *rouille* auf Röstbrot oder den *aïoli*, beides brennend scharfe Knoblauchmayonnaisen, in denen sich „die Wärme, Kraft und feurige Sonne der Provence vereinen, die aber auch den Vorzug haben, die Mücken zu vertreiben" (Mistral). Mit pochiertem Kabeljau, gekochten Kartoffeln, Kraken, Schnecken, harten Eiern und verschiedenen Gemüsen, darunter Blumenkohl und Artischocken, wird er zum festlichen *grand aïoli*. Ich selbst freue mich da jedesmal auf die *pieds et paquets*, Rouladen von Schafkutteln mit gewürztem Schweinefleisch und Lammfüßen in Wein-Tomaten-Sauce, eine Art gastronomische Marseillaise, die aber nicht nach jedermanns Geschmack ist. Wer sich nach alldem auslüften, aber nicht auf den Knoblauchduft verzichten will, der mache einen Abstecher in die Araberviertel dieser Städte, er wird dann auch begreifen lernen, daß die vielen Zuwanderer aus dem Maghreb für diese Region zu einem sozialen und politischen Problem geworden sind.

Die ebenfalls aus der Antike stammenden Namen anderer Städte der Provence, Orange, Nîmes, Arles, Apt, Carpentras, Fréjus, weisen darauf hin, daß sie Zeugen einer großen Vergangenheit vorzuzeigen haben, die oft besser erhalten sind als ihre griechischen oder römischen Vorbilder, Triumphbogen, Tempel und Amphitheater – die Stadt Vaison zum Beispiel trägt zu Recht den Beinamen „la Romaine". Selbst auf dem Land wird Vergangenes Gegenwart, beim Pont du Gard, dem Überrest einer kilometerlangen Wasserleitung der Römer, „ich zweifle, daß das Colosseum in Rom oder die ungeheure Peterskirche dort so großen Eindruck auf mein Gemüt machen könnten wie diese majestätisch übereinander gewölbten Bogen und Säulen, die so kühn und leicht zwei entfernte Berge miteinander verbinden", heißt es bei Ludwig Tieck. In einem der vielen Bergdörfer sodann auf hohem Gipfel, in der Ruinenstadt Les Baux, die, einst Minnehof ritterlicher Trobadors und Kerker finsterer Zwingherren, von Glanz und Grausamkeit des Mittelalters kündet, oder in Gordes, in dessen Renaissanceschloß ein Museum mit Werken des Op-Art-Künstlers Vasarély eine Brücke zur Gegenwart schlägt.

Von all diesen Punkten blickt man auf eine Bilderbuch-Provence mit Ockerfelsen, an deren Hängen sich altrosa und graue Dörfer festkrallen, zu ihren Füßen Kastanienwälder und Korkeichen, goldenes Korn und lila Lavendel, Öl-, Mandel- und Fruchtbäume. Darüber der Mont Ventoux, das Dach der Provence zwischen Alpen und Mittelmeer, der *ventosus*, Windumbrauste, um den der Fallwind aus dem Norden kreist, der Mistral, bevor er in die Ebene hinunter tost, Nietzsches „Wolkenjäger, Trübsalmörder, Himmelfeger", aber auch ein Unheilbringer, denn er facht wie ein Blasebalg die verheerenden Waldbrände an, die diese Region immer wieder heimsuchen wie biblische Plagen.

Nun will ich Sie aber nicht länger von der Küste abhalten, der verführerischen, deren heitere Helle die Touristen anzieht wie das Licht die Mücken. Die Massenwanderung jedes Jahr lehrt, daß viele die Hoffnung nicht aufgeben wollen, in den Badebuchten der Calanques zwischen steilen Klippen einen Platz an der Sonne zu finden. Und wem Jubel und Trubel keine Bange machen, dem sei verraten, daß es dort, von Cassis bis La Napoule, auch in der Hochsaison nicht überlaufener ist als in Sylt oder am Wörthersee – aber sonniger. Davor und danach jedoch, da wird selbst ein Jet-Set-Pfuhl wie Saint-Tropez zum kleinbürgerlichen, erzfranzösischen Provinznest, in dem noch Platz ist für einen gemütlichen Schwatz unter Nachbarn, für das Boule-Spiel auf dem Marktplatz und für eine *soupe au pistou*, eine herzhafte Gemüsesuppe mit einer Paste aus frischem Basilikum, Knoblauch und Olivenöl (einen *aïgo boulido* empfehle ich nur auf Knoblauch Geeichten, eine Suppe für den Tag nachher, die die Lebensgeister wieder weckt) oder einen *sou-fassum*, mit Reis, Speckwürfeln, Brät und Gemüsen gefülltem Wirsingkohl, in einem nicht überfüllten Restaurant. Die Provence hat sich abgeschminkt und ist wieder natürlich – und schön.

RIVIERA

1887 erschien ein Buch, in dem Stephen Liégeard eine Reise das Mittelmeer entlang beschreibt von Hyères nach Menton. Sein Titel: „La Côte d'Azur". Das war so treffend, daß es zum festen Begriff wurde, zum Paßwort für Träume: Das leuchtende Blau des Meeres verheißt in seinem blendenden Kontrast zu roten Felsen und weißen Villen ein Land ewiger Jugend (das die vielen Rentner, die sich hier niederlassen, denn auch suchen). Und diese starken Farben schwellen gegen das Land zu an, wo ein weiches, ausgeglichenes Klima das ganze Jahr hindurch Blumen in überwältigender Fülle leuchten läßt. Das beginnt im Januar schon mit Mimosen und geht weiter mit Narzissen, Jasmin, Nelken, Bougainvillea, Oleander – bis es wieder Zeit ist für Mimosen. In den Rosenfeldern um Grasse werden Blütenblätter gepflückt, 12 000 kg für ein Kilo jener Duftessenz, für die diese Parfümstadt berühmt ist.

Licht, Farben, Duft – ein paradiesischer Streifen am Meer. In Streit geraten könnte man höchstens darob, wo er beginnt und aufhört. Im Osten ist es einfach, da trennt eine Staatsgrenze die italienische von der französischen Riviera. Im Westen wird es jedoch schwieriger, gibt es verschiedene Interpretationen; für unsere Zwecke möchte ich sie bis nach Cannes führen, bevor ich sie in die Provence entlasse. Und da wir diese im vorangehenden Kapitel behandelt haben, sei empfohlen, beide Abschnitte zusammen zu lesen, sie ergänzen sich in vielem.

Das gibt mir gleich auch Gelegenheit, ein Versäumnis gutzumachen, das ich dort aus Platznot begangen habe: Wie überall an den Meeresküsten Frankreichs gibt es auch hier – wenngleich leider immer weniger – frische Fische. Ein *loup de mer*, Wolfsbarsch (der muß es sein!), über – nicht zuviel – Fenchel, *fenouil*, gegrillt, ist von köstlich natürlichem, aromatischem Geschmack. Etwas bescheidener, aber fast origineller ist die Sardine, die man in Olivenöl sautiert als *sardina soùtat* anrichtet. Und dann wundere ich mich immer wieder, daß auch der luftgetrocknete Stockfisch, ein eigentlich doch gleichfalls anspruchsloses Nahrungsmittel, in dieser verwöhnten, reichen Gegend nach wie vor eine Rolle spielt, die *estocaficada* ist fast ein Nationalgericht. Das gilt auch für die Sardelle, die gesalzen als *anchois* – nicht mehr aus dem Wasser, aber in vielen Zubereitungen aus dem Olivenöl auftaucht, in der *anchoïade*, einer Knoblauchpaste, auf der *pissaladière*, einem Zwiebelkuchen mit den kleinen schwarzen Nizzaer Oliven, und natürlich in der berühmten *salade niçoise* (der heute meist dazugegebene Thunfisch war einstmals viel zu teuer für dieses Volksgericht), zu der sonst noch Tomaten (in Vierteln, nicht in Scheiben) gehören, Radieschen, Paprikaschoten, grüne Bohnen, Zwiebeln und andere frische Gemüse, harte Eier, aber auf keinen Fall Kartoffeln, Essig oder sonst zuviel Schnickschnack; packt man diesen Salat zwischen zwei große runde Sandwichhälften, hat man ein *pan-bagnat*, ein in Olivenöl „gebadetes Brot", bei dessen Verzehr die einzige Schwierigkeit darin besteht, daß der leckere Inhalt beim Hineinbeißen auf beiden Seiten herauszuquillen droht – selbst das will gelernt sein.

Im übrigen ist man hier auch kulinarisch in der Nähe Italiens: Als Beilagen werden gern *ravioli* und *gnocchi*

gereicht, und die *macaroni broustoulit*, mit Käse überbackene Makkaroni, sind auf dieser Seite so gut wie an
der Riviera di Ponente.

Solche Spezialitäten munden in Nizza besonders, und
in dessen Nähe wächst auch der Wein dazu: der charmante *Bellet* von feinwürzigem Duft; das Rebgelände
umfaßt nur rund 40 Hektar, aber wer einer der wenigen Flaschen habhaft werden kann, soll zugreifen. Dieser Tropfen hat etwas von der nostalgischen Eleganz
der Belle Époque, die viele Orte wie Antibes, Juan-les-
Pins, Cannes, Mandelieu (Monte-Carlo lassen wir
weg, denn es gehört im engeren Sinne nicht ins französische Hoheitsgebiet) mit ihren Grandhotels, ihren Lu-
xusboutiquen und wie livrierten Villen immer noch
ausstrahlen, aller rücksichtslosen Bauwut, allem gefrä-
ßigen Beton zum Trotz. Die Zahl der gekrönten Häup-
ter und Geistesfürsten, die hier unter Palmen gewan-
delt haben, ist, in jedem Sinne, unschätzbar.

Auf kleinstem Raum drängen sich die Zeichen von dieser gesegneten Natur freigesetzter Schöpferkräfte. In
Villefranche hat Cocteau die Kapelle Saint-Pierre aus-
gemalt, in Vence Matisse die Chapelle du Rosaire;
nicht weit davon ist allein schon das Gebäude der Fon-
dation Maeght mit seinem geschwungenen Dach ein
Kunstwerk, von der Ausstellung drinnen ganz zu
schweigen. In Vallauris kann man die Töpferwerkstatt
sehen, in der Picasso zur Abwechslung Teller und
Töpfe entwarf, im Château Grimaldi in Antibes, mit
wunderschönem Blick aufs Meer, sein Atelier, heute
ein Museum, und Villeneuve-Loubet ist gar einer jener
seltenen Orte, die einem Kochkünstler ein Denkmal
gesetzt haben, ein Museum für Auguste Escoffier, den
„Koch der Könige, König der Köche", der hier geboren
wurde. An allen Ecken und Enden stößt man auf ein
„Musée de…", auf eine „Maison de…", aber diese
lückenhaften Hinweise müssen genügen – wer an die
französische Riviera fährt, den erwarten nicht nur Lu-
xus und Lebensfreude, sondern ein Feuerwerk mediterranen Geistes.

SAVOIE – SAVOYEN

Auf die Frage nach dem größten Skigebiet der Welt, hätte ich bisher auf einen Ort in der Schweiz, in Deutschland oder in Österreich getippt. Jetzt weiß ich es besser: es ist das französische Savoyen. Diese Paßprovinz an der Grenze zur Schweiz und nach Italien, zwischen Rhône und Montblanc, hat nicht nur den höchsten Berg Europas, sondern drum herum ein für jeden Wintersport hervorragend präpariertes Schneegelände mit Zentren, die untereinander um die schönsten Ski-Abfahrten und schicksten Après-Ski-Bars wetteifern: Chamonix, Megève, Courchevel, Val d'Isère.

Angefangen hat der Rummel mit der Anziehungskraft des „Weißen Berges", des Montblanc. Mit seiner Erstbesteigung 1786, der im Jahr darauf wissenschaftliche Erkundungen des Genfers de Saussure folgten, schlug die Stunde des Alpinismus. „Ich glaubte meinen Augen nicht, hielt es für einen Traum, als ich die majestätischen Gipfel, die fürchterlichen Hörner, deren Zugang mir damals so mühsam und gefährlich gewesen war, jetzt unter meinen Füßen sah", und „schweigend ziehen die Scharen der Touristen über die Normalroute auf dem Weg zum Gipfel an uns vorbei", stellt zwei Jahrhunderte später der Bergführer Michel Piola nüchtern und leicht ärgerlich fest – aus dem Alptraum ist ein vielbegangener (aber immer noch beschwerlicher) Kletterpfad geworden.

Da es dort oben nicht viel Ordentliches zu essen gibt, steigen wir wieder hinunter in eines der Täler, uns in einem der urigen Gasthäuser, die es da noch gibt, an einer währschaften Spezialität dieses Berglands zu stärken, an einer wärmenden *fondue*, einer *péla* aus Kartoffeln, Zwiebeln und Reblochonkäse oder einem *farçon*, goldgelb überbackenem Kartoffelpüree mit Eiern, Milch und Kräutern.

Die Kühe von den umliegenden Almen geben nämlich eine besonders würzige Milch, und die *fromageries* machen daraus ausgezeichnete Käse, *emmental* und *beaufort*, mild sahnigen *reblochon*, der *coulant* sein muß, fließend, eine erdige *tomme*, die aus Kuh- oder Ziegenmilch sein kann, oder einen weichen *vacherin*, den man reif aus der Rinde oder aus dem Spanring löffelt – als Schweizer darf ich es sagen: alles Käse von besonderer Güte und besonderem Geschmack, die keine Konkurrenz von der andern Seite zu fürchten brauchen.

Nicht nur Skifahrer und Bergsteiger, auch Naturfreunde und Erholungsbedürftige finden in dieser Provinz jedoch ihr Revier. So erstreckt sich gegen Norden das Avant-Pays, das Alpenvorland. Eine bäuerliche Flur, beruhigend und erquickend. Das läßt sich auch von den rustikalen Gerichten sagen, die man dort vorgesetzt bekommt: Würste, *diots* mit Zwiebeln, *saucisses au chou* mit Kohl, oder *matafans*, Kartoffel-, Speck-, Spinatpfannkuchen; da hier auch Mais wächst und das Piemont nah ist, gibt es da und dort eine *polenta*, die mit Käse angereichert wird.

An Weiden und Wäldern, an Schlössern und barocken Dorfkirchen vorbei kommt man in die Ebene des Genfer Sees, und die Stadt an seinem Südende war tatsächlich jahrhundertelang das begehrte Eroberungsziel der Grafen von Savoyen, Herzog Charles, heißt es, habe Genf so geliebt wie der Gourmand einen feisten Kapaun – zum Fressen gern! Früh schon und heute noch betrachtet umgekehrt der Genfer das französische Chablais als „sein" Ausflugsgebiet, den Salève als „seinen" Berg, und die Savoyarden nennen das Gelände davor „Genevois". Dieser „Garten Savoyens" den See entlang hat mit seiner anmutigen Landschaft, mit seinen blumengeschmückten Dörfern und heilsamen Bädern wie Thonon und Évian begeisterte Besucher angezogen, die englischen Dichtertouristen Shelley und Lord Byron, den „Löwen der Romantik", den Genfer Bürger Jean-Jacques Rousseau, jenen ersten „Grünen", der in seiner „Nouvelle Heloïse" dem Dorf Meillerie ein Denkmal setzte, den liebenswürdigen Zeichner Rodolphe Toepffer, der den Kurgästen hier attestierte: „Wem es schon nicht besonders schlecht geht, dem sollte es bei dieser Art von Leben doch noch besser gehen."

Und was der Lac Léman hergibt, Barsch, *perche*, und Felchen, *féra*, kann man auch an diesem Ufer genießen, als *friture* fritiert oder an einer delikaten Sauce. Die allerfeinsten Seefische jedoch, Saibling, *omble chevalier*, und Blaufelchen, *lavaret*, kommen aus dem Lac d'Annecy und dem Lac du Bourget am andern Ende der Voralpenebene, denn die sind noch weitgehend unverdorben und sauber. Man versteht heute noch, daß die reizvollen Kur- und Badeorte Annecy, Chambéry, Aix-les-Bains in den vergangenen Jahrhunderten das

Ziel schwärmerischer Geister war, Rousseau verbrachte hier Jahre „voller Glück und Unschuld", der Dichter Lamartine schenkte seiner Liebsten eine „Ode an den See":

„Eines Abends, erinnerst Du Dich?, glitten wir ruhig dahin,
aus der Ferne, über dem Wasser und unter dem Firmament,
hörte man nichts als das Geräusch der Ruderer,
die im Takt die Wellen schlugen."

In kleinen Parzellen an Hügeln und Hängen wachsen bis 100 m hoch Weine, die nicht nur Wintersportler schätzen gelernt haben. *Seyssel* und *Crépy* vom Genfer See ähneln in ihrer trockenen Frische ihren Schweizer Vettern, während die *vins de Savoie* und *roussettes* weiter innen eigenständigen Charakter haben, sie sind fein, leicht und (gefährlich) süffig. Das macht sie auch zu ausgezeichneten, spritzigen Schaumweinen, *perlants* und *mousseux*.
Die ortsüblichen Spirituosen schließlich – der würzig trockene Vermouth *chambéry* aus vielen Bergkräutern und Pflanzen, der aromatische *génépi* aus Beifuß wie auch der *kirsch* aus *merises*, Wildkirschen – erinnern uns wieder daran, daß wir uns in einem Alpenland befinden, das mit Skizirkus und historischen Stätten, mit Kunst und Kuren jedem etwas zu bieten hat.

VALLÉE DU RHÔNE
RHÔNETAL

Wissen die vielen, vielen Autofahrer eigentlich, was sie verpassen, wenn sie Jahr für Jahr auf der Autoroute du Soleil die Rhône entlang den Fuß nicht vom Gaspedal nehmen, um möglichst schnell in den Midi zu kommen? Diese Frage richtet sich für einmal nicht so sehr an den Kunstfreund als an den Feinschmecker (und ist deshalb der sach- und fachgemäße Abschluß unserer Wanderung durch die kulinarischen Provinzen Frankreichs).
Dieser Fluß – die Franzosen nennen ihn *den* Rhône, was majestätischer und ihm angemessener klingt, denn er ist, auch wenn ihm Staumauern, Schleusen und Kraftwerke mehr und mehr zusetzen, immer noch ein

stolzer Strom – wendet sich, von Savoyen her kommend, bei Lyon gen Süden, um von daher fast schnurgerade auf die Provence zuzufließen, ins Mittelmeer. Natürlich kommt er an mannigfaltigen Landschaften vorbei, an mancher kulturellen Sehenswürdigkeit, aber die meisten Namen lassen, mit Verlaub, beim Gourmet das Wasser im Mund zusammenlaufen.

Das fängt schon mit der Bresse an, stillem, fast altmodischem Bauernboden und „Land des Geflügels". Ihre Hühner, Poularden, Kapaune und Puten dürfen als einziges Federvieh in Frankreich eine *appellation controlée* tragen, und das blauß-weiß-rote Gütesiegel bietet Gewähr dafür, daß es vor seinem unumgänglichen Ende zufrieden im Freien scharren, Maiskörner picken und sich mästen durfte. „Die kulinarische Qualität eines Bressehuhns mit der eines tiefgefrorenen zu vergleichen, käme einer Beleidigung des ersteren gleich", stellt Wolfram Siebeck fest, ein weiterer deutscher Gourmet, der mit Geschmack zu kosten, kochen und schreiben versteht. Das Gemüse der Bresse ist der *cardon*, eine Art wilde Artischocke, ihr Käse der *bleu de Bresse*, geschmeidig und blaugeädert.

Ist die Bresse der Vorgarten des oberen Rhônegrabens, so ist Lyon seine Küche. Es ist (neben Paris wieder einmal) das Zentrum der französischen Gastronomie, die maßgebenden Führer Gault + Millau und Michelin zeichnen seine Restaurants mit den meisten *toques*, Kochmützen, und *étoiles*, Sternen, aus. Hier schwingen bewunderte und verhätschelte Küchenchefs den Löffel, hier wurde die *nouvelle cuisine* ausgeheckt, die besser ist als ihr Ruf inzwischen – die Abkehr von allem Überladenen, Mastigen zu natürlicher Frische war damals durchaus am Platz und an der Zeit –, hier stehen in den „*bouchons*" (man lasse sich von der oft einfachen, ja primitiven Einrichtung nicht abschrecken) noch *mères*, Köchinnen am Herd und üben eine Kochkunst, die der Gastrosoph Brillat-Savarin, der aus dem nahen Belley stammte, „überlegt und überlegen" nannte. Morgens schon wird die Arbeit mit einem „*mâchon*" unterbrochen, einem „Imbiß zum Kauen" aus kaltem oder warmem Schweinernem, vielerlei Würsten, *rosettes, andouilles, boudins* – die Zwiebeln dazu sind ein Lyoner Markenzeichen –, aus Kartoffel-, Linsen-, Löwenzahnsalat mit Speck und anderem; daß diese Pinten vorwiegend von Handwerkern und Arbeitern aufgesucht wurden, belegen die Namen einiger Gerichte: Der *tablier du sapeur*, Lederschurz des Pioniers, ist ein in geschlagenem Ei panierter Rindermagen, *gras-double* (und gar nicht ledern!), die *cervelle de canut*, Hirn des Seidenwebers, ist ein gesalzener, gepfefferter Frischkäse mit Schalotten, Kräutern, *crème fraîche* und Weißwein. Dazu passen frisch-fruchtige *Coteaux du Lyonnais*, die man hierzulande viel zu wenig kennt, oder ein *pot beaujolais*, jener lebhafte Rotwein, den man, wie wir das getan haben, dem Burgund zuschlagen kann, der jedoch ebensogut zum Lyonnais gehört. Die Juwelen der Lyoner Küche aber sind die Fleischgerichte, Ochsenbraten mit Mark, gefülltes Kalb *en vessie*, in der Blase, die sieben Stunden lang geschmorte Lammkeule, *gigot d'agneau*, oder die Poularde *demideuil*, in „Halbtrauer", mit schwarzen Trüffelscheiben auf dem weißen Fleisch.

Die meisten Käse kommen aus umliegenden Regionen, aber die milden *rigottes* und der feinwürzige *mont d'or* aus Ziegen- oder Kuhmilch beweisen, daß es in dieser Gegend eine hochstehende Viehzucht gibt. Eine Baisertorte mit Erdbeeren und Schlagsahne, *vacherin aux fraises*, ein warmer Krapfen, *bugne*, oder ein Mandelkuchen mit Kirsch, *tarte aux amandes*, sorgen dafür, daß niemand hungrig vom Tisch aufsteht.

Ansonsten aber ist Lyon, das nach Daudet „von drei Flüssen begossen wird, Rhône, Saône und Beaujolais", eine moderne, geschäftige Großstadt mit zwar weitläufigen Anlagen, aber nicht gar vielem Sehenswerten. Es scheint mir bezeichnend, daß sie überwiegend wißbegierige und abenteuerlustige Männer hervorgebracht hat, den Physiker Ampère, der elektrodynamische Erscheinungen durchforschte, die Gebrüder Montgolfier, die den Warmluftballon erfanden, den Dichterpiloten Saint-Exupéry. Immerhin wirkte in Lyon auch ein Politiker und Bürgermeister, Edouard Herriot, der eine kenntnisreiche, einfühlsame Beethoven-Biographie geschrieben hat. Überhaupt spielen hier Musik und Theater immer noch eine Rolle, und das großartige *musée historique des tissus*, das Stoff-Museum, ist mehr als einen kurzen Besuch wert.

Wen es immer noch nach kulinarischen und anderen Entdeckungen gelüstet, dem seien Abstecher empfohlen nach Pérouges, dem französischen Perugia, einer mittelalterlichen Stadt wie aus dem Bilderbuch, nach Roanne, Mionnay, Vonnas oder Vienne (von deren römischen und mediävalen Baudenkmälern sei ausnahmsweise nicht die Rede) – alles Pilgerziele von Feinschmeckern aus aller Welt.

Nicht weit von Lyon die Rhône hinab beginnt ein
Landstrich, der vor allem für seine Weine berühmt ist.
Ich kenne Önologen, die durchaus einen *Romanée-
Conti*, einen *Lafite-Rothschild* zu würdigen und zu
schätzen wissen, die auf die Frage nach ihrem Lieb-
lingswein aber mit „*Côtes-du-Rhône*" antworten. Damit meinen sie natürlich nicht die allgemeine Appellation, obwohl auch sie ausgezeichnet sein kann, körperreich, vollmundig und trotzdem von kräftiger Frische,
sondern eines der Spitzengewächse darunter. Auf Straßen neben der Rhône mit Dörfern, durch die pausenlos
Lastwagen rattern, kommt man an ihren Lagen vorbei:
die *Côte-Rôtie*, samtig voll und blumig, *Condrieu* und
Château-Grillet mit in jeder Hinsicht kostbaren Weißen, *Saint-Joseph*, zusammen mit *Crozes-Hermitage*
eine zum Glück heute noch erschwingliche erste
Adresse, der kräftige, solide *Cornas*, der feine, leichte
weiße *Saint-Péray* sodann, aus dem man auch einen
vorzüglichen Schaumwein macht. An den Südhängen
der Stadt Tain-l'Hermitage wächst der *Hermitage*, ein
rot wie weiß außergewöhnlicher Wein; wir befinden
uns nicht weit vom 45. Breitengrad, wo Bise und Mistral aufeinanderstoßen, wo noch Tannen stehen und
schon Lavendelfelder beginnen, und diese Kreszenzen
sind die vollkommene Verbindung von nördlicher Finesse und südlicher Üppigkeit. Weiter hinunter kommen wir, nach dem gefälligen *Lirac*, in die Ausläufer
der Provence, der wohl auch der *Châteauneuf-du-Pape*
von der einstigen Sommerresidenz der Päpste zuzu-
rechnen ist mit Rebflächen, deren große Kieselsteine
die Wärme speichern; er hat Kraft, Fülle und ein rei-
ches Bukett (obwohl Massenproduktion und überfor-
derte Preise seinem Ansehen die letzten Jahre geschadet
haben – auch hier muß man wie anderswo auf das
Qualitätsbewußtsein und die Vertrauenswürdigkeit
des Erzeugers achten); insbesondere möchte ich auf die
zwar rare, aber wunderbar rassige, wuchtige weiße
Ausgabe hinweisen.

Wir sind am Ende unserer notgedrungen gedrängten
und schon deshalb sehr persönlich gefärbten Beschrei-
bungen der kulinarischen Provinzen Frankreichs. Wie
sagt doch der Guide Michelin, wenn er auf einen besonderen Reiz aufmerksam machen will? „Vaut le
voyage". Wahrhaftig, Frankreich ist, auch und gerade
gastronomisch, eine – nein: *viele* Reisen wert.

2

Kulinaria von A bis Z
Französisch–Deutsch
Deutsch–Französisch

à, au, aux   An, auf, bei, in, nach, zu
– **discrétion, volonté**   Nach Belieben, soviel man will
– **point**   Gargekocht, ↑ *point, à*

Aal   *anguille* [ãgij] f

abaisse   Ausgerollter Teig-, Kuchen-, Pastetenboden

abalone   (Amerik.) Meerohr, ↑ *ormeau*

Abatilles   Reines, stilles Mineralwasser

abat(t)is   Geflügelklein

abats   Eßbarer Abgang, Innereien von Schlachtvieh

abeille   Honigbiene

abignades   Gänseklein in Gänseblut (Landes/Aquitanien)

ablette   Laube, Ukelei, Weißfischchen aus dem Süßwasser, angenehmes, aber grätiges Fleisch, meist fritiert

abricot   Aprikose, Marille, gute Zeit Juni–August; Aprikosengeist, TT 6–8°; Aprikosenlikör (*crème d'a.s*), TT 8–10°

absinthe   Absinth, Branntwein aus bitter-aromatischem Wermut mit Anis und Fenchel, wegen Nervenschädlichkeit verboten und durch ↑ *pastis* ersetzt

AC   „Appellation contrôlée", kontrollierte Herkunftsbezeichnung einer Qualitätsware, eines Qualitätsweins, entspricht bei letzterem etwa einem deutschen Qualitätswein b. A.; ↑ a. *AO(C)*

accunicciatu   Schmorgericht aus Hammel-, Lamm- und/oder Pferdefleisch und Kartoffeln (Korsika)

acerbe   Bitter, herb; Wein: unreif, unharmonisch

achar(d)   (Indien) pikante Mischung von geh. Früchten und Gemüsen, in gewürztem Essig eingemacht

acide   Sauer, scharf

acidulé, acidifié   Leicht säuerlich pikant; mit Essig oder Zitrone gesäuert
  bonbon –   Saurer (Frucht-)Drops

acquit (pour)   Empfangsbestätigung, Quittung

A

addition Rechnung (in Restaurant, Café usw.); ↑ a. *note*

à discrétion Nach Belieben, soviel man will

aettekees Brüsseler Käse, ↑ *fromage de Bruxelles*

agar(-agar), mousse du Japon, de Ceylan (Ostasien) Agar-Agar, Pflanzenschleim aus Meeresalgen, statt Gelatine verwendbar

agaric, psalliote Agaricus, Gattung der Hut- und Lamellenpilze mit Champignons, Egerlingen und vielen weiteren eßbaren Arten
– **champêtre** Feldchampignon, ↑ *rosé des prés*
– **des bois, des forêts** Kl. Waldchampignon, ausgezeichnet, aber wenig ergiebig; auch roh genießbar; gute Zeit Juni–Oktober

agiter Schütteln, bewegen, schwenken
– **avant de s'en servir** Vor Gebrauch schütteln

agneau Lamm (männlich oder weiblich, *agnelle*), gute Zeit Dez.–Juli, noch nicht ein Jahr alt; Lammfleisch; Fleischteile und -stücke; ↑ Lamm
– **blanc, laiton** 3–4 Monate altes, noch nicht entstilltes Lamm, bes. zart
– **gris, de boucherie, broutart** 4–9 Monate altes Lamm, festes, ausgeprägt würziges Fleisch
– **de lait, de pâques, pascal, agnelet** 4–6 Wochen altes Milch-, Osterlamm, gebr., grilliert delikat, aber etwas fade

Agnès Sorel Garnitur aus Geflügelmousse, zerkleinerten Champignons und Pökelzunge; ↑ a. *crème Agnès Sorel*

agrume(s) Zitrusfrucht; a. Pflaumensorte, aus der man Backpflaumen macht, ↑ *pruneau*

Aigle Geschmeidiger, füllig-trockener Weißwein mit Bodengeschmack, a. guter Rotwein aus dem ↑ *Chablais*, TR 1–3 Jahre, TT 9–11°(Waadt/Schweiz)

aigle de mer Ugs. für Adlerfisch, ↑ *maigre*, oder Adlerrochen, ↑ *raie aigle*

aiglefin Schellfisch, ↑ *églefin*

aïgo boulido, bouïdo „Gekochter Knoblauch", trad. Suppe aus mit Kräutern, insbes. Salbei, in Wasser gek. Knoblauch auf mit Olivenöl getränkten Brotscheiben (Provence)

aïgo saû, saou Fischsuppe mit Kartoffeln, Tomaten und Zwiebeln; die Brühe wird auf mit Olivenöl getränkten Brotscheiben serviert, Fische und Kartoffeln gesondert (Provence)

aigre(let) Herb, sauer; Wein: säuerlich, mit Essigstich
– **-doux** Sauersüß

Aiguebelle Klosterlikör aus über 50 Kräutern, grün, *vert:* alkoholisch kräftig, gelb, *jaune:* mild süß, TT 8–10° (Zisterzienserabtei A. bei Montélimar/Rhônetal)

aiguillat Dornhai, Meerfisch, festes, schmackhaftes Fleisch, in deutschsprachigen Ländern als „Seeaal", ger. Bauchlappen als „Schillerlocken" im Handel, läßt sich grillieren, schmoren, marinieren und räuchern; ↑ a. *requin*

aiguillette Schmaler Streifen Geflügel-, Federwild-, a. anderes Fleisch, ↑ a. *magret*; Huftspitz vom Rind, ↑ *culotte, pointe de*; ugs. a. für Hornhecht, ↑ *orphie*
– **baronne, de cœur** Huftspitz vom Rind, ↑ *culotte, pointe de*

ail Knoblauch, Knofel, Gewürz- und Nahrungsmittel vorw. des Midi, penetrant süßlich-würzige Zwiebelknolle, rose, *rose* (fälschlich oft rot, *rouge*, genannt), milder als weiß, *blanc*; auch als Pulver, *en poudre, en semoule* erhältlich
– **des ours** Bär(en)lauch, wilder Knoblauch, Blütenrispen frisch oder getr. kräftig würzig
– **d'Espagne, rouge** Rockenbolle, ↑ *rocambole*
– **doux** Junger, milder Knoblauch, a. als Gemüse verwendbar
  à l' – Mit Knoblauch(sauce)
  bulbe, tête d' – Knoblauchknolle (mit mehreren Zehen)
  gousse d' – Knoblauchzehe

aile Flügel

aileron Flügelspitze; Fischflosse

aillade Mit Knoblauch bereitete Zutat: Salatsauce mit Knoblauch, *sauce a.*, oder geröstete, mit Olivenöl getränkte und mit Knoblauch eingeriebene Weißbrotscheibe, ↑ *chapon*; Knoblauchmayonnaise, ↑ *aïoli*, mit zerstoßenen Nüssen

aillé(e) Mit Knoblauch gewürzt, eingerieben, gespickt, zubereitet, garniert

aïoli, ailloli, pommade Würzige Knoblauchmayonnaise, zu Vorspeisen, als Zutat zu Fischsuppen usw., ↑ *bouillabaisse, bourride*
– **garni, grand –** Provenzalisches Festessen: pochierter Fisch, gesottenes Lamm-, Rindfleisch, Gemüse mit Schnecken und harten Eiern an ↑ *aïoli*

airelle (rouge, de Scandinavie) Preiselbeere, Kronsbeere, herbsäuerlich, gute Zeit Juli–August (Alpen, Zentralmassiv); in Südfrankreich a. Heidelbeere, ↑ *myrtille*; Preiselbeergeist, TT 6–8°
– **myrtille, noire** Heidelbeere, ↑ *myrtille*

aisy (cendré), cendré d' – Fruchtig-erdiger Weichkäse aus Kuhmilch, unter Rebholzasche gereift, Fettgeh. 45 %, gute Zeit Oktober–Juni (Burgund)

Aix-en-Provence, (Coteaux d') Stadt in der fruchtbaren Ebene der Rhônemündungen, Zentrum von Oliven-, Mandel- und Rebkulturen; gefällige, trockene weiße (TT 7–9°), fruchtige rosé (TT 9–11°) Weine, beide jung und am besten in der Region zu trinken; a. nervig süffige rote Weine (TR 2–7 Jahre, TT 13–15°) (Provence)

à la Auf Art, nach Art (von)

albigeoise, (à l') Mit gefüllten Tomaten, Kartoffelkroketten, auch gehacktem Schinken (Midi)

alcool Alkohol; Branntwein, Schnaps; Likör
– blanc Klarer Branntwein, ↑ *eau-de-vie blanche*

alcools Schnäpse, Spirituosen

algérienne, (à l') Mit panierten Süßkartoffeln, knoblauchgewürzten Tomaten, Auberginen usw. in Olivenöl

alicot, a(i)licuit Rustikales Ragout aus Geflügelklein, meist von Truthahn oder Gans, mit Knoblauch, Karotten und Kartoffeln (Béarn, Languedoc)

aligot Dicker Brei aus Kartoffeln und (Cantal-)Käse mit Knoblauch, auch süß mit flambiertem Rum (Auvergne, Rouergue/Midi)

aligoté Anspruchslose weiße Burgunderrebe; einfacher, aber angenehm durststillender, herzhaft trockener Wein daraus, am besten in der Region, a. als ↑ *kir*, zu trinken, TR 1–5 Jahre, TT 7–9° (Burgund, a. Savoyen)

aliment Nahrungsmittel, Speise

alimentation Ernährung, Verpflegung; Lebensmittel(laden)
– générale Lebensmittelhandlung

alise, alize (des bois) Elsbeere, Scheinfrucht der Eberesche, angenehm feinsäuerlich, für Gelees und Marmeladen; Elsbeergeist, TT 6–8°

allumette(s) Streich-, Zündholz; mit salziger oder süßer Farce bestrichenes, im Ofen überbackenes Blätterteigstäbchen; Streichholzkartoffeln, ↑ *pommes de terre a.*

alose (vraie), grande –, finte, poisson de mai Alse, Maifisch, Heringsfisch aus Flüssen, auch Meer, etwas fettes, grätiges, aber – bes. im Frühling – zartes, wohlschmeckendes Fleisch; verträgt keinen Transport; a. geräuchert erhältlich

alouette Lerche, auch in Frankreich unter Naturschutz
– sans tête Fleischroulade, ↑ *paupiette*

Aloxe-Corton [aloß-kortō] Gemeinde der ↑ Côte-de-Beaune mit königlichen Weinen, füllig-reichen roten (TR 10–12 und mehr Jahre, TT 14–16°) und erlesen aromatischen, trockenen weißen (TR 5–10 Jahre, TT 11–13°); die Großen der Gegend tragen nur den Namen ↑ *Corton* (rot) oder ↑ *Corton-Charlemagne* (weiß) (Burgund)

aloyau Das delikate Roastbeef, Nierstück, Beiried des Rinds, enthält die Lendenstücke ↑ *bifteck, filet, contre-filet* sowie das Rumpsteak, ↑ *romsteck*

Alsace Elsaß, hist. Region im W des Oberrheins, ↑ S. 17 ff.; meist ausgeprägt rassig-elegante weiße, aber a. frischfruchtige rosé und rote Weine, alle jung und kühl zu trinken
vin d' – Herkunftsbezeichnung für Elsässer Weine mit Appellation contrôlée, ↑ *AO*; die besten tragen das Prädikat „Appellation Alsace Grand Cru Contrôlée"

alsacienne, (à l') Mit Sauerkraut, Schinken, gepökeltem Schweinefleisch, Wurst usw.; mit Gänseleber; Fruchtkuchen mit Eierguß

Alsterwasser *(demi) panaché* [(dömi) panaschē] m

alt *vieux* [wjȭ] m, *vieille* [wjäj] f

amande Mandel, frisch gute Zeit Juni–August; allg. Fruchtkern
– **de mer** Samtmuschel, Meeresweichtier, mäßiges, gern etwas zähes Fleisch, läßt sich roh mit Zitrone, besser aber gefüllt essen

amandine Weiches Mandelgebäck, oft mit Aprikosenguß

amanite Wulstling, Pilzfamilie mit versch. (meist nicht roh) eßbaren Arten
– **des Césars** Kaiserling, ↑ *oronge*

ambassadeur, ambassadrice Mit reicher Garnitur wie Geflügel-, Gänselebermousse, mit Champignonpüree gef. Artischockenböden, Herzoginkartoffeln, geriebenem Meerrettich usw.; ↑ a. *potage ambassadeur*

amer, amère Bitter, herb; (Magen-)Bitter, ↑ *bitter*; Wein: zuviel Gerbsäure, unangenehmer Nachgeschmack

américaine, (à l') Hummer-, a. andere Meereskrebsstücke mit Schalotten, Tomaten, Würzkräutern in heißer Butter und Olivenöl sautiert, mit Cognac flambiert und mit Weißwein abgelöscht; Fisch mit Hummerschwanzscheiben und ↑ *sauce américaine*; Eier, Geflügel, Grillfleisch mit Tomaten und Speck; ↑ a. *salade américaine*

Amer Picon Erfrischender bittersüßer Aperitif aus Wein und Weindestillat mit Chinarinde, Orangenschalen und Kräutern (vorw. Enzian); läßt sich auf Eis oder (auch zusammen mit etwas Fruchtsirup) verdünnt oder in Bier (*Picon bière*) trinken

Amigne   Gehaltvoll nobler, süffig trockener weißer Dessertwein, TR ab 2–3 Jahren, TT 9–11° (Wallis/Schweiz)

amiral, (à l')   Mit geb. Austern, Miesmuscheln, Champignon- und Trüffelscheiben an ↑ *sauce Nantua*

amourette   Rückenmark von Lamm, Rind oder (am feinsten) Kalb

amuse-bouche, amuse-gueule   „Gaumenfreude", Appetithäppchen, Vor-Vorspeise

Ananas   *ananas* [anana] m

anchoïade, anchoyade   Sardellenpaste mit Knoblauch, Olivenöl, a. einem Schuß Essig usw., zu Vorspeisen oder auf Brot überbacken (Provence)

anchois   Sardelle, kl. fetter Heringsfisch; wo erhältlich, fangfrisch grilliert, fritiert oder gebr. besser als aus der Konserve

– de Norvège   Sprotte, ↑ *sprat*

Anchovis   *anchois salé* [āschoa ßalē] m, *anchois à l'huile* [āschoa alüil] m

ancienne, (à l')   Mit geh. Zwiebelchen und Champignons; allg. nach alter, überlieferter Art zubereitet und garniert

andalouse, (à l')   Mit Auberginenscheiben, Paprikaschoten, Tomatenhälften und Paprikarisotto oder Pilaw, a. Würstchen; ↑ *sauce andalouse*

andouille   Gewürzte Gekrösewurst aus kleingeschnittenen Darm- und anderen Stücken vom Schwein, meist kalt in Scheiben gegessen; oft allg. Name für Wurst, ↑ *saucisse*

andouillette   Gewürztes Gekrösewürstchen aus kleingeschnittenen Darm- und anderen Stücken von Schwein und/oder Kalb, meist warm gegessen

âne, ânon   Esel, Eselfüllen; ihr Fleisch wird heute noch da und dort in Frankreich geschätzt, vor allem in Pasteten und Würsten

aneth, faux anis, fenouil bâtard   Dill, Gurkenkraut, Küchengewürz, Blätter, Blattstiele und Stengel kleingeh. leicht süßlich-scharf, nur frisch oder tiefgefroren verwenden

ange (de mer), angel(ot)   „Meerengel", Engelhai, festes weißes Fleisch, ganz oder gehäutet auf dem Markt

angélique, herbe aux anges   Angelika, Engelwurz, Gewürz- und Heilpflanze, Blätter, Stiele (frisch), Samen,

Wurzeln (getr.) angenehm süßlich-bitter; Angelikatee, anregend und nervenstärkend

anglaise, (à l') In Wasser, Dampf, auch Sud gegart; gegrillt oder paniert; ↑ a. *paner à l'anglaise, crème anglaise*

anguille Aal, Meer- und Flußfisch, fett, aber fein und wohlschmeckend, muß gehäutet werden; vielseitig verwendbar: gek., gebr., gegrillt, mariniert, in Gelee usw., vor allem aber geräuchert
– **fumée** Räucheraal
– **de mer** Meeraal, ↑ *congre*
– **au vert** „Aal grün" mit Kräutern, aus dem Kräutersud

angula Glasaal, sehr junger, durchsichtiger Aal

animelle(s) Hoden von Schlachtvieh, insbes. Stier und Widder

anis Name verschiedener aromatischer Kümmel-, Würzpflanzen, insbes. des Anis, ↑ *anis vert;* ↑ a. *anisette*
– **âcre, aigre** (Kreuz-)Kümmel, ↑ *cumin*
– **étoilé, de Chine** Sternanis, ↑ *badiane*
– **vert, cultivé, petit –** Anis, Gewürz- und Heilpflanze, getr. Früchte süßlich-aromatisch, als Würze oder wie Petersilie verwendbar
  faux – Name versch. Küchengewürze, ↑ *aneth, carvi, cumin*

anisette, anis Zart-feuriger, erfrischender Likör aus Anis, Sternanis, Süßholzsaft und versch. anderen Würzkräutern, meist verdünnt getrunken; mit ↑ *pastis* aufgefüllt wird daraus ein „*perroquet*"

Anjou Hist. Provinz im NW Frankreichs, heute das Dép. Maine-et-Loire, ↑ Pays de Loire, S. 63 ff.; beachtliche trockene, halbtrockene und süße Weiß- und Schaumweine, charmant-vollmundige Rotweine mit gutem Qualität-Preis-Verhältnis, jung zu trinken; am populärsten der halbtrockene *Rosé d'Anjou*, lieblich fruchtig, heute meist besser und weniger süß als sein Ruf, TR 1–3 Jahre, TT 8–10° (aufgepaßt: *Anjou Cabernet* trockener Rotwein, *Cabernet d'Anjou* eleganter Rosé)

anôn Atlantik, Ärmelkanal: Schellfisch, ↑ *églefin*

antiboise, (à l') Mit Weißfischchen, Knoblauch und Petersilie geb. Eier; mit Zucchetti- und Tomatenschichten gratinierte Rühreier; gegrillte Tomaten mit Sardellenfilets, Thunfischstücken und Brotkrumen; kalte gefüllte Tomaten (Riviera)

antillais Rum mit Coca-Cola

anversoise, (à l') Mit jungen Hopfensprossen, in Butter oder Rahm gedünstet

AO(C) *„Appellation d'origine (controlée)"*. Käse, Wein, a. Geflügel, Olivenöl, Calvados: Herkunft und Herstellung kontrolliert, 1935 in Frankreich, 1991 a. im Schweizer Kanton Wallis eingeführte Qualitätsgarantie nach strengen Vorschriften; entspricht beim Wein etwa einem deutschen Qualitätswein mit Prädikat

à part Besonders, gesondert (serviert, berechnet)

apéritif Ugs. *apéro*; „Magenöffner", appetitanregendes, entspannendes alkoholisches Getränk vor dem Essen

Apfel *pomme* [pomm] f
-kuchen *tarte aux pommes* [tartopomm] f
-most *cidre* [ßïdr] m, *jus de pommes* [~~schüd~~ pomm] m
-saft *jus de pommes* [~~schüd~~ pomm] m
-wein *cidre* [ßïdr] m

Apfelsine *orange* [orãsch] f; ↑ a. Orange

appellation Benennung, Herkunftsbezeichnung; ↑ *AC*, *AO(C)*

appétits Appetitanregendes Zwiebelgemüse (Schnittlauch, Perlzwiebeln u.ä.), sogar Räucherhering, meist zum Würzen von Salaten

âpre Herb, streng; Wein: tanninhaltig, rauh

Aprikose *abricot* [abriko] m

apron, aspro Spindelbarsch, kleiner Flußfisch, nur fritiert genießbar (Rhône, Saône)

Aquitaine Aquitanien, hist. Landschaft in Südwestfrankreich, ↑ S. 19 ff.

arachide Erdnuß(öl); ↑ *cacahouète*

araignée de mer, (crabe) maïa Seespinne, Teufelskrabbe, Meereskrebs, eines der empfindlichsten, aber feinsten Krustentiere von hummerähnlichem Fleisch, am besten weiblich und nicht zu groß, Mai bis Herbst an den Küsten frisch erhältlich

Arbois Zentrum des Weinbaus im frz. ↑ Jura; angenehm lebhafte *rosé* (TT 10–12°), delikat trockene weiße (TT 8–10°) und kräftige rote (TT 12–14°) Weine; a. ausgezeichnete Schaumweine, *mousseux* (TT 6°)

arbouse Frucht des Erdbeerbaums, süß-säuerlich, aber ohne viel Geschmack; Arbutusgeist, TT 6–8°; Arbutuslikör, TT 8–10° (Südfrankreich)

arche (de Noé) „Arche Noah", Archenmuschel, Meeresweichtier, meist roh gegessen

ardennaise, (à l') (Wild, Geflügel usw.) mit Wacholderbeeren oder -schnaps

arête Gräte

Argenteuil Mit Spargeln in irgendeiner Form, als Beilage, Garnitur, Püree, in Saucen usw.

arlésienne, (à l') Mit knoblauchgewürzten Tomaten, fritierten Auberginenscheiben und Zwiebelringen, a. ged. Zucchetti; ↑ a. *salade arlésienne*

Armagnac Hist. Landschaft in der Gascogne, ↑ Midi-Pyrénées, S. 54 ff.; berühmt insbes. durch den gleichnamigen Edelbranntwein von reichem Duft und Geschmack (*Bas-Armagnac* besser als *Haut-Armagnac*); wird im Eichenfaß, aber nicht mehr in der Flasche alt, TT 20–22° (3 Buchstaben, 3 Kronen, 3 Sterne, *Monopole*, *Sélection*: 1–4 Jahre im Faß; *Réserve*, *V.O.*, *V.S.O.P.*: 4–5 Jahre; *Extra*, *Napoléon*, *Vieille Réserve*, *X.O.*: mindestens 5 Jahre)

armillaire (couleur de miel) Hallimasch, Honigpilz, leicht säuerlich herber Speisepilz, muß jung sein und ohne Stiel gut abgebrüht und durchgek. werden, gute Zeit Sept.–Okt.

armoise, herbe de la Saint-Jean Beifuß, Gänsekraut, frische Blütenrispen oder getr. Blütenknospen mildherb würzig

armoricaine, (à l') Irrtümliche Schreibweise für die Zubereitungsart ↑ *américaine* – Armorika, der alte Name der Bretagne, hat damit nichts zu tun

aromates, aux Mit aromatischen frischen oder getr. Kräutern, Pflanzen gewürzt

arome, arôme Aroma, Duft

arrivage, selon Je nach Anlieferung, Eintreffen, Fang

artichaut Artischocke, distelartige Gemüsepflanze (Bretagne, Île-de-France, Provence)
– **(à la) barigoule** Gef. Artischocke, ↑ *barigoule*
– **de Jérusalem** Gartenkürbis, ↑ *pâtisson*

artisanal Handwerklich (im Gegensatz zu industriell)

Artois, (d') Garnitur aus mit Erbsen gef. Kartoffelkroketten an Madeirasauce

Arvine Rassiger, nervig-trockener weißer Aperitif- und Dessertwein, ab 2–3 Jahren sehr kühl zu trinken (Wallis/Schweiz)

Äsche *ombre* [õbr] m

asco Kräftig-pikanter Weichkäse aus reiner oder mit Ziegenmilch vermischter Schafmilch, Fettgeh. mindestens 45 %, gute Zeit Juni–November (Korsika)

asperge Spargel, in Frankreich i. a. von Anfang März bis Ende Juni erhältlich

A

Sorten

asperge blanche Weißer Spargel, dick, fest und fein-
mild aromatisch (Elsaß, Vaucluse, Belgien, Nordafrika)
- **précoce** Grünlicher Frühspargel, würzig aromatisch, schon von Januar an erhältlich (Rhônetal)
- **sauvage** Wilder Spargel, sehr dünn und grün, köstlich bitterlich
- **verte** Grünspargel, muß nicht geschält werden, delikat geschmacksintensiv, in Frankreich besonders
geschätzt (Rhônetal)
- **violette** Violetter Spargel, würzig (Aquitanien,
Charentes, Loire, Italien)

Zubereitungsarten

asperges (à la) flamande Mit zerdrückten harten Eiern und zerlassener Butter
- **(à la) milanaise** Mit geriebenem Käse überbacken
- **(à la) polonaise** Mit geh. Eigelben, Petersilie oder
anderen Kräutern und gerösteten Brotkrumen bestreut
- **vinaigrette** Spargelsalat
  pointes d' – Spargelköpfe, -spitzen

aspic Aspik, Gelee; a. das damit überzogene kalte Sülzgericht

assaisonner Abschmecken, schmackhaft machen, würzen; Salat anmachen

assez cuit Gargekocht, durchgebraten

assiette Teller
- **(à l') anglaise** Kalter Roastbeef-, Fleisch-, Schinkentel-
ler
- **assortie** Kalter Vorspeisenteller
- **de charcuterie** Wurst-, Aufschnitteller

assorti Gemischt, (passend) zusammengesetzt

assortiment Auswahl, Zusammenstellung; gemischte
Platte; Lager

athérine Ährenfisch, Familie kl. zarter durchsichtiger
Schwarmfische aus dem Meer, manchmal a. Süßwasser,
meist fritiert; Hauptvertreter: Streifenfisch, *prêtre*

attereau, hâtereau Spieß; Gericht aus daran fritierten,
mit Sauce überzogenen Stücken von rohem oder gekoch-
tem Fleisch, Krustentieren, Gemüsen usw.

attriau Adrio, Frikadelle aus geh. Schweineleber, Kalbfleisch, Kräutern und Zwiebeln im Schweinenetz (Savoyen,
Westschweiz)

aubépine, épine blanche, rose, de mai Weißdorn, Ha-
gedorn, mehlige Beeren leicht säuerlich, lassen sich roh
essen oder zu Gelee, Marmelade, a. Likör verarbeiten;
Weißdorngeist, TT 6–8°; Weißdorntee, herzstärkend, beruhigend

aubergine Aubergine, Eierfrucht, eher geschmacksneutrales, jedoch mit anderen Zutaten vielseitig verwendbares Fruchtgemüse
  caviar d' -s Auberginenpüree, ↑ *caviar d'aubergines*

Auflauf *gratin* [gratã] m, *soufflé* [ßuflē] m
-form *timbale (à soufflé)* [tãbal aßuflē] f

Aufpreis, Aufschlag *supplément* [ßüplēmā] m

Aufschnitt *charcuterie (en tranches)* [scharkütrī (ã träsch)] f; *viande froide* [wjād froad] f

aufwärmen *réchauffer* [rēschofē]

aurore „Morgenröte", mit Tomatenpüree, -sauce; ↑ a. *sauce aurore*

ausgezeichnet *excellent* [äxälā]

Auster *huître* [üjtr] f

Auswahl *choix* [schoa] m

auvergnate, (à l') Mit Produkten der ↑ Auvergne wie Pökelfleisch, Speck, Schinken und Kohl, mit Blauschimmel- oder Cantalkäse

Auvergne Landschaft und hist. Provinz in Mittelfrankreich, ↑ S. 22 f.

Auxey-Duresses [oßä-düräß] Gesunder, körperreicher Rotwein (TR 5, auch mehr Jahre, TT 14–16°), vollmundig trockener Weißwein (TR 3–4 und mehr Jahre, TT 10–12°), nicht ganz so be- und anerkannt wie die berühmteren Nachbarn von der ↑ *Côte-de-Beaune*, deshalb i. a. preiswert (Burgund)

avocat Avocado, tropische Steinfrucht, vollreif butterzartes Fleisch mit mildem Nußaroma, i. a. roh an ↑ *vinaigrette* oder (mit Garnelen, Krabben usw.) gef. gegessen, aber a. mit anderen salzigen oder süßen Zutaten kombinierbar, als Creme usw.

avoine Hafer, das vollwertigste Getreide

à volonté Nach Belieben, soviel man will

axonge [aßōsch] Schweinefett, ↑ *saindoux*

baba Mit Spirituosen oder Sirup getränkter Napfkuchen aus Hefeteig mit Rosinen

babeurre Buttermilch

baby sole Kleine Seezunge, ↑ *sole*, delikates Fleisch; oft a. für Lange Zunge, ↑ *cétan*

Back|fett *graisse de cuisine* [gräß dö küjsin] f
-form *moule* [mūl] f
-hähnchen *poulet rôti* [pulä roti] m

-obst *fruits secs* [früj ßäk] pl

-pulver *levure chimique* [löwür schīmīk] f, *poudre à lever* [pūdr alöwē] f

-waren *biscuits* [bißküj] pl; feine: *pâtisserie* [patißrī] f

bacon Urspr. ger., gepökelte Scheibe mageres Schweine-filet; heute meist dünne Scheibe magerer, geräucherter, gepökelter Frühstücksspeck

badiane, anis étoilé Sternanis, Badian, getr. Früchte des Sternanisbaums, angenehm anisartig süßlich, als Ge-würz und Würze; daraus a. (aromatisches) Öl

Badoit Frisches, feinperliges Tafelwasser mit viel Mine-ralien und natürlicher Kohlensäure, das „Mineralwasser der Feinschmecker" (Saint-Galmier, Loire)

baeckeoffa, becke(n)ofe Eintopf aus dem Bäckerofen: Ragout von versch. Fleisch, auch Geflügel, zwischen Kar-toffel-, Lauch-, Zwiebelschichten mit Gewürzen, a. Weiß-wein langsam geschmort (Elsaß)

bagna ca(o)uda, bania caude Art provenzalische Fon-due: warme Knoblauch-Sardellen-Olivenöl-Emulsion, in die rohes Gemüse, i. a. Bleichsellerie, gedippt wird

bagnes Elastischer Halbhartkäse aus Kuhmilch, bes. für ↑ *raclette*, Fettgeh. 52 %, gute Zeit Juli–Febr. (Wallis/ Schweiz)

baguette „Stäbchen"; lange knusprige Stange Weiß-brot, i. a. von Hand gebrochen

baie Beere (mit Kernen)

– de ronce Brombeere, ↑ *mûre sauvage*

Baiser *meringue* [mörãg] f

baiser „Kuß"; Schaumgebäck; Schlagsahne, Butter-, Eiscreme usw. zwischen zwei Meringehälften, ↑ *meringue*

baliste Drückerfisch, barschartiger Meerfisch mit thun-fischartigem Fleisch

ballon, (verre) Tulpenglas, insbes. Elsässer Weißwein-glas mit grünem Stiel; Glas Bier; 1 dl Rotwein; West-schweiz: knuspriges rundes Brötchen; kl. Glas mit 1 dl Inhalt

ballottine Kl. Roulade aus entbeintem Fleisch, (Wild-) Geflügel, entgrätetem Fisch mit Füllmasse, warm oder kalt in Gelee; ↑ a. *galantine*

bambou Bambus, tropisches Baumgras

germe, pousse de – Bambussprosse, jung und zart als spargelähnliches Gemüse, in Salaten usw.; a. in Do-sen oder eingelegt als Gewürz erhältlich

bamya Okra, ↑ *gombo*

Banane banane [banan] f

Bandol Charaktervoll samtige Rotweine mit zartem, an Bordeaux erinnerndem Parfüm, die a. gut reisen (TR 5–10 Jahre), kühl (TT 12–13°) oder temperiert (TT 15–17°) trinkbar; daneben leicht würzige, trockene Rosé- und Weißweine (TR 2–5 Jahre, TT 6–8°) (Provence)

banon Mild-nussiger Weichkäse aus (im Winter) Schaf-, (im Sommer) Ziegen- oder (ganzes Jahr) Kuhmilch, in schnapsgetränkte Kastanien-, Walnußblätter und auch Bohnenkraut gewickelt, Fettgeh. 45 %, gelbe Haut mit Schimmelflecken vor Verzehr abschaben; a. mit Kräutern und Gewürzen in Wein oder Öl eingelegt, *macéré* (Obere Provence)

banquière, (à la) Geflügelklößchen, Champignons, Trüffelscheiben in einer Geflügelrahmsauce mit Madeira

Banyuls Bernsteinfarbener, portweinähnlicher Likörwein, trocken (*brut, dry, sec*), halbtrocken (*demi-sec*) oder süß (*doux*), am besten 6–15 und mehr Jahre alt, kühl als Aperitif oder zum Dessert (Roussillon)

bar (commun) Wolfsbarsch, Seebarsch, sehr feiner, wohlschmeckender Meerfisch, wird am Mittelmeer meist als *loup (de mer)*, an der Atlantikküste oft als *loubine* angeboten; festes, aromatisches Fleisch, sollte nicht zu groß sein und abgeschuppt werden; je einfacher zubereitet, desto besser, der delikate Geschmack wird gern im Süden Frankreichs von zuviel Fenchel, im Westen von zu starken Saucen zugedeckt; am besten (und immer seltener) aus dem Mittelmeer

barbeau Barbe, karpfenartiger Süßwasserfisch, etwas fades und grätiges, aber feines Fleisch, läßt sich braten, dünsten, schmoren, fritieren

barbecue Urspr. englisch: Brat-, Grillrost; Picknick im Freien

barbe-de-capucin Wilde Zichorie, Blattsprossen mildbitterliche Art Chicoree, ↑ *endive*; Name a. für gebleichten Löwenzahn, ↑ *dent-de-lion*, Schwarzkümmel, *nigelle*, oder verschiedene Pilze, ↑ *clavaire, pied-de-mouton*

barbouille, (en) Hase (Nivernais) oder Hähnchen (Berry) im eigenen Blut und Rotwein

barbue, barbuche, rite Glattbutt, Kleist, platter, schollenartiger Meerfisch, nicht ganz so feiner, aber preisgünstiger und deshalb geschätzter Verwandter des Steinbutts, ↑ *turbot*, läßt sich braten, dünsten, grillieren, fritieren

barde(l) Dünne Scheibe fetter Speck zum Umwickeln oder Belegen von Fleisch, Geflügel, a. Fisch, damit diese beim Braten nicht austrocknen

barigoule, (à la) Mit geh. Pilzen (urspr. Reizker, provenzalisch *barigoule*, ↑ *lactaire*) und Schinken gef. Artischocke (Provence)

baron (d'agneau) Rücken und beide Keulen des Lamms unzerlegt an einem Stück

barquette Ovales Blätter- oder Mürbeteigschiffchen, salzig gef. als Vorspeise, süß gef. als Nachspeise

barrique Bordeaux: (Eichen-)Faß für 225 l Wein

Barsac Saftig-süßer Weißwein, etwas zurückhaltender, deshalb erfrischender als die benachbarten ↑ *Sauternes*, TR 10–20 Jahre, TT 5–8° (Gironde/Bordeaux)

Barsch *perche* [pärsch] f

basilic Basilikum, Gewürzkraut, Blätter (je kleiner, desto würziger), möglichst frisch, geh. oder zerstoßen, a. Kraut, getr. und pulverisiert, pikant süßlich, appetitanregend; als Tee nervenstärkend, lösend

basquaise, basque, (à la) Mit Paprikaschoten, Tomaten, Knoblauch, oft a. (Bayonne-)Schinken; mit sautierten Steinpilzen, Annakartoffeln und ebenfalls Schinken (Baskenland/Aquitanien)

basses calories, à Kalorienarm

bastella Mit Fleisch und Gemüsen gef. Brot- oder Blätterteigtasche (Korsika)

Bâtard-Montrachet Kostbarer, feiner und runder Weißwein, Nachbar des ↑ *Montrachet*, TR 3–10 und mehr Jahre, TT 12–14° (Côte-de-Beaune/Burgund)

batavia Bataviasalat, ↑ *laitue batavia*

bâton(net) Trockenes Blätter- oder Mandelteigstäbchen
– **au crabe** Surimi, ↑ *surimi*
– **glacé** Eis am Stiel

baudroie, crapaud, diable de mer, lotte (de mer) Seeteufel, Angler, gr. Meerfisch, schmackhaftes, kernig-festes Fleisch ohne Gräten, läßt sich braten, grillieren, für Fischsuppen, wird wegen seiner Häßlichkeit meist ohne Kopf und enthäutet als *lotte* angeboten, a. nur, preiswert, der Schwanz, *gigot de mer, queue de lotte*, mit feinem, hummerähnlichem Fleisch, oder in ger. Stücken; Sept.–Nov. oft am günstigsten
– **roussee** Kleinfüßiger Seeteufel, kleiner und feiner als der Seeteufel, ↑ *baudroie*

Baumnuß *noix* [noa] f

bavarois(e) Kalte Süßspeise aus mit Gelatine und Schlagsahne gebundener, gestürzter Englischer Creme,

↑ *crème anglaise*, oder Fruchtpürree; ugs. a. allg. Pudding, gestürztes Pürree; ↑ a. *crème bavaroise*

bavette Zartes, saftiges Stück aus Dünnung, Lempen, Riedhüfel unterhalb des Nierstücks vom Rind, *bavette d'aloyau, de flanchet* zum Grillen und Kurzbraten, *bavette à pot-au-feu* zum Sieden

B & B „*Bénédictine and Brandy*", feinherbe Spirituose aus ⅔ ↑ *Bénédictine* und ⅓ ↑ *Cognac*, trinkt sich kühl (Normandie)

Béarn Alte Provinz im Südwesten Frankreichs, ↑ Aquitaine S. 19 ff.; an Hangterrassen Weinbau mit angenehm trockenen weißen (↑ *Jurançon, Pacherenc du Vic-Bilh*), vor allem aber leichten, süffigen rosé und roten (↑ *Madiran*) Weinen

béarnaise, (sauce) Aufgeschlagene, sämige Buttersauce mit Eigelb, Essig oder Weißwein und Würzkräutern (Estragon, Schalotten, Kerbel usw.) – eine Art warme Mayonnaise ohne Öl

Béatrix Frühlingsgarnitur aus ged. frischen Morcheln, glacierten Karotten, Artischockenböden und neuen Kartoffeln; a. Salat aus Hühnerbrüstchen, Spargelspitzen und Kartoffeln an leichter Senfmayonnaise

beaufort Hartkäse AO aus roher Kuhmilch, fruchtignussig, Fettgeh. 50 %, gute Zeit Sept.–Mai (Dauphiné, Savoyen)

Beauharnais, (à la) Mit gef., überbackenen Champignons und ged. Artischockenvierteln; wachsweiche Eier auf Artischockenböden; Süßspeise mit Bananen und Rum

Beaujolais Hügellandschaft im südl. Burgund, ↑ Bourgogne S. 23 ff.; freundliche, unkomplizierte, feinblumig frische rote, aber a. trockene weiße Weine, i. a. jung und kellerkühl (11–13°) zu trinken

– **nouveau, Primeur** Der „neue Beaujolais", frühreifer Jungwein, vom dritten Donnerstag im November an im Handel, duftig frisch und fruchtig, innerhalb von etwa 6 Monaten bei 10–12° zu trinken

-Villages Etwas charaktervoller, nerviger als der gewöhnliche ↑ *Beaujolais*, bis 2 Jahre lagerfähig, TT 12–14°

Beaumes-de-Venise, (muscat-de-) Aromatischer Muskatellerwein, einer der besten natursüßen Weine Frankreichs, gut alternd, TT 6–7° (südl. Côtes-du-Rhône)

Beaune Altertümliche Stadt und Zentrale des Weinhandels in der ↑ *Côte-d'Or*; ↑ a. *Côte-de-Beaune*

beauvillers Schwerer Kuchen aus Mandeln, Zuckerbutter, Eiern und viel Mehl, gut haltbar

bécasse (Wald-)Schnepfe, das feinste Federwild, läßt sich nicht züchten, darf (dürfte) aber nicht mehr gejagt und gegessen werden
– **de mer** Schnepfenfisch, Meerfisch mit langer Schnauze

bécassine Bekassine, Moor-, Sumpfschnepfe, kleiner und feiner als die Waldschnepfe, ↑ *bécasse*

bec-figue, bec-fin Kl. Wandervogel, sollte aus tier- und umweltfreundlichen Gründen nicht mehr gejagt und gegessen werden

béchamel(le), (sauce) Béchamelsauce, weiße Rahm-, Grundsauce aus mit Mehlschwitze angedickter Milch und evtl. Würzzutaten

becke(n)ofe Eintopf aus dem (Bäcker)Ofen, ↑ *baeckeoffa*

Bedienung *service* [ßärwīß] m

Beefsteak *bifteck* [biftäck] m
    ○ **au fromage** Käsekrapfen, ↑ *malakoff*

Beere(n) *baie* [bä] f; Traube: *grain de raisin* [grädöräsä] m
-obst *baies* [bä] f/pl

Beifuß *armoise* [armǫas] f

beignet Beignet, öl-, schmalzgebackener Krapfen mit salziger oder süßer Füllung
– **soufflé** Spritzkuchen, kl. Brandteigkrapfen

Belle-Hélène Mit versch. Garnituren wie Kressesträußchen, mit ↑ *béarnaise* gef. Artischockenböden, Spargelspitzen, grillierten Champignons und Tomaten, frischen grünen Erbsen, glacierten Karotten usw.; meist aber Süßspeise aus in Sirup pochierten Früchten, i. a. Birnen, auf Vanilleeis mit heißer Schokoladensauce

Bellelay, (fromage de) Kuhmilchkäse, ↑ *tête-de-moine*

Bellet Kl. Rebgebiet oberhalb Nizzas mit charmant-frischen weißen, rosé (TT 6–9°) und roten (TT 12°) Weinen, einige wenige Jahre haltbar (Riviera)

bellevue, (en) Krustentiere, Fische, Geflügel kalt in glänzender Geleehülle

belon Auster mit festem weißem Fleisch und feinherbem Geschmack von der Küste des Morbihan, erholt sich langsam von der Virusseuche vor einigen Jahren (Bretagne); ↑ a. *huître*

Bénédictine Harmonischer Edellikör aus 27 jodhaltigen Kräutern von den normannischen Steilküsten und Gewürzen aus dem Orient, seit 1510 in Fécamp (einst von Mönchen) hergestellt; trinkt sich gekühlt oder auf Eiswürfeln (Normandie)

benoile   Nonnenfürzchen, ↑ *pet-de-nonne*

be(e)rawecka   Fruchtbrot, ↑ *bireweck*

Bercy   Mit Wein und Schalotten(butter) zubereitet; ↑ a.
sauce Bercy

   beurre –   Schalottenbutter mit Rindermark, Weißwein und Petersilie

   œufs (à la) –   Rühr- oder Spiegeleier mit Grillwürst-
chen an Tomatensauce

bergamot(t)e   Bergamotte, Pomeranzenart, ätherisches
Öl aus deren Schale; zuckriger Pomeranzenbonbon
(Nancy); schmelzende, süß-würzige Herbst-, Winterbirne

Bergerac   Fruchtig trockene, *secs* (TT 9–10°, ↑ a. *Montravel*) oder lieblich blumige, *moelleux* (TT 5–7°,
↑ a. Monbazillac) Weißweine, angenehm trockene Rosés
(TT 9–11°) und süffige, bordeaux-ähnliche, deshalb preis-
günstige Rotweine (TT 18°, am besten *Côtes-de-Berge-
rac*), alle mit 5–10 Jahren trinkreif (Dordogne/Südwest-
frankreich)

bergues   Halbweich- oder Weichkäse aus entrahmter
Kuhmilch, dem Edamer ähnlich, starker Geruch, Fettgeh.
15–20 % (Flandern)

berlingot   Süßer Pfefferminz- oder Fruchtbonbon (Car-
pentras/Languedoc)

bernard-l'(h)ermitage, pagure   Bernhardskrebs, Art
der Einsiedlerkrebse des Meeres, feines Fleisch, wie Garnelen zuzubereiten

bernic(le), bernique   Atlantikküste: Napfschnecke,
↑ *patelle*

berrichonne, (à la)   Mit geschmortem Grünkohl, Kastanien, glacierten Zwiebelchen und magerem Speck

Besen   *balai* [balä] m

besetzt   *occupé* [oküpē]

Besitzer   *propriétaire* [propri|etär] m

Bestellung   *commande* [kommād] f

Bete, Rote   *betterave rouge* [bäträw rūsch] f

bête(s)   Tier; Vieh; jagdbares Wild
– **noires**   Schwarzwild
– **rouge**   Frischling, 6–12 Monate altes Wildschwein
– **fauves**   Rotwild

bêtise (de Cambray)   Feiner, erfrischender Pfefferminz-
bonbon (Champagne, Flandern)

bette, blète, blette, joutte, poirée (blonde)   Mangold,
Krautstiel, Blatt- und Stengelgemüse, Blätter (*feuilles*),
Blattrippen (*cardes, côtes*) spinatartig mild, Stiele (*tiges*)

spargelähnlich zart, frisch als wohlschmeckendes Gemüse, Suppen- und Salateinlage, Kuchen-, Raviolifüllung usw.

betterave potagère, rouge Rote Rübe, Rote Bete, Rande, einzige eßbare Runkelrübe, roh, gek., sauer eingelegt oder als Saft genießbar; heute aus der Bretagne a. in weißen, gelben Varianten

beugnon Ölgeb. Hefekrapfenkranz (Berry, Orléanais)

beurre Butter; ugs. auch Pflanzenfett

Arten

beurre cru Butter aus nicht pasteurisierter Milch
– **de cuisine** Kochbutter
– **fermier** Bauern-, Landbutter aus roher Milch; vorzüglich, aber nicht lange haltbar
– **d'intervention** Tiefgekühlte Butter aus Überschußbeständen; nicht lange haltbar
– **laitier, de table** Tafelbutter aus pasteurisierter Milch; industriell hergestellt

Zubereitungsarten

beurre Bercy Schalottenbutter, ↑ *Bercy, beurre*
– **blanc** Zarte Buttersauce mit geh. Schalotten, Weißwein(essig) und/oder Fischsud und Gewürzen
– **Café de Paris** Kräuterbutter mit Gewürzen und Aromaten
– **clair, clarifié** Flüssige, geklärte Butter
– **composé** Aromatische, würzige Buttermischung
– **d'escargot, à la bourgignonne, pour escargots** Schalottenbutter mit Petersilie, Knoblauch, Salz und Pfeffer, zu Schnecken
– **fondu** Geschmolzene, zerlassene Butter
– **manié** Mit Mehl verknetete Butter zum Andicken, Binden von Suppen und Saucen
– **maître d'hôtel** Würzbutter mit geh. Petersilie und Zitronensaft
– **noisette** Im Haselnußbraun erhitzte, dickflüssige Butter

au – Mit Butter, in Butter geschwenkt

petit – Butterkeks

beurré Gebuttert, mit Butter oder weicher Paste bestrichen; Butterbirne, saftig und würzig; ugs. betrunken

beurrée Butterbrot

beursaude Grieben, ges., angebr. Schweinespeckwürfel (Burgund)

Beuschel *hachis de mou* [aschi dö mü] m

Bex Würzig runder weißer, a. ausgezeichneter roter Wein aus dem ↑ *Chablais*, TR 1–3 Jahre, TT 9–12° (Waadt/Schweiz)

biche Hirschkuh, a. allg. weibliches Huftier

Biel Bezirksstadt im Kanton Bern, ↑ *Bienne*

bien Gut (zubereitet)
– **cuit** Gar, gut (durch)gebraten

Bienne Biel, Bezirksstadt im Kanton Bern am gleichnamigen See, Zentrum eines Rebbaus aus vorwiegend ↑ *Chasselas-* oder ↑ *Pinot-noir*-Trauben, meist als „Bieler Seewein", „Schaffiser" oder „Twanner" angeboten (was alles dasselbe ist), weiß spritzig-leicht, rot erfrischend blumig, TR 1–3 Jahre, TT 9–11°

Bier *bière* [bjār] f
-seidel *chope* [schop] f
-wärmer *chauffe-bière* [schofbjār] m
  dunkles – *bière brune* [bjār brün] f
  Faß ⌀ *bière pression* [bjār präßjō] f
  helles – *bière blonde* [bjār blōd] f

bière Bier
– **à la fermentation haute** Obergäriges Weiß-, Weizenbier
– **blonde** Helles Bier
– **bock** Helles, leichtes Bier mit 3,3–3,9° Alkohol (in Literflasche); ↑ a. unten *bock*
– **brune** Dunkles Bier
– **de luxe** Schankbier mit mehr als 4,7° Alkohol
– **étrangère** Ausländisches Bier
– **(à la) pression** Bier vom Faß
  de table Einfachbier mit 2–3° Alkohol
  bock Kl. (Faß)Bier, etwa ¼ l Bier
  chope Bierseidel, etwa ½ l Bier
  demi ½ l (Paris: ¼ l) Bier
  formidable Etwa 1 l (Paris: ½ l) Bier
  sérieux 1 l, auch nur ½ l Bier

bifteck, biftèque Ugs. *bif*, Beefsteak (a. Pferde-, sogar Truthahnsteak); wie ein solches gebr. oder gegrillte Scheibe Fleisch
– **à cheval** Beefsteak mit Spiegelei
– **frites** Beefsteak mit Pommes frites
– **haché** Hackbeefsteak
– **tatare** Rohes Hackbeefsteak mit Würzzutaten

bigar(r)ade Bitterorange (*orange amère*), Pomeranze; ↑ a. *sauce bigarade*

bigarreau Knorpelkirsche, festfleischige Kirschensorte, rot, rosa oder gelb, sehr süßer und a. aromatischer Geschmack

bigorneau, littorine Strandschnecke, kl. eßbare Meeresschnecke, wird a. gezüchtet; Fleisch wird mit Nadel oder Spießchen herausgeholt, schmeckt roh oder gek. vorzüglich; aufgepaßt: unter diesem Namen werden oft a. minderwertige Meeresschnecken angeboten (Atlantik)

bigoudens Kl. Mandelgebäck (Bretagne)

bilibi, billy by Mit ↑ *crème fraîche* gebundene Muschelsuppe, meist in Tassen warm, im Sommer a. kalt serviert

Bindesalat *laitue romaine* [lätü romän] f

Birewecke(e), be(e)rewecka, pain de fruits „Birnenbrot", Hefebrot mit in Obstbrand eingelegtem Backobst, a. sonst Früchten (Elsaß)

bis, (pain) Graubrot, ↑ *pain bis*

biscot(t)e, biscot(t)in Trockener, leichtverdaulicher Zwieback

biscuit Biskuit, feine Backware aus Mehl, Eiern und Zucker; in Frankreich a. luftig-leichte Biskuittorte
– **à la cuiller** Löffelbiskuit, fein und zart
– **glacé** Eistorte
– **roulé** Biskuitrolle
– **sec** Trockenkeks
  -s Backwaren

bisque Cremesuppe aus pürierten Krustentieren mit Weißwein, Cognac und ↑ *crème fraîche*

bistorte Schlangenknöterich, Blätter April–August für Rohkostsalate und spinatartiges Gemüse verwendbar

bist(r)ouille Nordfrankreich: Kaffee mit einem Schuß Schnaps; ugs. a. Fusel, minderwertiger Schnaps

bistro(t) Kl. Kneipe, Gaststätte mit einfachem, aber oft gutem Essen; heute mehr und mehr a. Name für ein feines kleines Eßlokal in der frz., insbes. Pariser Tradition

bitok(e) Klops aus magerem Rinderhack

bitter Magenbitter, -likör aus würzigen Wurzeln, Rinden, Blättern, Kräutern usw., oft verdünnt, immer kühl getrunken; ↑ a. *amer*

blanc, blanche Weiß, hell

blanc Frischkäse, ↑ *fromage blanc*
– **-manger** „Weißes Essen", süße Geleespeise aus Mandelmilch
– **d'œuf** Eiweiß, Eiklar
– **de poisson** Fischfilet
– **de volaille** Weiße Geflügelbrust
  à – Brot-, Teigkruste, ohne Zutaten gebacken
  au – In Sud aus Wasser und Mehl oder in heller Grundbrühe gekocht

blanc, (vin) Weißwein; reg. a. heller Branntwein, Trester, ↑ *marc*
– **de blanc(s)** Weiß-, Schaumwein: aus weißen Trauben

gekeltert, sagt wenig aus; Champagner: nur aus weißen ↑ *Chardonnay*-Trauben, delikat frisch und leicht

blanchaille Weißfischchen aus Meer- oder Süßwasser, meist als Ganzes fritiert

blanche aux câpres Weiße Buttersauce mit Kapern

blanquette Ragout, Voressen aus weißem Fleisch, a. Fisch oder Gemüse, an weißer Sauce

Blanquette de Limoux, Limoux nature, Vin de Blanquette Der älteste Schaumwein Frankreichs, duftig fein und liebenswürdig, TT 4–6°; a. trockener stiller Weißwein, TR 3–5 Jahre, TT 6–8° (Languedoc)

Blätterteig *pâte feuilletée* [pāt föjötē] f

Blaubeere *myrtille* [mirtīj] f

Blaye, (Côtes-de-), Blayais Rebgebiet am rechten Ufer der Gironde gegenüber dem ↑ *Haut-Médoc*, ansprechende „Karaffenweine", leichte trockene, auch halbtrockene, *doux*, weiße und weiche rote Kreszenzen, i. a. jung und kühl zu trinken; a. feine ältere Rotweine, *Premières Côtes-de-Blaye*, TR 4–8 Jahre, TT 14–16° (Bordeaux)

blé Getreide, Korn
– **d'Espagne, de l'Inde, de Turquie** Mais, ↑ *maïs*
– **noir, rouge, sarrasin** Buchweizen, ↑ *sarrasin*

blêche Mehlig; Obst: teig, überreif, weich

Blei, Brachsen *brème* [bräm] f

blet(te) Mehlig; Obst: teig, überreif, weich

bleu Blau; Süßwasserfische: in aromatischem Essigsud blau, *au bleu*, gek.; Fleisch: stark blutig, innen noch roh; Käse: Blauschimmel-, Edelpilzkäse aus, wenn nicht anders angegeben, Kuhmilch; Rotwein mittelmäßiger Qualität
– **d'Auvergne, des Causses** Geschmeidiger Edelpilzkäse AO aus Kuhmilch, roquefort-ähnlich kräftig, je nach Alter aromatisch bis pikant, Fettgeh. mindestens 40 %, gute Zeit Ende Juni–Ende Okt. (Zentralmassiv, Auvergne, Aquitanien)
– **de Bresse, Bresse bleu** Geschmeidiger, fast streichfähiger Blauschimmelkäse aus pasteurisierter Kuhmilch, dem Gorgonzola ähnlich, je nach Alter mild bis kräftig pilzig, Fettgeh. 50 %, ohne Rinde zu essen (Ain/südl. Burgund)
– **du Haut-Jura** Weicher Edelpilzkäse aus Kuhmilch, leicht bitter und pikant, Fettgeh. mindestens 40 %, gute Zeit Ende Juni–Okt. (Jura)

blini Kl. warmer Hefepfannkuchen aus Buchweizen-, a. Weizenmehl, i. a. mit Sauerrahm zu Kaviar, Rogen, Lachs

bloater   Frischer, leicht gesalzener, kaltgeräucherter Hering

blonde, (bière)   Helles Bier

Blumenkohl   *chou-fleur* [schuflör] m

blutig   *saignant* [ßänjā]; Fleisch: stark blutig, fast roh: *bleu* [blö]; weitgehend blutig: *saignant* [ßänjā]

Blutwurst   *boudin noir* [budã nǫar] m

bock   Gläserner oder steinerner Bierkrug; etwa ¼ l (Faß-)Bier darin
  bière –   In Frankreich und Belgien helles, leichtes Bier in der Literflasche

bœuf   Ochse, männliches kastriertes Rind; Fleischerei: Fleisch von großen Rindern, Färse, Kuh, Ochse, Stier; Fleischteile, -stücke ↑ Rind
– **à la ficelle**   Mit Küchengarn längs und quer in Form gebundenes Rinderfilet
– **à la mode**   Rindsbraten, mit Kalbsfüßen, Spickspeck, Möhren, Sellerie, Zwiebelchen usw. in Rotwein geschmort; kann a. kalt in Aspik gereicht werden
– **boulli**   Gek. Rindfleisch, Suppen-, Siedfleisch
– **bourguignon**   Ragout aus mit Schalotten, Zwiebeln, Bauchspeck usw. in Rotwein geschmorten Rindfleischwürfeln; auch aufgewärmt gut
– **braisé**   Rinderschmorbraten
– **miroton**   Gek. Rindfleisch, ↑ *miroton*
– **Stroganov**   Geschnetzeltes Rinderfilet, ↑ *Stroganov*
– **tatare**   Tatarbeefsteak, ↑ *bifteck tatare*
– **vinaigrette**   Rindfleischsalat

bogue   Gelbstriemen, kl. Meerbrasse, festes, aber grätiges, leichtverderbliches Fleisch, meist für Fischsuppen, läßt sich a. braten, backen

bohémienne, (à la)   An einer kalten ↑ *béchamel*-Sauce; mit Gemüsemischung aus Fenchel, Paprikaschoten, Tomaten, Knoblauch, a. Zwiebeln und Reis

Bohne   *haricot* [ariko] m
  -n|kraut   *sarriette* [ßariätt] f

boire   Trinken

bois   Holz(ofen)

boisson   Getränk; Trunk; Trunkenheit
  -s compris   Getränke (meist ein, zwei Gläser Wein) im Preis inbegriffen
  -s en sus   Getränke werden zusätzlich berechnet

boîte   Büchse, Dose, Schachtel; Tabakdose
– **de nuit**   Nachtlokal

bolée   Schale voll; Normandie, Bretagne: Keramiknapf für Apfelwein, ↑ *cidre*

B

bolet Röhrling, Gattung der Röhrenpilze mit vielen guten, fleischigen Speisepilzen wie dem Steinpilz, ↑ *cèpe*; in der Westschweiz und anderswo auch nur für Steinpilz

bombe glacée Eisbombe

bon, bonne Gut (Geruch, Geschmack)
– **appétit** Guten Appetit, Mahlzeit!
– **marché** Billig, wohlfeil

bonbon Bonbon, Zuckerware

bondard, bondart, bonde Sahniger Weichkäse aus Kuhmilch, salzig-fruchtig, Fettgeh. 60 %, gute Zeit Juli–Febr. (Bray/Normandie)

bondelle Silberfelchen, Renkenart, ↑ *féra*, aus dem Neuenburger See (Neuchâtel/Schweiz)

bonite (à ventre rayé) Echter Bonito, kl. schmackhafter Thunfisch
– **à dos rayé** Pelamide, ↑ *pélamide*

bonne femme Einfach, nach Hausfrauenart zubereitet, oft im Kochgeschirr serviert; in Weißwein und Fischsud mit geh. Champignons und Petersilie pochiert; Garnitur bestehend aus Kartoffelwürfeln, Zwiebelchen und Magerspeck

Bonnes-Mares Einer der edelsten, haltbarsten Rotweine der ↑ *Côte-de-Nuits*, TR ab 4 bis zu 10–25 Jahren, TT 14–16° (Burgund)

Bonnezeaux Eleganter, bukettiger Likörwein, TR 5–15 Jahre, TT 6–8° (Anjou/Loiretal)

Bordeaux Hauptstadt des Dép. Gironde und der Provinz Aquitaine, ↑ S. 19 ff.; darum herum die größte Weinbauregion der Erde mit über 2500 erlesen-eleganten Rotweinen sowie – über die Hälfte – blumig-feinen trockenen oder natursüßen weißen und Schaum-Weinen
– **Clairet, rosé** Fruchtig-frischer, leichter hellroter Bordeauxwein, TR 2 Jahre, TT 9–12°
– **Supérieur** Einfache, aber meist ausgeglichen harmonische, nicht zu verachtende Rot- und Weißweine, i. a. ihren Preis wert, eher jung und kühl zu trinken

Bordelais Die Gegend um ↑ *Bordeaux*

bordelaise, (à la) Mit Rindermark und Schalotten; mit Röstgemüse; mit in Öl gek., mit Knoblauch gewürzten Steinpilzen; in ↑ *sauce bordelaise*

bordure Runde oder ovale, eßbare Einfassung von Speisen; ↑ a. *couronne, turban*

borne, al Kl. dicke, rezente Wurst (Fribourg/Schweiz)

Borretsch *bourrache* [burasch] f

B

bosse de chinel   Mit Schlagsahne gef. Hörnchen (Belgien)

bosson (macéré)   Würzig-pikanter Ziegenkäse, in Olivenöl, Kräutern, Weißwein und Tresterbranntwein ausgereift, gute Zeit Apr.–Nov. (Vivarais, Provence, Rhônetal)

boucané   (Luft)geräuchert, (luft)getrocknet

bouchée   „Mundvoll", Happen; gef. Pastetchen, Törtchen aus Blätterteig (salzig) oder Löffelbiskuit (süß); gef. Schokoladebonbon; ↑ a. *fours*
– **au chocolat**   Praline, Praliné
– **à la reine**   „Königinpastete" mit Kleinragout aus Geflügel-, Kalbfleisch, Champignons usw. an weißer Rahmsauce

boucherie   Fleischerei, Metzgerei, Schlachterei
– **chevaline**   Pferdefleischerei

bouchon   Korken, Stöpsel, Zapfen; einfache Wirtschaft (Lyon)
– **-couronne**   Kronenverschluß, Kronkorken

bouchon(né), goût de bouchon   Mit Kork-, Zapfengeschmack, durch schlechten Korken verdorben

boudin (noir)   Blutwurst, Blunzen mit (Schweine-)Fett, Zwiebeln, Würzzutaten, a. Gemüse, Früchten, Milch, sogar Alkohol, in vielen regionalen Varianten
– **blanc**   Wurst aus weißem Fleisch (Geflügel, Kalb, Kaninchen, magerem Schweinernem, a. Fisch) mit Schweine- oder Kalbfett, Sahne, Milch, Eiern, Mehl usw. und Würzzutaten

bouffi, (hareng)   Hering, ↑ *craquelot*

bougnette   Netzwurst, a. Krapfen, Pfannkuchen mit geh. Schweinebrust und Eierpanade (Südwestfrankreich)

bougras   Gemüsesuppe mit Wurstbrühe (Périgord)

bouillabaisse   Der klassische Fischeintopf des provenzalischen Südens, läßt sich nur in gr. Portionen zubereiten nach so vielen Rezepten wie Kennern und Liebhabern: viele, mindestens dreierlei ganz frische Felsenfische aus dem Mittelmeer, darunter unbedingt Drachenkopf, ↑ *rascasse*, a. Krustentiere, auf lebhaftem Feuer mit Fenchel, Lauch, Tomaten, Zwiebeln usw., a. Kartoffeln und Gewürzen wie Safran, Knoblauch, einem Stückchen Orangenschale in Olivenöl gargezogen; Brühe und Fische werden separat serviert, jene über (mit Knoblauch und ↑ *rouille* eingeriebenen) trockenen Weißbrotscheiben

bouilleture, bouilliture   Dicke Aalsuppe mit Pilzen, Zwiebelchen und Backpflaumen an Rotwein (Anjou) oder Weißwein (Poitou)

bouilli Gekocht, gesotten; gek. Rindfleisch, Suppen-, Siedfleisch

bouillie Brei, Mus aus in einer Flüssigkeit gek. Mehl; Schleimsuppe; Kinderbrei

Bouillon *bouillon* [bujō] m; kräftig: *consommé* [kōßo- mē] m
-würfel *cube de consommé* [küb dö kōßomē] m

bouillon Klare Fleisch-, Geflügel-, Gemüsebrühe; insbes. Brühe des ↑ *pot-au-feu*; billiges Gasthaus

boukh(r)a, boukla Feigen-, Dattelschnaps (Tunesien)

boulanger(ie) Bäcker(ei)

boulangère, (à la) Im (Bäcker-)Ofen gebraten, mit Kartoffel- und Zwiebelscheiben

boule Kugel; Kloß, ↑ *boulette*
– **de Bâle** ↑ *cervelat*-ähnliche Brühwurst (Westschweiz)
– **de campagne, bouleaud, boulot** Bauernbrot
– **de Lille** Runder Schnittkäse, ↑ *mimolette*
– **-de-neige** „Schneeball"; Anis-, Schafchampignon, sehr feiner Speisepilz, delikates Aroma, aber madenanfällig, gute Zeit Juni–Okt.; a. Name des Riesenchampignons und anderer verwandter Feldchampignons; mit Schlagsahne überspritzte Eis-, Meringue- oder Teigkugel

boulette, boule Runder Kloß aus geh. oder püriertem Fleisch, Fisch, Kartoffeln usw., meist paniert, fritiert; reg. für Quarkkugel
– **d'Avesnes, de Cambrai** Kegeliger Kuhmilchkäse, a. aus Buttermilch, mit Knoblauch, Kräutern und Gewürzen, pikant scharf, Fettgeh. 50 %, gute Zeit Juni–Febr. (Flandern)

boulghour, bulghur Bulgur, geschälter, getr. und gek. Weizenschrot als Suppe, Beilage oder a. Nachspeise (Maghreb)

bouquet Duft, Würze; Blumen-, Kräutersträußchen; Sägegarnele, ↑ *crevette rose*; Blume, Bukett des Weins
– **balte** Steingarnele, Ostseekrabbe, kl. Meereskrebstier
– **garni** Bündel gemischter Kräuter (klassisch: Lorbeer, Petersilie, Thymian), a. von Gemüsen, Gewürzen
– **royal** Rosa Krabbe, ↑ *crevette rose*

bouqueté Angenehm, stark duftend; Wein: blumig

bouquetière, (à la) Mit Sträußen versch.farbiger Gemüse; a. Würfelgemüse an ↑ *béchamel*-Sauce

bouquette Buchweizenpfannkuchen (Belgien)

Bourbonnais Hist. Landschaft im Herzen Frankreichs, ↑ Auvergne S. 22 f.

bourdelot   Apfel im Teig, ↑ *douillon*

Bourg, Bourgeais   Bordeauxwein, ↑ *Côtes-de-Bourg*

bourgeois   Bürgerlich; ↑ a. *cru bourgeois*

bourgeoise, (à la)   Einfache, aber gute bürgerliche Küche wie Schmorfleisch mit glacierten Karotten, Zwiebelchen, Speckwürfeln

Bourgogne   Burgund, historische Landschaft Frankreichs, ↑ S. 23 ff.; samtig-sinnliche, körperreiche Rotweine, sollten i. a. mindestens 3–5 Jahre alt sein, halten sich aber in einzelnen Fällen 20 und mehr Jahre, TT 13–15°; a. elegant-vollmundige, aber trockene Weißweine, TR 1–3 Jahre, TT 10–12°; entgegen dem ↑ *Bordeaux* ist der Erzeugername wichtiger als die Herkunft – je einfacher die Etikette, desto besser meist der Wein
  – **Aligoté**   Burgunderrebe, -wein, ↑ *aligoté*
  gros○   Fleischige Weinbergschnecke (Burgund)

Bourgueil   Verführerisch geschmeidige Rotweine, am besten: *Saint-Nicolas-de-Bourgueil*, TR 4–8, a. viel mehr Jahre, TT 13–15°; i. a. gutes Qualität-Preis-Verhältnis (Touraine/Loiretal)

bourguignon(ne), (à la)   In (Burgunder-)Rotwein gek., geschmort, mit Champignons, Zwiebelchen und Speckwürfeln garniert; ↑ a. *bœuf bourguignon, sauce bourguignonne*

bourrache   Borretsch, Gewürzkraut, samtweiche Blätter, Blüten als Würze, Gemüse, Füllung anregend gurkig, nur jung und frisch verwendbar; Tee daraus herz- und nervenstärkend

bourride   Provenzalisches Fischgericht, etwas feiner als die ↑ *bouillabaisse*: die eher kleinen, weißfleischigen Mittelmeerfische und die Kartoffeln, Gemüse an mit kräftiger Knoblauchmayonnaise, ↑ *aïoli*, und Eigelb gebundener Brühe werden wie bei jener getrennt gereicht, erstere mit gerösteten Brotscheiben (Provence)

bourriol(le)   Dicker Pfannkuchen aus mit Milch gebundenem Kartoffelbrei, Buchweizen- und Weizenmehl (Auvergne)

bourru   Rohe Milch, ↑ *lait cru*; ungegorener, trüber junger Wein, Sauser

boursette   Feldsalat, ↑ *mâche*

boursin   Milder Rahmkäse aus Kuhmilch, Fettgeh. 70 %, selten, aber am besten ohne alle Gewürz-, Kräuterzutaten (Normandie)

boutargue   Meeräschenrogen, ↑ *poutargue*

boutefas   Westschweizer Rohwurst, ↑ *saucisson Vaudois*

bouteille Flasche
mise en -s In Flaschen abgefüllt

boutifar(e), boutifaron Gr. Blutwurst mit Schweine-, Kalbfleisch und -fett, a. mit Anis oder Zimt gewürzt (Baskenland, Maghreb)

bouton-de-culotte, chevreton de Mâcon „Hosenknopf", kl. Weichkäse aus Ziegen-, evtl. Kuhmilch, kräftig pikant, Fettgeh. 40–45 %, wird – a. als Aperitif – trockensprdöde gegessen, gute Zeit Dez.–März (Lyonnais, Mâconnais, Burgund)

Bouzy Der beste stille Rotwein der Champagne, im Alter sogar burgunderähnlich, am besten 5–6, a. mehr Jahre alt, TT 13–14°

bovin Rind, ↑ *bœuf*

boyau(x) Gedärm von Schlachtvieh; natürliche oder künstliche Wursthaut

Brachse(n) *brème* [bräm] f

braisé Geschmort; geschmortes Gericht

brandade Mit Olivenöl oder Milch, oft a. Kartoffelbrei angemachtes Stockfischpüree, in Nîmes ohne, sonst mit Knoblauch (Languedoc, Provence)

brandon Warme Apfeltorte (Normandie)

Brandteig *pâte à choux* [pataschu] f

Branntwein *eau-de-vie* [odwi] f

braou-bouffat Wurstbrühe mit Kohl, Reis und Nudeln (Roussillon)

Brasse(n) *brème* [bräm] f

brasserie Brauerei; Bierhaus; gr. Restaurant mit meist einfachem, schnellem Angebot

braten *(faire) cuire* [(fär) küjr]; Fleisch: *(faire) rôtir* [(fär) rotir]; Kartoffeln: *(faire) sauter* [fär ßotē]; braun braten (Zwiebeln usw.): *(faire) rissoler* [(fär) rißolē]; in siedendem Fett: *(faire) frire* [(fär) frir]; auf dem Rost: *(faire) griller* [(fär) grijē]

Braten *rôti* [roti] m
kalter – *viande froide* [wjãd froad] f

Brat|kartoffeln *pommes (de terre) sautées* [pomm (dötär) ßotē] pl
-wurst *saucisse fraîche* [ßoßīß fräsch] f; gebraten: *saucisse grillée* [ßoßīß grijē] f

brebis (Mutter-)Schaf; Schafkäse, i. a. Sommer und Herbst am besten

Brei *bouillie* [buji] f

bréjaude Dicke Kohlsuppe mit Speck samt Schwarte, Lauch, Rüben, Kartoffeln, auf trockenen Brotscheiben angerichtet (Limousin)

brelin Normandie: Strandschnecke, ↑ *bigorneau*

brème Blei, Brachse, karpfenartiger Süßwasserfisch, große Exemplare mageres, weiches, aber etwas fades und grätiges Fleisch, läßt sich braten, blau kochen, schmoren, fritieren
- **bordelière, carpée, petite –** Güster, Blicke, Süßwasserfisch, wegen seiner Kleinheit und den Gräten nicht besonders geschätzt
- **de mer** Name versch. Meerfische von gedrungenem Körper wie dem Graubarsch, ↑ *daurade rose*, oder der Streifenbrasse, ↑ *daurade grise*

brési(l) Mageres, ges. und getr. Rindfleisch in hauchdünnen Scheiben als Vorspeise (Franche-Comté)

Bresse Landschaft in Ostfrankreich zwischen Jura und Saône, ↑ Vallée du Rhône S. 79 ff.,
- **bleu** Blauschimmelkäse, ↑ *bleu de Bresse*

brestois Haltbarer Biskuitboden mit Mandeln und Zitronen-, Orangenessenzen, a. Aprikosenmarmelade

Bretagne Die größte Halbinsel Frankreichs gegen Ärmelkanal und Atlantischen Ozean, ↑ S. 26 ff.

bretonne, (à la) Mit ganzen oder pürierten weißen Bohnen; ↑ a. *sauce bretonne*

bre(t)zel Brezel, Brezen, knuspriges salziges Backwerk in Achterform (Elsaß)

bricelet „Brezelchen"; Westschweiz: dünne knusprige Waffel

brie Der älteste Lab- und Weichkäse Frankreichs aus roher *(au lait cru)* oder pasteurisierter Kuhmilch, der „König der Käse" (Talleyrand), zartmild erdig-haselnussig, mit Schimmelrinde eßbar, am besten cremig vollreif, aber noch nicht fließend, Fettgeh. mindestens 45 %, gute Zeit Juli–März *(de Meaux AO, Melun AO, Montereau)* oder Sept.–März *(de Coulommiers, petit brie)* (Île-de-France, Champagne)

Bries *ris* [ri] m

brignole Backpflaume, bes. gut für Kompott (Var/Provence)

Brillat-Savarin, (à la) Nach Art des Gastrosophen Brillat-Savarin: mit Gänseleber-Trüffel-Törtchen, mit Spargelspitzen; Name a. eines cremigen, mild sahnigen Weichkäses mit Schimmelrinde (Normandie); ↑ a. *consommé Brillat-Savarin*

brill(i)oli Art Kastanienpolenta mit Ziegenmilch (Korsika)

brimbelle Reg. für Preiselbeere, ↑ *airelle*, auch Heidelbeere, ↑ *myrtille*

brioche Lockeres, leicht süßliches Hefebrot mit zartem Butteraroma, beliebtes Frühstücksgebäck, a. zum Tee, zu Vorspeisen, als Teigmantel usw., am besten ofenwarm

briocherie Schnellbäckerei mit laufend frischen Backwaren

brioli Süßes Gebäck aus Kastanienmehl (Korsika)

brique du Forez, chevreton d'Ambert Weichkäse aus Ziegen-, auch Ziegen- und Kuhmilch, nussiger Geschmack, Fettgeh. 40–45 %, gute Zeit Juni–Nov. (Auvergne)

brisolée Geröstete Kastanien mit Käse (Wallis/Schweiz)

broccio, brocciu, brucciu Weißkäse, Quark aus Schaf-, manchmal auch Ziegenmilch, milder bis kräftiger Geschmack, Fettgeh. mindestens 45 %, am besten frisch, *frais*, gute Zeit April–Nov., sonst a. reif und trocken, *demi-sec* (Korsika)

broche Eiserner Brat-, Grillspieß

brochet Hecht (4–6 Wochen jung: *brocheton*), Raubfisch aus dem Süßwasser, festes, mageres und zartes, aber grätiges Fleisch, aus Flüssen besser als aus Teichen, am besten nicht zu groß, zweijährig und von Sept.–Jan.; läßt sich blau kochen, pochieren, schmoren; a. tiefgekühlt erhältlich

brochette (Brat-)Spießchen; a. die daran gebr. Stücke Fleisch, Speck, Gemüse, Pilze usw.

brocoli, (chou) Brokkoli, Spargelkohl, würzig-feiner grüner Verwandter des Blumenkohls, Röschen und Stiele wie dieser verwendbar

Brombeere *mûre (sauvage)* [mür ßowasch] f

brosme Lumb, dorschartiger Nordatlantikfisch, festes, weißes, hummerähnliches Fleisch, a. getr. erhältlich

Brot *pain* [pã] m
-kruste, -rinde *croûte* [krūt] f
-messer *couteau à pain* [kuto a pã] m
-scheibe *tranche de pain* [trãsch dö pã] f
    belegtes – *canapé* [kanapē] m; *sandwich* [ßändwitsch] m
    Butter○ *tartine beurée* [tartĩn börē] f
    Grau○ *pain bis* [pã bi] m
    Kasten○ *pain pour sandwiches* [pã pur ßändwitsch] m
    Misch○ *pain de campagne* [pã dö kãpanj] m

Roggen ○ *pain de seigle* [pã dö ßägl] m
Schwarz ○ *pain gris* [pã gri] m
Vollkorn ○ *pain complet* [pã kõplä] m
Weiß ○ *pain blanc* [pã blã] m; pain de mie [pã dö mi] m

Brötchen *petit pain* [ptipã] m

broufade, broufado Schmorgericht aus mariniertem Rindfleisch, Aromaten, Kapern und Sardellenfilets (Provence)

brouillade Rührei (oft mit Pilzen, Trüffeln, Spargelspitzen)

brouillé Vermischt, verrührt; geschlagen
œufs -s Rühreier

Brouilly Liebenswürdiger, geschmeidig fruchtiger Rotwein aus dem ↑ *Beaujolais*, TR 1–3 Jahre, TT 9–11° (Burgund)
Côte-de- – Kräftiger, intensiver als der gewöhnliche ↑ *Brouilly*, kann, darf bis 10 Jahre alt werden

brousse Frischkäse aus ungesalzener Schaf-, a. Kuhmilch, zart cremig, wird gern gewürzt als Vorspeise oder gezuckert als Nachspeise genossen, Fettgeh. 45 %, gute Zeit Nov.–April (Provence)

broye, broyé Maisbrei (Béarn); gr. Mürbeteigfladen (Poitou)

Bru Schwach mineralhaltiges Tafelwasser mit natürlicher, leicht perlender Kohlensäure (Ardennen/Belgien)

bruccio, brucciu Weißkäse, ↑ *broccio*

brugnon Nektarine, glattschalige, aromatische Pfirsichfrucht

brûlé Gebrannt, geröstet; verbrannt

brun, brune Braun; dunkles (Bock)Bier

Brunnenkresse *cresson (de fontaine)* [kräßõ (dö fõtän)] m

brunoise Feingewürfeltes, meist ged. (Wurzel-)Gemüse

Brust *poitrine* [pǫatrīn] f

brut Roh, unbearbeitet; Champagner, Wein, Apfelwein: sehr trocken, herb
– de brut, intégral Ganz trocken, naturtrocken

bruxelloise, (à la) Mit ged. Rosenkohl und Chicorée, a. Schloßkartoffeln

buc(c)arde Name versch. eßbarer Meermuscheln wie Herzmuschel, ↑ *coque*, Teppichmuschel, ↑ *palourde*, Venusmuschel, ↑ *praire*

buccin Wellhornschnecke, eßbares Meeresweichtier, nicht bes. feines, aber angenehmes Fleisch, wird gek., fritiert, a. eingesalzen gegessen (Nordsee, Nordatlantik)

bûche (de Noël) Holzscheit; trad. Weihnachtskuchen: Biskuitrolle mit Schokoladen-Butter-Creme; a. Bombe aus Eis verschiedener Aromen

Büchse *boîte* [bo̯at] f
-n|öffner *ouvre-boîtes* [uwrbo̯at] m

Buewespietzle Kartoffelknödel (Elsaß)

buffet Anrichte; Tisch mit Speisen und Getränken; Schnellgaststätte, bes. in Bahnhöfen, Autobahnrastplätzen, Flughäfen
– **de (la) gare** Bahnhofrestaurant (in Frankreich oft Schnellgaststätte, in der Schweiz meist ausgezeichnet)
   vin du – Wein einfacher, aber guter Qualität

Bugey Gegend zwischen den Tälern des Ain und der oberen Rhône im Osten Frankreichs, ↑ Vallée du Rhône S. 79 ff.; fruchtig-frische Rot-, Rosé-, Weiß- und Schaumweine, die es zu entdecken lohnt, jung und kühl zu trinken

bugne Krapfen, Schmalzgebäck zur Karnevals-, Kirchweihzeit, besser warm als kalt (Lyonnais); kl. Mandelkuchen Bretagne); ugs. a. allg. für Beignet, ↑ *beignet*

bulbe Knolle, Zwiebel

bulghur Weizenschrot, ↑ *boulghour*

bulot Atlantikküste: Wellhornschnecke, ↑ *buccin*

bureau de tabac Staatlich konzessionierte Verkaufsstelle für Tabak, Briefmarken, Zeitschriften usw. (Kennzeichen: roter Rhombus)

Burgund(erwein) *bourgogne* [burgonj] f, m

Butt *turbot* [türbo] m

Butter *beurre* [bör] m
-brot *tartine (beurrée)* [tartīn (börē)] f
-milch *babeurre* [babör] m

buvable Trinkbar

buvette Erfrischungsraum, (Steh-)Ausschank, Trinkstube; Kiosk; Trinkhalle

Buzet(-sur-Baïse), (Côtes-de-) Lebhafte und fruchtige Rosé-, auch Weißweine (jung zu trinken, TT 8–10°), vor allem jedoch elegant-füllige Rotweine, die gut altern (TR 2–3 und mehr Jahre, TT 15–16°) (Gascogne)

Byrrh Bittersüßer Aperitif auf Rotweinbasis mit Chinarindenextrakt, meist kühl getrunken (Pyrenäen)

Cabardès, (Côtes-du-) Lebhafte, fruchtige Rot- und Roséweine, TR 3–4 Jahre, TT 9–11° (Languedoc)

cabaret Kabarett, Kleinkunstbühne; Tanz-, Nachtlokal

cabassol Ragout aus Kopf, Kaldaunen, Füßen vom Lamm, a. mit Gemüsen und Schinken (Südwestfrankreich)

cabécou Kl. flacher Ziegen- oder Schafkäse (weniger echt aus Kuhmilch), fein nussig, manchmal in Essig oder Pflaumenschnaps eingelegt, in Weinblatt gehüllt, Fettgeh. 45 %, gute Zeit März–Juni (Schaf), Apr.–Okt. (Ziege) (Quercy, Rouergue/Midi-Pyrénées)

cabernet Noble, führende rote Traubensorte, der vor allem die Bordeauxweine ihren Weltruhm verdanken, a. im ↑ *Anjou*, in ↑ *Saumur* u. a. angebaut

cabillau(d), morue fraîche Dorsch (jung: *moruette*), Kabeljau (geschlechtsreif), gr. Nordatlantikfisch, so stark verbreitet, daß er fast unterbewertet ist; sein Fleisch in Scheiben oder als Schwanzstück jedoch fest, zart und schmackhaft, läßt sich braten, dünsten, grillieren, pochieren, filieren; Leber und Bäckchen gut; gute Zeit Jan.–Mai

cabri(l) Zicklein, ↑ *chevreau*

cabus, (chou) Kopfkohl, ↑ *chou cabus*

cacahouète, cacahouette, cacahuète Erdnuß, roh, geröstet oder als feines Speiseöl genießbar, a. statt Haselnüssen, Mandeln, Pistazien in Gebäck

cacao Kakao(bohne)

cachat Sahniger Schaf- oder Ziegenkäse, frisch mild aromatisch, in Branntwein, Essig und Kräutern mariniert kräftig würzig, Fettgeh. 45 %, gute Zeit Juni–Okt. (Provence)

cacher, -ère Koscher, nach rituellem jüdischem Speisegesetz

caddie Einkaufs-, Gepäckwagen

Cadillac Rebgelände an der Garonne, gegenüber ↑ *Sauternes*, in der Gironde mit aromatisch-körperreichen Likörweinen (am besten: *Premières Côtes-de-Bordeaux-Cadillac*), TR 3–5 und mehr Jahre, TT 5–7° (Bordeaux)

Café *café* [kafē] m; *salon de thé* [ßalō dö tē] m; *tea-room* [tirūm] m

café Kaffee; Kaffeehaus (oft mit Straßenterrasse), das Getränke, a. Frühstücke und kl. Imbisse serviert
– **arabe** Starker Kaffee in kl. Tasse
– **arrosé** Kaffee mit Schuß Alkohol
– **calva** Kaffee mit ↑ *Calvados*

- **complet** Frz. Frühstück: Milchkaffee, Hörnchen, Butter und Marmelade
- **crème** Kaffee mit flüssiger Sahne oder (meist) Milch
- **décaféiné** Ugs. *déca*, koffeinfreier Kaffee
- **diable** Kaffee mit Cognac und Gewürzen
- **exprès** Espresso, wird ohne Milch serviert
- **filtre** Filterkaffee
- **frappé** Mokkaeis
- **glacé** Eiskaffee
- **instantané** Sofortkaffee
- **au lait** Kaffee mit heißer Milch
- **liégeois** Eiskaffee
- **moulu** Gemahlener Kaffee
- **nature, noir** Schwarzer Kaffee
- **noisette** Kaffee mit Kirsch und Sahne (Schweiz)
- **royal** Kaffee mit Cognac und Schlagsahne
- **torréfié** Gerösteter Kaffee
- **turc** Türkischer Kaffee, mehrfach aufgek., mit viel Zucker in kl. Tasse
- **viennois** „Wiener Kaffee" mit Sahnehaube

Café de Paris, beurre Kräuterbutter mit vielen Gewürzen und Aromaten

cafétaria, cafétéria Ugs. *cafét'*, Gaststätte mit alkoholfreien Getränken, oft aus Automaten

caghuse, caqhuse Schweinshachse mit Zwiebeln aus dem Bäckerofen, meist kalt serviert (Picardie)

cagouille Westfrankr.: Weinbergschnecke, ↑ *escargot*

Cahors Tiefroter Wein voll Tradition und Zukunft, eigenwillig robust, jung (TT 9–11°) oder, bei guter Herkunft, 10–15 Jahre alt (TT 14–16°) zu trinken, gutes Qualität-Preis-Verhältnis (Quercy/Aquitanien)

caille Wachtel, Aristokrat des Federwilds, zart und aromatisch, heute öfter gezüchtet (und dann weniger delikat) als wild

caillé Geronnen; Dick-, Sauermilch; ungesalzener Frischkäse, Quark, oft mit Kräutern oder gezuckert gegessen

caillebotte Frischkäse, Quark aus Kuh- oder Ziegenmilch, oft mit Sauerrahm und Zucker angerichtet

caillette, gayette Labmagen der Wiederkäuer, Teil der Kutteln, ↑ *tripes*; Schweinehack mit geh. Blattgemüse und Aromaten im Schweinenetz, kalt oder gewärmt gegessen (Südostfrankreich)

caisse Kasse; Kasten, Kiste; Papierhülse; Wein: Kiste mit 12 Flaschen
   en – (tte) Ragout, Vorgericht usw. im Töpfchen; in ausgehöhltem, geb. Brot

cajou, (noix, gomme, pomme de) Cashewnuß, exotisches Gewürz, a. Mandel-, Nußersatz, sanft und angenehm; aus ihrem Fett schmackhaftes Speiseöl (Brasilien, Südostasien)

cake Urspr. englisch: rechteckiger Hefekuchen mit Rosinen und kandierten Fruchtstücken

calcaire Schokoladetrüffel (Belgien)

calebasse Name versch. Kürbisarten, insbes. des Flaschenkürbis, in Frankreich a. jung als Gemüse zubereitet

calisson Süßes, rautenförmiges, mit Zuckerguß überzogenes Mandelgebäck, muß frisch gegessen werden, da es rasch austrocknet (Aix-en-Provence)

cal(a)mar, encornet Kalmar, zehnarmiger Tintenfisch aus dem Meer (jung: *supion*), festes, mageres, angenehm krebsartiges Fleisch, muß frisch sein, bleibt, wenn nicht lange genug gekocht, gern zäh

Calvados Département in der Normandie, Heimat eines edlen Apfelbrands (ugs. *calva*) von weicher Glut und herbfeinem Fruchtaroma; bestes Anbaugebiet: Pays d'Auge; TT 20–22°; bes. gut zum Schluß eines Mahls aus der leeren, noch warmen Kaffeetasse; jung getrunken hat der C. ein betontes Apfelaroma (3 Äpfel oder Sterne: 1–3 Jahre im Eichenfaß; *Réserve, Vieux*: 3–4 Jahre; *Vieille Réserve, V.O.*: 4–5 Jahre; *Grande Réserve, V.S.O.P.*: 5–6 Jahre; *Âge inconnu, Extra, Hors d'Âge, Napoléon, Très Vieille Réserve*: mehr als 6 Jahre)

calvil(le) Ausgezeichnete Apfelsorte, Art Gravensteiner, ausgewogen süß-sauer und erfrischend, gute Zeit Jan.–März (*rouge*) oder April (*blanc*)

camembert Vollfetter Weichkäse aus pasteurisierter oder, besser, roher (*au lait cru, fermier*) Kuhmilch, feinsäuerliches Pilzaroma, wird mit zunehmendem Alter schärfer, Fettgeh. 30–50%, gute Zeit Sommer, Herbst und Winter vor dem Zerfließen, ohne Rinde (echt, AO, nur aus der Normandie, VCN, *Véritable Camembert Normand*, heute aber a. anderorts hergestellt)
 – **pasteurisé** Der meistverkaufte Camembert, industriell hergestellt, milchig neutral

camomille Kamille, Heilpflanze, Blüten aromatisch beruhigend, als Tee entspannend, appetitanregend

campagnard, de campagne Bäurisch, ländlich
 buffet – Buffet mit ländlichen Speisen (Aufschnitt, Pasteten, Schinken, Würsten, Landbrot, Wähen usw.) und Getränken (offener Wein, Faßbier, Apfelwein usw.)

canapé Belegte Scheibe frisches oder geröstetes, kaltes oder warmes Weißbrot

canard Ente, sollte für die Küche nicht älter als 2–4 Monate sein, am delikatesten noch jünger, als *caneton*; a. in Alkohol getränkter Zuckerwürfel

Arten

canard de Barbarie, croisé sauvage Barberie-Ente, Halbwildente, Kreuzung zwischen Hausente und wildem Erpel, heute meist in Freiheit gezüchtet, festes, eher mageres Fleisch, süßlicher und kräftiger als das der Hausente

– **de Pékin** Pekingente, Jungmastente, etwa 8 Wochen alt

– **de Rouen, rouennais** Sehr feine Zuchtente mit zartem Wildgeschmack, wird meist *au sang* (s. u.) hergerichtet

– **nantais, de Challans** Kleine, aber feine, fette Zuchtente

– **sauvage, cainar, colvert** Stock-, Wildente, heute meist gezüchtet

– **-souchet** Löffel-, Schwimmente, eine der feinsten Wildenten

mulard Kreuzung zwischen Barbarie-Ente und dem ↑ *canard nantais*, Lieferantin der Entenleber (Südwestfrankreich)

sarcelle d'été Knäkente, kl. Schwimmente, bräunliches, sehr feines, leicht bitterliches Fleisch

sarcelle d'hiver Krickente, die kleinste einheimische Wildente

Zubereitungsarten

canard bigarade Ente an Pomeranzensauce, ↑ *sauce bigarade*

– **laqué, de Pékin** Urspr. chinesisch: süß-saure, mit Honig glasierte Pekingente

– **à l'orange** Ente mit Orangenstreifen und -scheiben, Grand-Marnier- und anderen Orangenlikören

– **à la presse** Entenbrust und -keulen mit Sauce aus ausgepreßter Karkasse, Leber, Blut und Cognac

– **au sang** Erstickte Ente mit ihrem Blut im Körper

cancalaise, (à la) Mit pochierten (Cancale-)Austern, a. Garnelenschwänzen an Fischrahm- oder Weißweinsauce; a. Name der Austern aus Cancale (Bretagne)

cancoilotte Schmelzkäse aus entrahmter Kuhmilch, mit Knoblauch oder Weißwein gewürzt, kräftig aromatisch, Fettgeh. 30 %, wird lauwarm gegessen (Franche-Comté)

canelloni Urspr. ital.: gef. Nudelteigrollen, in Frankreich oft a. gerollter Pfannkuchen

caneton, canette Junge, bis 2 Monate alte Ente, ↑ *canard*

canette Apfelwein-, Bierflasche mit Bügelverschluß, etwa ⅓ l

cannelle Zimt, getr. Innenrinde eines tropischen Lorbeerbaums, ganz oder zerstoßen, süßlich würzig

Canon(-Fronsac), (Côtes-) Der beste Rotwein der ↑ *Fronsac*-Region, kräftig, aber geschmeidig, sollte bis zu 10 Jahre alt sein, TT 15–17°, gutes Qualität-Preis-Verhältnis (Libournais, Bordeaux)

cantal(et) Halbfester Schnittkäse AO aus roher *(fermier)* oder, weniger kräftig, pasteurisierter *(laitier)* Kuhmilch, fein haselnussig, leicht salzig, Fettgeh. 45 %, gute Zeit Juni–Sept. (Auvergne)

cantaloup Kantalupmelone, ↑ *melon cantaloup*

Cap Corse Würzig-süßer Aperitif aus korsischen Weinen mit Heidelbeeren, Chinarinde und Kräutern, leichtes Vanillearoma (Korsika)

capelan, capélan, capelin Dorschfisch, ↑ *tacaud*

capilotade, en In kl. Stücken, geschmort

capiteux, -euse Schwer, voll, wuchtig; Wein: alkoholhaltig, berauschend

caponata Urspr. sizilianisch: Auberginen, Stangensellerie und Tomaten an Olivenöl mit Kapern, Oliven und Sardellenfilets, kalt als Vorspeise

câpre Kaper, Blütenknospe des Kaperstrauchs, in Essig, Salzbrühe oder Öl eingelegt pikant salzig-würzig, am besten aus Marseille, Toulon oder Nizza; a. als kleine Frucht, in Essig und Öl eingelegt, scharf würzig zu Vorspeisen

caprice (des dieux) Doppelrahmkäse aus pasteurisierter Kuhmilch, sahnig-sanft, Fettgeh. 60 % (Haute-Marne/Champagne)

capucin Kl. Käsetörtchen, warm als Vorspeise

capucine Kapuzinerkresse, Kraut als Salat, junge Triebe frisch geh. oder eingelegt als Würze, Kapernersatz

caqhuse Kalbshachse, ↑ *caghuse*

caquelon Feuerfestes Ton-, Keramikgeschirr für Schmorgerichte (Midi) oder Fondue (Ostfrankreich, Westschweiz)

carafe Karaffe für Wasser, Wein usw.
  (vin) en –, de – Frischer, offener Landwein in der Karaffe

caramel Karamel, braun gebrannter Zucker; Karamelpudding, -sauce; Karamelle
  crème – Gestürzte Karamelcreme

caramote Furchengarnele, ↑ *crevette du Maroc*

carapace, en Krustentiere: im Panzer, in der Schale

carassin Karausche, karpfenartiger Süßwasserfisch, zartes, schmackhaftes, etwas grätiges Fleisch

carbon(n)ade Gebr., gegrilltes, geschmortes Rind- oder Schweinefleisch, in Scheiben oder als Ragout
– **flamande** Rindskarbonade mit Zwiebeln und Bier (Flandern)

carcasse Karkasse, Gerippe eines Tieres, Rumpf des Geflügels

cardamine Schaumkraut, Wiesenkresse, junge bitterliche Blätter ausgezeichnet als Salat

cardamome Kardamom, tropische Ingwerstaude, Samen, meist pulverisiert, würzig aromatisch und anregend (Indien, Westasien, Mittelmeer)

carde Eßbarer Blattstiel der Karde, ↑ *cardon*, oder des Mangolds, ↑ *bette*, a. das ganze Blatt dieser Pflanze, in Frankreich gern als Gemüse

cardinal „Kardinalrot"; Fisch: mit Hummerscheiben oder an rosaroter Hummersauce; reg. für Knurrhahn, ↑ *grondin*; (geeiste) Süßspeise mit roten Früchten oder an rotem Fruchtsirup; Aperitif aus etwas Johannisbeerlikör, ↑ *cassis*, und rotem (Beaujolais-, Mâcon-) Wein

cardine, limande salope, sloop Name versch. Butte, Plattfische, insbes. des Flügel-, Glasbutts, Scheefsnuts; festes, etwas trockenes, aber schmackhaftes Fleisch

cardon Karde, artischockenähnliche Distelpflanze, deren zarte, wohlschmeckende Blattstiele man in Frankreich gern blanchiert, gedünstet, auch überbacken als Gemüse ißt, gute Zeit Nov.–Febr.

cargolade Auf Rebenfeuer im Freien gegrillte, gewürzte Schnecken (Roussillon, Midi)

car(r)i, car(r)y, currie, kari Curry, süßlich-scharfes Pulver aus tropischen Gewürzen (Indien); a. Gericht damit

Carmen Mit Tomaten oder Paprikaschoten und starker Würze; ↑ a. *salade Carmen*

carnotset, carnotzet Weinkeller; kl. intimes (Wein-) Lokal, Bar (Westschweiz)

caroline Kl. Blitzkuchen, mit Gänseleber, Schinken, Lachs, Käse usw. gefüllt, warm oder kalt als Vorspeise

carotte Mohrrübe, Möhre, gelbe Rübe oder ihre zarte, runde Form, Karotte
-s glacées Glasierte Möhren, Karotten
-s râpées Roh geraffelte Möhren, Karotten

-s (à la) Vichy   Mit Zucker in Butter ged. Möhren-, Karottenscheiben, mit Petersilie bestreut

carpaccio   Urspr. ital.: hauchdünne Scheiben rohes Rindfleisch, a. Fisch, in Vinaigrettesauce oder Kräutermarinade

carpe   Karpfen, Teich- oder Flußfisch, meist gezüchtet, fett und schmackhaft, am besten etwa dreijährig im Winter, läßt sich backen, blau kochen, füllen

carré   Karree, das vordere Rippenstück des Kalbs-, Lamm- oder Schweinerückens; kl. Speckwürfel
- **de côtes, côtes premières**   Kotelett-, Rippenstück vom Lamm
- **de l'Est, fleuri**   Viereckiger Weichkäse aus pasteurisierter Kuhmilch, camembertartig mild und herb zugleich, gern zu wenig oder zu stark ges., Fettgeh. 45–50 %, gute Zeit Sept.–Mai (urspr. Champagne, Lothringen, heute a. anderswo)
- **fumé**   Gepökeltes, geräuchertes Rippenstück, „Kasseler Rippenspeer" vom Schwein
  bas de –   Kamm und vord. Kotelettstück des Kalbs

carrelet, plie   Scholle, Goldbutt, platter Meerfisch, mageres, leichtverdauliches Fleisch, fast so fein wie die Seezunge, aber preisgünstiger, gute Zeit Mai.–Nov., läßt sich braten, filieren, gratinieren, fritieren

carte   (Speise-)Karte
- **de crédit**   Kreditkarte
- **du jour**   Tageskarte
  à la –   Nach der Speisekarte (einzeln zusammengestellt); im weiteren Sinn: nach Wahl, Wunsch

carum   Kümmel, ↑ *carvi*

car(r)y   Curry, ↑ *car(r)i*

carvi, carum   (Feld-)Kümmel, Samen ganz oder gemahlen fenchelartig aromatisch

casher, -ère   Koscher, nach rituellem jüdischem Speisegesetz

cassate   Urspr. ital.: Cassata, Riegel aus Schichten von Eis versch. Aromen mit kandierten Früchten, Nüssen, Makronen usw.

casse-croûte, -graine   Stulle, Pausenbrot; Imbiß, Brotzeit; rasch eingenommene, leichte Mahlzeit

casse-noisette(s), -noix   Nußknacker

casser   Zerbrechen, zerschlagen, aufbrechen
- **une croûte**   Einen Imbiß zu sich nehmen

casserole   Brat-, Schmortopf mit Stiel oder Griff und oft Deckel
  à la –, en –   Aus dem Schmortopf, Schmorbraten

cassis, groseille noire Schwarze Johannisbeere, angenehm herbsäuerlich; Sirup, Geist, Likör *(crème de cassis)* daraus

Cassis Aromatisch frische rote (TR 3–10 Jahre, TT 14°), rosé und vor allem lautere, fein duftende, sehr trockene weiße Weine (TR 1–3 Jahre, TT 7–9°), Côte-d'Azur/ Côtes-de-Provence)

cassolette Kl. feuerfeste Form oder Pfanne, in der (meist Vor-)Gerichte gek. und serviert werden; das Gericht darin

cassoulet Deftiger Eintopf aus der Kasserolle, von dem jeder Einheimische das einzig wahre Rezept weiß: in Gänseschmalz, Speck und Würzzutaten lange langsam geschmorte weiße Bohnen mit Schweinefleisch *(c. de Castelnaudary)*, Hammelfleisch, a. Rebhuhn *(c. de Carcasson)* oder eingemachter Gans, Ente und Knoblauchwurst *(c. de Toulouse)*

castagnaccio Krapfen, Kuchen, Waffel aus Kastanienmehl (Korsika)

castagnole Name unterschiedlicher Meerfische, u. a.:
  grande – Brachsenmakrele, weißes, aber gern parasitöses Fleisch
  petite – Mönchsfisch, Riffbarsch aus den Gewässern vor der Mittelmeerküste, nicht bes. schmackhaft

catalane, (à la) Mit Tomatenvierteln, pochierten Kastanien, Knoblauchwürstchen und Oliven; mit Auberginen und Pilawreis; auf Artischockenböden mit gegrillten Tomaten

catigot, catigau Anglerragout aus Flußfischen (Aal, Karpfen) mit Gemüsen, a. Kartoffeln, Knoblauch und weiteren Gewürzen (Rhônetal, Provence)

Cavaillon Stadt im Vaucluse, wichtiges Anbau- und Handelszentrum von Obst und (Früh-)Gemüse (Melonen, Spargeln usw.), Spirituosenherstellung (Provence)

cave(au) Unterirdischer (Wein-)Keller, Faßlager; Probierstube; Keller-, Musiklokal; Kleinkunstbühne
– **coopérative** Winzergenossenschaft

caviar Kaviar, Eier, Rogen von Störfischen
– **d'aubergines** Püree von geb. Auberginen mit Knoblauch, schwarzen Oliven usw. in Olivenöl, rauchiger, leicht bitterer Geschmack
– **blanc** Weißer Kaviar von Albino-Störfischen, selten, etwas fade; meist für Meeräschenrogen, ↑ *poutargue*
– **niçois, à la niçoise** Würzig-pikante Paste, Art ↑ *tapenade* aus Sardellen, schwarzen Oliven, Knoblauch, Basilikum, Kapern an Olivenöl und Pfeffer (Riviera)

Cayenne, (poivre de)   Chili, ↑ *chile*

cédrat   Zedrat-, Zitronatzitrone, stark süßlich-aromatische, kernlose Zitrusfrucht, gute Zeit März (Côte d'Azur, Korsika)

cédratine   Likör aus Zedratzitrone, TT 8–10° (Korsika)

céleri   Sellerie, Gemüse- und Gewürzpflanze, Stengel, Knollen (bes. püriert) eigenartig erdhaft aromatisch, Blätter als Würze verwendbar
- **-branche, à côtes**   Stauden-, Stangen-, Bleichsellerie, fleischig-saftige Stiele roh so gut wie gek. und in Konserven, dezenter Geschmack, frisch von Ende Juni–Febr. erhältlich
- **à la croque (au sel)**   Rohe Staudenselleriestange, muß frisch sein
- **-rave**   Knollensellerie, Wurzel roh wie gek. und aus der Konserve als Gemüse, Salat oder Würze verwendbar, kräftiger Geschmack, muß hart sein, im Herbst am besten

Célestine   Mit geschälten Tomaten und Champignons sautiertes Hühnchen, mit Cognac flambiert, in Weißwein getränkt, mit Knoblauch und Petersilie bestreut

cendre, (sous la)   Asche; in glühender Herdasche, Holzkohlenglut gegart

cendré   In Rebholzasche gereifter Kuhmilchkäse, jung sehr nussig, Fettgeh. 20–30 %

cépage   Reb-, Traubensorte

cèpe (de Bordeaux), gros pied polonais   Im Handel: Speisepilz aus der Gattung der Röhrlinge; im bes.: Steinpilz, der „Aristokrat der Pilze", butterzart nussig, gute Zeit Juli–Okt., kann in kl. Mengen roh gegessen werden, am besten gebr., a. eingelegt und getr. ausgezeichnet; ↑ a. *bolet*

céréale(s)   Getreide
  flocons de –   Getreideflocken

cerf   Dam-, Rothirsch, sollte nicht älter als 1 Jahr sein; Fleischteile, -stücke ↑ Reh; ↑ a. *biche, faon*

cerfeuil (commun)   (Garten-)Kerbel, Gemüsekraut, gezupfte oder feingeh. Blätter, nur frisch von der Blüte, würzig pikant, zart anis-aromatisch, für Suppen, Saucen, Kräutermischungen, getr. ohne viel Aroma; ↑ *fines herbes*
- **chinois**   Reg. für Koriander, ↑ *coriandre*

cerise   Kirsche
- **acide, anglaise**   Sauer-, Weichselkirsche, feines, herbes Aroma, meist zum Dünsten und Kochen verwendet, gute Zeit Juni–Aug.
- **douce**   Süßkirsche, gute Zeit Mai–Juli

cerneau Grüne Baum-, Walnußhälfte, oft zum Aperitif in Saft unreifer Trauben, *au verjus*, getränkt und mit geh. Kerbel serviert

vin de -x Junger (Rosé)Wein, gute Zeit Aug.–Sept.

Cérons Eleganter, zartsüßer Weißwein, leichter und nerviger als die ↑ Sauternes, TR 5–10 und mehr Jahre, TT jung 5–8°, alt 8–12°; heute a. trocken ausgebaut (Graves/Bordeaux)

cervelas Name versch. gewürzter, geräucherter Brühwürste aus Schweine- und Rindfleisch mit reg. Abwandlungen, kalt oder warm gegessen

cervelat Brühwurst aus Rind-, Schweinefleisch mit Schwarten und Speck (Schweiz)

cervelle Hirn (von Schlachttieren)

cétan, céteau Lange Zunge, kleine längliche Seezungenart, platter Meerfisch, von Feinschmeckern geschätzt, aber rar, Zubereitung wie Seezunge, ↑ *sole*, gute Zeit Mai–Juni

cévenole, (à la) Mit (glasierten) Maronen, salzig oder süß (Ardèche/Languedoc)

chabichou Ugs. *chabi*, der älteste frz. Weichkäse aus Ziegen-, manchmal a. Schafmilch, ausgeprägt pikant, Fettgeh. 45 %, gute Zeit vom Bauernhof Mai–Nov., aus der Molkerei Mai–Sept.

Chablais Harmonisches Gelände mit z. T. abschüssigen Rebhalden vom oberen Genfer See durchs Rhônetal zur Walliser Grenze, aromatisch feine, meist weiße Weine (Waadt/Schweiz)

Chablis, (Petit) Stahlig-frischer, sehr trockener Weißwein von ausgewogener Säure (bessere Qualitäten: *Premier Cru, Grand Cru*), je nach Güte TR 2–10 Jahre, TT 6–10° (Yonne/Burgund)

chabot Name versch. großköpfiger Fische wie des Gestreiften Seewolfs, ↑ *loup de mer*, und insbes. des Seeskorpions, *crapaud, diable, scorpion de mer*, festes weißes Fleisch, bes. für Fischsuppen geeignet

– **de rivière** Einzige Süßwassergroppe, meist nur fritiert genießbar; reg. a. für Döbel, ↑ *chevesne*

chabrol, chabrot, (faire) Rotwein, in Rest einer Bouillon, Suppe aus dem noch warmen Teller getrunken (Centre, Südwestfrankreich)

chachlik, chachlyk Urspr. georgisch: Schaschlik, orientalisches Spießchen mit marinierten, gewürzten Hammelfleischwürfeln usw.

chair Tier-, Fruchtfleisch; Fleisch als Nahrungsmittel

Chalonnais Weinbaugegend östlich von Chalon-sur-Saône, südl. Fortsetzung der ↑ *Côte-de-Beaune* mit etwas leichtgewichtigen, aber guten, gesunden Rot- und Weißweinen (Burgund)

chalumeau Veralteter Name für Stroh-, Trinkhalm, heute ↑ *paille*

Chambertin Der Grandseigneur der Burgunderweine (jedoch Erzeugername so wichtig wie Herkunft), mit Ehrfurcht zu genießen, samtig fest und voll, TR 10–20 und mehr Jahre, TT 14–16° (Côte-de-Nuits)

Chambolle-Musigny Füllig-seidener Rotwein, der femininste, feinste der ↑ *Côte-d'Or* (am besten: *Musigny*), TR 5–12 und mehr Jahre, TT 14–16°; a. wenig, aber elegante Weißweine, TT 10–12° (Côte-de-Nuits/Burgund)

Chambord Gr. ganzer Fisch, gefüllt in Rotwein gek., mit Fischklößchen, Krebsen, Champignonköpfen usw. garniert

chambré Wein: „chambriert", auf Zimmertemperatur gebracht (gehört aus dem Weinvokabular gestrichen: betrug diese früher selten mehr als 14–16°, ist sie heute bis zu 20° gestiegen, was auch für den kostbarsten Rotwein zu hoch ist)

chamois Gemse, jung feines Wildbret

Champagne Nördlichste Weinbauregion Frankreichs, ↑ S. 31 ff.; Heimat des ↑ *Champagne*, aber a. der ↑ *Coteaux-Champenois*; ↑ a. *Bouzy, Cramant*

champagne Champagner, der diesen Namen nur tragen darf, wenn er aus der ↑ Champagne kommt; der klassische, edelste Schaumwein mit feinem Schaum und anhaltendem Perlen; er wird, einmal in der Flasche, durch Lagern nicht besser, kann sich, in dunklem Keller liegend, aber 3–5 und mehr Jahre halten. *N.M.*: von Handelshaus bereiteter Champagner; *R.M.*: vom Weinbauer erzeugter Champagner; *C.M.*: von Genossenschaft gekelterter Champagner. Geschmacksgrade: *brut de brut* naturtrokken; *brut intégral* sehr trocken; *brut* trocken; *extra-dry, extra-sec* halbtrocken (TT 8–9°); *demi-sec* halbsüß; *doux* süß (TT 5–7°)

– **blanc-de-blancs** Champagner aus nur weißen ↑ *Chardonnay*-Trauben, elegant und fein
– **crémant** Champagner (nach heutigen Vorschriften Perlwein) mit wenig Kohlensäure, mild, weich und fruchtig
– **millésimé** Champagner aus Weinen nur eines Jahrgangs
– **rosé** Rosé-Champagner, weinig und elegant
   fine – Cognac-Sorte, ↑ *Cognac*

champenoise, méthode Verfahren der Schaumwein-herstellung, ↑ *méthode champenoise*

Champenoix, (Coteaux-) Die stillen Weine, *champagnes naturs*, der ↑ Champagne, leicht und elegant, am besten mit 1–5 Jahren, TT rot 12°, weiß 9°; ↑ *Bouzy, Cramant*

Champignon *champignon de couche* [schāpinjō dö kūsch] m, champignon de Paris [schāpinjō dö pari] m

champignon (Speise-)Pilz, Schwammerl (alle versch. Arten)

– **de couche, cultivé, de Paris, pratelle** (Zucht-) Champignon, Egerling, vorzüglicher Zuchtpilz, milder Geschmack, frisch und dunkel aromatischer als konserviert und hell, Hauptanbaugebiete in Nordostfrankreich, Bordelais und Loiretal

chanterelle, girol(l)e Pfifferling, Eierschwamm, Gelbschwammerl, beliebter Speisepilz, mild und leicht pfeffrig, aber gern etwas zäh und schwerverdaulich, frisch, jedoch nicht roh zu essen, am besten geschmort, gute Zeit Juni–Okt.

chantilly, (à la) (Mit) Schlagsahne, Schlagobers, Schlagrahm

chaource Sahniger, camembertähnlicher Käse AO aus roher Kuhmilch, leicht säuerlich und fruchtig, Fettgeh. 45–50 %, gute Zeit Juli–Nov. (Champagne)

chapelure Semmelbrösel, geriebenes Brot zum Panieren und Gratinieren

chapon Kapaun, kastrierter Masthahn, zart und saftig; mit Knoblauch eingeriebenes, in Olivenöl geröstetes Stück Weißbrotkruste, meist zu grünen Salaten (Provence); in Milchbrei eingeweichte Brotkruste (Normandie); Roter Drachenkopf, ↑ *rascasse rouge*

chaptalisation Wein: Trockenzuckerung des Traubenmostes vor der Gärung, um den Alkoholgehalt (nicht unbedingt die Süße) des Weins zu erhöhen

charbon Kohle; ugs. verkohltes Fleisch
   au – de bois Vom Holzkohlengrill

charbonnade Dünne Rindfleischscheiben vom Holzkohlengrill mit würziger Sauce und Kräutern (Waadt/Schweiz)

charbonnier Märzellerling, Märzschneckling (*hygrophore de mars*), feiner, gesuchter Speisepilz von etwas fadem, aber wohlriechendem Aroma, gut haltbar, gute Zeit Frühling; Frauentäubling, ↑ *russule charbonnière*; Köhler, ↑ *lieu noir*

charcuterie Fleisch-, Wurstwaren (eigtl. nur vom Schwein); Aufschnitt-, Fleischteller; Fleisch-, Feinkostladen

charcutière, (à la) (Schweine-)Fleisch an ↑ *sauce charcutière*
    côte – Kurzgebr. Schweinekotelett

chardonnay, (pinot blanc) Weißer Ruländer, Weißer Klevner, noble Rebsorte, aus der die erlesensten Weiß- und Schaumweine Frankreichs hergestellt werden, kräftig und fein zugleich mit aromatischem Bukett (Burgund, Champagne, a. Genf, Neuchâtel, Wallis/Schweiz u. a.)

chariot (Vorspeisen-, Käse-, Dessert-)Wagen; Einkaufswagen

charlotte Gestürzte Süßspeise aus einer mit Löffelbiskuit ausgelegten, mit Creme, Püree usw. gefüllten zylindrischen Form; kann ohne Teig auch salzig aus Fisch oder Gemüse zubereitet werden
    – (à la) russe Bayerische Creme, ↑ *bavaroise*, mit Schlagsahne, kandierten Früchten oder sonst Aromaten in einem Kranz von Löffelbiskuits

charnu Fleischig; Wein: körperreich, voll, rund

charol(l)ais Weiße Mastrindrasse von bes. saftigem, zartem Fleisch (urspr. aus der Gegend von Charolles auf einem Hochplateau am Nordrand des Zentralmassivs); Name a. eines nussig scharfen Ziegenkäses, Fettgeh. 40–45 %, gute Zeit Juli–Nov. (Burgund)

Chartres, (à la) Mit Estragon(sauce)

chartreuse, (en) Fleisch, Geflügel, i. a. Federwild, oder Fisch mit kleingeschnittenem Gemüse, i. a. Kohl, und Speck in der Becherform

Chartreuse Würziger Likör aus 130 meist alpinen Kräutern und Weinbrand, grün, *vert*: alkoholisch kräftig, gelb, *jaune*: mild süß, TT 8–10° (ehem. Kartäuserkloster Voiron/Dauphiné, heute a. Spanien)

Chassagne-Montrachet Duftig volle, aber trockene Weißweine, TR 3–7 Jahre, TT 9–11°, und erdig runde Rotweine, TR 5–10 und mehr Jahre, TT 14–16° (Côte-de-Beaune/Burgund); ↑ a. *Montrachet*

chasselas (doré) Gutedel, ergiebige Rebsorte für leichte, süffig-trockene, allerdings nicht lange haltbare Weiß- und Roséweine mit leichter Säure; a. gute Tafeltraube (Elsaß, Loire, Savoyen, Westschweiz)

chasseur Kl. Wurst aus magerem Schweine- und Rindfleisch; mit Sauce aus Champignons, Schalotten, Tomaten und Weißwein; mit Wildpüree; livrierter Page, Gehilfe in Hotel oder Restaurant

châtaigne Edel-, Eßkastanie mit mehreren abgeplatteten Früchten in der stachligen Hülle (sonst ↑ *marron*), gute Zeit Okt.–Nov. (Ardèche/Languedoc, Limousin, Korsika u. a.)
– **de mer** Seeigel, ↑ *oursin*

château Schloß; Wein a.: Gut, Lage in privatem Besitz (im Bordelais, was ein ↑ *climat* im Burgund); aufgepaßt: eine Firmenbezeichnung *Château* heißt noch nicht, daß der Wein aus einem solchen stammt; ugs. a. hochwertiges Schlachttier; ↑ a. Schloßkartoffeln, ↑ *pommes (de terre) château*

chateaubriand Doppelt dick geschnittenes Steak aus Kopf oder Mitte des zarten Rinderfilets, a. aus dem Rippenstück, Rumpsteak, gewöhnlich für zwei Personen, gegrillt oder in der Pfanne gebraten, meist mit ↑ *béarnaise* oder ↑ *beurre maître d'hotel* serviert

Château Chalon Der beste ↑ *vin jaune* aus der gleichnamigen Gemeinde am Rande des Jura, von außergewöhnlichem Duft und Geschmack, sherryähnlich nussig, kann ein Jahrhundert(!) alt werden, TT 15°

Château d'Yquem Golden-edelsüßer Luxuswein aus der Gemeinde ↑ Sauternes, unübertroffen an Frucht und Fülle, der in jedem Sinne kostbarste Weißwein der Welt (aufgepaßt: wenn die Trauben nicht – wie dies heute da und dort leider immer noch geschieht – „kryo-extrahiert", d. h. mit Kälteschock behandelt werden), was allein schon das in unseren Breitengraden recht verbreitete Vorurteil gegen süße, *natur*süße Weine Lügen straft; TR 10–20 und viel mehr Jahre, TT je nach Alter 5–10° (Bordeaux)

Château Haut-Brion Spitzenwein aus ↑ Graves, ↑ *Haut-Brion, Château*

Château Lafite-Rothschild Spitzenwein aus ↑ Pauillac, ↑ *Lafite-Rothschild, Château*

Château Latour Spitzenwein aus ↑ Pauillac; ↑ *Latour, Château*

Château Mouton-Rothschild Spitzenwein aus ↑ Pauillac, ↑ *Mouton-Rothschild, Château*

Châteauneuf-du-Pape Der typische Rhônewein aus einem Weinbaugebiet um das gleichnamige Städtchen; eigenwillig glutvoller Rotwein, TR 4–8 und mehr Jahre, TT 14–16°, aber a. (wenig) interessanter, elegant fruchtiger Weißwein, TR 2–4 Jahre, TT 9–12° (südl. Côtes-du-Rhône)

Château Pétrus Spitzenwein des ↑ Pomerol, ↑ *Pétrus, Château*

chaud Warm, heiß; Wein: feurig, mit hohem Alkohol-gehalt (nicht zu verwechseln mit ↑ *vin chaud*)

chaudeau Weinschaumcreme

chaud-froid „Warm-kalt"; warm zubereitetes, kalt ser-viertes Sülzgericht aus Fleisch-, Geflügel-, Wild- oder Fischstücken; Sauce aus gelatinehaltiger Brühe (zum Überziehen)

chaudrée Der klassische, rustikal schmackhafte Fisch-eintopf der Atlantikküste, mit Sahne, ↑ *Muscadet*, Würz-zutaten, a. Kartoffeln zubereitet; Brühe auf Brotscheiben und Fische werden gesondert angerichtet

chausson „Hausschuh", Strudel, Blätterteigtasche mit Frucht-, i. a. Apfelkompott, lauwarm oder kalt; a. als Vorspeise salzig mit Kleinragout, Käse usw. gef., heiß ser-viert

chayot(t)e, chaïote Chayote, exotisches Gurkenge-wächs, kl. birnenförmiger Eierkürbis, wäßrig und etwas fad, als Gemüse, Püree, Salat, junge Triebe als spargelähn-liches, knackiges Gemüse

chemise, (en) „Im Hemd", in (natürlicher) Hülle; in Folie oder Pergament gegart; ↑ a. *pommes (de terre) en chemise*

Chénas Frischer, schlanker, doch blumiger ↑ *Beaujo-lais*, TR 3–5 Jahre, TT 9–12°, gutes Qualität-Preis-Ver-hältnis (Burgund)

cherry brandy Feiner Fruchtlikör aus Weichselkirschen mit ihren zermahlenen Steinen in Weingeist, süßlich bit-ter, pur aus vorgekühltem Glas zu trinken

chevaine Döbel, ↑ *chevesne*

cheval, cheveau, ch'veau Pferd; Pferde-, in Frankreich a. Esel-, Maultierfleisch
    à – Grilliertes Rindsteak mit Spiegelei

chevesne, chevaine, chabot, meunier Döbel, Aitel, karpfenartiger Süßwasserfisch, schmackhaft festes, aber grätiges Fleisch; in Südfrankreich wird oft eine kleinere Art als *vandoise* angeboten

chèvre Ziege, a. Ricke, Gemse; a. für Blaumaul, ↑ *séba-ste chèvre*

chèvre Ziegenkäse, meist direkt vom Erzeuger, je nach Herkunft mild bis streng, Fettgeh. 45 %, gute Zeit i. a. April–Nov.
    mi- – Käse aus mind. 25 % Ziegen-, Rest Kuhmilch
    pur – Käse aus 100 % Ziegenmilch
    – rôti Im Backofen erwärmter Ziegenkäse, in Frank-reich gern zu grünem Salat serviert

chevreau, cabri Zicklein, Kitz, Gitzi, junge Ziege, 1½–4 Monate alt, gute Zeit April, Mai

chevret, chevretin, chevreton Namen versch. Ziegenkäse, meist nussig mild, Fettgeh. i. a. 45 %, gute Zeit April–Nov. (Auvergne u. a.)

chevreuil Reh(bock), sollte nicht mehr als 3 Jahre alt sein, am besten als ↑ *chevrotin, faon*; Rehfleisch; Fleischteile, -stücke ↑ Reh

chevrotin Bis 6 Monate junges Dam-, Reh-, Rotwild; Name versch. kl. milder Ziegenkäse, Fettgeh. i. a. 45 %, gute Zeit Apr.–Nov. (Bourbonnais, Savoyen u. a.)

chiche-kébab Scharf gewürztes Fleisch am Spieß, ↑ *kébab*

chicon Kopf des Römischen Salats, ↑ *laitue romaine*; Nordfrankreich, Belgien: Chicorée, ↑ *endive*

Chicorée *endive* [ãdĩw] f

chicorée Endivie, zartbitteres Blattgemüse, im Frühling als Salat, a. ged. als Gemüse, im Winter künstlich gebleicht, ↑ *endive*; Name einiger Stachelschnecken, ↑ *rocher épineux*
- **améliorée, de Bruxelles, endive, witloof** Chicorée, ↑ *endive*
- **amère, sauvage** Wilde Zichorie, ↑ *barbe-de-capucin*
- **frisée** Krause Endivie, knackig zart und bitter, Blätter a. ged. (mit ↑ *croûtons* und/oder Speckwürfeln) als Gemüse, gute Zeit Sommer–Herbst
- **rouge, trévise** Kleiner Kopfsalat, ital. *cicorino, radicchio*, mit roten und rotweißen Blättern, angenehm würzig bitter, gute Zeit Dez.–März
- **(e)sacarole** Eskariol, Glatte Winterendivie, kräftig und leicht bitter, gute Zeit Herbst–Frühling

chiffonade In feine Streifen geschnittene und ged. Blatt- und Wurzelgemüse (Chicoree, Kopfsalat, Mangold, Sauerampfer usw.) als Suppeneinlage; a. Suppe damit

chile, chili, cayenne Chili, kl. Pfefferschote, aromatisch feurig und brennend scharf, als Schote, getr. (Chillies), pulverisiert (Mischgewürz), gemahlen (Cayennepfeffer) in Saucen (Tabasco usw.) oder als Paste (Sambal) im Handel

chinchard, saurel, sévereau Stöcker, Bastardmakrele, barschartiger Meerfisch, in Frankreich etwas unterschätzt, feines, fettes Fleisch, läßt sich (enthäutet) pochieren, braten, grillieren, wird a. geräuchert oder zu Konserven *(balou, saury)* verarbeitet, gute Zeit März–Okt.

Chinon (Wenig) feine trockene Weiß- und Roséweine, TR 4–8 Jahre, TT 6–10°, hauptsächlich charmant duftige

Rotweine, TR 5–10 und mehr Jahre, TT 12–14° (Touraine/Loiretal)

chinonaise, (à la) (Hase, Neunauge) in Nußöl gebr.; Garnitur aus kl., mit Wurstbrät gef. Grünkohlkugeln und Petersilienkartoffeln

chipiron Südwestfrankreich: Tintenschnecke, ↑ *sépiole*

chipolata Ugs. *chipo*; urspr. ital.: kl. Bratwürstchen; mit *chipolate*, glacierten Zwiebelchen, Karotten und ged. Maronen

chips, (pommes) Dünne rohe, in Fett geb. Kartoffelscheiben

chique Schick, Kautabak; saurer Anis-, Pfefferminz- oder Zitronenbonbon, mit Mandeln gef.

Chiroubles Zart-munterer Rotwein aus dem ↑ *Beaujolais*, TR 2–4 Jahre, TT 10–13° (Burgund)

Chivry Mit feinen Kräutern

chocolat Schokolade; Kakao; Praline
– **à croquer** Bittere Schokolade
– **au lait** Milchschokolade
– **liégeois** Eisschokolade

choes(s)els Ragout aus Fleisch und Innereien von Rind und/oder Kalb, mit Zwiebeln in Bier gekocht (Belgien)

choisi Ausgewählt, erlesen

Choisy Mit Kopfsalat als Gemüse, gedünstet, in Streifen usw.

choix Wahl, Auswahl
  au – Nach Wahl, nach Wunsch
  de – Erste Wahl, von ausgesuchter Qualität

chop (d'agneau) Ausgelöstes, knochenloses Lendenkotelett vom Lamm

chope Schoppen; Seidel, Maßkrug für etwa ½ l Bier; Whiskyglas

chopine Fläschchen Bier oder Wein, meist etwa ½ l

chorizo Urspr. spanisch: mit Paprika und Knoblauch gewürzte grobe Trockenwurst aus Schweine-, Rind-, a. Pferde- oder Eselfleisch, roh oder gebr. gegessen (Roussillon)

Choron Garnitur aus Artischockenböden, Spargelspitzen oder Erbsen mit Nußkartoffeln; ↑ a. *sauce Choron*

chou Kohl, Kraut, Gemüsepflanze
– **blanc** Weißkohl, Weißkraut, Kabis, Kappes, Krauthäuptel, wird vorwiegend zu Sauerkraut verarbeitet, aber a. als Gemüse, Salat, Füllung verwendet

- **brocoli, à jets** Brokkoli, ↑ *brocoli*
- **de Bruxelles, – rosette** Rosenkohl, Brüsseler Kohl, Sprossenkohl, feines Gemüse, Suppengemüse
- **cabus** Kopfkohl mit glatten Blättern, weiß oder rot, ↑ *chou blanc, chou rouge*; kann roh, als Salat oder gek. verzehrt werden
- **de Chine, chinois, de Shanton** Chinakohl, Blätter- kohl, Kochsalat, kann gek., geschmort, ged. oder als Salat bereitet werden
- **farci** Mit Hack gef. Kohlroulade, Krautwickel
- **-fleur** Blumenkohl, Karfiol, zart-würzig, gegart als Gemüse oder Salat verwendbar, in Frankreich am be- sten aus der Bretagne
- **frisé, de Milan, de Savoie** Wirsing, Mailänder Kohl, Welschkraut, als Gemüse oder Salat, a. in Eintöpfen und Suppen verwendbar
- **-navet, de Suède, navet jaune** Kohl-, Steckrübe, Wurzelgemüse, roh, gek., püriert oder in Butter ged. verwendbar
- **palmiste, coco, glouglou, ti-coco** Palmkohl, Palm- knospe, roh als Gemüse verwendbar, als Palmenherzen, *cœurs de palmes*, a. in Konserven
- **pommé** Kopfkohl mit krausen Blättern, ↑ *chou frisé*
- **-rave, -pommes** Kohlrabi, Rübkohl, zart-milde Knolle roh als Salat oder gek. verwendbar, in Frank- reich a. als Sauerkraut zubereitet
- **rouge** Rotkohl, Rotkabis, Rotkraut, Roter Kappes, als Salat oder Gemüse verwendbar
- **vert, non-pommé** Grünkohl, Braunkohl, Federkohl, Krauskohl, robust und vitaminreich, als Salat oder Ge- müse verwendbar

chou Windbeutel, Brandteiggebäck; ↑ a. *pâte aux choux*
- **à la crème** Sahnebaiser, mit Creme oder Schlagsahne gef. Windbeutel
- **au fromage** Mit Käsecreme gef. Windbeutel

choucroute Sauerkraut, fein gehobelter, geschnittener, vergärter Weißkohl
- **garnie, alsacienne** Opulente Schlachtplatte mit gepö- keltem Schweinefleisch, Schinken, ger. Bauchspeck, Würsten usw., mit (Elsässer) Weißwein angegossen, im Sauerkrautbett, gute Zeit Sept.–Dez. (Elsaß)
- **royale** ↑ *choucroute garnie* mit Champagner übergos- sen (der Kenner akzeptiert a. einen guten Elsässer Wein)

chouée Grünkohl mit Speck und Zwiebeln an flüssiger Butter (Anjou, Poitou, Vendée)

christe-marine, criste-marine Name versch. Salz- pflanzen von den Meeresküsten

ciboule   Winter-, Frühlings-, Lauchzwiebel, aromatische Würze für Salate, Frischkäse, Omeletts usw.

ciboulette   Schnittlauch, der feinste Lauch, junge Blattröhrchen roh und kleingeschnitten als Würze von zartmildem Zwiebelgeschmack

cidre   Vergorener Apfelsaft, leicht alkoholisch und erfrischend säuerlich, schmeckt nach Frucht und Sonne, kühl, dunkel und nicht zu lange aufzubewahren, TT 8–10° (Normandie, Bretagne)
– **bouché**   Leicht schäumender Apfelwein
– **brut, extra-sec**   Herber Apfelwein, 4,5 % Alkohol
– **doux**   Milder Apfelwein, bis 3 % Alkohol; Schweiz: unvergorener Apfelsaft
– **sec**   Trockener Apfelwein, bis 8 % Alkohol

cigale de mer, grande cigale   Gr. Bärenkrebs, Krustentier, selten, aber ausgezeichnet, läßt sich wie Hummer zubereiten (Mittelmeer, Ostatlantik)
  petite –   Kl. Bärenkrebs, wird meist grilliert (Mittelmeer, Ostatlantik)

cinq-épices, cinq parfums   „Fünf Gewürze", pulverisierte Mischung aus Fenchel, Gewürznelke, Nelkenpfeffer, Sternanis und Zimt in Sojasauce

citron   Zitrone, je kleiner die Frucht und je dünner die Schale, desto saftiger
– **pressé**   Frischgepreßter Zitronensaft
– **vert, lime**   Limette, Limone, kleiner, grüner und saftiger als die Zitrone, fein-säuerlich erfrischend

citronnade   Zitronenlimonade, Getränk aus Zitronensaft oder -sirup mit Zucker und (Mineral-)Wasser

citronnelle   Zitronenmelisse, Gewürz- und Heilkraut; junge Triebe mit frischem Zitronengeschmack sollten frisch verwendet und nicht gek. werden; Melissentee beruhigend, krampflösend; Name a. anderer Pflanzen der Gattung Beifuß mit Zitronenaroma, ↑ *armoise, vervaine*

citrouillat   Kürbispastete, salzig oder süß, lauwarm serviert (Berry/Loiretal)

citrouille   Gartenkürbis, ↑ *pâtisson*

cive   Reg. Schnittlauch, ↑ *ciboulette*

civelle   Glasaal, winzige durchsichtige Aallarve, meist fritiert, im Baskenland mit roten Pfefferschoten serviert, a. in Konserven

civet   Wildpfeffer, würziges Ragout von Haarwild (in Frankreich da und dort sogar Eichhörnchen und Murmeltier), a. Geflügel, Fischen usw. in Rotwein, Blutsauce mit kl. Zwiebeln, Pilzen, Speck

civette   Reg. für Schnittlauch, ↑ *ciboulette*

clafoutis   Rustikaler Auflauf aus mit Biskuit-, Brand-, Eierteig überbackenen frischen Früchten, i. a. nicht entsteinten schwarzen Süßkirschen (Limousin u. a.)

clair   Klar, glänzend, hell

claire   Künstliches Klärbecken für die Austernzucht; ↑ *huître*

Clairet   Hellroter Wein mit wenig Gerbstoff, Art Weißherbst, leicht und elegant, jung und kühl zu trinken (Bordeaux, a. anderswo)
– **d'Alsace, Schillerwein**   Frischer, trocken-fruchtiger Roséwein, TR 4 Jahre, TT 8–10° (Elsaß)

Clairette-de-Die   Der „Asti Frankreichs", ausgespr. fruchtig-süßer Schaumwein, TR 2 Jahre, TT 4–6° (Diois/ südl. Rhônetal)

clam, lucine   [klam] Quahogmuschel, Art Venusmuschel, aus Nordamerika an die frz. Kanalküste eingeführt, roh gern etwas zäh und grob, gekocht aber ganz ausgezeichnet

Clamart, (à la)   Mit grünen Erbsen, ganz oder püriert

clapier   Haus-, Zuchtkaninchen

clavaire   Familie der Keulen-, Korallenpilze, darunter Ziegen-, Geißbart, schmackhaft mild, nur jung und nicht roh genießbar, gute Zeit Juli–Nov.

clémentine   Clementine, kl. kernlose Mandarinenart, süß und aromatisch

clevner   Weißburgunderrebe, ↑ *Klevner*

climat   Wein: Einzellage, Weingut (im Burgund, was im Bordelais ein ↑ *cru*)

clitocybe   Trichterling, Pilzfamilie mit versch. eßbaren Arten
– **géotrope, tête-de-moine**   Riesentrichterling, Mönchskopf, jung ausgewachsen und ohne Stiel sehr gut, aber in zu großen Mengen nicht verträglich, gute Zeit Mitte April–Okt.
– **nébuleux, petit gris**   Nebelgrauer Trichterling, Graukopf, etwas mehlig-schimmeliger Geschmack, sollte abgebrüht werden, gute Zeit Sept.–Okt.
– **odorant, anisé**   Anistrichterling, aufdringlicher Anisgeschmack, ohne Stiel als Mischpilz verwendbar, a. getrocknet, gute Zeit Aug.–Okt.

clitopile   Mehlschwamm, ↑ *meunier*

cloche   Glockenförmiger Deckel aus Metall, der die Speisen warmhält; Käseglocke aus Glas

clos Eigtl. umfriedeter Weinberg, heute meist in sich geschlossene Rebparzelle, a. Herkunftsbezeichnung eines Weins

clou de girofle Gewürznelke, ↑ *girofle*

clouté (Mit Nelken, Schinkenstreifen usw.) gespickt

clovisse Mittelmeer: Kreuzmuster-Teppichmuschel, Von gola, die feinste Venusmuschel, möglichst frisch gedünstet, aber a. roh sehr schmackhaft; am Atlantik heißt sie ↑ *palourde*

cochon Schwein; Küchensprache: männliches kastriertes Schwein; Schweinefleisch; Fleischteile und -stücke ↑ Schwein
– **de lait** Spanferkel, bis zwei Monate alt

coco Kokosnuß

cocotte Runder oder ovaler Topf aus Ton, Porzellan oder Metall mit Deckel zum Schmoren; feuerfestes Förmchen, Näpfchen

cœur Herz; abgerundetes, zentrales Stück einer Frucht, eines Gemüses; Name a. der Herzmuschel, ↑ *coque*, oder herzförmiger Käse
– **d'artichaut** Artischockenherz
– **-de-bœuf** Spitzkohlart des Weißkohls, ↑ *chou blanc*
– **à la crème** Gehaltvolle Creme aus Quark, Schlagsahne, Zucker und steifem Eischnee, oft mit Beeren garniert
– **de France** „Schweinsohr" aus auf Zucker ausgerolltem Blätterteig (Westschweiz)
– **de palmes, palmier** Palmherz, ↑ *chou palmiste*

Cognac Der berühmteste, edelste Weinbrand, ausdrucksvolles, feurig-mildes Traubenaroma, darf diesen Namen nur tragen, wenn er aus der Gegend der Stadt Cognac an der Charente im Südwesten Frankreichs kommt, TT 18–20° (und nicht mehr!); im Restaurant bestellt man einen (normalen) Cognac mit *une fine* [ün fin]f (3 Sterne, *Sélection de Luxe, V.S.*: mindestens 2½ Jahre im Eichenfaß; 5 und mehr Sterne, *Cuvée Supérieure, Grande Sélection*: mindestens 3½ Jahre; *Réserve, Vieux, V.O., V.S.O.P., V.V.S.*: mindestens 4½ Jahre; *V.V.S.O.P., Grande Réserve*: mindestens 5½ Jahre; *Extra, Napoléon, Royal, Très Vieux, Vieille Réserve, X. O.*: mindestens 6 ½ Jahre; jede weitere Angabe ist Vertrauenssache, da sich Cognac, einmal in der Flasche, nicht mehr entwickelt)
Fine Champagne Cognac-Mischung aus den zwei Hauptanbaugebieten der Charente, *Petite* und, mindestens 50 %, *Grande Champagne*

coing Quitte, herbaromatische Frucht, nur gek., gedämpft oder gebacken genießbar, bes. als Gelee oder Paste, gute Zeit Okt.–Dez.; Quittenbrand, TT 6 – 8°

Colbert (Entgräteter, panierter oder geb. Fisch) mit Kräuterbutter; ↑ a. *consommé Colbert, sauce Colbert*

colin Name zweier Atlantikfische, des Seehechts, ↑ *merlu*, und des Seelachses, ↑ *lieu*

collet, collier Hals, Kamm, Nacken von Schlachtvieh

colombine Grießkrokette mit Füllung aus Fleischragout, -püree, meist warm als Vorspeise

colvert, col-vert Stock-, Wildente, ↑ *canard sauvage*

comestible(s) Eßbar (Pilze usw.); Eßwaren; Lebensmittel(geschäft)

commande Bestellung, Auftrag

communard Erfrischender Aperitif aus 1 Teil ↑ *crème de cassis* und 7 Teilen gekühltem Rotwein

commune Gemeinde; Rebland

complet Komplett, vollständig; besetzt; ↑ a. *café complet, pain complet*
– **bruxellois** Miesmuscheln mit Pommes frites (Belgien)

compote Kompott (in Frankreich weniger süß als Konfitüre, Gelee oder Marmelade); Brei, Mus; a. Terrine aus entbeintem, sanft gek. Geflügel oder Kaninchen (in Gelee); zu Mus zerkochte Zwiebeln und Paprikaschoten
– **aux choux** Sauerkraut (Westschweiz)
– **de raves** geraffelte, einges. Rüben (Westschweiz)

compris Verstanden; inbegriffen
  service – Bedienung inbegriffen

comptoir Kontor; Bankfiliale; Ladentisch; Theke, Schanktisch

comté, (gruyère de) Großlaibiger Hartkäse AO aus Kuhmilch, der ↑ *gruyère* Frankreichs, buttrig-fruchtig, Fettgeh. 45 %, gute Zeit April–Dez. (Franche-Comté, Jura)

concassé Zerkleinert, zerstoßen, grobgehackt, geschrotet
– **de tomates** Geschmolzene Tomaten: das weichgedünstete Fleisch enthäuteter, entkernter, entsafteter Tomaten in Würfeln

concentré Konzentriert; Konzentrat
– **de tomates** Tomatenmark

concombre Gurke, Kukumer, Fruchtgemüse, mild und erfrischend, frisch Juni–Sept., a. eingelegt, in Frankreich oft in Butter gedünstet

– **(type) hollandais**   Treibhausgurke
– **(type) semi-épineux**   Freilandgurke

condé, Condé, (à la)   Mit Püree aus roten Bohnen; pochierte Früchte, i. a. Aprikosen, zu Milchreis an einer Aprikosen-Kirsch-Sauce; Blätterteigtörtchen mit Mandelcreme; ↑ a. *potage Condé*

condiment   Würze, Würzmittel, Gewürz

Condrieu   Seltener, aber ausgezeichneter, duftig-eleganter trockener, a. lieblicher *(moelleux)* Weißwein, TR 3 Jahre, TT 8–10° (nördl. Côtes-du-Rhône)

cône   Kl. Brötchen mit vorstehenden Ecken aus Hafermehl (Anjou/Pays de Loire)

confiserie   Feingebäck, Konfekt; Feinbäckerei, Konditorei

confit   Eingelegt, eingemacht, kandiert; im eigenen Fett gek., in Steingut- oder Glastopf eingemachtes Fleisch (Gans, Ente, Schwein, Truthahn, Kaninchen usw.), zum Verzehr werden nach Erwärmen des Schmalzes die Fleischstücke herausgenommen (Südwestfrankreich); in Alkohol, Essig, Zucker eingelegtes Gemüse; kandiertes Obst

confiture   In Zuckersirup eingemachtes Obst, ganz oder in Stücken; heute a. Konfitüre, Marmelade, Salse (mit ganzen Stücken)

congolais   Kl. Kuchen aus Meringemasse und Kokosnuß

congre   Meeraal, fettes, derbes, aber schmackhaftes Fleisch, bes. für Fischsuppen geeignet, gute Zeit Sept.–Mai, a. geräuchert erhältlich

consigne   (Flaschen-)Pfand

consommation   Verzehr, Speise und/oder Getränk; Bestellung

consommé   Klare, kräftige Fleisch- oder a. Fischbrühe (mit Beilagen)
– **blanc**   Klare Fleischkraftbrühe, Bouillon; die Brühe des ↑ *pot-au-feu*
– **Célestine**   Geflügelkraftbrühe mit Eierstich-, Flädle-, Frittatenstreifen
– **Colbert**   Geflügelkraftbrühe mit Gemüsewürfelchen, verlorenen Eiern und Kerbelblättchen
– **double**   Starke, konzentrierte Fleisch-, Kraftbrühe
– **(à l') impériale, impératrice**   Hühnerkraftbrühe mit Hahnenkämmen, -nierchen, Erbsen und Eierstichstreifen
– **julienne**   Kraftbrühe mit Gemüsestreifen (Karotten, Lauch, weiße Rübchen, Sellerie, Zwiebeln usw.)

- **à la parisienne** Geflügelbrühe mit Gemüsewürfeln, Eierstichscheiben und Kerbelblättern
- **(à la) mardrilène** Geflügelbrühe mit Tomatenmark, meist mit Paprikawürfeln kalt serviert
- **princesse** Geflügelbrühe mit Geflügelklößchen und Spitzen grüner Spargeln
- **à la printanière** Geflügelbrühe mit Gemüseeinlagen
- **à la reine** Geflügelbrühe mit Streifen weißen Hühnerfleischs und Eierstichstückchen
- **royal, à la royale** Fleisch- oder Geflügelkraftbrühe mit in Würfel, Streifen usw. geschnittenem Eierstich

consoude Beinwell, Wallwurz, Küchenkraut, Blätter frisch, getr. oder pulverisiert als borretschähnliche Würze, Blätter a. als Gemüse oder Salat, Sprossen als spargelähnliches Gemüse; Tee aus Kraut beruhigend, hustenlösend

Conti, (à la) Mit Linsen(püree) und meist Rauchspeck

contre-filet, faux-filet Ugs. *contre*, Lendenstück vom Rind zwischen Entrecote und Rumpsteak, über dem Filet gelegen; fetter und nicht so zart, hingegen würziger als dieses

Contrexéville Ugs. *Contrex*, leichtes, reines Tafelwasser, stark mineralhaltig, aber ohne Kohlensäure, deshalb a. für Linienbewußte geeignet (Vogesen)

coppa Fette, stark gewürzte Wurst aus gepökeltem, in Rotwein und Knoblauch mariniertem, leicht geräuchertem Nackenfleisch des Schweins; ißt sich in dünnen Scheiben (Italien, Korsika u. a.)

coprin chevelu Schopftintling, jung feiner, aber leichtverderblicher Speisepilz, angenehmer Geruch und Geschmack, gut an Butter und Salz, gute Zeit Ende Juni–Okt.

coq Hahn, Hähnchen, in der Küchensprache auch Hühnchen; Zubereitungsarten ↑ a. *poulet*; Name ebenfalls für Fische aus der Familie der Kardinalbarsche und für den Petersfisch, ↑ *saint-pierre*
- **des bois, grand – de bruyère** Auerhahn, Auerhuhn, größtes europäisches Federwild (Ardennen, Vogesen, Pyrenäen)
- **de bruyère, petit** Birkhahn, Birkhuhn, kl. Waldhuhn, feiner als der Auerhahn (Alpen)
- **des marais** Haselhuhn, ↑ *gélinotte*
- **de mer** Ugs. für Dorade, ↑ *daurade*, Rotbarbe, ↑ *rouget-barbet*, und andere Meerfische
- **au vin** Hähnchenstücke in Sauce mit Räucherspeck, Zwiebelchen, Pilzen, Kräutern usw. in (bestem) rotem, auch weißem Wein der Region gedünstet (urspr. Auvergne)

coque   Schale (von Eiern, Nüssen usw.); Schote der Hülsenfrüchte; Herzmuschel, Meeresweichtier, s. u.; kl. Kugel aus Mandelteig mit Fruchtpüreeschicht; Brioche mit kandierten Früchten

   (œuf) à la –   Weichgekochtes Drei-Minuten-Ei

– **(blanche), bucarde, sourdon**   Eßbare Herzmuschel, die „Auster der Armen", wenig, aber festes, schmackhaftes Fleisch, gut gewässert roh oder gek. ausgezeichnet, gute Zeit Okt.–April

– **rayée**   Rauhe Venusmuschel, ↑ *praire*

coquelet   5–8 Wochen altes Küken, wenig Geschmack

coquillage   Schaltier (Muschel, Schnecke), außer der Weinbergschnecke aus dem Meer, muß zum Verzehr immer ganz frisch sein; gastr.: der eßbare Teil aller Meeresschaltiere (oft mit Ausnahme der Austern, Mies- und Jakobsmuscheln)

coquille   Muschel(schale); a. ein Gericht (Ragout, Püree usw.) darin; Schneckenhaus; Eier-, Nußschale; Auflaufform

– **(de beurre)**   Butterröllchen

– **Saint-Jacques**   Jakobs-, Pilgermuschel, eine der größten Meermuscheln, festes, zartsaftiges Fleisch ohne viel Eigengeschmack, je nach Zubereitung und nicht zu lange gek. jedoch recht delikat; der oft mitgelieferte Rogensack, *corail*, ist hübsch, aber von wenig kulinarischem Interesse; wirklich frisch ist die Muschel nur Okt.–Mitte Mai; a. Name für Gericht aus mit Sahnesauce (und Champignons) überbackener Jakobsmuschel in der Schale (Mittelmeer u. a.)

corail   „Koralle", der mehr dekorative als geschmacksintensive rote Rogen von Krusten- und Schaltieren

Corbières   Weiße (TR 1–2 Jahre, TT 6–8°), rosé (TR 2 Jahre, TT 8°) und insbes. kräftige, tanninhaltige rote (am besten *supérieurs*, TR 2–5 Jahre, TT 12–14°) Weine „mit Akzent", gutes Qualität-Preis-Verhältnis (Roussillon)

cordial, plur. **cordiaux**   „Herzstärkende" süße Spirituose; Gläschen Alkohol

   ○**Médoc**   Anregender Likör aus feinsten Weindestillaten und Aromaten, TT 14–16° (Bordeaux)

cordon-bleu   Meisterköchin, im weiteren Sinne a. Feinschmecker; mit Schinken und Käse gef. paniertes Kalbsschnitzel

corégone   Renke, Felchen, Maräne, forellenähnlicher Lachsfisch aus Alpen-, Voralpenseen, a. Küstengewässern, gutes kräftiges Fleisch, läßt sich backen, braten, dünsten, räuchern; ↑ a. *féra, gravenche, lavaret, marène, palée*

coriace Zäh, ledrig, hart

coriandre Koriander, Würzkraut, getr. Samenkörner, ganz, gemahlen oder zerstoßen, herbsüß würzig; junge Blätter a. zu Salaten

corme Vogelbeere, ↑ *sorbe, sorbier*

Cornas Einer der ältesten Rotweine vom rechten Rhône-Ufer, entwickelt nach 10–15 Jahren Kraft und Körper, TT 14°, heute leider immer seltener, aber trotzdem gutes Qualität-Preis-Verhältnis

corne Horn; Fühler
– **d'abondance** Totentrompete, ↑ *trompette des morts*

corned-beef Urspr. amerikanisch: schwach gepökeltes, vorgekochtes Büchsenfleisch vom Rind

cornet Tüte, Röllchen; Teighörnchen; Hippentüte; Eistüte; gef. Schinken-, Fleischrolle; Savoyen, Westschweiz: Plastiksack

cornichon Gewürz-, Pfeffergürkchen, in gewürztem Essig eingelegt

corps Körper, Leib; Wein: körperreich, kernig

Corse Korsika, Frankreichs „Insel der Schönheit" im Mittelmeer, ↑ S. 34 ff.; glut- und kraftvolle rote, erdig frische rosé und (wenig) geschmeidig trockene weiße Weine; Spezialität: *Muscat du Cap de Corse*, duftiger Muskatellerwein; ↑ a. *vin de Corse*

corsé Essen: reichlich, scharf gewürzt; Käse: kräftig, starkes Aroma; Wein: körperreich, kräftig und kernig; Spirituosen: alkoholreich

Cortaillod Beachtliche Rotweine, *pinots noirs* (TR 1–3 Jahre, TT 10–13°), aber a. ausgezeichnete rosé, *œuil de perdrix*, und weiße Weine (Neuchâtel/Schweiz)

Corton *grand* ↑ *cru* der Gemeinde ↑ Aloxe-Corton, insbes. großer, wuchtiger Rotwein, TR 10–20 Jahre, TT 16° (Burgund)
– **-Charlemagne** Gr. Weißwein aus der Gemeinde ↑ Aloxe-Corton, einer der besten des Burgund, TR 8–15 Jahre, TT 10°

Costières-du-Gard Blumig frische rote, rosé und weiße Sonnenweine, TR 2–3 Jahre, TT 6–8°, 10°, 12–14°; a. angenehme Schaumweine (Languedoc)

côte Rippe; Rippenstück eines Schlachttiers
– **de bette** Mangoldrippe, ↑ *bette*
– **de bœuf** Hochrippen-, Feder-, Rostbratenstück vom Rind
– **de mouton, de porc, de veau** Hammel-, Schweine-, Kalbskotelett

côte　Küste; Hügel, Abhang; Weinlage

Côte, (La)　Liebliches Rebgelände am Ufer des Genfer Sees zwischen Lausanne und Nyon, trockene, lebhaft spritzige weiße (↑ *Dorin*), a. versch., meist mild-leichte rote (↑ *Salvagnin*) Weine (Waadt/Schweiz)

Côte d'Azur　Die „azurblaue Küste" am Mittelmeer zwischen Menton und Cassis, ↑ Provence, S. 70 ff., und Riviera, S. 74 ff.

Côte-de-Beaune　Zentrum des Weinburgund im südl. Teil der ↑ *Côte-d'Or* mit samtig-sanften, zugleich herzhaft blumigen (TR 5–10 und mehr Jahre, TT 13–15°) und erlesenen, vornehm beschwingten weißen (TR 4–8 Jahre, TT 8–10°) Weinen

Côte-de-Nuits　Nördl. Teil der ↑ *Côte-d'Or* mit klassischen, voluminösen, langsam reifenden Burgunderweinen, TR i. a. 8–15 Jahre, TT 13–15°

Côte d'Or　Die „Goldlage" des Burgunderweins, Wiege der größten Kreszenzen und hervorragender Rotweine – nicht nur solcher mit gr. Namen; ↑ *Côte-de-Beaune*, *Côte-de-Nuits*

Côte-Rôtie　Rassig vollmundiger, doch elegant-duftiger Rotwein, TR 5–15 Jahre, TT 13–15° (nördl. Côtes-du-Rhône)

coteaux　Hügeliges Weinland

Coteaux-Champenois　↑ *Champenois, Coteaux-*

Coteaux-d'Aix-en-Provence　↑ *Aix-en-Provence, (Coteaux-d')*

Coteaux-du-Languedoc　Jugendlich-gefällige rosé (TT 9–11°), frisch-trockene weiße (TT 8°) und gehaltvolle rote (TT 14–16°) Weine, alle i. a. jung zu trinken

Coteaux-du-Layon　Liebliche bis edelsüße Weißweine (TR 5–8 Jahre, TT 7–8°), daneben a. trockene Weiß- und Roséweine (TT 8–9°) (Anjou/Loiretal)

Coteaux-du-Lyonnais　Fruchtig-frische, beaujolaisähnliche weiße und rote Weine, jung und kühl zu trinken (nördl. Côtes-du-Rhône)

Coteaux-du-Tricastin　Angenehm unkomplizierte, runde (und preiswerte) rote (TR als Karaffenwein, ↑ *primeur*, 1 Jahr, sonst 2–3 Jahre, TT 14°), rosé und (wenig) weiße (TR 1–2 Jahre, TT 6–8°) Weine (Niederdauphiné am Rhône-Knie)

Coteaux-Varois　Junge, aufsteigende Appellation des Dép. Var in Südfrankreich, den ↑ *Côtes-de-Provence* nicht unähnlich

côtelette (à manche) Kotelett, Rippenstück von klei-
nerem Schlachtvieh (Kalb, Lamm, Schwein); ↑ a. *côte*; a.
Stück (Brie)Käse
– **de saumon** Kalte Scheibe Lachs
– **de volaille** Knochenloses Stück Geflügel in Form eines Koteletts; a. Flügel von Geflügel

Côtes-Canon-Fronsac ↑ *Canon(-Fronsac), (Côtes-)*

Côtes-de-Blaye ↑ *Blaye, (Côtes-de-)*

Côtes-de-Bordeaux-Saint-Macaire Fruchtig-feine
trockene, aber vor allem natursüße Weißweine, Art be-
scheidene ↑ *Sauternes* (TR 1–3 Jahre, TT 7–8°) (rechtes
Garonne-Ufer/Bordelais)

Côtes-de-Bourg, -du-Bourgeais Halbtrockene Weißweine (TR 3 Jahre, TT 6–8°) und vor allem männliche,
empfehlenswerte Rotweine (TR 10 Jahre, TT 15°) (rechtes
Garonne-Ufer/Bordelais)

Côtes-de-Buzet ↑ *Buzet, (Côtes-de-)*

Côtes-de-Montravel ↑ *Montravel, (Côtes-de-)*

Côtes-de-Provence Eines der ältesten Weinbaugebiete
der Erde im Dreieck Aix-en-Provence–Marseille–Estérel
mit charmanten, fruchtig lebendigen Roséweinen (TR 2–3
Jahre, TT 8–10°), duftigen Weißweinen (TR 2 Jahre,
TT 6–8°), dazu freundlichen, bemerkenswert gehaltvollen
Rotweinen (TR 3–5 Jahre, TT 14–15°), heute mit der Besinnung der Erzeuger auf Tradition und Qualität meist
mehr als nur heitere Ferienweine

Côtes-du-Cabardès ↑ *Cabardès, (Côtes-du-)*

Côtes-du-Fronton(n)ais Aromatisch süffige Roséweine
(TR 2 Jahre, TT 10–12°) und Rotweine (TR 2–8 Jahre,
TT 12–14°) von typischem Bodengeschmack, für Toulouse das, was für Lyon der Beaujolais (Südwestfrankreich)

Côtes-du-Jura ↑ *Jura, Côtes-du-*

Côtes-du-Lubéron Beschwingte, belebende Rotweine
(TR 3 Jahre, TT 12°), vor allem aber Rosé- und Weißweine (TR 2 Jahre, TT 6–10°) aus der Hügellandschaft
des Vaucluse (Provence)

Côtes-du-Rhône Rebgebiet entlang der Rhône von
Vienne bis Avignon, i. a. solide, vollmundige, ausgeglichene Rotweine (TR 3–10 Jahre, TT 12–14°), süffig frische trockene Roséweine (TR 2 Jahre, TT 8–10°) und (wenig) feintrockene Weißweine (TR 2 Jahre, TT 9–11°);
ohne nähere Bezeichnung als *„un côte"* unkomplizierter,
heiterer Sonnenwein von den südl. Ufern der Rhône, daneben aber hervorragende Einzellagen

Côtes-du-Roussillon Das südlichste Rebgebiet Frankreichs zwischen den Pyrenäen und dem Gebirgsmassiv der Corbières mit handfesten Rotweinen (TR 2–5 Jahre, TT 12–14°) – am besten die *Villages* –, fruchtig-fülligen Roséweinen (TR 2 Jahre, TT 10°) und frischtrockenen Weiß- wie Schaumweinen (TR 2 Jahre, TT 6–8°) (Languedoc-Roussillon)

Côtes-du-Vivarais Blumig trockene Weißweine (TR 2 Jahre), fruchtig trockene Roséweine (TR 2 Jahre, TT 10°) und trockene, aber aromatische Rotweine (TR 3 Jahre, TT 14°), alles vorzügliche Sommerweine (im Rhônetal gelegen)

cotignac Süße Quittenpaste

cotriade Der Fischeintopf der Bretonen aus je nach Saison versch. fangfrischen Atlantikfischen mit Zwiebeln und Kartoffeln, aus dem meist Fisch- und Kartoffelstücke als erstes, dann Brühe als Suppe gereicht werden

cou Hals; Flaschenhals
– **(d'oie) farci** Mit geh. Gänse-, Schweinefleisch, Gänseleber, evtl. Trüffeln gefüllter Gänsehals (Périgord)

coudenou Schwartenwurst (Tarn/Midi-Pyrénées)

couenne Schweine-, Speckschwarte

coulemelle Schirmpilz, ↑ *lépiote*

coulibiac Kohlpastete, ↑ *koulibiac*

coulis Flüssiges Püree aus Krustentieren (↑ *bisque*), Gemüsen oder Früchten, salzig oder süß

coulommiers Weichkäse aus Kuhmilch mit Außenschimmel, brieartig sahnig und haselnussig, Fettgeh. 45–50 %, Okt.–Mai kurz vor dem Fließen am besten (Île-de-France, Champagne, a. anderorts)

coup Schlag; Schluck, Trunk; Schoppen
– **, trou du milieu** Verdauungsgläschen Branntwein zwischen zwei Gängen einer Mahlzeit

coupage, assemblage Verschnitt von Weinen, um die Qualität zu bewahren oder zu verbessern (auch zum Verdünnen mit Wasser)

coupe Schale; Becher, Kelch, Pokal; Anschnitt
– **glacée** Eisbecher
– **Jacques** Gemischtes Eis mit Likörfrüchten
– **Melba** Pfirsichsüßspeise, ↑ *pêche Melba*

coupé Wein: verschnitten; verwässert

couque, couke Hefeteig-, a. Lebkuchen- oder Blätterteigbrot mit Korinthen, wird lauwarm mit Butter bestrichen gegessen (Flandern, Belgien)

courge Kürbis, Plutzen, Fruchtgemüse, gute Zeit Okt.–März; ↑ a. *courgette, gourde, pâtisson, potiron*
– **musquée, pleine de Naples** Moschus-, Bisamkürbis, kl. Speisekürbis

courgette Zucchino (Zucchini), gurkenähnliches Kürbisgewächs
  fleur de – Zucchiniblüte

couronne Kranz; Brotring; ↑ a. *bordure, turban*
– **fressée** Rundes Zopfbrot

court-bouillon Mit aromatischen Gemüsen, Kräutern gewürzter, manchmal mit Essig oder Wein versetzter Sud zum Garen von Fischen, Krustentieren, a. weißem Fleisch, Innereien, Gemüsen usw.

couscous Nordafr. Nationalgericht aus grobkörnigem, über Wasserdampf in Bouillon gegartem Hartweizen-, a. Gerstengrieß mit versch. Beilagen: Kichererbsen, Bohnen, anderen Gemüsen, Fleisch, a. Fisch (Algerien, Marokko, Tunesien)

cousinat Kastaniensuppe mit Porree, Sellerie und Zwiebeln (Auvergne); Gemüsegericht mit Ragout aus Bayonneschinken (Baskenland)

cousinette Suppe aus Blättern von grünem Gemüse über Brotscheiben (Béarn/Aquitanien); Apfelsorte

couteau (de mer) Messer-, Scheiden-, Schwertmuschel, Meeresweichtier, roh oder gek. eßbares, aber nicht bes. schmackhaftes Fleisch (europ. Küsten)

couvert Besteck; Gedeck
– **et taxes compris** Gedeck und Abgaben inbegriffen

couverture Glasur; Überzugsschokolade

crabe Name aller zehnfüßigen, eßbaren Meereskrebse, ↑ *araignée de mer, étrille, tourteau*
– **enragé, vert** Gemeine Krabbe, Gewöhnliche Strandkrabbe, kl. Meereskrebs, feines, angenehmes Fleisch
– **géant** Königskrabbe, „King Crab", gr., wohlschmeckender Meereskrebs (Nordatlantik, Nordmeere)
– **honteux** Gr. Schamkrabbe (warme Gewässer, Mittelmeer)

cramique Hefebrot mit Korinthen, lauwarm mit Butter gegessen (Nordfrankreich, Belgien)

cran, cranson Reg. für Meerrettich, ↑ *raifort (sauvage)*

crapaud de mer, – pêcheur Name versch. unförmiger Fische, ↑ *baudroie, rascasse*

crapiau Mit Speck, a. geriebenen Kartoffeln geb. Pfannkuchen (Morvan/Burgund); süßer, mit Branntwein oder Rum getränkter Apfelpfannkuchen (Nivernais/Burgund)

craquelin　Leichter trockener, knuspriger Keks; Hering, ↑ *craquelot*

craquelot　Nordfrankreich, Flandern: leichtgeräucherter Hering; ↑ *hareng saur*

craterelle　Totentrompete; ↑ *trompette-de-la-mort*

cravate　Bierschaum

Crécy　Mit Karotten, Möhren, i. a. als Püree

crémant, (vin)　Urspr. zartschäumender Wein mit wenig Kohlensäure und weichem Traubenaroma, seit 1974 a. Qualitätsschaumwein von außerhalb der ↑ *Champagne* (Burgund, Elsaß, Loire)

crème　Rahm, Sahne, Obers; Schmelz-, Streichkäse
- **aigre, acide, acidulée**　Sauerrahm, saure Sahne, mind. 35 % Fettgeh.
- **chantilly, fouettée**　Schlagrahm, Schlagsahne, Schlagobers, ↑ *chantilly*
- **de gruyère, d'Issigny**　(Pasteurisierter) Doppelrahm; Schmelzkäse zum Streichen
- **double, double-crème**　Dickflüssiger, ungesäuerter Doppelrahm, Fettgeh. 45–55 %; ↑ a. *double-crème*
- **entière**　Vollrahm, mindestens 35 % Fettgeh.
- **fleurette**　Leichter, flüssiger, von der Milch abgeschöpfter Rahm, 10–12 % Fettgeh., nur zwei Tage haltbar
- **fraîche**　Cremiger, leicht säuerlicher Rahm mit ungefähr 40 % Fettgeh., nicht länger als vier Wochen haltbar
- **pour le café**　Kaffeerahm, mit mindestens 15 % Fettgehalt
  à la –　In Rahmsauce; mit ↑ *crème fraîche* überbacken
  demi- –　Halbrahm, schlagbar, Fettgeh. 25 %

crème　Creme-, Rahmsuppe, legiert und sämig, ↑ a. *bouillie, velouté*
- **Agnès Sorel**　Geflügelcremesuppe mit Champignonpüree und ↑ *béchamel*, als Einlage Champignons, Zunge, Hühnerbrust in Streifen
- **à la reine**　Cremesuppe aus Hühnerbouillon
- **d'Argeneuil, d'asperges**　Spargelcremesuppe
- **d'avoine**　Haferschleimsuppe
- **de céréale**　Getreideschleimsuppe
- **Choisy, de laitue**　Cremesuppe mit ged. Kopfsalatstreifen und gerösteten Brotwürfeln
- **Clamart**　Cremesuppe mit frischen grünen Erbsen und feingeschn., ged. Salatstreifen
- **d'orge**　Gerstenschleimsuppe
- **portugaise**　Tomatencremesuppe, als Einlage Reis und Tomatenwürfel

crème Creme, Süßspeise

– **anglaise** „Englische Creme", dickflüssige Vanillecreme aus Puderzucker, Eigelb, Milch oder Rahm und Vanille

– **bavaroise, bavarois** „Bayerische Creme", ↑ *crème anglaise*, mit Schlagsahne, Gelatine und versch. Aromazutaten wie Nüssen, Orangen, Kaffee, Schokolade, Kirschwasser usw.

– **au beurre** Buttercreme mit Eiern und Puderzucker, nach Belieben parfümiert

– **brûlée** „Gebrannte Creme", Karamelcreme, mit Zucker karamelisierte ↑ *crème anglaise*

– **(au) caramel** Gestürzte Karamelcreme, Karamelpudding

– **chantilly, fouettée** Schlagrahm, Schlagsahne, Schlagobers, ↑ *chantilly*

– **Chiboust, Saint-Honoré** Konditorcreme, ↑ *crème patissière*, mit Eischnee und gek. Zucker, meist mit Vanille aromatisiert

– **diplomate** Diplomatencreme, Vanillecreme, ↑ *crème anglaise*, mit Schlagsahne, Gelatine, a. versch. Zutaten wie kandierten Früchten, Makronen usw., mit Weinbrand, Rum oder Maraschino parfümiert

– **frangipane** Füllcreme, zusammengesetzt aus Mehl oder Stärke, Milch, Eiern, Vanille und zerstoßenen Makronen

– **glacée** Speiseeis, Eiscreme

– **parisienne** Pariser Creme, Trüffelmasse aus geriebener Schokolade und Rahm

– **pâtissière** Konditorcreme, (gestürzte) Füllcreme (↑ a. *flammeri*) aus Puderzucker, Eigelb, Mehl, Milch und Vanille

– **plombières** Plombières-Creme, ↑ *plombières*

– **renversée** Gestürzte Creme mit versch. Aromazutaten wie Kaffee, Karamel, Kokosnuß usw.

  pot de – Halbflüssige Eiercreme mit Aromazutaten im Näpfchen

crème de... Mild-würziger Likör auf der Basis von Früchten, Getreiden, Pflanzen, Blumen usw. mit Zuckerzusatz, TT 6–8°

crèmé, crémet Kl. Quarkkäse aus nicht entrahmter Kuhmilch mit geschlagenem Eiweiß oder Rahm, Fettgeh. 45–50 %; wird mit Schnittlauch und Salz oder, als Dessert, mit ↑ *crème fraîche* und gezuckert gegessen (Angers, Saumur/Pays de Loire)

Cremeschnitte *millefeuille à la crème* [milföijalakräm] f

créole, (à la) In gebuttertem Salzwasser körnig gekochter Reis, dazu Tomaten, Paprikaschoten, Zwiebeln usw.

als Beilage zu Fleisch, Geflügel, Fisch und Krustentieren; dieser Reis als Dessert mit Rum, Vanille usw. parfümiert und mit exotischen Früchten garniert

crêpe   Hauchdünn geb. Pfannkuchen aus Mehl, Puderzucker, Eiern und Milch, nach Belieben aromatisiert, salzig oder süß; Spezialität der Bretagne
- **dentelle**   Mit Eis, Kompott usw. gef. Crêpe ohne Eier, dafür mit viel Butter
- **fourrée**   Gefüllte Crêpe
- **Georgette**   Mit in Maraschino oder Rum mazerierten Ananaswürfeln geb. Crêpe
- **normande**   Crêpe mit dünnen, gebutterten (in Calvados mazerierten) Apfelscheiben
- **soufflée**   Mit Eierauflauf, ↑ *soufflé*, gef. Crêpe
- **Suzette**   In Orangenbutter geb., mit Orangenlikör (Curaçao, Grand-Marnier) und/oder Cognac flambierte Crêpe

crêperie   Gaststätte, in der versch. Arten ↑ *crêpes* serviert werden (Bretagne und anderswo)

crépine, toilette   Netzähnliche, fette Eingeweidemembrane des Bauchfells vom Schwein (Schweinenetz), Kalb oder Schaf als Garhülle von Würsten, Fleisch, Gemüsen

crépinette   Plattes Würstchen aus Hackfleisch (Kalb, Schwein, Lamm, Geflügel usw.) mit geh. Petersilie im Schweinenetz, ↑ *crépine*

Crépy   Prickelnd leichter, reintöniger trockener Weißwein aus der ↑ *Chasselas*-Traube, von der Hefe, *sur lie*, sofort auf Flaschen abgefüllt, TR 2–3 Jahre, TT 6–8° (Savoyen)

cresson   Kresse, Blattgemüse, Salat- und Gewürzpflanze
- **alénois**   Gartenkresse, nicht so pikant wie die Brunnenkresse, ↑ *cresson de fontaine*, als Gewürz für Salate und Saucen, für Garnituren geeignet, gute Zeit März–Apr., Sept.–Okt.
- **de fontaine**   Brunnenkresse, feines Kraut von würzigem Geschmack, saftige Stiele und zarte Blätter frisch als Frühlingssalat, als Würze in Suppen, Omeletts, Rühreiern, Salaten oder als Garnitur, gute Zeit Apr.–Okt.
- **de prés**   Schaumkraut, ↑ *cardamine*

cressonnette   Schaumkraut, ↑ *cardamine*

crête (de coq)   Hahnenkamm, Delikatesse als Vorspeise, Ragout, Beilage

creuse   Felsenauster, ↑ *huître creuse*

crevette   Garnele, zehnfüßiger Schwimmkrebs (162 Arten!)

- **grise** Nordseegarnele, -krabbe, Granat, die kleinste Garnele aus dem Ärmelkanal und der Ostsee, weiches Fleisch von intensivem Geschmack
- **rose, bouquet (royal)** Tiefseegarnele aus den Nordmeeren, empfindliches Fleisch, deshalb meist gefroren im Handel
- **-de Méditerranée, du Maroc, caramote** Furchengarnele aus Mittelmeer und a. östlichem Atlantik, ausgezeichnetes Fleisch
- **rouge, rose du large, gamba, gambon rouge** Gr. Tiefseegarnele, „Gamba" aus Mittelmeer und Atlantik, festes, gutes Fleisch

crique Knuspriger Kartoffelpuffer (Auvergne, Vivarais)

criste-marine, crithme Salzpflanze von den Meeresküsten, ↑ *christe-marine*

croissant Hörnchen, Kipfel, leichtes Frühstücksgebäck aus Hefe- oder Blätterteig mit Süßrahmbutter, zart mürb, am besten ofenwarm, wird nicht geschnitten, sondern abgebissen

cromesqui Krokette aus Fleisch, Fisch, Gemüse in fritiertem Backteig, warm serviert; a. gezuckert als Dessert

croquant Knusprig; Knusperkeks, knuspriges Gebäck; Nußstäbchen; *le c.*: trockenes Mandelgebäck, *la c.e*: großer Mandelkuchen

croque au sel, (à la) Frisches Gemüse, a. Trüffeln, roh, nur mit Salz gewürzt

croque-madame ↑ *croque-monsieur* mit Spiegelei

croquembouche, croque-en-bouche Pyramide aus gefüllten, mit Karamelfäden umsponnenen Brandteigbällchen

croque-monsieur Ugs. *un croque*, Schinken und Käse (Comté, Gruyère) zwischen zwei altbackenen Weißbrotscheiben, die auf beiden Seiten in Butter oder Öl gebacken sind

croquet Trockenes (Mandel-)Stäbchen

croquette Krokette, Krustel, schwimmend ausgebackenes Klößchen aus Fleisch, Fisch, Kartoffeln, Pilzen usw. (salzig) oder Reis, Grieß, Kastanien usw. (süß) als Vorspeise, Beilage oder Nachtisch

crosne Knollenziest, Stachys, zarte Knollenfrucht, Wurzeln als Gemüse oder Salat von feinem, an Artischocken, Schwarzwurzeln erinnerndem Geschmack

crottin (de Chavignol) „Pferdeapfel", kl. runder Weichkäse AO aus meist Ziegen-, auch Schafmilch, milderdiger, mit dem Alter immer ausgeprägterer Geschmack,

Fettgeh. 45 %, oft grilliert warm zu grünem Salat serviert, gute Zeit Apr.–Nov. (Sancerrois, Berry/Loire-Gebiet)

croustade   Warmes, mit Fleisch, Meeresfrüchten, Pilzen usw. gef. und überbackenes Törtchen aus Blätter-, Mürbe-, Brotteig, Grieß, Reis oder Kartoffelmasse

croustillant   Knusprig, kroß

croûte   Kruste, Rinde; dickes Stück Brot mit viel Rinde; getoastetes oder in Butter, Öl geröstetes (ausgehöhltes) Weißbrot; Teigboden, -kruste, -mantel; Blätterteighülle; Käserinde; a. dicke Fettschicht
- **dorée**   Armer Ritter, in geschlagenes Ei getauchte, goldgelb geröstete Brotscheibe
- **au fromage**   Überbackene Käseschnitte
   sous la – au sel   In Salzkruste

croûton   In Butter, Öl gebackener Weißbrotwürfel

Crozes-Hermitage   Liebenswert gehaltvolle und doch erfrischend leichte Rotweine, TR 5–10 und mehr Jahre, TT 14–15°, gutes Qualität-Preis-Verhältnis; a. (wenig, aber hervorragende) kernig-trockene Weißweine, TR 3–5 Jahre, TT 8–9° (nördliche Côtes-du-Rhône); ↑ a. *Hermitage*

cru   Roh, unbearbeitet; Boden, der erstklassige Produkte hervorbringt; Wein: Gewächs, Lage, Wachstum; Weinberg, der nach Lage, Boden, Klima Qualitätswein liefert
- **bourgeois (supérieur)**   Wein von guter, zum Teil ausgezeichneter Qualität, angesichts der steigenden Preise für ↑ *grands crus* eine lohnende Alternative
- **classé**   Spitzengewächs
   grand –   Hoch-, Spitzengewächs
   premier -, – exceptionnel   Zweite Stufe der Weinbewertung (beim ↑ *Médoc*: Spitzengewächs)
   premier – classé   Spitzengewächs des Bordeaux

cruchade   Maisbrei, Art Polenta, salzig oder süß (Südwestfrankreich)

crudités   „Rohkost", Platte aus rohem, frischem oder kurz blanchiertem Gemüse, auch Früchten

crustacé   Krebs-, Krustentier aus dem Meer, a. Süßwasser

cube   Würfel; Suppenwürfel; Eiswürfel

cuiller, cuillère   Löffel
   petite –   Teelöffel

cuillerée   Löffelvoll

cuire, (faire)   Kochen, backen, braten, sieden

cuisine   Küche
- **bourgeoise**   Bürgerliche Küche
- **du marché**   Küche mit marktfrischen Lebensmitteln

– **minceur**   Schlankheitskost
– **rapide**   Schnellimbiß, Schnellgaststätte
   nouvelle –   Neue Küche; ↑ *nouvelle cuisine*

cuisinière   Köchin; Kochherd

cuisse   Keule, Hinterviertel, Schlegel eines Schlachttiers; Schenkel von Geflügel oder Frosch
– **de grenouille**   Froschschenkel; ↑ *grenouille, cuisse de*

cuisseau   Keule, Schlegel, Stotzen des Kalbs

cuisson   Das Kochen, Braten, Sieden, Backen
   temps de –   Garzeit

cuissot   Keule, Schlegel von gr. Haarwild

cuit, (bien)   (Gut) gek., (durch)gebr., gesotten, gebacken
   assez –   Gar

Cully   Kräftiger, harmonischer Weißwein, TR 1–3 Jahre, TT 9–11° (Lavaux, Waadt/Schweiz)

culotte   Schwanzstück von Schlachttieren; Kalb: Huft, ↑ *quasi*, a. die beiden Keulen, Schlegel; Lamm: die beiden Keulen an einem Stück
   pointe de –, aiguilette, baronne   Huftdeckel, Kugel, Tafelspitz vom Rind

cultivateur   Gemüsesuppe; ↑ *potage cultivateur*

cultiver   Anbauen, anpflanzen, ziehen, züchten

cumin, anis âcre, faux anis   (Kreuz-)Kümmel, alte Würzpflanze, Samen kräftig aromatisch, leicht süßlich, frisch oder getr. intensiver als gemahlen; zarte Blätter a. als Salat verwendbar
– **de montagne, des prés**   Feldkümmel; ↑ *carvi*
– **noir**   Schwarzkümmel; ↑ *nigelle*

cuquette   Runder Fladen aus Rahmblätterteig (Fribourg/Schweiz)

Curaçao   Aromatischer Likör aus grünen Bitterorangen, Zucker und Branntwein, TT 5–7° (Holländische Antillen); ↑ a. *Triple sec*

curatella de vico   Schafinnereien am Spieß (Korsika)

curcuma, souchet, safran bourbon, des Indes   Gelbwurzel, Kurkuma, trop. Ingwergewächs, getrocknete, ganze oder gemahlene Wurzel herbsäuerlich, aromatisches Gewürz

curé   (Katholischer) Pfarrer
   fromage du – (Nantais)   Weichkäse aus Kuhmilch von ausgeprägtem Geschmack, Fettgeh. 40 % (Bretagne, Vendée)
   poire de –   Pastorenbirne, saftige, süß-säuerliche Sorte, gek. oder gedörrt besser als frisch

cure-dent   Zahnstocher

currie, curry   Curry, ↑ *car(r)i*

cuve   Bottich, Faß; Gärbehälter aus Holz, Stein, Zement, Stahl, Glas oder Plastik
 – **close**   Champagner, Schaumwein: zweite Gärung im Edelstahltank

cuvée   „Ein Faß voll", bestimmte Menge Wein; Verschnitt, meist von guter Qualität; Burgund: soviel wie ↑ *cru (tête de cuvée* Spitzenqualität; *première, seconde, troisième cuvée* 1., 2., 3. Qualität)

Cynar   Ital. Bitter-Aperitif auf der Basis von Artischokkensaft, Würzkräutern und Alkohol, kühl mit Sodawasser zu trinken

cynorrhodon   Hagebutte, ↑ *églantine*

cythère, verni(e)   Braune Venusmuschel, eßbares Meeresschaltier, frisch nach dem Fang roh oder, besser, gek. wohlschmeckend (Atlantik, Mittelmeer)

daim, daime   Damhirsch, Damtier, schmackhaftes Wildbret, Fleisch des Weibchens zarter als das des Männchens

dame blanche   Name versch. Desserts mit weißen oder hellfarbenen Zutaten wie Vanilleeis, Mandelcreme, Meringe usw.; ugs. Flasche Weißwein

dariole   Zylindrisches Becherförmchen; Becherpastete, urspr. aus Blätterteig mit Mandelcreme, heute a. mit Käse, Gemüsen usw.

darne   Quergeschnittene Scheibe gr., roher Fisch

dartois   Blätterteigschnitte mit pikanter (Sardellen, Sardinen, Krebse, Geflügel, Gänseleber usw.) oder süßer (Konditorcreme, Konfitüre, Marmelade usw.) Füllung; d. mit Makronen-, Mandelcreme heißt a. *gâteau à la Manon*

datte   Dattel, Frucht der Dattelpalme (Nordafrika)

daube, (en)   Geschmort; Gericht aus (Rind-)Fleisch und Gemüse, das stundenlang mit wenig Flüssigkeit in einem gedeckten Topf aus Stein, Ton oder verzinntem Kupfer, der *daubière*, bei schwacher Hitze geschmort wurde

dauphin   Ain: Spindelbarsch, ↑ *apron*; mit feinen Gewürzen und Kräutern aromatisierter ↑ *maroilles*, Kuhmilchkäse, Fettgeh. 50 %, gute Zeit Sept.–Mai (Hainaut, nordfrz. Hennegau)

dauphine, (à la)   Wie ↑*dauphine, pommes* zubereitetes Gemüse; mit ↑ *pommes dauphine*
 pommes –   Mit Brandteig vermischte, in Fett geb. Kartoffelklößchen

Dauphiné Historische Landschaft in den frz. Alpen vom Rhôneknie bis zur ital. Grenze, ↑ S. 37 ff.

dauphinoise, (à la) Kartoffelgratin, ↑ *gratin dauphinois*

daurade, dorade Echte Dorade, Goldbrasse, sehr schmackhafter Meerfisch, importiert weniger gut als einheimisch aus Mittelmeer und insbes. Atlantik (Bretagne), am besten Juli–Apr., läßt sich grillieren, pochieren, schmoren, filieren; oft (fälschlicherweise) a. Name für Goldmakrele, *coryphène*
- **grise, griset** Streifenbrasse, gutes, aber etwas weniger feines Fleisch als die übrigen Doraden
- **rose, rousseau** Graubarsch, Meerbrassen, Seekarpfen, rötliche Meerbrasse, haupts. aus dem Atlantik, festes, aromatisches Fleisch
- **royale, vraie –** Goldbrasse aus Mittelmeer und Golf von Biskaya, die größte und edelste, feinste Dorade, festes, mageres, aber saftiges Fleisch, läßt sich braten, grillieren, pochieren

dé Würfel

débit Absatz, Verkauf von Waren; Kleinhandlung, Laden; Ausschank

déboucher Entkorken

décaféiné Ugs. *déca*, koffeinfrei

décanter Dekantieren; Flüssigkeiten durch Absetzenlassen klären; Wein behutsam aus der Flasche in eine Karaffe umgießen, um ihn vom Satz zu trennen und ihm Luftsauerstoff zuzuführen

décilitre Ugs. *déci*, Deziliter

défarde, deffarde Ragout aus Lammkutteln und -füßen mit Gemüsen (Karotten, Zwiebeln, Lauch) und Kräutern (Lorbeer, Gewürznelken a. Kapern) an Tomatenpüree und Weißwein (Dauphiné)

dégustation Das Kosten, Probieren von Getränken, vor allem Wein, oder Nahrungsmitteln; Probierstube

déjeuner Mittagessen (in Belgien, Westschweiz a. noch Frühstück), in Frankreich selten vor halb eins, nicht nach zwei Uhr mittags
    petit – Frühstück, ist in Frankreich meist wirklich „petit": Milchkaffee, Weißbrot, ↑ *baguette*, oder Hörnchen, ↑ *croissant*, Butter und Marmelade

délice, délicieux, -euse Genuß, Köstlichkeit; köstlich, lecker, wohlschmeckend; das beste Stück Fleisch, Fisch; feines Gebäck; Westschweiz: kl. salziges, mit Butter gef. Gebäck
    délicieuses au fromage Käseklößchen

delma Kohl- oder Weinblätter mit Lammfleischfüllung

demi Halb; ½ l Bier, Wein; Paris: ¼ l Bier
– **-bouteille, fillette** Ugs. *demie*, halbe Flasche Wein
– **-deuil** „In Halbtrauer", weißes Fleisch, Kartoffelsalat, Krustentiere usw. mit Trüffelscheiben unter der Haut oder mit Trüffelsplittern gespickt, mit weißer Trüffelsauce
– **-douzaine** Halbes Dutzend
– **-glace (sauce)** Dick eingek., verfeinerte braune Bratensauce; konzentrierter Fischfond
– **panaché** Glas Bier mit Limonade, „Alsterwasser", „Radlermaß"
– **-sec** Halbtrocken, halbsüß
– **-sel** Schwach gesalzen (Butter, Käse, Speck usw.); leicht ges. Frischkäse aus pasteurisierter Kuhmilch, milchig sanft, Fettgeh. 40–45° (Normandie)
– **-suisse** Frischkäse, † *petit-suisse*

Demidof(f) Mit Gemüsen gef., garnierte Poularde, a. Hühnchen

demoiselle Name versch. Meerfische wie des Roten Bandfischs, *cépole*; reg. (halbe) Flasche Wein; Gläschen † *cidre* (Normandie)
– **de Cherbourg** Kl., bes. feiner Kaisergranat, † *langoustine*, aus dem Ärmelkanal

denrée (Eß)Ware, Nahrungsmittel

dent-de-lion Löwenzahn, † *pissenlit*

denté Zahnbrasse, gr. Mittelmeerfisch aus der Familie der Doraden, † *daurade*, saftiges, etwas grobes, schwerverdauliches Fleisch, läßt sich grillieren, pochieren, schmoren

derrière Hinterteil von Schlachtvieh

dés, en In Würfel geschnitten

désosser Entbeinen; entgräten

dessert Dessert, Nachspeise, der letzte Gang einer Mahlzeit
   caravane de -s Süßspeisen vom Wagen

dessous Untersatz

Dézaley Einer der besten Schweizer Weißweine aus der † *Chasselas*-Traube, rassig-nobel und von erfrischend fruchtiger Säure, TR 2–4 und mehr Jahre, TT 10–12° (Lavaux, Waadt/Schweiz)

diabétique Diabetisch; Diabetiker

diable Tontopf mit Deckel, um gewisse Gemüse (Kartoffeln in der Schale, Rüben, Zwiebeln, Kastanien usw.) ohne Wasser zu kochen

diable, (à la) „Teuflisch", scharf gewürzt, an scharfer Sauce; † a. *sauce diable*

diable (-de-mer) Sammelname versch. Meerfische mit gr. Kopf und Maul wie dem Drachenkopf, ↑ *rascasse*, Seeskorpion, ↑ *chabot*, Seeteufel, ↑ *baudroie*, Teufelsrochen, ↑ *raie cornue* u. a.

diablotin Kl. gratinierte Käseschnitte (mit ↑ *camembert oder* ↑ *roquefort*), meist als Vorspeise; überzuckertes Schokoladenplätzchen; Knallbonbon

diabolo Mit Limonade oder Mineralwasser verdünnter Granatapfel- *(diabologrenadine)*, Pfefferminz- *(diabolomenthe)* usw. Sirup

Diane, (à la) (Wild) mit Kastanienpüree und Wildfarce; mit Wildpüree

Diät *régime* [reschīm] m
  -gerichte *cuisine minceur* [küjsïn mäßör] f, *cuisine de régime* [küjsïn dö reschīm] f

dieppoise, (à la) Fisch, Meeresfrüchte usw. in Weißweinsauce mit Garnelen, Krevetten, Muscheln; in Weißwein marinierte Heringe, Makrelen

diététique Diätetisch, nach therapeutisch zweckmäßiger Ernährungsweise

digestible Leichtverdaulich, gut verträglich

digestif Verdauungsschnaps, -likör nach dem Essen, pur oder über Eis

digestion Verdauung

dijonnaise, (à la) In Senf(sauce) (pikant) oder mit ↑ *cassis*-Likör (süß)

Dill *aneth* [anä] m

dinde Truthenne, Pute (jung: *dindonneau*), am besten 6–8 Monate alt; gastr. a.: Truthahn, Puter

dindon Truthahn, Puter, etwas trockener als die Truthenne, ↑ *dinde*

dîner Abendessen, Hauptmahlzeit, in Frankreich selten vor acht Uhr abends (in einzelnen Gegenden, in Belgien, Westschweiz a. noch Mittagessen)

diplomate, (à la) Mit Trüffel- und Hummerwürfeln

diplomate (pudding à la) Pudding aus kandierten Früchten und Aprikosenmarmelade, a. Eiercreme zwischen Schichten von in Milch getränktem Briocheteig oder in Rum, Kirsch getränktem Löffelbiskuit, mit ↑ *crème anglaise,* ↑ *crème bavaroise* oder Schokoladensauce überzogen und gekühlt serviert; ↑ a. *crème diplomate*

discrétion, à Nach Belieben, soviel man will

distingué ½ l Bier

divers   Verschieden(e), mehrere

dodine   Gerolltes entbeintes Geflügel (Ente, Perlhuhn usw.) mit Karotten, Zwiebeln, a. Champignons in Wein und Gewürzen geschmort (Aquitanien, Burgund, Loiretal)

doigt de dames   „Damenfinger", kl. Biskuitgebäck; Schokoladebaiser; Mokka-, Schokoladestäbchen

Dôle, (la)   Der bekannteste Schweizer Rotwein, aus der ↑ *Pinot-noir*-, dazu a. ↑ *Gamay*- und andere Trauben, geschmeidig und mild harmonisch, eher vordergründig, TR 2−4 Jahre, TT nicht über 14° (Wallis/Schweiz)
– **blanche**   Feiner, kraftvoller und doch weicher Süßdruck aus den Trauben des ↑ *Dôle* TT 9−11° (Wallis/ Schweiz)

dolic, dolique   Helmbohne, Lablab, hartschalige, trokkene schwarze oder mehrfarbige Hülsenfrucht, urspr. in Indien und Ostafrika, heute a. in Südfrankreich heimisch, wie die Gartenbohne verwendbar, junge Hülsen als Gemüse, Samen als Trockenbohne

domaine   Grundeigentum; Weingut, Domäne

donace, donax, flion, olive (de mer)   Sägezahn, eßbare Meeresmuschel, sehr feines Fleisch, wie Austern roh, aber a. gekocht zu essen (europ. Meeresküsten)

Dorade   *daurade* [dorād] f

dorade   Goldbrasse; ↑ *daurade*

doré   Glänzend goldbraun (gebraten); Wein: goldgelb

dorée   Dünnes Butterbrot; Petersfisch, ↑ *saint-pierre*

Dorin   Kontrollierte   Herkunftsbezeichnung   aller Waadtländer Weißweine aus der ↑ *Chasselas*-Traube, die gewissen gesetzlichen Mindestanforderungen genügen, jung zu trinken, TT 9−12° (Waadt/Schweiz)

Dorsch   *merluche* [märlüsch] f

double   Doppelt; der Pansen der Wiederkäuer, ↑ *grasdouble*; die zwei Keulen von Kalb oder Lamm; Belgien: mit Käse gef. Buchweizenpfannkuchen
– **-crème**   Dickflüssiger Doppelrahm, ↑ *crème double*; milder Doppelrahmfrischkäse, oft mit Nuß, Pfeffer, Knoblauch, Kräutern usw. aromatisiert, Fettgeh. mindestens 60 %
  consommé –   Konzentrierte Kraftbrühe

doucette   Feldsalat; ↑ *mâche*

douceurs   Süßspeise; Leckereien, Süßigkeiten; Bonbons

douillon   Mit weicher Butter, Zucker, Zimt gef. Birne, a. Apfel *(bourdelot)* im Teig (Normandie)

doux, douce Süß, lieblich, mild; weich
– naturel, (vin) Natursüßer Wein

Drachenkopf *rascasse* [raßkaß] f

dragée Mandel, Haselnuß, Pistazie usw. in Zuckerguß

drugstore Urspr. amerikanisch: Laden für Bedarfsartikel, oft mit Imbißecke

Dubarry, (à la) Mit Blumenkohl, i. a. mit Käsesauce überbacken; ↑ a. *potage à la Dubarry*

Dubonnet Süßlicher Aperitifwein mit Chinarindenextrakt und Gewürzen, sehr kühl oder über Eis zu trinken, a. zum Mixen geeignet (Thuir/Roussillon)

duchesse „Herzogin“, kl. Brandteigkrapfen mit salziger oder süßer Füllung als Vorspeise oder Nachtisch; saftige, schmelzende Winterbirne

duchesse, (à la) Krokette aus mit Butter, Eigelb pürierten, goldgelb gebackenen Kartoffeln; gef. Brandteigkrapfen; kl. Windbeutel; Gebäck mit Mandeln

Ducru-Beaucaillou, (Château) Saftiger, aromatischer Rotwein von konstanter Qualität, TR 5–20 Jahre, TT 17–18° (Saint-Julien, Haut-Médoc/Bordeaux)

Duft *arôme* [arom] m

Dugléré, (à la) Meerfisch mit Tomaten, Schalotten, Zwiebeln, Knoblauch und Petersilie

Dumas, (à la) Salat aus Kerbel, Thymian, Sardellenpaste, geh. Essiggürkchen und Eiweiß; Trüffelsalat

dur Hart, herb; Fleisch: zäh; Wein: mit viel Gerbstoff und Säure

durch(gebraten), gut *bien cuit* [bjã küi]
– , knapp *à point* [apоã]

duxelles Füllpüree aus feingeh. Champignons (urspr. Reizkern), Schalotten und/oder Zwiebeln, a. anderen Gemüsen, Kräutern, in Butter oder Öl sautiert

eau Wasser
– chaude Warmes Wasser
– courante Fließendes Wasser
– de fleur d'oranger Orangenblütenwasser, Destillat aus den Knospen des Orangenbaums
– de mélisse Melissengeist
– de Seltz Selters-, Sodawasser
– de table Tafelwasser
– fraîche Frisches, kühles (Trink-)Wasser
– gazeuse Kohlensäurehaltiges Wasser

- **minérale**   Mineral-, Tafelwasser
- **naturelle**   Mineralwasser mit (wenig) natürlicher Kohlensäure
- **plate**   Leitungswasser
- **potable**   Trinkwasser
  à l'–   Mit Wasser

eau-de-vie   „Lebenswasser", klarer Branntwein aus destillierten Früchten, Getreide, Pflanzen, Gewürzen, Kräutern usw.

- **blanche, alcool blanc**   Klarer Beeren-, Kräuter-, Pflanzen-, Obstschnaps, im dunkeln aufrecht zu lagern, TT i. a. 6–8°
- **de vin**   Weinbrand

écailler   Fische schuppen; Schaltiere (Austern usw.) öffnen

écaler   Schälen (Eier, Hülsenfrüchte, Schaltiere, Früchte, Nüsse usw.)

écarlate, (à l')   „Scharlachrot"; rotfarbig (mit Tomaten, roter Sauce usw.); in Salpeterlake gepökelt

échalote   Schalotte, kl. feine Schwester der Zwiebel; was der Knoblauch für den Süden, die Zwiebel für den Norden und Osten, ist die milde Schalotte für das übrige Frankreich

échaudé   Eines der ältesten Gebäcke Frankreichs, leicht und knusprig aus Wasser, Mehl, Butter und Ei (welch letztere in der Fastenzeit durch Öl ersetzt wurden), in heißem Wasser gek., im Ofen gebacken, mit Anis (Aveyron/Aquitanien) oder Orangenblüten (Nizza/Riviera) aromatisiert, a. in Brezelform (Westfrankreich)

Échézeaux, (Grands-)   Erlesener, aristokratisch-feiner Spitzenrotwein aus der Gemeinde ↑ *Vosne-Romanée*, weniger bekannt als seine Nachbarn, deshalb oft preisgünstig, TR 6–10 und mehr Jahre, TT 15–16° (Côte-de-Nuits/Burgund)

échine, échinée   Rückgrat; Rücken-, Rippenstück (↑ *aloayau, train-de-côtes*) des Rinds; Nacken, Kamm, Hals des Schweins

éclade, églade   Über Olivenholz unter einer Decke brennender Kiefer- oder Piniennadeln ger. Miesmuscheln (Westfrankreich)

éclair   „Blitz"; Blitzkuchen, Brandteigstange, mit (aromatisierter) Creme oder Schlagsahne gefüllt, mit Schokolade oder Glasur überzogen

écorce   Rinde, Schale

écraser   Zerdrücken, zerquetschen, zerreiben

écrevisse   Fluß-, Edelkrebs aus dem Süßwasser, heute in Frankreich (Auvergne, Elsaß, Morvan, Rhônetal usw.) immer seltener, deshalb meist aus Polen, Kenia und anderswoher importiert, gute Zeit Mai–August, in der Türkei das ganze Jahr gezüchtet

Edelzwicker   Frischer, trockener weißer Verschnittwein aus versch. Trauben (der Zusatz „edel" ist nichts als ein Epitheton ornans), aber trotzdem angenehm und durstlöschend, TR 1–4 Jahre, TT 7–9° (Elsaß)

effilé   In Streifen geschnitten; Geflügel: gerupft, ohne nicht eßbare Innereien; Bohnen: entfädelt; Mandeln: in Streifen

églade   Geräucherte Miesmuscheln, ↑ *éclade*

églantine, cynorrhodon, gratte-cul   Hagebutte, Scheinfrucht der Heckenrose, sauersüß erfrischend, als Gelee, Marmelade, Saft, a. in Suppen, Saucen usw. verwendbar, im Herbst nach erstem Frost am besten; Hagebuttengeist, TT 6–8°; Hagebuttentee herzstärkend, erfrischend

églefin, aiglefin   Schellfrisch, dorschartiger Nordmeerfisch, mageres, zartes, weißes Fleisch, gute Zeit Okt.–April, läßt sich braten, dünsten, grillieren, pochieren; oft a. Name für frischen Dorsch, ↑ *cabillaud*; La Rochelle: Seelachs, ↑ *lieu noir*, a. ges. oder ger. als *haddock*

Egli   *perche* [pärsch] f

Ei, Eier   *œuf* [öff] m, *œufs* [ȫ] pl
-gelb   *jaune d'œuf* [schondöff] m
-weiß, -klar   *blanc d'œuf* [blädöff] m
  Dreiminuten○, weiches –   *œuf à la coque* [öff ala kock] m
  Fünfminuten○, wachsweiches –   *œuf mollet* [öffmolä] m
  hartes –   *œuf dur* [öffdür] m
  Rühr○   *œufs brouillés* [ȫbrujē] pl
  Spiegel○   *œuf(s) sur le plat* [öff (ö) ßürlöpla] m/pl
  verlorenes –   *œuf poché* [öffposchē] m

Eier|becher   *coquetier* [kocktjē] m
-gericht(e)   *plat(s) aux œufs* [pla osö] pl
-kücha, -kücka   Süßer Eierpfannkuchen mit ↑ *crème fraîche* und Himbeer- oder Johannisbeergelee (Elsaß)
-kuchen   *crêpe* [kräp] f
-löffel   *cuiller à œuf* [küjär a öff] f
-pfannkuchen   *omelette* [omlätt] f
-schwamm   *chanterelle* [schäträl] f, *girolle* [schiroll] f

einfach   *simple* [ßäpl]

eingießen   *verser* [wärßē]

einmachen   *mettre en conserve* [mäträkōßärw]

Eis   *glace* [glaß] f
– **am Stiel**   *sucette glacée* [ßüßätt glaßē] f
-becher   *coupe glacée* [kūpglaßē] f
-bein   *jambonneau salé* [schäbonno ßalē] m
-bombe   *bombe glacée* [bōb glaßē] f
-creme   *ice-cream* [aißkrīm] m
-diele   *glacier* [glaßjē] m
○ **gekühlt**   *glacé* [glaßē]; Getränk: *frappé* [frapē]
-kaffee   *café glacé* [kafēglaßē] m; *café liégeois* [kafē li|ē-scho̱a] m
-kübel   *seau à glace* [ßo a glaß] m
-schokolade   *chocolat liégeois* [schokola li|ēscho̱a] m
-tüte, -hörnchen   *cornet de glace* [kornä dö glaß] m
-würfel   *glaçon* [glaßõ] m
  gemischtes –   *glace panachée* [glaß panaschē] f

élixier   Stark parfümierter, alkoholhaltiger Gewürz-, Kräuterlikör, ein ↑ *digestif*

Elsaß   *Alsace* [alsaß] f, ↑ S. 17 ff.

elzekari(a)   Rustikale Bohnen-Weißkohl-Zwiebelsuppe mit Speck, a. Knoblauch (Baskenland)

embroché   Aufgespießt, auf den Bratenspieß gesteckt

émincé   Dünne Scheibe; in dünne Scheiben geschnittenes, sautiertes Fleisch
– **zurichois**   „Zürcher Geschnetzeltes" von der Kalbskeule an Rahm-Weißwein-Sauce mit Schalotten, evtl. Champignons (Schweiz)

emmental, Emmentaler, emmenthal   Großlaibiger, vollfetter Hartkäse aus roher Kuhmilch, mild-nussig und leicht süßlich, Fettgeh. mind. 45 % (nach dem Deutschschweizer Original auch in der frz. Franche-Comté und in Savoyen hergestellt, dann aber weniger würzig)

emporter, à   (Verkauf) zum Mitnehmen, über die Straße

enchaud   Schweinerollbraten, a. gefüllt, kalt oder warm (Périgord)

encornet   Pfeilkalmar, kl. Kalmar, ↑ *calmar*

endive (belge), witloof   Chicoree, Brüsseler Endivie, bleiches Blattgemüse, erfrischend bitterlich, als Salat oder als Gemüse ged., geschmort oder geb. verwendbar, von Okt.–Mai erhältlich (Nordfrankreich, Belgien, Holland); reg. a. für Eskariol, ↑ *chicorée (e)scarole*, oder Krause Endivie, ↑ *chicorée frisée*; a. Name des Wilden Zichorie, ↑ *barbe-de-capucin*

Endivie   *chicorée* [schikorē] f

Ente *canard* [kanār] m; jung: *caneton* [kantō] m
-n|brust *magret de canard* [magrä dö kanār] m
-n|stopfleber *foie (gras) de canard* [fo̯a (gra) dö kanār] m

entier, -ière Ganz, unzerteilt

entkorken *déboucher* [dēbuschē]

Entrammes, (abbaye d'–, Trappe d'–) Runder fruchtiger Käse aus nicht pasteurisierter Kuhmilch, Fettgeh. 45 % (Maine/Pays de Loire)

entrecôte Entrecote, Scheibe aus dem saftigen Zwischenrippenstück des Rinds
– **double** Größeres, doppeltes Rippenstück vom Rind
– **à l'os** Rippenstück vom Rind mit Knochen

Entre-deux-Mers Rauchig trockener Weißwein aus der Landschaft zwischen Garonne und Dordogne, sauber und bekömmlich, TR höchstens 3 Jahre, TT 6–8°, gutes Qualität-Preis-Verhältnis (Gironde/Bordeaux)

entrée Urspr. Gang zwischen Vor- und Hauptspeise, heute meist (warmes) Eingangsgericht nach Suppe oder ↑ *hors-d'œuvre*

entrelardé Fleisch: durchwachsen, gespickt

entremets „Zwischen-“, Süßspeisen, früher zwischen den Gängen, heute als Dessert (nach dem Käse, vor dem Obst) serviert

épaule Schulter, Blatt, Bug von Kalb, Lamm oder Schwein, Hals, Nacken, Kamm, Schulter vom Rind

éperlan Stint, kl. Heringsfisch aus Meer und Fluß, zart-aromatisches Fleisch, läßt sich ganz braten, grillieren, schmoren, insbes. fritieren

Epesses Der klassische weiße Waadtländerwein aus dem ↑ *Lavaux*, geschmeidig und fein-delikat trocken, jung zu trinken, TT 8–9° (Waadt/Schweiz)

épi Ähre; Stangenbrot in Ährenform
– **de maïs** Maiskolben

épice Gewürz, Würze, Spezerei; Konfekt, Zuckerwerk
  pain d'– Honig-, Leb-, Pfefferkuchen
  quatre- –s Gewürzmischung, ↑ *quatre-épices*

épicerie Feinkost, Spezereiware; Feinkostgeschäft, Lebensmittelladen
– **du coin** Tante-Emma-Laden

épigramme Gr. Bruststück mit Kotelett vom Hammel, Lamm, a. Reh, paniert und grilliert oder sautiert

épinard(s) Spinat, Blattgemüse, meist gegart, jung aber a. als Salat verwendbar
– **en branche** Blattspinat

épine   Dorn, Stachel
- **blanche, de mai**   Weißdorn, ↑ *aubépine*
- **noire**   Schlehe, ↑ *prunelle*
- **-vinette**   Berberitze, Sauerdorn, beerenartige, herb-
säuerliche Strauchfrucht, als Gelee, Marmelade, Saft, a.
in Suppen oder Saucen verwendbar; Berberitzengeist,
TT 6–8°

éplucher   Geflügel: rupfen; Gemüse, Früchte: schälen,
pellen, putzen

époisses   Cremiger Weichkäse aus Kuhmilch mit pikan-
tem Bodengeschmack, manchmal gewürzt, am besten
Sommer und Herbst, ausgereift *(affiné)* aber a. im Winter
(Burgund)

Erbse(n)   *pois* [po͜a] pl

Erdbeere   *fraise* [frās] f
  Wald⸋   *fraise des bois* [frāsdēbo͜a] f

Erdnuß   *cacahouète* [kakauätt] f
-öl   *huile d'arachide* [üjl daraschīd] f

Ermitage   Lieblicher, charakter- und gehaltvoll duftiger
Weißwein, als Aperitif oder zum Nachtisch, TR 3–6 und
mehr Jahre, TT 8–10° (Wallis/Schweiz); ↑ a. *Hermitage*

escabèche   Urspr. spanisch: scharfgewürzte Marinade;
kl. fritierte Fische darin als kalte Vorspeise

escalope   Dünne Scheibe Fleisch, Geflügel, Fisch zum
Kurzbraten oder Grillen; Schnitzel, Plätzli; a. hülsenlose
Saubohne
- **(à la) viennoise**   Wiener Schnitzel aus dem Frikandeau vom Kalb, paniert und in Schmalz gebraten

escargot   (Weinberg-)Schnecke; wird als Nahrungsmittel in Frankreich heute gezüchtet oder aus dem Ausland
(Polen, Tschechoslowakei usw.) importiert
- **de Bourgogne, Gros Bourgogne**   Fette weiße Weinbergschnecke, heute nicht mehr nur aus dem Burgund;
  ↑ *escargot*
- **de mer**   Charantes: Strandschnecke, ↑ *bigorneau*

escar(i)ole   Winterendivie, ↑ *chicorée scarole*

escauton   Fette Bouillon mit Landschinken, Gemüsen
und Aromaten (Gascogne/Midi-Pyrénées)

escuedella   Katalanischer Eintopf mit Rindfleisch, a.
gef. Truthahn, Eiern und Gemüsen (Pyrénées-Orientales)

Eskariol   *chicorée scarole* [schikorē skarol] f

espadon, épée de mer   Schwertfisch, haiähnlicher
Meerfisch, festes, aromatisches Fleisch, ausgezeichnet –
vor allem jung im Sommer – frisch, läßt sich grillieren,
braten, schmoren; auch in Konserven

espagnole, (à l') Mit Paprikaschoten, Tomaten, Knoblauch, Zwiebeln in Öl fritiert; mit paprika-, reis- und zwiebelgefüllten Tomaten garniert; ↑ a. *mayonnaise espagnole*

Espresso *espresso* [äßpräßo] m

esprot Sprotte, ↑ *sprat*

eßbar *comestible* [komäßtĭbl]; *mangeable* [māschabl]

Essig *vinaigre* [winägr] m
-gurke *cornichon (au vinaigre)* [kornischõ (owinägr)] m
-zwiebelchen *petit oignon âcre* [pöti onjõ ākr] m

estaminet Kl., einfache Wirtschaft; a. für Raucher reservierter, gegen die Straße gelegener Teil eines Restaurants

estocaficada, estoficado, estofinado, stocaficado, stoficado Stockfisch- oder a. (Nizza) Seehechtragout mit Tomaten, Knoblauch, Zwiebeln und versch. Würzzutaten in Olivenöl (Provence); pochierter Stockfisch mit Kartoffeln, Eiern, Knoblauch, Petersilie und ↑ *crème fraîche* in Nußöl (Rouergue/Languedoc-Roussillon)

estouffade Mit wenig Flüssigkeit langsam geschmortes Fleisch oder Wild(geflügel), meist Rinderbraten, mit Karotten und Zwiebelchen an Weinsauce; ↑ a. *estouffat*

estouffat Mit Speck, Tomaten, Zwiebeln und Knoblauch gek. frische weiße Bohnen (Languedoc-Roussillon); ↑ a. *estouffade*

estragon Estragon, feines Würzkraut, zarte Triebspitzen, nur frisch verwendbar, duftig anisähnliches und dezent bitterliches Aroma

esturgeon Stör, gr. Meer- und Flußfisch, selten geworden, festes, schmackhaftes Fleisch, meist in Scheiben grilliert, auch ger. erhältlich, gute Zeit im Sommer; Lieferant des Kaviars

établissement Gehobene Gaststätte, Restaurant

Étoile, (L') Typischer, ausgezeichneter weißer Jurawein, TR 2−8 Jahre, TT 8−10°, auch als ↑ *vin jaune, vin de paille* oder eleganter Schaumwein, *mousseux*, TT 6° (Franche-Comté)

étouffade Geschmortes Fleischgericht, ↑ *estouffade*

étouffée, (à l') Gedämpft, geschmort, ↑ *étuvée*

étrille, laineux, portune Schwimmkrabbe, kl. Meereskrebs aus Atlantik, a. Mittelmeer, feines Krustentier, Fleisch schwer auslösbar, aber schmackhaft, am besten in Cremesuppen

ettekees Brüsseler Käse, ↑ *fromage de Bruxelles*

étuvée, étouffée, (à l')   Gedämpft, in wenig Fett und Flüssigkeit im eigenen Saft gegart; geschmort, kurz angebräunt und mit ein bißchen heißer Flüssigkeit bei milder Hitze gegart

Évian   Reines Tafelwasser ohne Kohlensäure mit sehr wenig Mineralien, a. als Mischwasser geeignet (Évian-les-Bains, Südufer des Genfer Sees)

éviscéré   Geflügel: bratfertig

excelsior   Mit ged. Kopfsalat und Schmelzkartoffeln; Seezungenröllchen mit Hummerragout in ↑ *sauce normande*; sahniger Doppelrahmkäse aus Kuhmilch, sehr mild und leicht haselnussig, Fettgeh. 70 %, gute Zeit Juni–Dez., nicht gut haltbar (Normandie)

exquis   Auserlesen, köstlich

extrait   Extrakt, eingedickter Auszug

façon   Art, Weise
à la – de   Nach Art von
à ma –   Auf meine Art

faire   Machen, tun
– cuire   Kochen, braten, backen

faisan   Fasan (jung: *faisandeau*), einst „König des Federwilds", heute meist gezüchtet, sollte nicht älter als ein Jahr sein; am besten die saftigere Henne, *poule faisane*, weniger als ein Jahr alt

falette   Gef. Hammel-, Lamm-, a. Kalbsbrust mit Möhren, Zwiebeln und weißen Bohnen (Auvergne, Rouergue/Languedoc-Roussillon)

fanchette, fanchonnette   Kl. mit Konditorcreme gefülltes, mit Baisermasse überbackenes Blätterteigtörtchen (Bordelais); kl. Konfekt; gef. Bonbon

fane   Blatt, Kraut versch. Kulturpflanzen (Kartoffeln, Rüben, Radieschen usw.)

fanon   Wamme des Rinds

faon   Junges, bis 6 Monate altes Dam-, Reh-, Rotwild

far   Auflauf, Brei aus grobem Getreidemehl; Art Serviettenknödel, salzig oder süß
– breton   Süßer Fladen mit Backpflaumen, Rosinen und anderen gedörrten Früchten, karamelisierten Äpfeln, Marmelade usw., a. salzig mit Speck, lauwarm oder kalt gegessen (Bretagne)
– du Poitou, farci au pot   Geh. grüne Gemüse und Speck in Kohlblättern, zu anderen Gemüsen und Schweinefleisch (Poitou)

farce Pikant gewürzte und gebundene Füllung aus fein-gehacktem rohem oder gek. Fleisch, Fisch, Gemüsen, Pilzen usw.
– **gratin** Füllung aus sautierter, durch ein Sieb gestrichener Geflügelleber mit Gewürzen

farcement Kuchen aus geraspelten rohen Kartoffeln, Dörrobst, Eiern und Mehl (Savoyen)

farci Gefüllt; Hackfleisch im Kohlblatt oder im Suppenhuhn (Périgord/Aquitanien); Gemüse-Fleisch-Auflauf (Südfrankreich)
– **au pot, du Poitou** Gef. Kohlblätter, ↑ *far du Poitou*
– **provençal** Gef. Aubergine

farcidure Kloß aus Kartoffeln oder Mehl, geh. Kräutern, Speck usw. in Schweineschmalz oder Gänsefett (Limousin, Quercy/Aquitanien)

farçon Gratiniertes süßes Kartoffelpüree (Savoyen); gr. ↑ *cervelas* in Melonenform (Dauphiné)

farée Mit Speck oder Sauerampfer gefüllter Kohl (Charentes)

farigoule Provence: Thymian, ↑ *thym*

farinade Mehlgericht; Kastanienmehlbrei mit Olivenöl (Korsika)

farine Mehl, i. a. Weizenmehl

farinette Dickes Omelett mit Mehl, salzig oder süß (Auvergne)

farineux Mehlig, stärkehaltig; proteinhaltiges Gemüse; Teiggericht

Fasan *faisan* [fäsã] m

Faßbier *bière pression* [bjär präßjõ] f

fassum, fassun, (lou) Mit Mangold oder Kopfsalat, Speck, Reis, Erbsen, auch Lammfleisch, und Gewürzen gef. Kohlroulade (Provence)

Faubonne Geb. Suppe aus Püree von weißen Bohnen oder Erbsen mit feinen Gemüsestreifen (Möhren, Weißen Rübchen, Porree, Sellerie)

Faugères Fruchtig-frische Rot- und Roséweine von hoher Qualität, eher unterschätzt und deshalb noch preisgünstig, TR nach einigen Jahren, TT 9–11° (Languedoc)

faul (Frucht usw.) *pourri* [puri]

faux, fausse Falsch
– **-col** Bierschaum
– **-filet** Lendenstück vom Rind, ↑ *contre-filet*

favoris Feines Gebäck aus Mürbe- oder Brandteig

favorite, (à la)   Cremesuppe aus Spargeln und Kopfsalat mit Spargelspitzen; mit Gänseleber, Trüffelstreifen und Spargelspitzen; mit Artischockenbodenstücken, Sellerieherzen und Schloßkartoffeln; ↑ a. *potage, salade (à la) favorite*

favouille   Provence: Strandkrabbe, ↑ *crabe enragé*

fayot   Weiße Trockenbohne

Féchy   Eleganter, spritzig lebhafter Weißwein von der ↑ *Côte*, jung zu trinken, TT 8° (Waadt/Schweiz)

fécule   Reine(s) Stärke(mehl)

Federwild   *gibier à plume* [schibjē aplüm] m

Feige   *figue* [fīg] f

Felchen   *corégone* [koregonn] m; Schweiz: *féra* [fēra] m

Feldsalat   *mâche* [māsch] f

Fenchel   *fenouil* [fönuj] m

Fendant   Rassig harmonischer, feinsäuerlich trockener Weißwein aus der ↑ *Chasselas*-Traube mit elegantem Bodenton, TR 1–4 Jahre, TT 8–10° (Wallis/Schweiz)

fenouil   Fenchel, knollige Gemüse- und Gewürzpflanze, Samen, Stengel, Blätter angenehm zarter Anisgeschmack (im Midi süßer als im Norden), beste Zeit Okt.–Mai, so frisch wie möglich zu verwenden; als Tee appetitanregend, beruhigend, schleimlösend
– **amer, commun**   Gemüse-, Zwiebelfenchel; die grillierten Stiele zum Aromatisieren von Fischen, getr. Samen für Fischsuppen
– **bâtard**   Dill, ↑ *aneth*
   au –   Über getr. Fenchel gegrillt oder flambiert

féouse   Nancy: flacher Eierkuchen, ↑ *quiche*

féra   Große Bodenrenke, Sand-, Weißfelchen, forellenähnlicher Lachsfisch aus alpinen und voralpinen Seen, festes, zartes, etwas trockenes Fleisch, wenig Gräten, läßt sich backen, braten, dünsten, wird auch geräuchert

ferchuse   Ragout aus gemischten Innereien (Herz, Leber, Lunge) vom (frischgeschlachteten) Schwein mit Knoblauch, Schalotten und Rotwein (Burgund)

ferigoule   Provence: Thymian, ↑ *thym*

ferme   Pachtgut; Bauernhof
– **-auberge**   Bauerngasthof

fermé   Geschlossen

fermenté   Aufgegangen; vergoren

fermeture   Verschluß; Schließung
– **annuelle**   Jährliche Betriebsferien
– **hébdomadaire**   Wöchentlicher Ruhetag

fermier Auf dem Bauernhof, handwerklich, nicht industriell hergestellt; Käse: auf dem Bauernhof aus frischer roher Milch hergestellt; ↑ a. *laitier*

fermière, (à la) Nach Art der Bäuerin: mit in Butter ged. Gemüsen; ↑ a. *potage fermière*

Fernet-Branca Urspr. ital.: Magenbitter aus vielen herben Heilkräutern und exotischen Substanzen

fertig *prêt* [prä]
○**gericht** *plat préparé* [pla prēparē] m

fett *gras, grasse* [gra] m, [graß] f

Fett *graisse* [gräß] f

feu Feuer
– **de bois** Holzkohlenfeuer, -grill

Feuer *feu* [fö] m

feuille Blatt

feuilletage, pâte feuilletée Blätter-, Butterteig(zubereitung)

feuilleté Aus Blätterteig; (warme) Blätterteigpastete

fève (de marais) Sau-, Puffbohne, Hülsenfrucht, gr., leicht herbe Kerne, im Sommer jung, enthülst und abgezogen erhältlich, für Gemüse, als Salat; auch getr. erhältlich (Midi, Südwestfrankreich)

fi(j)adone Süßer Kuchen aus Eiern, Zucker, Frischkäse (↑ *broccio*) und Zitronenschale (Korsika)

ficelle Bindfaden, Schnur; sehr dünne Weißbrotstange, halbe ↑ *baguette*
    bœuf à la – Eingeschnürtes Rinderfilet, ↑ *bœuf à la ficelle*

fielà, fiélas Provence: Meeraal, ↑ *congre*

figatelle Lange, dünne geräucherte Wurst aus Schweinefett, -fleisch, -leber mit Knoblauch, Lorbeer und Weißwein, wird roh oder gegrillt gegessen (Korsika)

figue Feige, Mittelmeerfrucht, je kleiner, desto saftiger und besser, frisch, *fraîche*, oder getrocknet, *séchée*, auch zu Schinken, Wurst, Käse gut
– **caque** Kaki, ↑ *kaki*

filet Schlachtvieh: Filet, zartes Muskelfleisch aus der Lendengegend, aufgeteilt in Spitze, *tête*, Herz, Kern, *milieu*, und dickeres Ende, Kopf, *queue*; Geflügel: die herausgelöste Brust; Fisch: von den Gräten gelöste Seite
– **américain** Belgien: rohes Hacksteak, ↑ *tatare*
– **mignon** Kl. runde Scheibe aus dem Filetspitz des Rinds; Filet, Lendchen von Kalb oder Schwein
    contre- – Lendenstück vom Rind, ↑ *contre-filet*

Filetsteak *steak* [ßtek] m

fillette Anjou: Kl. Weinflasche, etwa ⅓ l

Filter *filtre* [filtr] m
-kaffee *café filtre* [kafēfiltr] m

fin, fine Fein, zart, dünn; a. Austernsorte, ↑ *huître*; ↑ a. *fine*

financier Weiches Mandelbiskuit (mit kandierten Früchten)

financière, (à la) Mit Ragout aus Hahnenkämmen, Geflügelklößchen, Champignon- und Trüffelscheiben an Madeirasauce und Trüffelessenz

fine Natürlicher Weinbrand von guter Qualität aus der angegebenen Region
○ **Champagne** Cognac-Mischung, ↑ *Cognac*
– **maison** markenloser Cognac
 une – Glas Cognac

fine de claire Austernsorte, ↑ *huître*

fines herbes Frisch geh. Petersilie, aber a. andere grüne Kräuter (Estragon, Kerbel, Schnittlauch u. a.) für Saucen, Suppen usw.

Fingerschale *rince-doigts* [rãßdǫa] m

finte Alse, ↑ *alose*

Fisch *poisson* [pǫaßō] m
-markt *marché aux poissons* [marschē o pǫaßō] m
-suppe *soupe de poissons* [ßūp dö pǫaßō] m
 Fluß○ *poisson de rivière* [pǫaßō dö riwjär] m
 Meer○ *poisson de mer* [pǫaßō dö mär] m
 Süßwasser○ *poisson d'eau douce* [pǫaßō do dūß] m

Fitou Saftig-runder Rotwein, einer der besten des Midi, der bei seriöser Herkunft ab 5, 6 bis zu 20 Jahren gut altert, TT 12–14°, leider steigende Preise (Languedoc)

Fixin [fißã] Solider, körperreicher Rotwein, entfaltet sich in 5–10 Jahren, TT 14–15°, zu wenig be- und anerkannt, deshalb seinen Preis wert (Côte-de-Nuits/Burgund)

flageolet Sehr feiner, noch nicht ganz reifer, blaßgrüner Bohnenkern, köstlich frisch und zart, a. in Dosen oder getrocknet; zarteste Sorte: *chevrier* (Île-de-France)

flamande, (à la) Mit ged. Grünkohl, glasierten Möhren, weißen Rübchen, Salzkartoffeln, a. Pökelzunge, Wurstscheiben, Speckwürfeln; mit Rosenkohl(püree); mit roher oder gek. Chicoree; in Bier ged. (Flandern); ↑ a. *salade flamande*

flambé Flambiert, mit Spirituosen übergossen und abgeflämmt (erhöht selten die Schmackhaftigkeit); Geflügel: abgesengt

flamiche, flamique Brotkuchen, urspr. nur mit geschmolzener Butter, heute a. mit Gemüsen und Käse (Flandern, Nordfrankreich) oder Lauch (Burgund, Pikardie)

Flammeküeche, tarte flambée „Flammenkuchen", flacher Brotteig, mit ↑ *crème fraîche* oder Quark, geh. Zwiebeln und Speckwürfeln belegt, im Bäcker-, Holzkohleofen geb. (Nord-Elsaß)

flam(é)ri, flamery Grießflammeri mit Weißwein statt Milch, von Püree aus frischen roten Früchten überzogen

flamusse Rustikaler Auflauf aus mit Biskuit-, Brand-, Eierteig überbackenen Äpfeln (Nivernais/Burgund)

flan Auflauf, Pudding; Fladen mit Belag, salzig (Meeresfrüchte, Spargeln, Geflügelleber usw.) als Vorspeise, süß (Cremes, Früchte usw.) als Nachtisch; feste (karamelisierte), gestürzte Eiweißcreme

flanchet Unteres Bauchstück von Schlachtvieh

Flandre Flandern, hist. Landschaft an der Nordseeküste, ↑ S. 57 ff.

flangnarde Rustikaler Fruchtauflauf, ↑ *flaugnarde*

Flasche *bouteille* [butäj] f; Bier, Cidre: *canette* [kanätt] f
-n|kürbis *gourde* [gūrd] f
-n|milch *lait en bouteille* [lä ã butäj] m

flaugnarde, flangnarde, flognarde Rustikaler Fruchtauflauf mit Äpfeln, Birnen oder Backpflaumen, mit Vanille, Zimt, Zitrone usw. parfümiert (Auvergne, Limousin, Périgord/Aquitanien)

Fleisch(gericht) *viande* [wjãd] f
Garstufen: stark blutig, innen roh   *bleu*   [blö]
            noch weitgehend blutig   *saignant*   [ßänjã]
            halb durch(gebr.),
            medium, innen rosa   *à point*   [apoã]
            ganz durch(gebr.)   *bien cuit*   [bjãküj]
-brühe *consommé* [kõßommē] m
-er(ei) *boucher(ie)* [buschē] m; [buschrī] f
○ **los** *sans viande* [ßã wjãd]
– und Wurstwaren *charcuterie* [scharkütrī] f

flet Flunder, platter, schollenartiger Meer-, auch Flußfisch, festes, fettes, nicht sehr feines Fleisch, frisch (gute Zeit Okt.–Dez.) oder ger. erhältlich, läßt sich backen, braten

flétan Heilbutt, größter und schwerster Plattfisch des Atlantiks, weißes fettes und schmackhaftes Fleisch, am besten als *filet* oder *côtelette* im Frühling, a. ger., eingesalzen gut

Flétry Gehaltvoll lieblicher Weißwein aus der ↑ *Pinot-gris*-Traube mit Edelfäule, TT 6–8° (Wallis/Schweiz)

fleur Blume, Blüte
– **de courgette (farcie)** (Gef.) Zucchiniblüte
– **d'orange, (eau de)** Orangenblüte(nwasser)

fleuri Weichkäse, ↑ *carré de l'Est*

Fleurie Der charmanteste ↑ *Beaujolais*, duftig elegant, schon jung trinkbar, kann aber bei Lagerung bis zu 5 Jahren gewinnen, TT 9–11°, gutes Qualität-Preis-Verhältnis

fleuron Kl. Blätterteigstange, -dreieck, -halbmond usw. zur Garnitur

flion Sägezahnmuschel, ↑ *donace*

Floc de Gascogne Roter und weißer Aperitif-, Dessertwein aus frischem Traubensaft und ↑ *Armagnac*, kühl zu trinken (Gascogne/Midi-Pyrénées)

flocons (Getreide-)Flocken

flognarde Rustikaler Fruchtauflauf, ↑ *flaugnarde*

florentine, (à la) Mit Spinat(püree), auf Blattspinat

floute Kartoffelklößchen mit geschlagenen Eiern und Mehl oder Grieß (Elsaß)

Flunder *flet* [flä] m

Fluß|barsch *perche* [pärsch] f
-krebs *écrevisse* [ekröwĩß] f

flûte „Flöte"; kl. lange und dünne Weißbrotstange *(pain à café)*, wird nicht geschnitten, sondern abgebrochen; schlanke Schlegelflasche für Wein; Champagner-, Schaumweinflöte; Westschweiz: Salzstange zum Aperitif

foie Leber
– **blond, de volaille** Geflügelleber
– **gras** Die Stopfleber gemästeter Gänse *(d'oie)* oder Enten *(de canard)*; ohne Zweifel eine kulinarische Köstlichkeit, aber ebenso zweifellos das hypertrophe Organ eines zwangsüberernährten Vogels – so muß sich jeder selbst für den Feinschmecker oder für den Tierfreund in sich entscheiden
– **entier, frais, au naturel** Frische, naturbelassene Stopfleber, die beste Gänse-, Entenleber, meist warm serviert
– **mi-cuit** „Halbgekochte" Stopfleber, besser als aus der Konserve
  bloc de – Gänse- (50 %) oder Enten- (35 %) Leber, von Farce oder Speck umhüllt
  crème de, au – 30–55 % Stopfleber, von Farce oder Speck umhüllt

galantine de – Gemisch aus 35 % Stopfleber und Farce

parfait de – Feines Püree aus frischer Stopfleber, von Farce oder Speck umhüllt

pâté de – Mindestens 50 % Stopfleber am Stück, von Farce oder Speck umhüllt

purée, mousse de – Gemisch aus pürierter Stopfleber mit Farce oder Speck

fond Konzentrierte braune *(brun)* oder helle *(blanc)* Grundbrühe aus Knochen, Fleisch-, Fisch-, Geflügelabfällen mit Gemüsen, Wasser, Wein, Kräutern und Gewürzen, Grundlage guter Saucen
– **d'artichaut** Artischockenboden

fondant Im Munde zergehend; Fleisch: sehr zart; Frucht: saftig; Fondant, eingek., zart-weiche Zuckermasse; Glasur aus Zuckersirup; mit Fondant gef. Bonbon; Schweiz: feiner Schokoladebonbon mit Mandel-, Haselnuß-, Nougatfüllung

fondu Geschmolzen, aufgelöst, zerlassen
fromage – Schmelzkäse

fondue Urspr. Westschweizer Gericht aus mit Weißwein, Gewürzen und Kirsch im Tongeschirr, *caquelon*, aufgek., sämiger Käsemischung, in die Brotwürfel getaucht werden; inzwischen a. in Savoyen, der Franche-Comté und anderorts populär
– **bourguignonne** In fast siedendes Öl getauchte Fleischwürfel mit pikanten Würzzutaten
– **chinoise** In fast siedende Bouillon getauchte dünne Fleischscheiben, a. Fisch und Gemüse, mit pikanten Würzzutaten

fontainebleau Mit jungen Gemüsen gefüllte Herzoginkartoffeln; mild-sahniger, ungesalzener Frischkäse aus Kuhmilch, Fettgeh. 60 %, a. gezuckert als Nachtisch genießbar (Île-de-France)

Forelle *truite* [trüit] f

forestière, (à la) Mit in Butter gedünsteten wilden Pilzen (Morcheln, Pfifferlingen, Steinpilzen usw.), dazu a. abgek. Kartoffel- und Speckwürfel

formidable Gr. Glas Bier, etwa 1 l; Paris ½ l

fort Stark, scharf; konzentriert; Getränk: stark alkoholisch

fouace, fouasse, fougasse Flacher, im Ofen oder in Asche gebackener Kuchen aus Weizen-, heute a. Hefe- oder Briocheteig (Süd-, Westfrankreich), mit Grieben (Languedoc), kandierten Früchten (Auvergne) oder Anis-, Orangen-Safran-Aroma (Provence)

fouetté (Schaumig) geschlagen, umgerührt
  crème –e Schlagsahne, Schlagrahm, Obers

fougasse(tte) Provence: flacher Kuchen, ↑ *fouace*

four Back-, Bratofen, Back-, Bratrohr
  au – Im Ofen geb., überbacken
  petit – Kleinstgebäck, ↑ *fours*

fourchette (Eß-)Gabel
  déjeuner à la – Gabelfrühstück

fourme Name versch. Bergkäse aus dem Zentrum Frankreichs
  – d'Ambert, du Mézenc, de Montbrison Schimmelkäse AO aus Kuhmilch von ausgeprägtem, leicht bitterem Geschmack, einer der Spitzenkäse Frankreichs, Fettgeh. 45 %, gute Zeit Juni–Dez.
  – de Cantal, de Salers Schnittkäse, ↑ *cantal*

fourneau (Küchen-)Herd; Westschweiz: Pfanne

fourré Gefüllt

fours, (petits), bouchées, friandises, mignardises Die Kleinkunst des Konditors, Konfektgebäck; Früchte in Zuckerguß

frais, fraîche Frisch, kühl

fraise Erdbeere, gute Zeit Mai–Sept.; Erdbeergeist, TT 6–8°
  – (de veau, de porc) Kuttelfleck, zerschnittenes Gekröse von Kalb oder Schwein
  –s des bois Walderdbeere, klein und aromatisch
  – Romanov in Curaçao eingelegte Erdbeeren mit Schlagsahne
  – sauvage Die wilde, geschmackvollste Erdbeere

framboise Himbeere, gute Zeit Juli–Sept., Himbeergeist, TT 6–8°

francfort Frankfurter Würstchen, ↑ *saucisse de Francfort*

Franche-Comté Provinz im Osten Frankr., ↑ S. 39 ff.

frangipane Füllcreme aus Mehl oder Stärke, Eiern, Milch, Vanille mit zerstoßenen Makronen, Mandeln usw.

frappé Geschlagen; geeist; Getränke: kalt gestellt, in (zerstoßenem) Eis gekühlt

fressure Herz, Leber, Lunge, Milz von Schlachttieren, a. Ragout daraus

friand Häppchen; mit Hackfleisch, Schinken oder Käse gef. Blätterteigpastetchen; kl. Mandelbiskuit

friandise Leckerei, Naschwerk; kl. süßes Gebäck; ↑ a. *fours*

Fribourg Freiburg im Üchtland, Hauptstadt des gleichnamigen Schweizer Kantons; in Frankreich oft a. Bezeichnung für Greyerzer Käse, ↑ *gruyère*

fricadelle Frikadelle, Bulette, Fleischpflanzerl, Kloß aus Hackfleisch mit eingeweichtem Brot, Eiern usw.

fricandeau Zarte dicke und gespickte Scheibe aus der inneren Kalbskeule; Scheibe Stör, Thunfisch oder Salm; Kloß aus gewürztem Fleisch, Leber, Nieren von Schwein, auch von Rind oder Kalb, im Schweinenetz (Südwestfrankreich)

fricassée Frikassee, weichgedünstetes Ragout (meist von Geflügel, Kalb, auch Lamm, Fisch, Gemüse) in weißer Sauce; Kartoffeln mit Speck (Nordfrankreich); Omelett, Spiegeleier mit Speck (Belgien)

– de pestelons et d'askoutons Frikassee aus Schweinsfüßen und -ohren (Belgien)

fricassin Ziegengekröse mit Kräutern, Gewürzen in Sahne (Bourbonnais)

frieten Flandrisch für ↑ *pommes (de terre) frites*

frigidaire Kühlschrank der Marke General Motors, inzwischen Allgemeinbegriff

frigo(rifique) Eis-, Kühlschrank; Gefrierfleisch

frire, (faire) Fritieren, in siedendem Fett oder Öl schwimmend ausbacken, braten

Frisan Leichter, süffiger (und preisgünstiger) Weißwein aus *Chasselas-* und/oder *Sylvaner*trauben, die nicht den für ↑ *Fendant* vorgeschriebenen minimalen Zuckergehalt aufweisen (Wallis/Schweiz)

frisch *frais* [frä] m, *fraîche* [frä͞sch] f

Frischkäse *fromage blanc* [fromä͞sch blä] m

frisée Krause Endivie, Winter-, Bindenendivie

frit Fritiert, in heißem Fett oder Öl schwimmend ausgebacken

friteau Fritierter Krapfen, ↑ *fritot*

fritelle Krapfen mit geh. Blattgemüse, Wurstscheibe oder Käse (Korsika)

frites Abkürzung für Pommes frites, ↑ *pommes (de terre) frites*

frit(t)on Grieben, ↑ *gratton*

fritot, friteau Fritierter Krapfen mit Froschschenkeln, Meeresfrüchten, Fisch, Innereien oder Gemüse im Teigmantel, heiß gegessen

Fritten Belgien, Luxemburg: ↑ *pommes (de terre) frites*

friture   (Heißes) Backfett oder -öl zum Fritieren; in heißem Fett oder Öl schwimmend geb. Nahrungsmittel; kleine unausgenommene Fische zum oder nach dem Fritieren; Zelt mit Fritüre-Produkten (Belgien)

frivolité   Kl. Appetithappen, Vorgericht; ugs. für Hoden von Schlachtvieh; kl. Törtchen

froid   Kalt, kühl

fromage   Käse, gehört in Frankreich zu jeder guten Mahlzeit, „ein Nachtisch ohne Käse ist wie eine einäugige Schöne" (Brillat-Savarin)
- **affiné**   Ausgereifter Käse
- **à la crème**   Rahmkäse, Fettgeh. mind. 50 %
- **à pâte dure, ferme, pressée**   Hartkäse mit gepreßtem Teig, Fettgeh. mind. 40 %
- **à pâte molle**   Weichkäse mit Schimmelrinde, gewaschener Rinde oder Innenrinde, Fettgeh. mind. 40 %
- **assortis**   Käseauswahl, Käseplatte
- **blanc, à la pie, frais**   Frisch-, Weißkäse, Quark, Topfen, Fettgeh. bis 60 %
- **de brebis**   Schafkäse, ↑ *brebis*
- **de Bruxelles, aettekees, ettekees**   Brüsseler Käse, bäuerlicher Weichkäse aus pasteurisierter Kuhmilch, feucht und salzig (Belgien)
- **de chèvre**   Ziegenkäse, ↑ *chèvre*
- **de ferme, fermier**   Auf dem Bauernhof hergestellter Käse
- **de Hollande**   Holländer Käse, ↑ *Hollande*
- **de Pyrénées**   Schnittkäse aus Kuhmilch mit schwarzer Wachsschicht, mild buttrig, Fettgeh. mind. 45 %
- **de tête, de cochon, pâté de tête**   Schweinskopfsülze, Preßsack
- **d'Italie**   Leberkäse
- **double-crème**   Doppelrahmkäse, Fettgeh. 60–85 %
- **du Curé, nantais**   Weichkäse aus Kuhmilch, ausgeprägter Erdgeschmack, Fettgeh. 40 % (Bretagne)
- **mou, à tartiner**   Streich-, Schmelzkäse, Fettgeh. mind. 40 %
- **persillé**   Blaugrün geäderter Käse aus Ziegen-, a. Kuhmilch, mild bitterlich, Fettgeh. 45 %, gute Zeit Juni–Nov. (Savoyen u. a.)
- **râpé**   Geriebener Käse
  au –   Mit (geriebenem) Käse

froment   Im engeren Sinn Weizen, im weiteren feines Getreide
  fine fleur de –   Feines Weizenmehl

fromentée   Dicke Suppe aus Weizen und Wasser mit Butter oder ↑ *crème fraîche* (Berry/Loiretal)

Fronsac, (Côtes-de-) Fester, aber reiner, charaktervoller Rotwein, der es mit einem ↑ *Médoc* aufnehmen kann, TR 5–10 und mehr Jahre, TT 15–16°, gutes Qualität-Preis-Verhältnis (Libournais/Bordeaux); ↑ a. *Canon*

Frontignan, (Muscat de) Einer der besten natursüßen Muskatellerweine Frankreichs, bukett- und körperreich, TR 5–15 Jahre, TT 5–6° (Languedoc)

Frucht *fruit* [früj] m
-eis *glace aux fruits* [glaßofrüj] f
-kuchen *tarte aux fruits* [tartofrüj] f
-presse *presse-fruits* [präßfrüj] f
-saft *jus de fruits* [schüdfrüj] m
   frischer -saft *jus de fruits pressés* [schüdfrüj präßē] m
-salat *macédoine de fruits* [maßedoann dö früj] f

Frühgemüse, Frühobst *primeurs* [primör] pl

fruit(s) Frucht, Früchte, Obst
– **à coques, à écales** Schalenobst
– **à noyau** Steinobst
– **à pépins** Kernobst
– **au sirop** Kompott
– **confits** Eingemachte, kandierte Früchte
– **de la passion** Passionsfrucht, Maracuja, exotische Frucht, geleeartiges Innere erfrischend süß und aromatisch, purpurrot besser als gelb; auch als Saft, Sirup und Likör erhältlich
– **de mer** Meeresfrüchte, Krusten- und Schaltiere
– **secs, séchés** Back-, Dörrobst
– **tropicaux** Südfrüchte
– **vert** Unreife Frucht

fruité Fruchtig

fruitière Burgund, Franche-Comté, Savoyen: Käserei, Molkerei; Käserei-Genossenschaft

fumé Geräuchert, geselcht; mit Rauchgeschmack

fumet Aroma, Duft; konzentrierter Sud aus Fischresten oder Pilzen; für Fleisch, Geflügel, Wild ↑ *fond*

fût (Wein-)Faß, Gebinde

gade, gadidé Familie der Dorschfische, darunter Kabeljau, ↑ *morue*, Köhler, ↑ *lieu*, Schellfisch, ↑ *églefin*, Seehecht, ↑ *merlu*, Wittling, ↑ *merlan*, in Frankreich a. Seeteufel, ↑ *baudroie*, und andere

Gaillac Herzhafte weiße, daneben ländlich kräftige rosé und rote Weine (auch ↑ *primeurs*), alle jung zu trinken bei TT 6–8° und 10–14°, werden gern unterschätzt, deshalb gutes Qualität-Preis-Verhältnis (Tarn/Midi-Pyrénées)

- **blanc sec** Harmonisch feinwürziger trockener Weißwein, TT 6–8°
- **doux** Der charaktervollste *Gaillac*, weiß und natursüß, TT 6°
- **mousseux, perlé** Feiner, zartfruchtiger Schaumwein, bis 10 Jahre haltbar, TT 6–8°

galabart Gr. schwarze Wurst aus Schweinekopf, Herz, Lunge, Blut und Brot, wird kalt in dicken Scheiben gegessen (Südwestfrankreich)

galantine In Haut gehüllte, gelierte Rollpastete aus entbeintem, gefülltem Fleisch, Geflügel, Wild, a. Fisch; ↑ a. *ballottine*

galeton Dicker Buchweizenpfannkuchen (Limousin)

galette Flacher runder Kuchen mit vielen reg. Varianten aus Blätterteig, Hefe (Bresse) oder Buchweizenmehl (Bretagne), oft mit versch. Belag, a. als Hülle von Bratwürsten, salzig oder süß; kl. trockenes Knuspergebäck mit versch. Aromen; kl. Butterbiskuit (Bretagne)
- **de Pérouges** Flacher Kuchen aus Brio8cheteig mit Butter, Zucker und dem Aroma einer Zitronenschale
- **lyonnaise** Kartoffel-Zwiebel-Kuchen

galicien Pistazienbiskuit

galopin Kl. Glas, etwa 1,5 dl, meist Bier; Orléanais: Apfel, Birne im Teig, ↑ *rabotte*

gamay (noir) Blauburgunder, Rebsorte, die einen reintönigen, geschmeidigen, erfrischend fruchtigen Rotwein ergibt (Beaujolais, Burgund, Loire, Savoyen, Westschweiz u. a.)

gamba, gambon (rouge) Tiefseegarnele, ↑ *crevette rouge*

Gans *oie* [o̯a] f

Gänseleber *foie (gras) d'oie* [fo̯a (gra) do̯a] f

gantois Reneklonden-Schichtkuchen (Flandern)

gap(e)ron Bauernkäse aus Butter- oder entrahmter, mit Knoblauch und Pfeffer aromatisierter Kuhmilch, geringer Fettgehalt, gute Zeit Okt.–März (Auvergne)

gar(gekocht) *(assez, bien) cuit* [(aßē, bjã) kǖj], *à point* [apo̯ã̄]

garbure Bäuerlicher Suppentopf, so deftig-derb, daß der Löffel drin steckenbleibt, mit Grün- oder Weißkohl, gartenfrischen Gemüsen, eingemachter Ente, Gans, a. Schwein oder sonst gepökeltem Fleisch an Gänsefett (Béarn, Gascogne)

garde, de Dauerhaft, haltbar

gardon (blanc) Plötze, Rotauge, karpfenähnlicher Süßwasserfisch, voller Gräten, aber recht schmackhaft, meist fritiert oder geb. gebr.

garenne Freilaufgehege für Kaninchen
  lapin de – Wildkaninchen, ↑ *lapin de garenne*

gargouillau Ländl. Gemüseragout (Auvergne); überb. Birnenkuchen, lauwarm oder kalt (Bourbonnais, Limousin)

garnaal Flandern: Garnele, Granat, ↑ *crevette grise*

Garnele *crevette* [kröwätt] f

garni Garniert; mit (eßbaren) Beilagen; angemachter Salat; dekoriert; Hotel: ohne Restaurant

garniture Beilage(n); Anrichtung, Garnierung eines Gerichts

Gartenkresse *cresson alénois* [kräßō alenǫa] m

gaspacho, gazpacho Urspr. spanisch: kalte Suppe aus geh. Gurken, Tomaten-, Zwiebelscheiben, Knoblauch, Paprika usw. und eingeweichtem Weißbrot

Gast Hotel: *client* [kliã] m; privat: *invité* [ãwitē] m
-freundlichkeit *hospitalité* [ospitalitē] f
-geber(in) *hôte* [ot] m, *hôtesse* [otäß] f

Gastronom *restaurateur* [räßtoratör] m

gastronome Feinschmecker, Kenner der guten Küche, der sich in der Geschichte und Zubereitung der Speisen auskennt; ↑ a. *gourmand, gourmet*

gastronome, (à la) Mit Kastanien, Trüffeln, Hahnenkämmen und -nierchen; Röstkartoffeln mit Trüffeln

gâteau Kuchen, Gebäck; Pastete; Westschweiz: Obstkuchen
– **à l'oignon** Zwiebelkuchen, ↑ *zewelewai*
– **breton** Flacher Mürbeteigkuchen mit in Rum eingelegten Fruchtwürfeln (Bretagne)
– **de foie** Leberpastete, -terrine
– **de la Forêt-Noire** Schwarzwälder Torte
– **de riz** Süßer Reisauflauf, -pudding
– **de semoule** Grießauflauf
– **marbré** Marmorkuchen
– **nantais** Mandelplätzchen
– **x sablés** Feines Sandgebäck
– **saint-honoré** Brandteigring auf Blätterteig- oder Mürbeteigboden mit Konditorcreme und glasierten Windbeutelchen
– **x secs** Trockenes Gebäck, Kekse

gaude Maisbrei, salzig (mit Speck) oder süß mit Honig oder Marmelade (Burgund, Bresse, Franche-Comté)

gaufre Zarte, knusprige Waffel, meist mit Vanille, Orangenwasser, Zimt aromatisiert

gaufrette Kl. Blätterteigbiskuit, manchmal mit Creme oder Marmelade gefüllt

gayette Schweinehack im Schweinenetz, ↑ *caillette*

gazeux, -euse Kohlensäurehaltig

Gebäck *pâtisserie* [patißrī] f; *petits gâteaux* [pti gato] pl

Geflügel *volaille* [wolaj] f

Gehacktes *hachis* [aschi] m

Geißbrassen *sar* [ßar] m

gelée Gelee, erkalteter Saft von Fleisch oder Früchten; mit Gelatine zubereitete Brühe, Süßspeise; Aspik, Sülze

gélinotte, gelinotte, coq des marais Haselhuhn, Federwild, schmackhaft zartes, aber gern etwas trockenes Fleisch, darf nur noch in wenigen Départements Ostfrankreichs gejagt werden

Gemüse *légume(s)* [legüm] m/pl

gendarme „Landjäger", flache, hartgetrocknete und ger. Rohwurst aus Rind-, Schweinefleisch, Speck und Gewürzen (Elsaß, Schweiz); Bückling, ger. Salzhering

Genève Genf, drittgrößter Weinbaukanton der Schweiz mit frischen, bekömmlichen Weinen; ↑ a. *gamay, Perlan*

génépi, genépi Beifuß aus dem Hochgebirge, ↑ *armoise*

généreux, -euse Von guter Qualität; großzügig, ergiebig; Wein: edel, feurig

genièvre Beere des Wacholderstrauchs, eines Nadelgehölzes, bittersüß harzig, als Würze zum Räuchern, aber a. in Suppen, Saucen usw. verwendbar; Wacholdergeist, TT 6–8° (Nordfrankreich, Belgien, Holland u. a.); Belgien ugs.: *un blanc* [ő blā] m

génoise Leichter „Genueser" Grundteig, Unterlage für Süßspeisen und Torten

gense hutsepot Eintopf mit Fleisch und Gemüsen (Flandern)

gentiane Enzian, Bergpflanze mit herbbitteren Wurzeln; Enzianbrand, erdig-rauchig bitter, magenstärkend, TT 6–8°

gepfeffert *poivré* [poạwrē]

geräuchert *fumé* [fümē]

Gericht *plat* [pla] m

gerieben *râpé* [rapē]

germe Keim, Sprosse

Germiny (Cremesuppe) mit Sauerampfer und ↑ *crème fraîche*

germon, thon blanc Kl. weißer Thunfisch aus Atlantik und Mittelmeer *(accola)*, fettes, vitaminreiches Fleisch, in Frankreich selten frisch, aber der beste für Konserven

géromé Runder weicher Bergkäse aus i. a. pasteurisierter Kuhmilch, aromatisch-würzig, dem ↑ *munster* verwandt, Fettgeh. 45–50 %, gute Zeit Nov.-April, pasteurisiert das ganze Jahr (Vogesen/Lothringen)

Geruch *odeur* [odör] f

Gervais Ungereifter, fettiger, streichfähiger Doppelrahm-Frischkäse aus Kuhvollmilch und Sahne, a. gezukkert als Nachtisch gegessen

gesalzen *salé* [ßalē]

Geschäftsführer *gérant* [scherā] m

Geschirr Küche: *batterie* [batri] f; Tafel: *vaisselle* [wäßäll] f
-spülmaschine *machine à laver la vaiselle* [maschīn alawē la wäßäll] f

Geschmack *goût* [gu] m
○ **voll** *savoureux* [ßawurö] m, *savoureuse* [ßawurös] f

geschmort *braisé* [bräsē]

Geschnetzeltes *emincé* [emãßē] m

geselcht *fumé* [fümē]

gésier eßbarer Muskelmagen von Geflügel und anderen Vögeln

Gesundheit! *santé!* [ßātē]

gesüßt *sucré* [ßükrē]

Getränk *boisson* [bọaßõ] f
-e|karte *carte des boissons* [kart dē bọaßõ] f

Gevrey-Chambertin Wichtigste Weinbaugemeinde der ↑ *Côte-de-Nuit* mit männlich-noblen, körperrreichen Rotweinen, die ab mindestens 5 Jahren gut altern, TT 15–16°; die *grands* ↑ *crus* dieser Lage tragen nur den Namen ↑ *Chambertin* (Burgund)

Gewicht *poids* [pọa] m

Gewürz *épice* [epīß] m; Würzmittel: *condiment* [kõdimā] m; Geschmacksstoff: *aromate* [aromat] m
-gurke *cornichon* [kornischõ] m
-nelke *clou de girofle* [klu dö schirofl] m
-ständer *ménagère* [menaschär] f

gewürzt *assaisonné* [aßäsonnē]

Gewürztraminer   Ugs. *gewurz*, elegant würziger, duftig trockener Weißwein aus einer Spielart der Traminer-Traube, TR 3–8 Jahre, TT 8–10°, a. gute Spätlesen *(vendanges tardives)* (Elsaß)

gezuckert   *sucré* [ßükrē]

gibassié, gibassier   Hefekranz mit Anis-, Orangen- oder Zitronenaroma, meist zu Weihnachten und Epiphanias (Provence)

gibelotte, (en)   In Weiß- oder Rotwein geschmortes Kaninchenfrikassee

gibier   Jagdbares Wild; Wildbret; Wildgericht
– **à (de) plume**   Feder-, Flugwild
– **à (de) poil**   Haarwild

Gigondas   Ausgeglichen charaktervolle Rotweine, TR 4–10 und mehr Jahre, TT 14–15°, auch trocken-aromatische Rosés, jung zu trinken, TT 8–10° (südl. Côtes-du-Rhône)

gigorit   Ragout aus Schweineinnereien in Rotwein (Charentes, Poitou)

gigot   Keule, Schlegel, meist von Hammel, Lamm oder Reh; a. Poularden- oder Truthahnschenkel
– **entier**   Lammkeule mit Schwanzstück
– **raccourci**   Lammkeule ohne Schwanzstück
  manche de –   Lammhachse

gigue   Keule, meist von Hirsch, Reh, Gemse, a. Schweinshachse

gimblette   Mit Anis, Mandeln, Orange, Vanille, Zitrone usw. aromatisierter, gezuckerter Hefekringel (Albi/Midi-Pyrénées, Languedoc)

gingembre   Ingwer, Knollenwurzel einer tropischen Staude, süßlich pikant, frisch fruchtiger (aber weniger haltbar) als getrocknet, gemahlen oder in Sirup

Gipfel, Hörnchen   *croissant* [krọaßã] m

girofle, (clou de)   Gewürznelke, Myrtengewächs, kl. braune, ölhaltige Blütenknospen getrocknet, ganz oder gemahlen, würzig-brennend zu Braten, Wild- und süßsauren Gerichten, Kohl, Kompott, Gebäck, zum Spicken von Zwiebeln, in Punsche usw.

girol(l)e   Pfifferling, ↑ *chanterelle*

Gironde   Département in Westfrankreich um den gleichnamigen Fluß mit der Hauptstadt Bordeaux, ↑ Aquitanien S. 19 ff.

gîte(-gîte)   Hesse, Wadenfleisch von Rindern
– **à la noix**   Kugel, Nuß, Blume, bestes Stück der Rinderkeule

givré Eisgekühlt; mit Eiswürfeln ausgeschwenkt; Fruchteis, Sorbet

Givry Angenehm leichter, eleganter Rotwein aus dem ↑ *Châlonnais*, TR 3–5 Jahre, TT 12–14°, gutes Qualität-Preis-Verhältnis (Burgund)

glace (Speise-)Eis; zu Sirup eingekochte Brühe aus Fleisch, Geflügel, a. Wild oder Fisch
– **mélangée, panachée** Gemischtes Eis
– **pilée** Zerstoßenes Eis
– **plombières** Eiscreme, ↑ *plombières*

glacer Glacieren (Speise mit eigenem Fett, Saft überglänzen); glasieren (Süßspeise mit Zuckerguß überziehen); kandieren (in Zuckersirup einlegen)

glacier Eisdiele; Eishersteller, -verkäufer

glaçon Eiswürfel

glane, silure Wels, Waller, gr. karpfenartiger Süßwasser-, a. Meerfisch, fettes, schmackhaftes Fleisch praktisch ohne Gräten, aber nur jung und frisch gut, läßt sich braten, grillieren, fritieren, panieren; wird a. geräuchert

Glas *verre* [wär] m
  Einmach○ *bocal* [bokal] m

Glattbutt *barbue* [barbü] f

gnocchi Urspr. ital.: Nocken, kl. Teigtaschen aus Grieß-, Hartweizen- oder Kartoffelmehl

gobelet Becher; Westschweiz: kl. Weißweinglas ohne Fuß

gobie (noir), goujon de mer Schwarzgrundel, sehr kl. karpfenartiger Fisch aus Meer und Flußmündungen, delikates Fleisch, meist fritiert

Godard Kalbs- oder Geflügelklöße mit Hahnenkämmen, -nierchen, Lamm- oder Kalbsbries, Champignonköpfen und Trüffeln

godiveau Klößchen aus Kalbs-, a. Geflügel-, Fischhack, -farce

gogo, à Jede Menge, in Hülle und Fülle; so viel man will, so viel man kann

gogue Kl. Wurst aus Speck, Gemüsepüree, ↑ *crème fraîche* und Schweineblut

Goldbrasse *daurade* [dorad] f

gombo, bamya, ketmie, okra Okra, Gombo, Ladyfinger, tropische Gemüseschote, neutraler, leicht herber Geschmack, sollte möglichst frisch und jung für Suppen oder als Gemüse verwendet werden, aber auch gek., getr. und konserviert erhältlich

gonesse   Milchbrot (Belgien)

goret   Ferkel, etwa 6 Monate altes Schwein

Goron   Süffig-frischer roter Tafelwein aus der ↑ *Pinot-noir*- und der ↑ *Gamay*-Traube, leichter als der ↑ *Dôle*, TT 10–12° (Wallis/Schweiz)

goseau   Gedeckter Apfel- oder Birnenkuchen (Belgien)

gouda   Halbfester Schnittkäse holländischen Ursprungs aus Vollmilch, je nach Alter mild bis herzhaft würzig (Flandern, Holland)

goudale   Suppengericht auf Art der ↑ *garbure* mit Rot- oder Weißwein (Béarn/Aquitanien)

gouère, gouéron, gouerre   Ländlicher Kuchen mit Äpfeln (Berry), Backpflaumen (Nivernais) oder Eiern und Ziegenkäse (Touraine)

gougelho(p)f, gougeloff, gougloff   Gugelhupf, ↑ *kougelho(p)f*

gougère   Herzhaftes kugel- oder ringförmiges Gebäck aus Brandteig und Hartkäse, eignet sich kalt zu Weindegustationen oder lauwarm als Vorspeise (Bourgogne, Champagne und anderswo)

goujon (de rivière)   Gründling, kl. Süßwasser-Karpfenfisch, mageres, aber schmackhaftes Fleisch, meist paniert und fritiert
– de mer   Schwarzgrundel, ↑ *gobie*

goujonnettes   Schräg geschnittene Streifen Fischfilet, paniert und schwimmend ausgebacken

goujonnière, (perche)   Kaulbarsch, ↑ *grémille*

goulache, goulasch, goulash   Urspr. ungarisch: Gulasch, Rindsragout mit Kartoffeln, Paprikaschoten und Zwiebeln

gourde   Flaschenkürbis

gourmand   Feinschmecker, Schlemmer, der gern nicht nur viel, sondern auch gut ißt; ↑ a. *gastronome, gourmet*

gourmandise   Leckerbissen

gourmet   Urspr. Weinkenner; heute Feinschmecker, der gutes Essen zu schätzen und zu beurteilen weiß; ↑ a. *gastronome, gourmand*

gournay   Rustikaler Frischkäse aus Kuhmilch, mild und leicht salzig-säuerlich, Fettgeh. 45 %, gute Zeit Okt.–Jan. (Normandie)

gousse   Hülse, Schote
– d'ail   Knoblauchzehe
– d'échalote   Schalottenknollen

goût Geschmack
– **de bouchon** Wein: Korkgeschmack

goutte Tropfen; Schluck; Gläschen; ugs. (Trester-) Branntwein, Schnaps

goyave Guave, Guayave, tropische Frucht, Geschmack lieblich-säuerlich, kann roh gegessen werden, in Obstsalaten, aber a. gedünstet oder püriert als Mus, Kompott, Gelee oder Saft

goyère Käsetörtchen mit ↑ *maroilles*, heiß gegessen (Nordfrankreich)

grain(s) Korn; Beere; (Kaffee-)Bohne
– **nobles** Wein: Beerenauslese

graisse Fett, Schmalz
– **alimentaire, comestible** Speisefett
– **de Cherbourg, normande** Gewürzter Hammel-, Rindertalg und Schweineschmalz im Steintopf (Normandie)
– **fondue** Schmalz
– **végétable** Pflanzenfett

gramme Gramm

Granat *crevette grise* [kröwätt grīs] f
-apfel *grenade* [grönad] f

grand, grande Groß
– **capelan** Franzosendorsch, ↑ *tacaud*
– **cru** Spitzengewächs, ↑ *cru, grand*
– **-duc** Mit Spargelspitzen und Trüffelscheiben, meist mit Käsesauce überbacken
– **magasin** Warenhaus
○ **Marnier** Feiner Edellikör aus Bitterorangenschalen und Cognac (*cordon rouge*, kräftig alkoholisch) oder Weinbrand (*cordon jaune*, mild süß), kühl zu trinken (Paris)
– **-mère, (à la)** Auf Großmutter-Art, mit sautierten Pilzen, glacierten Zwiebelchen und Speckstreifen
– **surface** Groß-, Supermarkt, Einkaufszentrum
– **veneur** Haar-, auch sonst Wild an brauner Pfeffer-, Senfsauce mit Johannisbeergelee und ↑ *crème fraîche*, manchmal a. mit dem Blut des Tieres und Kastanienpüree
– **vin** „Großer Wein", Phantasiebezeichnung, sagt nichts über Qualität aus
– **vive** Großes Petermännchen, ↑ *vive, grande*

granité Körniges Wassereis aus Fruchtsaft oder Sirup (mit Kaffee-, Liköraroma)

Grapefruit *pomelo* [pomlo] m, a. *pamplemousse* [pāplömuß] m

grapiau   Dicker   Speckpfannkuchen   (Nivernais/Burgund)

grappe (de raisin)   (Wein-)Traube

gras, grasse   Fett, fleischig, speckig; gemästet; Fleisch-(speise); Wein: körperreich, voll und rund
– **-double**   Der abgebrühte fetteste Teil des Rindermagens

Gräte   *arête* [arät] f

gratin   Im Ofen heiß überbackenes Gericht; Auflauf
– **dauphinois**   Klassisch: in mit Butter und Knoblauch ausgeriebenem Topf nur mit ↑ *crème fraîche* gratinierte dünne rohe Kartoffelscheiben; heute oft mit Eiern, Milch, Sahne, geriebenem Käse
– **savoyard**   Kartoffelauflauf mit Bouillon und Käse (Savoyen)

gratinée   Mit trockenem Brot und geriebenem Käse gratinierte Zwiebelsuppe (Paris)

gratte-cul   Hagebutte, ↑ *églantine*

gratton, friton   Grieben, gesalzener, kroß gebratener Würfel Schweine-, Gänse-, auch Truthahnschmalz, manchmal mit kl. Fleischstückchen drin

gratuit   Gratis, kostenlos, unentgeltlich

Graubrot   *pain bis* [pãbi] m

gravenche   Bodenrenke, Art Felchen, forellenartiger Lachsfisch, sehr delikat, aber rar geworden (Genfer See)

Graves   Distrikt des Bordelais, Wiege der Bordeauxweine mit trockenen, erdig-fülligen, dem ↑ *Saint-Émilion* ähnlichen Rotweinen (TR je nach Qualität 3–12 Jahre, TT 16–18°), ↑ a. *Haut-Brion*, aber auch – noch zu entdeckenden – nervig frischen, eleganten Weißweinen (TR 2–4 Jahre, TT 9–11°); ↑ a. *Cérons*
– **Supérieures**   Halbtrockene, zartsüße Weißweine, TR 8 Jahre, TT 6°; ↑ a. *Barsac, Cérons, Sauternes*

grècque, (à la)   Auf griechische Art: in Olivenöl und Zitronensaft aromatisch mariniert, meist kalt; in einer kalten, säuerlichen, kräftig gewürzten ↑ *vinaigrette*; Pilawreis mit Erbsen, Paprikawürfeln und Wurstbrät; Fisch in mit Fenchel, Koriander, Sellerie gewürzter Weißweinsauce

grelin   Seelachs, ↑ *lieu noir*

grémille, (perche) goujonnière   Kaulbarsch, kl. Süßwasserfisch, angenehmes Fleisch, a. für Fischsuppen

grenache (noir)   Süße Traube des Südens, die körperreiche, alkoholhaltige rote, auch natursüße weiße Weine ergibt; Name a. für Weine daraus (Côtes-du-Rhône, Languedoc-Roussillon, Provence)

grenade Granatapfel, das saftig-süßsaure, durstlöschende Fleisch kann ausgelöffelt oder für Süßspeisen usw. verwendet werden, a. als Saft oder Sirup (↑ *grenadine*)

grenadin Dicke runde, gespickte Scheibe Filet oder Nuß vom Kalb, a. weißes Truthahnfleisch

grenadine Sirup aus Granatapfelsaft (heute a. künstlich hergestellt), meist mit Soda verdünnt

grenouille Frosch, a. in Frankreich heute meist importiert, ein Fall, wo wieder einmal der Feinschmecker mit dem Tierfreund in Konflikt kommt
   cuisse de – Froschschenkel, in Frankreich trotzdem eine geschätzte Delikatesse

gribiche Kräutermayonnaise mit harten Eiern, feingeh. Kapern und Gewürzgurken

Grieß *semoule* [ßmul] f

gril Grill, Bratrost

Grill(gerät) *gril* [grīl] m, *rôtissoire* [rotißo̯ar] f
   -gericht *grillade* [grijad] f

grillade Grillgericht, meist vom Rind; Kamm, Rückenstück vom Schwein

grillé (Auf dem Rost) gebraten, gegrillt, geröstet

grillen, grillieren *griller* [grijē]

grinolet Likör aus schwarzen Kirschen, TT 6–8°

griotte Weichselkirsche, dunkle Kirschensorte von weichem Fleisch und erfrischend säuerlichem Geschmack, oft für Destillation verwendet; Weichsellikör, TT 8–10°; Kirschpraline

gris Grau; sehr heller Roséwein (Burgund, Loiretal, Ostfrankreich)
– **-de-gris** Wein aus Trauben mit wenig Farbpigment enthaltenden Häuten
– **-de-Lille** Weichkäse aus Kuhmilch, sehr kräftig und salzig, Fettgeh. 45 %, gute Zeit Okt.–Jan. (Flandern)

griset Streifenbrasse, ↑ *daurade grise*

Grisons, viande de Binden-, Bündner Fleisch, ↑ *viande des Grisons*

grive, tourde Drossel, gilt in Frankreich (noch) als jagdbares Federwild, gehört deshalb aber dort zu den gefährdeten Vogelarten

grondin, rouget, trigle Knurrhahn, stachliger Meerfisch, festes, angenehmes Fleisch, gute Zeit Sept.–Apr., läßt sich braten, schmoren, grillieren, fritieren; für Fischsuppen

- **gris**   Grauer Knurrhahn, bes. im Herbst vorzüglich (Nordostatlantik, Mittelmeer)
- **perlon**   Roter Knurrhahn, sehr guter Speisefisch, oft a. ohne Kopf und Stacheln angeboten
- **rouge, rouget-grondin**   Seekuckuck

gros, grosse   Groß, dick, schwer, stark
- **du Vaud**   Dicke Wurst aus reinem Schweinefleisch, gefüllt mit Pistazienkernen und rotem Pfeffer (Waadt/ Schweiz)

○ **-Plant (du Pays nantais)**   Herzhaft frischer, sehr trokkener und feinsäuerlicher Weißwein, TR 1½–2 Jahre, TT 6–8° (Loiretal)

○ **Rhin**   Name der Rebsorte Grüner Silvaner im Wallis (Schweiz)
- **-rouge**   Billiger, verschnittener Rotwein
- **-sel**   Grobes (Meer-)Salz, reich an Geschmacks- und Mineralstoffen
- **-tout**   Hackfleischpastete
- **-vert**   Weiße Tafeltraube (Vaucluse/Provence)

groseille (blanche, rouge)   (Weiße, rote) Johannisbeere, Ribisel; Johannisbeersirup
- **à maquereau, verte**   Stachelbeere
- **noire**   Schwarze Johannisbeere, ↑ *cassis*

groß   *grand* [grã] m, *grande* [grãd] f; voluminös: *gros* [gro], *grosse* [groß] f

grosseur, (selon), s. g.   (Nach) Größe, Dicke

gruau   Mehl aus geschälten, geschroteten Getreidekörnern; Grütze daraus
   farine de –   Feinstes Weizenmehl
   pain de –   Feines Weißbrot

grün   *vert* [wär] m, *verte* [wärt] f

Grünkohl   *chou vert* [schuwär] m

gruyère   Greyerzer, vollfetter Hartkäse aus frischer roher Kuhmilch, kräftig würziger als der Emmentaler, guter Tafel- und Fonduekäse, Fettgeh. mind. 45 %, gute Zeit Sept.–Febr. (Fribourg und anderswo in der Schweiz); in Frankreich, oft mit Zusatz *de Comté*, allg. Bezeichnung für Hartkäse mit Löchern, ↑ *beaufort, comté, emmental* (Burgund, Franche-Comté, Savoyen)
   crème de –   Fetter Doppelrahm, Fettgeh. mind. 45 %; in Frankreich a. Schmelzkäse, ↑ *fromage mou*

gueuse, gueuze(-lambic)   Säuerliches, obergäriges Bier (Belgien)
   à la –   In Biersauce (Belgien)

gugelho(p)f   Gugelhupf, ↑ *kougelho(p)f*

guigne   Herzkirsche, sehr saftige Kirschensorte, weiches Fleisch und süßer Geschmack, frisch genießbar, aber a. als Konfitüre oder Konserve

guignolet   Kirschenlikör aus ↑ *guignes*, auch ↑ *griottes*, kühl, a. mit Kirsch vermischt, zum Aperitif, nicht länger als 6–8 Monate haltbar

guingette   Kneipe, Ausflugslokal

Gulasch   *goulache* [gulasch] m

Gürkchen   *cornichon* [kornischō] m

Gurke   *concombre* [kōkōbr] m
  saure –   *cornichon au vinaigre* [kornischō o winägr] m

gut   Zubereitung: *bien* [bjã]; Geruch, Geschmack: *bon* [bō] m, *bonne* [bonn] f
– **(durch)gebraten**   *bien cuit* [bjãküi]

habit vert, en   „Im grünen Gewand", in, mit Blattspinat

hachage   Zerhacken; Fleisch aus dem Kotelettstück vom Schwein

haché   Gehackt, fasciert; gemahlen; feingeh. Fleisch; in der Pfanne gebr. Gericht daraus

hachis   Kleingeh., fein zerkleinert (Fleisch, Fisch, Gemüse); feines Hackfleisch, Fasciertes; in der Pfanne gebr. Haschee; feingeh. Kräuter, Pilze usw.
– **Parmentier**   Im Ofen überbackenes Kartoffelpüree mit Hackfleisch

Hachse, Hesse, Stelze, Stotzen   Kalb: *jarret* [scharä] m; Lamm: *gigot* [schigo] m; Rind: *gîte* [schīt] m; Schwein: *jambonneau* [schābonno] m

hachua   Rinder- oder Kalbseintopf mit fettem Schinken, Karotten, Paprika und Zwiebeln (Baskenland)

Hack|braten   *rôti de viande hachée* [roti dö wjäd aschē] m
-fleisch   *hachis* [aschi] m

haddock   Urspr. englisch: leicht gesalzener, geräucherter Schellfisch, aufgeschnitten und entgrätet

Hafer   *avoine* [awoann] f
-flocken   *flocons d'avoine* [flokō dawoann] pl
-schleim   *crème d'avoine* [kräm dawoann] f

Hahn   *coq* [kock] m

Hähnchen   *petit coq* [ptikock] m; *poulet* [pulä] m

Hai   *requin* [rökã] m

halb   *demi, demie* [dömi] m, f
– **durch(gebraten)**   *à point* [apoã]

Hälfte *moitié* [mọatjē] f

halicot, haricot (de mouton) Hammelragout mit Weißen Rübchen, Zwiebeln, a. Bohnenkernen, und Kartoffeln (urspr. Orléanais/Loiretal)

Hammel(fleisch) *mouton* [mutõ] m; Fleischteile und -stücke ↑ Lamm

hampe Stück vom Zwerchfell des Rinds oder Pferds, gibt saftiges Beefsteak; Nordfrankr.: Rippenstück vom Rind

Hand *main* [mã] f
-tuch *serviette* [ßärwjätt] f; Küche: *essuie-mains* [eßüj-mã] m

hareng Hering, fetter, schmackhafter Atlantikfisch, meist ges. und ger., aber auch frisch, *frais*, gut, bes. Febr.–Apr. und Okt.–Nov., läßt sich braten, grillieren
– **baltique, mariné** Bismarckhering, ausgenommen, mit Zwiebelringen in Essig mariniert
– **blanc, frais** Frischer grüner, unbehandelter Hering
– **frit** Brathering, paniert, in Öl oder Fett gebraten
– **fumé, saur** Leicht ges., heißger. Hering
– **pec** Frisch ges. Hering
– **roulé** Gewürzter, marinierter, um eine Gurke gerollter Hering
– **salé** Pökel-, Salzhering
– **vierge** Matjeshering, zarter Jungfernhering, leicht ges.
   bouffi, bloater Gedörrter, mildges., ger. Hering
   buckling Bückling, ↑ *hareng fumé*
   gendarme Ger. Salzhering, ↑ *hareng fumé*
   kipper Gepökelter, kaltger., aufgeschnittener Hering
   saur, souré Ger. Salzhering, ↑ *hareng fumé*

haricot Bohne, Fisole, Hülsenfrucht; ↑ a. *fève de marais*
– **à écosser** Palbohne, frische Kerne werden enthülst verwendet
– **à rames** Grüne Stangen-, Kletterbohne, i. a. geschmacksintensiver als die Buschbohne, ↑ *haricot nain*
– **beurre, jaune** Blaßgelbe Speck-, Wachsbohne, für Suppen, als Püree
– **blanc, coco** Gr. weißer, reifer Bohnenkern, frisch oder getr. für Suppen, Pürees, als Gemüse
– **de Lima, de Madagascar** Mond-, Duffinbohne, gr. tropische Gemüse- und Trockenbohne, weich und mild im Geschmack, frisch oder konserviert, muß gründlich abgekocht werden
– **écarlat, d'Espagne** Feuer-, Prunkbohne mit dicken Kernen, als Frisch- oder Trockengemüse verwendbar
– **fin** Feine Brechbohne ohne Fäden, zart aromatisch, beste Sorten: *fin de Bagnols, Triomphe de Farcy*, gute Zeit Mai–Aug.

- **flageolet** Sehr feiner Bohnenkern; ↑ *flageolet*
- **lingot** Weißer Perlbohnenkern
- **mange-tout** Zarte, fadenlose grüne Bohnenhülse mit Kernen, ganz eßbar
- **nain** Buschbohne, Form der grünen Gartenbohne
- **princesse** Prinzeß-, Delikateßbohne, kleine zarte Hülse, winzige Kerne, ganz eßbar
- **rouge** Rote Kidneybohne, die „*red bean*" der Amerikaner, mehlig, erdig und leicht süßlich, frisch, getr. oder konserviert erhältlich
- **sec** Reifer, getr. Bohnenkern, sollte vor Gebrauch in kaltem Wasser eingelegt werden
- **vert** Noch nicht reife Hülsenbohne, ganz eßbar; a. Brechbohne mit grüner Hülse und ohne Fäden, für Suppen, Gemüse, als Salat
- **-coupé** Schnittbohne, kräftiges, etwas grobes Fleisch, muß in Streifen geschnitten werden
- **violet** Sehr feine, grün-violett gesprenkelte Hülsenbohne, gute Zeit Sommer–Sept.

harissa Sehr scharfe Würzpaste aus kl. roten Pfefferschoten, Cayennepfeffer, Olivenöl, Knoblauch und Koriander, mit Kümmel und getr. Pfefferminz- oder Eisenkrautblättern gemischt, für ↑ *couscous*, Suppen und Fleisch (Nordafrika, Mittlerer Osten)

hart *dur* [dür]

Hase *lièvre* [ljäwr] m
-n|rücken *râble de lièvre* [rābl dö ljäwr] m

Haselnuß *noisette* [noąsätt] f

hâtelet Spießchen

Hauptgericht *plat principal* [pla prä́ßipal] m

Haus *maison* [mäsõ] f
-brot *pain de ménage* [pã dö menasch] f
-halt *ménage* [menassch] m
-herr, -herrin *hôte* [ōt] m, *hôtesse* [ōtäß] f
-kaninchen *lapin de clapier* [lapã dö klapjē] m
-mannskost *cuisine maison* [küjsīn mäsõ] f

Haut *peau* [po] f

haut-bar Anderer Name für den Adlerfisch, ↑ *maigre*

Haut-Brion, Château Die edelste, kostbarste Lage der ↑ *Graves*, den berühmten Nachbarn vom ↑ *Haut-Médoc* ebenbürtig, samtig noble rote (TR 8–15 und mehr Jahre, TT 17–19°), auch hervorragende weiße (TR 10 Jahre, TT 12–14°) Weine (Médoc/Bordeaux)

haut-de-côtelettes Rippenstück zwischen Brust und Kotelettstück des Kalbs (dort a. *haut-de-côtes*) oder Lamms

haut-goût   Ausgeprägter Wildgeschmack durch langes Abhängen, heute nur noch selten gewünscht

Haut-Médoc   Der südl. Teil des ↑ *Médoc* mit vier der fünf Bordeauxheiligen ↑ *Lafite-Rothschild, Latour, Margaux, Mouton-Rothschild* (↑ a. *Ducru-Beaucaillou, Listrac, Moulis, Pauillac, Saint-Estèphe, Saint-Julien*)

Haxe   ↑ Hachse

Hecht   *brochet* [broschä] m

Heida, Païen   „Heidenwein" vom Oberwallis, herber, kräftiger Weißwein aus der traminerähnlichen Heida-Traube, TT 8° (Visperterminen/Wallis-Schweiz)

Heidelbeere   *myrtille* [mīrtij] f

Heilbutt   *flétan* [fletā] m

heiß   *chaud* [scho]; kochend: *bouillant* [bujā]

hélice vigneronne   Weinbergschnecke, ↑ *escargot*

helvelle (crépue), morille d'automne   Lorchel, Speisepilz, gern etwas zäh, aber frischer, etwas bitterlicher Geschmack, roh giftig, muß gründlich abgebrüht oder getr. werden, gute Zeit Mitte Aug.–Mitte Nov.

Henri IV, (à la)   Mit fritierten Kartoffelstäbchen, a. Artischockenböden in ↑ *béarnaise*

herbe   Kraut, Pflanze, Gras
– **au(x)-chat(s)**   Katzenminze; Name auch für Baldrian, ↑ *valériane*
– **aux anges**   Angelika, ↑ *angélique*
– **aux épices**   Schwarzkümmel, ↑ *nigelle*
– **de la Saint-Jean**   Beifuß, ↑ *armoise*

herbes   (Gewürz-, Küchen-)Kräuter
– **à tortue**   Kräutergemisch aus Basilikum, Bohnenkraut, Kerbel, Fenchel und Majoran
– **marines**   Wasserpflanzen, Algen usw.
– **potagères**   Suppengrün, Gartenkräuter
– **vivaces**   Kräuter, deren unterirdischer Teil überwintert
 fines –   Feingeh. grüne Kräuter, ↑ *fines herbes*

Herd   *cuisinière* [küjisīnjär] f; *fourneau* [furno] m

Hering   *hareng* [ärā] m

hérisson   Igel; Handelsname versch. Stachelschnecken aus dem Meer, ↑ *rocher*
– **de mer**   Seeigel, ↑ *oursin*

Hermitage   Der wohl beste Weinberg der ↑ *Côtes-du-Rhône*, samten füllige rote (TR gegen 10 Jahre, TT 14–16°) und aromatisch trockene weiße (TR 5–10 Jahre, TT 9–11°) Weine (nördl. Côtes-du-Rhône); ↑ a. *Crozes-Hermitage*

herve Rotschmier-Weichkäse aus entrahmter Kuhmilch, kräftig und pikant, Fettgeh. 45 %, gute Zeit Juli–Nov. (Lüttich/Belgien)

Herzogin-Kartoffeln *pommes (de terre) duchesse* [pomm (dötär) düschäß] pl

heure Stunde
– **de repas** Essens-, Tischzeit

Himbeer(e) *framboise* [frāboạs] f
-geist *(eau-de-vie de) framboise* [(odwi dö) frāboạs] f

Hitze *chaleur* [schalör] f

hochepot, hutsepot Der ↑ *pot-au-feu* Flanderns, gutbürgerlicher, fetter Eintopf mit Schweine-, Rind-, Hammelfleisch, a. nur Ochsenschwanz und Gemüsen

Hochrippe, Hohe Rippe *basses-côtes* [baßkōt] pl, *entre-côte* [ātrökōt] f

hollandaise, (sauce) Holländische Sauce, schaumig gehaltvolle Emulsion aus geschlagenem Eigelb und zerlassener Butter, mit Zitronensaft gewürzt

Hollande, (fromage de) Holländer Käse aus Kuhmilch mit roter Rinde in kugeliger *(Edam)* oder zylindrischer *(Gouda)* Form

Holz *bois* [boạ] m
-kohle *charbon de bois* [scharbō dö boạ] m

homard Hummer, das größte, begehrteste Meereskrebstier, festes, aromatisches Fleisch, weiblich schmackhafter als männlich, in Frankreich am besten aus der Bretagne, heute aber a. oft importiert, darunter am besten aus Irland
– **à l'américaine** (Fälschlich oft *armoricaine* genannt), ↑ *américaine*
– **de Norvège** Name manchmal a. für Kaisergranat, ↑ *langoustine*
– **(à la) Newburg** In Sahne sautierte Hummerwürfel, a. mit Sherry, Cognac usw. abgelöscht
– **poché (vivant)** Frisch gekochter Hummer
– **thermidor** Hummerstücke in der Schale an ↑ *sauce Bercy*, mit Käse überbacken

hongroise, (à la) Mit Paprika

Honig *miel* [mjäl] m
-kuchen *pain d'épices* [pā dēpiß] m

Hörnchen *croissant* [kroạßā] m

hors-d'œuvre (variés) „Beiwerk", kl. Vorspeisen, kalt, *froids*, vor, warm, *chauds*, nach der Suppe

hostellerie, hôtellerie Kleines, meist elegantes Hotel, oft mit (gutem) Restaurant

hot dog Urspr. amerikanisch: heißes Würstchen mit Senf (und Ketchup) in länglichem Brötchen

hôte Gast, Eingeladener; Gastgeber, Hausherr, Wirt
  table d'– Wirts-, Hoteltafel; Stammtisch

hotpot Fetter Eintopf, ↑ *hochepot*

houblon Hopfen
  jet de – Hopfensprossen, spargelähnliches Gemüse

houx Stechpalme; Stechpalmengeist mit Heuduft, rar und kostbar, TT 6–8°

Huhn *poule* [pul] f
  Suppen ○ *poule au pot* [pulopo] f

Hühnchen *poulet* [pulä] m

huile Öl, flüssiges Fett; Speiseöl
– **à friture** Fritierfett, -öl
– **d'arachide** Erdnußöl, geschmacksneutral
– **de morue** Lebertran
– **de noix** Nußöl, feines Salatöl
– **de pépins de raisins** Raffiniertes Traubenkernöl, gut zum Marinieren
– **de raisins** Traubenkernöl, zu frischen Salaten
– **de tournesol** Sonnenblumenöl, zum Kochen und für Salate
– **d'œillette** Mohnöl, ↑ *pavot d'œillette*
– **d'olive** Olivenöl, ausgezeichnetes Öl zum Kochen und für Salate
– **-extra (vierge)** Kaltgepreßtes Olivenöl aus erster Pressung, weniger als 1 % Säure, fruchtig mild
– **-demi-fine, courante** Kaltgepreßtes Olivenöl aus zweiter Pressung, bis 3 % Säure, guter Geschmack
– **-pure** Raffiniertes Olivenöl, schwaches Olivenaroma
– **-raffinée** Raffiniertes Olivenöl aus Rückständen der ersten Pressung, geschmacksneutral
– **-vierge (fine)** „Jungfernöl", kaltgepreßtes Olivenöl aus zweiter Pressung, 1–1,5 % Säure, weniger mild
– **végétale** Öl aus mehreren Ölfrüchten
  à l'– Als Salat

huître Auster, die köstlichste Eßmuschel von natürlichem Meergeschmack, die der Feinschmecker nicht schlürft, sondern zerkaut, heute generell das ganze Jahr genießbar, am besten frisch, möglichst ohne Zitronensaft und ungewürzt, aber auch überbrüht oder überbacken; im Sommer sind die kleineren vorzuziehen (Nordsee, Atlantik, Mittelmeer)
– **creuse** Rauhschalige, tiefe Felsenauster, kräftig, nicht ganz so fein wie die ↑ *huître plate*, aber heute meist

ihren Preis wert, ↑ *Marennes-Oléron*. Handelsgewichte: *très grosse (TG)* 100 g und mehr; *grosse (G) 80–99 g; moyenne (M) 50–79 g; petite (P)* weniger als 50 g

- **-claire**   Einfache Zuchtauster aus dem Klärbecken *(claire)*
- **-fine de claire**   Zuchtauster von der frz. Atlantikküste nach mehreren Wochen im Klärbecken, würziger Tang-Jod-Geschmack
- **-gigas, japonaise**   Kleine jodhaltige, ausgezeichnete Auster japanischen Ursprungs
- **-portugaise**   Portugiesische Auster, nicht zu fettes, grünliches Fleisch von kräftigem Geschmack, heute meist durch die ↑ *gigas* ersetzt
- **-spéciale de claire**   Feine Zuchtauster nach mehreren Monaten im Klärbecken, die beste *creuse*, würzig jodhaltig
- **cultivé**   Zuchtauster
- **plate**   Flache Auster, fein und mild meersalz- und jodhaltig, Handelsname *Belon*, aber oft nach ihrer Herkunft benannt: *Arcachon, Auray, Belon* (vor einigen Jahren von einer Parasitenseuche befallen, darum in Qualität nicht mehr immer dem Preis entsprechend), *Bouzigues, Cancale, Carnac, Courseulles, Dives, Marennes, Paimpol, Quiberon, Roscoff*. Handelsgewichte: *6*, 20 g; *5*, 30 g; *4, 1/0* 40 g; *3, 2/0* 50 g; *2, 3/0* 60 g; *1, 4/0* 70 g; *0, 5/0* 80 g; *00, 6/0* 90–99 g; *000, 7/0, pieds de cheval* 100–120 g; *0000* 150 g

Hülsenfrüchte   *légumes secs* [legüm ßäck] pl

Humagne   Apart trockener Weißwein, TT 9–11°; a. angenehm milder Rotwein, TT 12–14° (Wallis/Schweiz)

Hummer   *homard* [omār] m

hure   Preßsack, Kopf(sülze) von Schwein, Wildschwein, a. Hecht oder Salm

hydne (sinué)   Semmelpilz, ↑ *pied-de-mouton*

hydrom(i)el   Art Met, alkoholisches Getränk aus in Wasser fermentiertem Honig; in der Bretagne als *chouchenn* angeboten

hypermarché   Supermarkt mit mehr als 2500 m^2 Ladenfläche und Selbstbedienung

hypocras, hippocras   Gewürzwein

hysope   Ysop, Isop, Gewürzstrauch, junge Triebspitzen, besser frisch als getr., intensiv harzig-herb und minzig erfrischend, als Würze verwendbar (Südeuropa, Vorderasien)

icaque Ikako-Pflaume, Goldpflaume, exotische Frucht mit weißem, herbsüßem Fleisch und eßbarem Kern, zum roh Essen, für Kompott und zum Einmachen

ICHA Westschweiz: Warenumsatzsteuer

Île-de-France Hist. Landschaft im Pariser Becken, Kern und Keim des frz. Staats, ↑ S. 42 ff.

île flottante, œufs à la neige „Schwimmende Insel", leichte Süßspeise aus gezuckerten Eischneeballen inmitten einer Vanillecreme oder ↑ *crème anglaise*, oft mit Karamel überzogen

imbrucciata Käsegebäck mit ↑ *broccio* (Korsika)

impératrice, (à l') Klare Geflügelkraftbrühe mit Hahnenkämmen und -nierchen, Kerbelblättern und Spargelspitzen, ↑ a. *consommé impériale*; mit Geflügelrahmsauce; kalter, gelierter und gestürzter Milchreispudding mit (kandierten) Früchten

impériale Hühnerkraftbrühe, ↑ *consommé impérial*; gr. Flasche für 6 l oder 8 normale Flaschen Bordeaux-, a. Branntwein

infusion Aufguß, (Gesundheits-, Kräuter-)Tee

ingrédient Bestandteil, Zutat

Innereien *abats* [aba] pl; Kutteln: *tripes* [trīp] pl

intestins Eingeweide, Gedärme

Irouléguy Die einzige ↑ *appellation* des Baskenlands, geschmeidige, empfehlenswerte Rosés (TT 10°), daneben einfache, trockene, aber ausgeglichene Weiß- und Rotweine (TT 10°), alle jung zu trinken (Pyrénées-Atlantiques)

isard Die Gemse der Pyrenäen, ↑ *chamois*

italienne, (à l') Mit Makkaroni, anderen Teigwaren oder sonst typisch ital. Zutaten; mit Artischockenvierteln; in ↑ *Duxelles*-Sauce mit Schinkenwürfeln und geh. feinen Kräutern

Izarra Starker Likör aus vielen in altem Armagnac mazerierten Früchten, Pflanzen und Kräutern der Pyrenäen mit Akazienhonig, grün, *vert*: alkoholisch kräftig, gelb, *jaune*: mild süß, TT 8–10° (Bayonne, Baskenland)

Jakobsmuschel *coquille Saint-Jacques* [kokij ßãschãk] f

jalousie Kl. rechteckiges Blätterteiggebäck, mit Mandel-Vanille-Creme, a. Apfelkompott oder (Aprikosen-)Marmelade gefüllt

jambe Bein, Unterschenkel; Fleischerei: Hinterbein, ↑ *gîte (de derrière), jambonneau, jarret*

jambon Schinken, Hinterkeule, Schlegel, Stotzen vom Schwein
- **à l'os, d'York** Trocken gepökelter, mildgeräucherter Beinschinken, zart
- **aux œufs** Schinken mit Spiegeleiern
- **blanc, glacé, de Paris** Entbeinter, leicht gesalzener, nicht oder nur schwach gek. Schinken, fein mild
- **braisé, cuit** Gek. Schinken ohne Bein
- **cru, d'Auvergne** Rohschinken
- **de Bayonne** Mild ger. roher Knochenschinken, würzig süßlich-nussig (Baskenland)
- **de Corse** Einer der besten Schinken Frankreichs, leicht pfeffrig (Korsika)
- **de Toulouse** Ges., getr. Rohschinken (Pyrenäen)
- **des Ardennes** Knochenloser, ges. und mit Wacholder ger. Schinken, herzhaft aromatisch (Belgien, Nordwestfrankreich, Luxemburg)
- **des Grisons** Bündner Fleisch, ↑ *viande des Grisons*
- **de volaille** Entbeinter, gef., in Madeira gek. Geflügelschenkel
- **droz, fumé** Räucherschinken
- **du Morvan** Luftgetr. Gebirgsschinken (Nivernais/Burgund)
- **persillé** Gek. Schinken in Petersilienaspik
- **saumoné** Lachsschinken aus mild gepökelten, kurz ger. Kotelettstücken

jambonneau Hachse, Eisbein, Stelze, Wädli vom Schwein; gef. Geflügelschenkel; *pinne (marine)* Steckmuschel, größtes europäisches Meeresweichtier, nicht jedermanns Geschmack (haupts. Mittelmeer)

japonais Makrone aus gemahlenen Haselnüssen, auch Mandeln

jardin Garten

jardinière In kl. Stücke geschnittenes, einzeln gek. frisches Gemüse als Beilage

jarret Hachse, Schenkel, Schlegel, Stelze von Schlachtvieh (Lamm: *manche de gigot*; Rind: *gîte*)

jaune Gelb
- **d'œuf** Eigelb
  vin – Sorte Weißwein, ↑ *vin jaune*

jaunette Midi: Pfifferling, ↑ *chanterelle*

jéroboam Gr. Flasche für 4 normale Flaschen Champagner, auch 4,5 l oder 6 Flaschen Bordeauxwein

Jessica Garnitur aus mit Rindermarkwürfeln gefüllten kl. Artischocken, kurzgebr. Morcheln und Annakartoffeln

jésu(s), saucisse de Morteau   Gr. Wurst aus reinem, grobgeh. Schweine-, a. Rindfleisch, kräftig würzig (Franche-Comté, Elsaß, Westschweiz); ↑ a. *Morteau*

jet   Schößling, Sproß, Trieb

Joghurt   *yaourt* [ja'ur] m

Johannisbeere   *groseille* [grosej] f
 rote –   *groseille rouge* [grosej rüsch] f
 schwarze –   *cassis* [kaßiß] m

Johannisberg, (Gros) Rhin   Eleganter, zartblumig harmonischer Weißwein aus der ↑ *Sylvaner*-Traube, weich und doch rassig, TR 2–3, bei guter Qualität auch mehr Jahre, TT 8–10° (Wallis/Schweiz)

Joinville   Garnitur (zu Fisch) aus Garnelenschwänzen, Champignons und Trüffeln; mit Garnelen- und/oder Krebspüree, Austernwasser, Champignonessenz usw. angereicherte Fischrahmsauce; Himbeermarmelade zwischen Blätterteigecken

jonché(e)   Unges. Frischkäse aus Kuh- (Bretagne, Charentes), Schaf- (Béarn, Baskenland) oder Ziegenmilch (Charentes, Poitou), cremig und mild, Fettgeh. 45 %, gute Zeit Juli–Nov., kann pur oder gezuckert gegessen werden

joutte   Mangold, ↑ *bette*

Judic, (à la)   Mit ged. Kopfsalat, gef. Tomaten, Schloßkartoffeln, a. mit Hahnenkämmen, -nierchen, Trüffelscheiben oder Fischklößchen

judru   Dicke, kurze Trockenwurst aus Schweinefleisch, das mit Muskatnuß, Pistazien usw. in Tresterschnaps eingelegt wurde (Burgund)

Juliénas   Markant kerniger, aromatischer ↑ *Beaujolais*, TR 2–5, bei guter Qualität a. mehr Jahre, TT 9–11° (Burgund)

julienne   In feine Streifen geschnittene Zutaten (Gemüse, Pilze, Zitrusschalen, a. Fleisch, Geflügel usw.); außerdem Name a. des Lengs aus dem Nordatlantik, ↑ *lingue*

jumeau   Schulterspitze, falsches Filet des Rinds

jung   *jeune* [schön]

Jura   Gebirgszug zwischen Frankreich und der Schweiz, frz. Teil ↑ Franche-Comté S. 39 ff.; Westschweiz: Name für außerhalb Fribourgs hergestellten ↑ *gruyère*

Jura, Côtes-du-   Kl. Rebgebiet nordwestlich vom Genfer See mit unterschiedlichen, aber beachtenswerten Weinen, a. Schaumweinen und Spezialitäten wie dem ↑ *vin jaune* und dem ↑ *vin de paille*; ↑ a. *macvin*

Jurançon Origineller, verhalten duftig-lieblicher (*moelleux*, TR 5–15 Jahre) oder a. rassig trockener (*sec*, TR 2–5 Jahre) Weißwein, TT 7–9° (Pyrénées-Atlantiques)

jus Saft; entfetteter, gelierter Braten-, Fleisch-, a. Gemüsesaft; Fruchtsaft
  au – Im Braten-, Fleischsaft

Kabeljau *cabillaud* [kabijo] m; *morue fraîche* [morü fräsch] f

Kaefferkopf Leichter, beschwingter Weißwein aus der Gegend um Ammerschwihr, TT 10° (Elsaß)

Kaffee *café* [kafē] m
-bohne *grain de café* [grã dö kafē] m
-filter *filtre à café* [filtr akafē] m
-kanne *verseuse* [wärßös] f
-löffel *cuiller à café* [küjjär akafē] f
-maschine *cafetière* [kaftjär] f
-mühle *moulin à café* [mulã akafē] m
-pulver *café en poudre* [kafē ã pūdr] m
-rahm *crème (pour le café)* [kräm (pur lö kafē)] f
-tasse *tasse à café* [taß akafē] f
– mit Milch *café au lait* [kafē o lä] m
– mit Sahne/Rahm *café crème* [kafē kräm] m
  gemahlener – *café moulu* [kafē mulü] m
  gerösteter – *café torréfié* [kafē torrefjē] m
  koffeinfreier – *café déca(féiné)* [kafē deka(fe'inē)], m
  Milch ○ *café au lait* [kafē o lä] m
  schwarzer – *café noir* [kafē noar], m
  ungemahlener – *café en grains* [kafē ã grã] m
  ungerösteter – *café vert* [kafē wär] m

Kaisergranat *langoustine* [lagußtĩn] f

Kakao *cacao* [kakao] m; Getränk auch: *chocolat* [schokola] m

kaki, figue caque, plaquemine Kaki, Dattelpflaume, tomatenähnliche exotische Frucht, zartsüßes Fleisch, kann ausgelöffelt, in Scheiben geschnitten oder a. getr. gegessen werden, am besten leicht überreif

Kalb *veau* [wo] m
  Fleischteile
  Bauch, Wammerl *flanchet* [flãschä] m
  Brust *tendron* [tãdrõ] m
  Brustspitze *poitrine* [poatrĩn] f
  Bug, Blatt, Schulter *épaule* [epol] f
  Hachse, Bein, Stelze, Schenkel *jarret* [scharä] m
  Hals, Nacken, Stich *collier* [koljē] m
  Kamm, Kotelettstück, Rücken, Karree *côtes* [kōt] pl

Keule, Schlegel, Stotzen *cuisseau* [küjßo] m
Nierstück *longe de veau* [lõsch de wo] f

Fleischstücke
Braten *veau rôti* [woroti] m
Bries, Milch, Milke *ris de veau* [ri dö wo] m
Filet *filet de veau* [filä dö wo] m
Frikandeau *fricandeau* [frikãdo] m
Frikassee *fricassée* [frikaßē] f
Füße *pieds de veau* [pjē dö wo] pl
Gekröse *fraise de veau* [fräs dö wo] f
Geschnetzeltes *émincé de veau* [emãßē dö wo] m
Herz *cœur de veau* [kör dö wo] m
Karree *carré de veau* [karē dö wo] m
Keulen-, Schwanzstück *quasi* [kasi] m
Kotelett *côte de veau* [kõt dö wo] f
Kopf *tête de veau* [tät dö wo] f
Kugel, Nuß, Rose *noix de veau* [noa dö wo] f
Leber *foie de veau* [foa dö wo] f
Lende, Lungenbraten *filet* [filä] m
Lendenschnittchen *filet mignon* [filä mĩnjõ] m
Lunge, Beuschel *mou de veau* [mu dö wo] m
Nieren *rognons de veau* [ronjõ dö wo] pl
Nierenbraten *longe de veau* [lõsch dö wo] f
Nüßchen, Medaillon *noisette de veau* [noasätt dö wo] f
Ragout, Voressen *sauté de veau* [ßotē dö wo] m
Rücken, Sattel *selle de veau* [ßäll dö wo] f
Schnitzel, Plätzli *escalope de veau* [eskalopp dö wo] f
Steak *steak de veau* [ßtäck dö wo] m
Zunge *langue de veau* [läg dö wo] f

kalerci, kalereï Preßsack, Schweinesülzwurst (Elsaß, Lothringen)

Kalmar *calmar* [kalmar] m; *supion* [ßüpjõ] m; ↑ a. Tintenfisch

Kalorie *calorie* [kalorī] f
◯ n|arm *à basses calories* [a baß kalorī]

kalt *froid* [froa] m; *froide* [froad] f

Kamille(n) *camomille* [kamomīj] f
-tee *infusion de camomilles* [ãfüsjõ dö kamomīj] f

Kaninchen *lapin* [lapã] m

Kanne *pot* [po] m, *pichet* [pischä] m; groß: *bidon* [bidõ] m

Kaper *câpre* [kāpr] f

Karaffe *carafe* [karaf] f; klein: *carafon* [karafõ] m

Karamelcreme *crème caramel* [kräm karamäl] f

Karde *cardon* [kardõ] m

Karfiol *chou-fleur* [schuflör] m

kari Curry, ↑ *cari*

Karotte   *carotte* [karott] f

Karpfen   *carpe* [karp] f

Karree   *carré* [karé] m

Kartoffel   *pomme de terre* [pommdötār] f, ugs.: *pomme* [pomm] f

-brei, -mus   *purée de pommes de terre* [pürē dö pommdötār] f

-salat   *pommes de terre à l'huile* [pommdötār alüil] pl
   Brat̲o̲n   *pommes de terre sautées* [pommdötār ßotē] pl
   Pell̲o̲n   *pommes de terre en robe de chambre* [pommdötār ã rob dö schābr] pl
   Salz̲o̲n   *pommes de terre à l'anglaise* [pommdötār a lāgläs] pl

Käse   *fromage* [fromāsch] m

-kuchen   Mit echtem Käse: *gâteau au fromage* [gato o fromāsch] m; mit Quark: *gâteau au fromage frais* [gato o fromāsch frä] m

-platte, -teller   *plateau de fromages* [plato dö fromāsch] m

kas(c)her   Koscher, nach rituellem jüdischem Speisegesctz

Käsknepfle   Käseknödel (Elsaß)

Kasse   *caisse* [käß] f

Kassiererin   *caissière* [käßjār] f

Kastanie   *châtaigne* [schatānj] f, *marron* [marō] m

Katfisch   *loup atlantique* [lu atlātĭk] m

Kaufhaus   *grand magasin* [grā magasā] m

Kaviar   *caviar* [kawjār] m

Kefe   *mange-tout* [māschtu] m

kéfir, kéfyr, képhir   Kefir, cremiges Sauermilchprodukt

kefta, keftedes   Gut gewürztes, feines Hackfleisch von Schaf oder Rind (Nordafrika, Vorderer Orient)

Keks   *biscuit* [biskǚi] m

Keller   *cave* [kāw] f

-meister   *maître de chai* [mätr dö schä] m

képhir   Kefir, ↑ *kéfir*

Kerbel   *cerfeuil* [ßärföj] m

Kernobst   *fruits à pépin* [frǚi a pepā̃] pl

ketmie   Okra, ↑ *gombo*

Keule   *cuisse* [kǚiß] f; Kalb: *cuisseau* [kǚißo] m; Schaf, Hammel: *gigot* [schigo] m; Rind: *gîte* [schĭt] f; Wild: *cuissot* [kǚißo] m

Kichererbse   *pois chiche* [po̲aschĭsch] m

kiek   Flandern: junges Masthuhn, ↑ *poularde*

Kinderbrei   *bouillie* [bujĩ] f

Kipfe(r)l   *croissant* [kro̯aßã] m

kipper   Frischer, aufgeschnittener Hering, kurz vorge-
salzen und kalt geräuchert

kir   Erfrischender Aperitif aus einem Teil ↑ *cassis*-, heute
auch ↑ *framboise*- oder ↑ *mûres*-Likör und 7 Teilen trockenem weißem (Burgunder-)Wein, urspr. ↑ *aligoté*
– royal   ↑ *kir* mit Champagner statt Weißwein

kirsch   Kirschwasser, herzhaft fruchtig, je älter, desto
besser, TT 12–14° (Elsaß, Lothringen und übriges Ostfrankreich, Schweiz)

Kirsche   *cerise* [ßrĩs] f

Kirschwasser   *kirsch* [kĩrsch] m

kiwi   Kiwi, saftige, angenehm süß-säuerliche exotische
Frucht, mit dem Löffel oder in Scheiben zu essen, a. als
Kompott, für Obstsalate, Süßspeisen usw. (Neuseeland,
Frankreich, Italien)

Klaffmuschel   *mye* [mi] f

klar   *clair* [klär]
–e Suppe   *consommé* [kõßommē] m

Kleingeld   *monnaie* [monnä] f

Klevner   Weißburgunderrebe, ↑ *pinot blanc*; aromati-
scher, ausgewogener, zu Unrecht nicht wie die anderen
Elsässer bekannter Wein daraus, TR 2–5 Jahre, TT 7–9°
(Elsaß)

Kloß   *boulette* [bulätt] f

Klößchen   *quenelle* [könäl] f

knack   Kleine dicke Knackwurst

Knäckebrot   *pain croustillant* [pã krustijã] m

knepfle, knèpfle   Mehlspätzle, -knöpfli, a. Kartoffel-,
Leber- oder Markknödel für Suppen (Elsaß)

Knipperlé   Einfacher, säurebetonter Weißwein aus der
Räuschlingtraube (Elsaß)

Knoblauch   *ail* [ãj] m; Plural: *aulx* [o] pl
-presse   *presse-ail* [präßãj] m
-zehe   *gousse d'ail* [gußdãj] f

Knochen   *os* [oß] m

knoepf(le)   Mehlspätzle, ↑ *knepfle*

Knollensellerie   *céleri-rave* [ßälri räw] m

Knurrhahn   *grondin* [grõdã] m

Koch *cuisinier* [küisinjē] m; *chef* [schäff] m
-buch *livre de cuisine* [līwr dö küisīn] m

koeckbotteram, kokeboterom Kl. süßes Milch-, Butter- und Rosinen-, a. Traubenbrot (Dünkirchen/Nord)

koffeinfrei *décaféiné* [dekafe|inē]; ugs.: *déca* [deka]

Kohl(kopf) *chou* [schu] m
-rabi *chou-rave* [schurāw] m
-rübe *chou-navet* [schunawä] m

Kohlensäure Getränke: *gaz* [gās] m
○**-haltig** *gazeux* [gāsö] m; *gazeuse* [gāsös] f

kokeboterom Milchbrot, ↑ *koeckbotteram*

Kokosnuß *noix de coco* [noa dö koko] f

Kompott *compote* [kõpott] f

Konditorei *confiserie* [kõfisrī] f

Konfekt *confiserie* [kõfisrī] f; *sucreries* [ßükrörī] pl

Konserve *conserve* [kõßärw] f

Kopf *tête* [tät] f
-salat *laitue (pommée)* [lätü (pommē)] f

Koriander *coriandre* [korjādr] f

Korken *bouchon* [buschõ] m
-zieher *tire-bouchon* [tīrbuschõn] m

Korkgeschmack *goût de bouchon* [gudbuschõ] m

Korn *céréales* [ßērēal] pl
-branntwein *alcool de grains* [alkoll dö grã] m

Korsika *(la) Corse* [(la) korß] f, ↑ S. 34 ff.

Kotelett *côte* [kōt] f, *côtelette* [kōtlätt] f

kougelho(p)f, kouglof, kugelhopf Gugelhupf, luftiger Hefeapfkuchen mit Rosinen (die Elsässer essen ihn gern mit einer Tasse Milchkaffee oder einem Glas Riesling) (Elsaß, Lothringen)

kouing-aman Großer Butterkuchen aus Hefeteig mit karamelisiertem Zucker, lauwarm gegessen (Bretagne)

koulibiac, coulibiac Teigpastete russ. Ursprungs, gef. mit harten Eiern, gek. Fisch (Lachs), a. Fleisch, Gemüsen, Reis usw., warm oder kalt

Krabbe Garnele, Granat: *crevette grise* [kröwätt grīs] f; Strandkrabbe: *crabe vert* [krab wär] m

Kraftbrühe *consommé* [kõßommē] m

Krake *pieuvre* [pjöwr] f

Kraut *chou* [schu] m
-stiel *côte de blette* [kōt dö blätt] f

Kräuter   *(fines) herbes* [(fĩns)ärb] pl
-butter   *beurre aux fines herbes* [bör o fĩnsärb] m
-tee   *infusion* [äfüsjõ] f; medizinisch: *tisane* [tisann] f

Krebs   *écrevisse* [ekröwiß] f

Kresse   *cresson* [kräßõ] m

kriek-lambic   Mit Kirschsaft versetztes ↑ *Lambic*-Bier,
↑ *gueuse*

Krustentiere   *crustacés* [krüßtaßē] pl

kub   (Suppen-)Würfel

Kuchen   *gâteau* [gato] m, *tarte* [tart] f
-teig   *pâte à gâteau* [patagato] f

Kugelhopf   Gugelhupf, ↑ *kougelhof*

Kuh(fleisch)   *vache* [wasch] f; a. Rind, *bœuf* [böff] m;
Fleischteile, -stücke ↑ Rind

kühl   *frais, fraîche* [frä, fräsch] m, f
○-fach   *compartiment frigorifique* [kõpartimã frigorifīk] m

Kümmel   *cumin* [kümã] m

kumquat   Kumquat, Zwergorange, Fruchtfleisch zart
bitter und säuerlich, Schale pikant süßlich, wird mit der
Schale roh gegessen, a. in Alkohol eingelegt oder in Sirup
gekocht

Kürbis   *courge* [kürsch] f

Kutteln   *tripes* [trĩp] pl

label   Marke, Garantie-, Warenzeichen

labre   Lippfisch, barschartiger Meerfisch, grobes, süßliches, nicht bes. schmackhaftes Fleisch, meist in Fischsuppen

Lachs   *saumon* [ßomõ] m
  geräucherter –   *saumon fumé* [ßomõ fümē] m

La Côte   Rebgelände am Genfer See, ↑ *Côte, La*

lactaire (délicieux)   (Edel-)Reizker, Milchling, milder,
leicht bitterlicher Speisepilz, gut zum Braten, in Omeletts,
als Salat und zum Einlegen, nicht roh eßbar, gute Zeit
Aug.–Okt.

lacustre   Aus Landseen

Laden   *magasin* [magasã] m; *boutique* [butĩk] f

Lafite-Rothschild, Château   Der vollkommene Bordeauxwein, das „Meisterstück des ↑ *Haut-Médoc*",
rundum ausgeglichen, von geradezu weiblicher Eleganz,
TR 8–15 und viel mehr Jahre, TT 17–19° (Pauillac/Bor-
deaux)

laguiole [laïol] Halbhartkäse AO aus roher Kuhmilch, säuerlich frisch, Fettgeh. 45 %, ganzjährig, aber gute Zeit Jan.–Apr. (Aquitanien, Rouergue/Languedoc)

laineux Schwimmkrabbe, ↑ *étrille*

lait (Kuh-)Milch
- **aigre** Sauermilch
- **battu, de beurre, babeurre** Buttermilch
- **caillé** Dick-, Sauermilch; Joghurt; mit Perlgraupen usw. und Farinzucker gek. Milch mit Melasse, Honig oder Dörrobst (Nordfrankreich)
- **concentré, condensé, en boîte** Büchsen-, Dosen-, Kondensmilch
- **cru, bourru** Rohe, nicht pasteurisierte Vollmilch
- **d'amande** Kalte Süßspeise, Mandel-Milch-Gelee, ↑ *blanc-manger*
- **de poule** Stärkendes Getränk aus geschlagenem, gezuckertem Eigelb mit Milch, auch Rum oder Weinbrand, warm oder kalt
- **écrémé, maigre** Magermilch
- **en poudre, sec** Milchpulver, Trockenmilch
- **entier** Vollmilch
- **partiellement écrémé** Teilentrahmte Milch, Milch-Drink
- **spécial** Vorzugsmilch
- **stérilisé, uperisé** UHT-Milch

laitance Milch, weiße Samenflüssigkeit männlicher Fische, für die Küche meist von Hering, Karpfen, Makrele

laiterie Molkerei, Milchladen (auch für Butter, Käse usw.)

laitier Industriell hergestelltes Milchprodukt, z. B. Käse; ↑ a. *fermier*

laiton Junges, noch nicht entstilltes Haustier, insbes. Lamm; ↑ a. *agneau blanc*

laitue (cultivée) Gartensalat, Lattich, Blattgemüse
- **batavia** Batavia-, Sommersalat, Kopfsalatsorte mit krausen, knackigen Blättern
- **braisée** Geschmortes Kopfsalatherz
- **iceberg** Eisbergsalat, krause, hellgelbe Blätter, Kopf in Vierteln oder Streifen in Marinade oder an Salatsauce anzumachen
- **pommée, beurre** Grüner Salat, Kopf-, Häuptelsalat, meist roh als Salat, in Frankreich oft auch ged. oder gek. als Schnellgemüse
- **romaine, chicon** Römischer Salat, Bindesalat, Sommerendivie, lange feste Blätter, kräftiger, herber als der Kopfsalat, für Salat oder als Schnellgemüse

Lalande-de-Pomerol   Kräftiger, samtiger Rotwein aus der Gegend von Libourne, dem ↑ *Pomerol* recht ähnlich, aber nicht ganz so fein, TR 2–8 Jahre, TT 16–18° (Bordeaux)

lambic, lambick   Starkes Bier aus Malz und rohem Weizen (Belgien)

Lamm   *agneau* [anjo] m

Fleischteile

Bauch, Flanke   *haut de côtelettes* [o dö kotlätt] m
Brust   *poitrine* [poatrīn] f
Hals   *collet* [kollä] m
Keule, Schlegel   *gigot* [schigo] m
Kotelettstück   *carré de côtes* [karē dö kōt] m
Nierstück   *filet* [filä] m
Rücken, Karree   *carré de côtes* [karē dö kōt] m; *filet* [filä] m
Schulter, Bug   *épaule* [epōl] f

Fleischstücke

Filet   *filet d'agneau* [filä danjo] m
Hirn   *cervelle d'agneau* [ßärwäl danjo] f
Keule, Schlegel   *gigot* [schigo] m
Keule und halber Rücken   *quartier d'agneau* [kartjē danjo] m
Kotelett   *côtelette d'agneau* [kotlätt danjo] f, *chop* [tschopp] m
Leber   *foie d'agneau* [foa danjo] m
Niere   *rognon d'agneau* [ronjõ danjo] m
Rücken   *carré d'agneau* [karē danjo] m
– mit beiden Keulen   *baron d'agneau* [barõ danjo] m
Steak   *steak d'agneau* [stäck danjo] m
Zunge   *langue d'agneau* [lãg danjo] f

la mothe bougon   Käse aus dem Poitou, gute Zeit Mai–Nov.

la mothe-héraye   Käse aus dem Poitou, gute Zeit Mai–Nov.

lamproie   Neunauge, Bricke, dem Aal ähnlicher Fluß- und Meerfisch, von Feinschmeckern wegen seines fetten, aber zarten Fleisches mehr als jener geschätzt; Zubereitung wie Aal, ↑ *anguille*; Flußexemplare auch einges., ger., mariniert erhältlich (in Frankreich vorwiegend Gironde)

landaise, (à la)   Mit Bayonne-Schinken, Gänsefett und Steinpilzen

Landwein   *vin de pays* [wã dö pä|i] m

langeole   Bratwurst mit Speckschwartenstückchen (Genf/Schweiz)

langouste   Languste, scherenloser Langschwanzkrebs aus dem Meer (bes. Schwanzstück) zart, delikat, wird von vielen Feinschmeckern über den Hummer gestellt, muß frisch (d. h. der Schwanz gekrümmt) sein, am besten aus der Bretagne (*royale*)

langoustine Kaisergranat, Scampo, feiner, weniger der Languste als dem Hummer ähnlicher Tiefseekrebs, festes, angenehmes Fleisch, muß frisch sein

langue Zunge
– **-de-bœuf** Rinderzunge; Ochsenzunge, Borretschgewächs, Blätter wie Spinat verwendbar; Leberreischling, Speisepilz, säuerlicher Geschmack, wird i. a. roh gegessen, gute Zeit Juli–Okt.

Languedoc-Roussillon Wirtschaftsregion in Südfrankreich von den Rhônemündungen bis zur spanischen Grenze, ↑ S. 46 ff.; größtes Rebgelände Frankreichs mit sich ständig verbessernden natursüßen oder kräftig-trockenen Weiß-, a. Schaumweinen sowie angenehm harmonischen Rosé- und Rotweinen; ↑ a. *Côtes-du-Roussillon*

languedocienne Mit Auberginen, Tomaten, Steinpilzen, oft Knoblauch in Olivenöl oder Gänsefett

Languste *langouste* [lāgūst] f

lapereau Junges (Wild-)Kaninchen, weniger als 4 Monate alt, auch junger Hase

lapin Kaninchen, am besten 3–4 Monate alt
– **angevin** Das schmackhafteste Kaninchen, mit rotem Qualitätssiegel
– **de clapier, de chou, domestique** Hauskaninchen
– **de garenne** Wildkaninchen, wegen der Myxomatose seit 1953 rar geworden; a. Kaninchen aus dem Freilaufgehege
– **fermier** Hauskaninchen vom Bauernhof

lard Speck, meist vom Schwein
– **gras, de couverture, fondant, gros- –** Rückenspeck
– **maigre, de poitrine, petit- –, ventrêche** Magerer, durchwachsener Bauchspeck vom Schwein, frisch, ges. oder ger.
  au – Mit Speckwürfeln

lardon Spickspeck in (gebr.) Streifen, Stückchen

lasagne Urspr. ital.: Lasagne, gratinierte Bandnudeln (Korsika)

La Tâche Burgunderwein, ↑ *Tâche, La*

Latour, Château Einer der größten, beständigsten Bordeauxweine, kompakt, kräftig und bukettreich, TR 8–15 und viel mehr Jahre (am besten ab 20), TT 17–19° (Pauillac/Haut-Médoc)

Lattich *laitue* [lätü] f

Lauch   *poireau* [pǫaro] m

laurier   Lorbeer, Gewürzstrauch oder -baum, Blätter frisch oder (weniger gut) getr., herb-würzig, appetitanregend

lauwarm   *tiède* [tjäd]

lavagnon   Pfeffermuschel, ↑ *lavignon*

lavande   Lavendel, aromatische Staudenpflanze, junge Blatttriebe, nur frisch verwendbar, als Würze erfrischend und leicht bitterlich; Lavendeltee, anregend, nervenstärkend

lavaret(te), lavaron   Gr. Schweberenke, Blaufelchen, forellenähnlicher Lachsfisch aus tiefen Gebirgsseen, festes, schmackhaftes Fleisch, Zubereitung ↑ *féra*

Lavaux   Terrassiertes Rebgelände am Genfer See zwischen Lausanne und Vevey, kräftig-harmonische, trokkene, vorwiegend weiße Weine, i. a. jung zu trinken, in Einzelfällen aber a. bis zu 10 und mehr Jahren gut alternd (Waadt/Schweiz).

lavignon, lavagnon   Pfeffermuschel, Meeresweichtier mit sehr schmackhaftem, leicht pfeffrigem Fleisch, roh oder gekocht, gefüllt eßbar (Atlantik, Mittelmeer)

Layon   Weiß- und Roséweine aus dem Loiretal, ↑ *Coteaux-du-Layon*

lebend   *vivant* [wiwã]

Lebensmittel   *aliments* [alimã] pl, *comestibles* [komäßtībl] pl

-geschäft, -laden   *alimentation* [alimãtaßjõ] f, *comestibles* [komäßtībl] pl

Leber   *foie* [fǫa] m

Lebkuchen   *pain d'épices* [pã depīß] m

leer   *vide* [wīd]

léger, légère   Leicht (verdaulich); dünn; schwach

légume(s)   Gemüse, Beilage

leicht   *léger* [leschē] m, *légère* [leschär] f
– verdaulich   *digestible* [dischäßtībl]

Lendenschnitte   Rind: *tournedos* [turnödō] m
-stück   *filet* [filä] m; Kalb: *médaillon* [medaijõ] m; Rind: *bifteck* [biftäck] m

Leng   *lingue* [lãg] f

lentilles   Linsen, Hülsenfrüchte; die frz. sind feiner als die importierten, am besten die *Vertes du Puy*

lépoite (élevée), coulemelle, parasol   Schirmling, Schirmpilz, jung sehr guter Speisepilz, zart-süßlich mit

Waldgeschmack, nur Hut verwenden, nicht roh essen, zum Trocknen geeignet, gute Zeit Juli–Okt.

levain   Treibmittel, Hefe, Germ; Sauerteig

levèche   Liebstöckel, ↑ *livèche*

levraut   Junghase zwischen 2 und 4 Monaten

levroux   Mild-fester Ziegenkäse, nussig, Fettgeh. 45 %, gute Zeit Juli–Nov. (Berry/Loiretal)

levure   Hefe, Germ, Gärpilz
– chimique, en poudre   Backpulver

Lewerknepfle   Leberspätzle, -knöpfli von Kalb oder Schwein (Elsaß)

libre-service   (Laden mit) Selbstbedienung

lie   Weinhefe, Druse; Weinhefeschnaps
sur – (s)   Wein: nach der Gärung vom Faß direkt in die Flasche abgefüllt, frisch, spritzig, leicht prickelnd

liée   Sauce, Suppe: gebunden, legiert

Lieferant   *fournisseur* [furnißör] m

liègeois   Eiskaffee, -schokolade mit Schlagsahne

liègeoise, (à la)   Mit Wacholder (Beeren oder Branntwein)

lieu   Namen   zweier   atlantischer,   schellfischartiger Dorschfische
– jaune, merlan jaune, merluche   Pollack, heller Seelachs, Steinköhler, oft a. als *colin* verkauft, mageres, feines, aber leicht verderbliches Fleisch, gute Zeit Jan.–Apr., Okt.–Dez.; läßt sich braten
– noir, charbonnier, colin, merlan noir   Köhler, Seelachs, etwas trockenes, aber festes, mageres Fleisch, frisch, getr. oder ger. erhältlich, a. als Lachsersatz in Konserven, frisch gute Zeit Jan.–Apr., Okt.–Dez.; läßt sich braten, für Fischsuppen

lièvre   (Feld-)Hase, gute Zeit 3 – 8 Monate alt

Likör   *liqueur* [likör] f

Lillet   Halbtrockener   Aperitif   aus   weißem   Bordeauxwein mit mazerierten Früchten und Chinarinde (Bordelais)

limace, limaçon   Eigtl. schalenlose Schnecke; Südfrankreich: Weinbergschnecke, ↑ *escargot*

limande   Kliesche, Limande, Scharbe, schollenartiger Plattfisch aus dem Nordostatlantik, wohlschmeckend, meist gefroren im Handel
fausse –, – salope, sloop   Flügelbutt, ↑ *cardine*
– -sole   Echte Rotzunge, festes, mageres, aber sehr wohlschmeckendes Fleisch mit leichtem Jodgeschmack,

gute Zeit Nov.–März, läßt sich braten, pochieren, grillieren, gratinieren

lime   [laim] Limette, ↑ *citron vert*

limonade   Limonade
– gazeuse   Brauselimonade

Limousin   Hist. Landschaft am Nordwestrand des Zentralmassivs, ↑ S. 49 f.

limousine, (à la)   Mit in Schweinefett gek. Rotkohlstreifen und Apfelstücken, Kastanien; mit Wurstbrät, Pilzen und Kastanien gef. Geflügel; Omelett mit Bratkartoffeln und Schinkenwürfeln

Limoux (nature)   Weiß- oder Schaumwein, ↑ *Blanquette de Limoux*

Lindenblüte(n)   *tilleul* [tijöl] m
-tee   *infusion de tilleul* [ãfüsjõ dö tijöl] f

lingue   Leng, dorschartiger Meerfisch (Mittelmeer: *petite lingue*, Nordatlantik: *grande lingue, julienne*), weißes, angenehmes Fleisch, gute Zeit Frühling und Herbst, läßt sich braten, ges. und getr. a. als Klippfisch

Linsen   *lentilles* [lãtīj] pl

Lippfisch   *labre* [lābr] m

liqueur   Likör, süße Spirituose; a. allg. Spirituose

liquide   Flüssig

liquoreux, -euse   Likörartig, würzig und süß; ↑ a. *vin liquoreux*

Lirac   Gefällige, gehaltvoll fruchtige rote (TR 3–5 Jahre, TT 11–13°), (wenig) spritzig trockene weiße und, vor allem, duftig anmutige rosé (TR bis 3 Jahre, TT 8–10°) Weine (südl. Côtes-du-Rhône)

lisette   Handelsname der jungen Makrele, frisch besonders delikat; ↑ *maquereau*

lisieux   Weichkäse, kl. ↑ *livarot*

Listel   Sandwein, *vin de sable*, von den mineralreichen Sandböden an der Küste des Golfe du Lion am westlichen Mittelmeer, sehr leicht, aber doch erfrischend und fein (Roussillon-Languedoc)

Listrac   Solider, kernig fruchtiger Rotwein aus dem ↑ *Haut-Médoc*, der gut, bis zu 20 Jahren altert, TT 16–18° (Bordeaux)

litchi   Litschi, pflaumengroße, saftige Tropenfrucht von süßem, delikatem Geschmack, roh oder in Obstsalaten genießbar, als Kompott oder auch zu süßen oder salzigen Speisen usw.

litre Liter
  demi- – Halbliter

littorine Strandschnecke, ↑ *bigorneau*

livarot Weichkäse AO aus Kuhmilch von kräftigem Aroma und mild-frischem Geschmack, Fettgeh. 40–50 %, gute Zeit Juni–März ohne Rinde (Normandie)

livèche, levèche Liebstöckel, Maggikraut, Gewürzpflanze, zarte junge Blätter intensiv würzig mit einem Hauch von Zitrone; Triebe und Wurzeln a. als Gemüse; abgek. Wurzeln verdauungsfördernd und katarrhlindernd

livre Pfund

loche (franche) Bartgrundel, Schmerle, kl. karpfenartiger Süßwasserfisch, ausgezeichnetes Fleisch, gute Zeit Okt.–März; Name a. für die Graue Ackerschnecke, ↑ *escargot*
  – de mer Seequappe, ↑ *motelle*

Loire, Val de Tal der Loire, ↑ Centre-Val de Loire, S. 28 ff., und Pays de Loire, S. 63 ff.; charmant beschwingte, trockene bis halbtrockene Weiß- und Schaumweine, duftige Rosé- und Rotweine

lompe Seehase, ↑ *lump*

longaniza Urspr. spanisch: halbtrockene, halbgeräucherte, mit Anis und Paprika gewürzte fette Wurst

Longchamp Erbsensuppe, ↑ *potage Longchamp*

longe Kalb: Lendenstück; Rind: Nierstück, Roastbeef; Schwein: Rippen-, Rückenstück

longeole Brühwurst aus reinem Schweinefleisch mit Anis, Kümmel, a. Fenchel, und Gemüsen in Schweinefett und -geschlinge (Savoyen, Westschweiz)

longuet Kl. trockenes, gut haltbares Weißbrot

lonzo, lonzu Mit aromatischen Kräutern gepökelte, über Kastanienholzfeuer ger. Wurst aus Rinderfilet, in hauchdünnen Scheiben als Vorspeise serviert (Korsika)

Lorbeer *laurier* [lorjē] m

Lorraine Lothringen, hist. Landschaft in Nordostfrankreich, ↑ S. 51 ff.; Name auch eines gr. Käses in der Art des ↑ *géromé*

lorraine, (á la) Mit in Rotwein geschmortem Rot- oder Sauerkraut und Kartoffelklößen; (Eier) mit Räucherspeck und Käse; ↑ a. *quiche*

lot(t)e (de rivière) Quappe, Rutte, Trüsche, der einzige Süßwasserdorsch, aalartig, zartes, leichtverdauliches weißes Fleisch fast ohne Gräten, läßt sich pochieren, grillieren, für Fischsuppen, wird a. ger.; geb. Leber delikat

– de mer Seeteufel, ↑ *baudroie*

lou Provenzalisch für *le*, der, das

loubine West- und Südwestfrankreich: Wolfsbarsch, ↑ *bar*

louk(a)inka, louquenka Kl. würzige Knoblauchwurst (Korsika)

loup (-de-mer) „Wolf", Name versch. gefräßiger Meerfische wie des Wolfsbarschs, ↑ *bar*, u. a.
– atlantique, du nord Katfisch, Gestreifter Seewolf, Atlantikfisch, festes, feines Fleisch, läßt sich braten, pochieren, grillieren, für Fischsuppen, ger. als Karbonnadenfisch

Loupiac Rassiger, natursüßer Weißwein aus der Nachbarschaft des ↑ *Sauternes*, in guten Jahren diesem ebenbürtig, TR 3–8 Jahre, TT jung 5–7°, älter 8–12° (Bordeaux)

louquenka Knoblauchwurst, ↑ *loukinka*

lourd Schwer(verdaulich)

Löwenzahn pissenlit [pißãlĩ]

Luberon, Lubéron Hügellandschaft bei Avignon; ↑ *Côtes-du-Luberon*

Luins Weißer ↑ *Dorin* von der ↑ *Côte* mit ausgeprägtem Bukett und Feuersteingeschmack (Waadt/Schweiz)

luma(s) Charentes, Midi: kl. feste, würzige Weinbergschnecke, ↑ *escargot*

lump, lompe Seehase, Meerfisch aus dem Nordatlantik, etwas fades, wäßriges Fleisch, aber enthäutet, ger. gut; gibt a. falschen Kaviar

Lunge Fleischerei: *mou* [mu] m

Lutry Größte Weinbaugemeinde des Kantons Waadt mit kräftigen, trockenen Weißweinen (Lavaux/Schweiz)

Luxembourg Luxemburg, Großherzogtum zwischen Frankreich, Belgien und Deutschland; eigenständige Weißweine, kräftig säurebetont (*Elbling*) oder zart aromatisch (↑ *Pinot gris, Rivaner, Traminer*)

lycoperdon Birnenstäubling, Speisepilz, ↑ *vesse-de-loup*

Lyon Zweitgrößte Stadt und kulinarischer Schwerpunkt Frankreichs

Lyonnais Landschaft um die Stadt ↑ Lyon; ↑ *Coteaux-du-Lyonnais*

lyonnaise, (à la) Mit gedünsteten, gehackten Zwiebeln; in ↑ *sauce lyonnaise*

macaron   Makrone, kl. rundes, meist aromatisiertes Mandelgebäck

maccaredda   Kastanienmehlsuppe (Korsika)

macédoine   Warmes oder kaltes Gemisch von kleingewürfeltem Gemüse oder Obst
– **de fruits**   Fruchtsalat

macéré   Mazeriert, in aromatischer Flüssigkeit eingelegt, eingeweicht

mâche, boursette, doucette   Feld-, Acker-, Vogerl-, Nüßlisalat; feiner, winterfester Wildsalat, pikant würzig und leicht herb, rundblättrig am besten, nicht lange haltbar

macis   Muskatblüte, getrockneter Samenmantel der Muskatnuß (↑ *muscade*), als „Blatt" oder gemahlen mildfeiner als diese, zwischen Zimt und Pfeffer

Mâcon, Mâconnais   Rebgebiet westlich der Saône mit einfachen, aber sauberen, ansprechenden roten und rosé (am besten *Mâcon-Villages*, TR 2–4 Jahre, TT 14°) sowie lebhaft fruchtigen weißen (*Mâcon-Supérieur*, TR 1–3 Jahre, TT 6–8°) Weinen, gutes Qualität-Preis-Verhältnis (Südburgund)

macreuse   Dickes Schulter-, Bugstück vom Rind; Name a. verschiedener Wildenten

macvin, mac-vin, maquevin   Likörwein aus konzentriertem Traubenmost und Tresterbrand, als Aperitif oder Dessert

madeleine   Name von Äpfeln, Birnen, Pfirsichen, Pflaumen, die um den Tag der heiligen Maria Magdalene im Juli reifen; kl. weiches Muschelküchlein aus Butter-Eier-Teig, mit Vanille, Zitrone oder Orangenblütenwasser parfümiert (urspr. Lothringen, heute a. anderorts)

Madère   Madeira, span. Dessertwein, *sercial, verdelho* trocken-herb, *boal, bual* halbtrocken, *malmsey* vollmundig süß; ↑ a. *sauce madère*

Madiran   Rustikaler Rotwein mit kräftiger Gerbsäure, der mit dem Alter an Blume und Gehalt gewinnt, TR 4–10 und mehr Jahre, TT 15–16°, gutes Qualität-Preis-Verhältnis (Béarn/Südwestfrankreich)

madrilène, (à la)   Kalte, a. warme Fleisch-, Geflügelkraftbrühe mit Tomatenmark

magasin   Laden, Lager
  grand –   Kauf-, Warenhaus

Magen   *estomac* [äßtoma] m
-bitter   *bitter* [bitär] m
-verstimmung   *indigestion* [ãdischäßtjõ] f

mager   *maigre* [mägr]

○ **milch**   *lait écrémé* [lä ekreme] m

magnum   Gr. Flasche (Wein: 1,5 l, Champagner: 1,6 l, Mineralwasser: 1,5–2 l)

magret, maigret, aiguillette   Brustfilet von Geflügel (i. a. Ente), meist in dünnen Scheiben rosa gebraten

maia, maïa   Seespinne, ↑ *araignée de mer*

maigre   Mager; Speck: durchwachsen; *haut-bar, sciène* Adlerfisch, gr. barschartiger Meerfisch, nicht bes. feines, aber gutes Fleisch (Ostatlantik, Mittelmeer)

maigret   Geflügelbrustfilet, ↑ *magret*

Maintenon, (à la)   Mit Champignonscheiben, Zwiebeln und ↑ *béchamel*, manchmal a. Geflügel-, Trüffel-, Zungenwürfeln

Maipilz   *mousseron* [mußrō] m

maïs   Mais, Kukuruz, Getreidegras

maison, (de la)   Hausspezialität; wenn ehrlich angegeben: selbst, nach einem Rezept des Hauses gemacht

maître   Herr, Meister

– de chai   Kellermeister

– d'hôtel   Dienstchef, Oberkellner in Hotel oder Restaurant

  beurre – –   Kräuterbutter mit Petersilie und Zitronensaft

maja   Atlantikküste: Seespinne, ↑ *araignée de mer*

Majoran   *marjolaine* [marscholän] f

Makrele   *maquereau* [makro] m

Makrone   *macaron* [makarō] m

malakoff   Versch. Gebäck, meist aus Biskuitteig, mit Kaffeecreme und Puderzucker; Franche-Comté, Westschweiz: mit geriebenem ↑ *gruyère* fritierte altbackene Brotschnitte, heiß serviert

malbec   Rebsorte, die geschmeidig weiche Rotweine gibt (Loire, Bordelais usw.)

maltaise, (à la)   Mit Blutorangen(saft); Bombe mit Orangeneis; ↑ a. *sauce maltaise*

Malvoisie   Gehaltvoll eleganter, bukettreicher weißer Dessertwein aus der ↑ *Pinot-gris*-Traube (lieblich: ↑ *Flétry*), TR 3–6 und mehr Jahre, TT 8–10° (Wallis/Schweiz)

mamirolle(s)   Milder, limburgähnlicher Käse aus pasteurisierter Kuhmilch, Fettgeh. 40 % (Franche-Comté)

manchon   Kl. Mandelbiskuit mit Buttercreme

mandarine Mandarine, kl. süße Zwergapfelsine, gute Zeit Jan.–Apr.; Mandarinenlikör, TT 6 – 8°

Mandel *amande* [amãd] f

mange-tout Zarte grüne Bohne, ↑ *haricot mange-tout*; Zuckererbse, ↑ *pois gourmand*

Mangold *bette* [bätt] f

mangue Mango, saftige, süß-säuerliche tropische Steinfrucht, ohne Schale roh genießbar, a. (aus der Konserve) in Obstsalat, als Marmelade usw.

manou(i)ls Mit Schinken-, Knoblauch- und Kräuterfarce gef. Kalbskutteln (Languedoc); mit starken Gewürzen gek. Hammelkutteln (Rouergue/Languedoc)

manqué Luftiger Biskuitkuchen mit versch. Aromen, Creme, Konfitüre, kandierten Früchten usw., auch karamelisiert (Paris)

mante Teufels-Rochen, Rochenart, ↑ *raie cornue*

maquereau Makrele, Hochseefisch, halbfettes, schmackhaft würziges Fleisch, im Frühling jung und frisch (als *lisette*) am besten, von der Angel, *de ligne*, besser als aus dem Schleppnetz, *de chalut*; kann gek., gebr., ged., grilliert, geliert und ger. werden, in Öl eingelegt als Konserve

marache Bretagne: Seeteufel, ↑ *baudroie*

maraîcher, -ère Gemüsekultur; Gemüse-, Krautgärtner(in)

maraîchère, (à la) Mit versch. frischen Gemüsen

marasme Nelkenpilz, ↑ *mousseron, faux*

marbré Mit Fettadern durchzogenes Fleisch; Marmorbrassen, Meerfisch, festes, aber nicht sehr geschmacksintensives Fleisch, muß deshalb gewürzt werden; Marmorkuchen aus Rührteig und Schokoladenmasse

marc Tresterbranntwein aus den Rückständen der Weinkelterung, stark und herb, je älter, desto besser; TT 6 – 8° oder 20 – 22°

marcassin Frischling, junges Wildschwein, weniger als 6 Monate alt

marchand Händler, Ladeninhaber
– **de vin** Weinhändler; *à la* – mit Rotwein(sauce), geh. Zwiebeln (und Kräuterbutter)

marché Markt
– **de poissons** Fischmarkt
  à bon – Billig, zu tiefem Preis
  cuisine du – Küche mit marktfrischen Produkten

maréchale, (à la)   Fleischstücke: paniert und in Butter sautiert, mit Spargelspitzen und Trüffelscheiben; Fisch: mit Pilzen, Tomaten in Weißwein pochiert

maredsous   Milder Schnittkäse aus Kuhmilch (Belgien)

marée   (Tages-)Fang von Fischen, Meeresfrüchten

marène   Kl. Maräne, felchenartiger Fisch aus Flüssen, Seen, a. Küstengewässern, wird häufig geräuchert

Marengo   Hähnchen- a. Kalbsragout mit Tomaten, a. Zwiebeln, Knoblauch, Eiern, Krebsen, a. Pilzen, ger. Brotwürfeln und Cognac; ugs. a. einfaches Kalbsragout

Marennes(-Oléron)   Zentrum der Austernkultur in der Charente am Atlantik, eine der besten ↑ *huîtres creuses*, a. ↑ *huîtres plates* mit zartem Nußgeschmack

Margarine   *margarine* [margarĩn] f

Margaux, Château   Der (mit Ausnahme der Jahrgänge 1967–1973) perfekte Bordeauxwein, von betörender Anmut und Finesse, TR 12–15 und viel mehr Jahre, TT 17–19°; a. ausgezeichnete trockene Weißweine, TT 8–10° (Haut-Médoc)

Marie-Brizard   Feiner, frisch-fruchtiger Edellikör, urspr. auf Basis von Anis und Fenchel, heute a. mit anderen Aromen, TT 5–7°, a. verdünnt trinkbar (Bordeaux)

Marie-Louise, (à la)   Mit Champignon- und Zwiebelpüree auf Artischockenböden; mit Erbsen und Karotten-, Rübchenklößchen gef. Törtchen

marignan   Hefekuchen mit Aprikotage und Meringe

Marigny, (à la)   Mit Erbsen, Prinzeßbohnen und Schmelzkartoffeln; mit Maiskörnern in Creme auf Artischockenböden; ↑ a. *potage Marigny*

Marille   *apricot* [abriko] m

marinade   Marinade, würzig-saure Flüssigkeit, um Nahrungsmittel haltbar, zart und/oder pikant zu machen

mariner   Marinieren, beizen, einlegen

marinière, (à la)   Fische, Schal- und Krustentiere in einem Sud aus Weißwein und Kräutern, a. Schalotten oder Zwiebeln

marjolaine   Majoran, Würzkraut, Blätter, Triebspitzen und zarte Stiele hocharomatisch minzig, *de jardin* milder als *sauvage*; Majorantee, krampf-, schleimlösend; meist a. der Name für Oregano, ↑ *origan*

Mark   *moelle* [moall] f
-knochen   *os à la moelle* [oßalla moall] m

Markt   *marché* [marschē] m

Marmelade   *confiture* [kõfitür] f

marmelade   Gesiebtes Püree aus in Zucker verkochten Früchten oder Fruchtstücken
en – Zerkocht, (zu Brei) verkocht

marmite   Großer hoher Schmortopf; sein Inhalt, meist ein (unpassierter) Suppeneintopf
– **dieppoise, normande, des pêcheurs**   Fischsuppentopf mit Gemüsen an Weißwein und ↑ *crème fraîche*, mit Muscheln, Garnelen usw. garniert

maroilles   Fetter Weichkäse AO aus Kuhmilch, kräftigerdig, Fettgh. 45–50 %, gute Zeit Juli–März ohne Rinde (Flandern, Pikardie)

Marone   *châtaigne* [schatänj] f; *marron* [marõ] m

Maronenpilz, -röhrling   *bolet bai* [boläbä] m

marquise   Geeiste Schaumsüßspeise aus Schokolade- oder Fruchtpüree und ↑ *crème anglaise* oder Schlagsahne; Wassereis mit i. a. Ananas-, Erdbeer-, Kirscharoma und Schlagsahne; a. süße, saftig-schmelzende Birnensorte; gespritzter Weißwein, Schorle, oder Weißweinbowle mit Zitronenscheiben

marron   Edel-, Eßkastanie mit nur einer gewölbten Frucht in der stachligen Hülle (sonst ↑ *châtaigne*), gute Zeit Okt.–Nov. (Ardèche/Languedoc, Limousin, Korsika u. a.)
– **glacé**   Kandierte, in Zuckersirup eingemachte Kastanie

Marsannay(-la-Côte)   Angenehme weiße und rote Weine, einer der besten Rosés Frankreichs, fein und aromatisch, TR 2–3 Jahre, TT 9–11°, gutes Qualität-Preis-Verhältnis (nördl. Côtes-de-Nuits, Burgund)

marseillaise, (à la)   Mit in Öl gebratenen Tomaten und fritierten Kartoffeln; mit einer Sauce aus Tomaten, Oliven, Sardellen und Knoblauch; ↑ a. *sauce marseillaise*

Marzipan   *massepain* [maßpã] m; Westschweiz: *marzipan* [marßipã] m

mas   Midi: Bauernhof, Landhaus, Weingut

mascotte   Kl. Butterbiskuitkuchen, mit Kirsch oder Rum getränkt, mit Praliné- oder Kaffeecreme gef., mit Mandeln garniert

mascotte, (à la)   Mit im Näpfchen zubereiteten Artischockenböden, Kartoffel-, Trüffelscheiben, manchmal a. ged. kleinen Tomaten

Maß Bier   *sérieux* [ßerjö] m

Masséna, (à la)   Mit Artischockenböden und Markscheiben an ↑ *béarnaise* oder Trüffelsauce

Massenet Mit bohnen- und markgefüllten Artischokkenböden, Annakartoffeln, a. Spargelspitzen

massepain Marzipan; Gebäck, Konfekt aus zerstoßenen Mandeln, Eiweiß und Zucker (bes. Provence, Roussillon)

Masthuhn, -hühnchen *poularde* [pulard] f; *poulet de grain* [pulä dö grä] m

matafan, matafaim „Hungerstiller", nahrhafter Kartoffel-, Speck- und/oder Spinatpfannkuchen, a. süß mit Äpfeln oder Dörrobst (Lyonnais, Bresse, Burgund)

matelote Herzhaftes Anglerragout, i. a. aus Süßwasserfischen, bes. Aal und Karpfen, a. mit Hirn, Kalbfleisch, harten Eiern usw. in Rot- oder Weißwein mit Zwiebeln, Speck und Aromaten (Auvergne, Languedoc, Loire-, Rhônetal, Pyrenäen)

matière grasse Fett(gehalt)

matignon Aromatischer Brei aus in Butter ged. Gemüsen (Karotten, Sellerie, Zwiebeln), Thymian, Lorbeer, a. Schinken, mit Madeira abgelöscht; Garnitur aus mit Gemüse gef., gratinierten Artischockenböden und ged. Kopfsalat

matoufèt Rühreier oder Omelett mit Gewürzen (Belgien)

Maury Einer der besten Süßweine Frankreichs, kraftvoll samtig, TR bis 15 Jahre, TT 10–12° (Pyrénées-Orientales)

mayonnaise Mayonnaise, gehaltvolle kalte Emulsion aus Eigelb und Öl mit Essig oder Zitronensaft, Senf, Salz, Pfeffer, mit Aromaten vielfältig wandelbar
– **à l'espagnole** Mayonnaise mit geh. Schinken und Knoblauch
– **verte** Mayonnaise mit frischen Kräutern

mazagran Mit Hackfleisch, Ragout gef., überbackenes Kartoffeltörtchen; Kaffeeglas; Glasbecher für Eisspeisen

mazarin Meringeböden mit Schicht aus Pralinécreme

mazarine, (à la) Mit in Butter ged. Champignons, Artischockenböden und Gemüsestreifen

MC *„Mis en bouteille au Château"*, im Weingut abgef. (meist Bordeaux-)Wein, kein Güte-, sondern Echtheitszeugnis

méchoui Arabisches, i. a. von Männern bereitetes Festessen: über Holzfeuer am Spieß gebratener Hammel, a. Lamm, Mufflon, Gazelle oder gar Kamel (Nordafrika)

médaillon Runde oder ovale Scheibe Fleisch (aus dem ↑ *filet* u. ä.), Geflügel, a. Fisch, Krustentier, Gänseleber;
↑ a. *escalope, grenadin, tournedos*

medium   Gerade eben, halb durch(gebraten)

Médoc   Eines der besten Rebgelände der Erde zwischen Girondemündung und Atlantikküste, kraftvolle, körperreiche Rotweine, die mit dem Alter an Feinheit und Eleganz zunehmen, TR 3–6 und mehr Jahre, TT je nach Alter 15–18° (Bordeaux); ↑ a. *Haut-Médoc*

Meer   *mer* [mär] f
-aal   *congre* [kõgr] m
-äsche   *mulet gris* [mülä gri] m
-barbe   *mulet rouge* [mülä rūsch] m
-fisch   *poisson de mer* [poaßõdmär] m
-es|früchte   *fruits de mer* [früidmär] pl
-rettich   *raifort* [räfor] m

Mehl   *farine* [farĩn] f
-schwitze   *roux* [ru] m
-speise   *plat sucré* [plaßükrē] m

mélange   Gemenge, Mischung; Getränk aus ⅓ Cognac und ⅔ Johannisbeergeist (Westfrankreich)

Melba   (Meist pochierte) Hälften von Pfirsichen, a. anderen fleischigen Früchten, auf Vanilleeis, mit Himbeerpüree überzogen; a. Garnitur von kleinen gef. Tomaten

melette   Sprotte, ↑ *sprat*

Melisse   *mélisse* [melĩß] f
-n|geist   *eau de mélisse* [o dö melĩß] f
-n|tee   *infusion de mélisse* [ãfüsjõ dö melĩß] f

mélisse (officinale)   Garten-, Zitronenmelisse, ↑ *citronnelle*; Melissentee, herzstärkend, krampflösend
  eau de –   Melissengeist

melon   Melone, Fruchtgemüse, kühl, aber nicht geeist als Vorspeise oder Nachtisch genießbar, a. in Obstsalaten
– **brodé**   Netzmelone, aromatisch und honigsüß; ↑ a. *sucrin*
– **cantaloup**   Kantalup-, Zuckermelone, würzig aromatisch, erinnert an Ananas
– **d'eau, pastèque**   Wassermelone, mildsüß wässerig, guter Durstlöscher

mélongène, mélongine   Ugs. für Aubergine, ↑ *aubergine*

ménagère   Hausfrau; Gewürzständer; Besteckkasten

ménagère, (à la)   Nach Hausfrauenart, mit einfachen, preiswerten Zutaten

menthe   Minze, Münze, aromatische Würzstaude, zarte junge Triebe und Blätter frisch oder getr. apart kühlend; als Tee verdauungsfördernd, krampflösend, magenstärkend, gallenfreundlich; Pfefferminzlikör, -sirup

M

– **à l'eau**   Pfefferminzsirup mit (Tafel-, Soda-)Wasser

mentonnaise, (à la)   Fisch mit Tomaten, schwarzen Oliven und Knoblauch; Fleisch mit Tomatenreis und Zucchetti; mit Spinat gef. Zucchetti

menu   Menü, Speisenfolge; Speisekarte
– **à prix fixe**   Menü zu festem Preis
– **gastronomique**   Gastronomisches Menü mit mehreren, mindestens vier Gängen
– **touristique**   Touristen-, meist wohlfeiles Menü

mer   Meer
   fruits de –   Meeresfrüchte

mercerie   Kurzwarenladen

Mercurey   Lebendiger, süffiger Rotwein mit feiner Blume aus dem ↑ *Chalonnais*, TR 2–5 und mehr Jahre, TT 11–13°, a. wärmer, gutes Qualität-Preis-Verhältnis (Burgund)

merga   Begleitsauce zum ↑ *couscous* aus Gemüsen (Artischocken, grünen und Puffbohnen, Karden, Kichererbsen, Paprika, Weißen Rübchen usw.) in Bratbouillon (Nordafrika)

merguez   Scharfes, mit rotem Paprika gewürztes Würstchen aus Rind- und/oder Hammelfleisch, wird gebr. oder grilliert (Maghreb)

méridional   Südlich, aus dem Midi

meringue   Meringe, Baiser, Busserl, zartes Schaumgebäck aus Eischnee und Zucker
– **chantilly**   Sahnebaiser
– **glacée**   Eismeringe

merise   Vogelkirsche, wilde Stammform der Süßkirsche, kl. und säuerlich, für Marmeladen, Sirups, Kirschwasser und Liköre geeignet

merlan, merlin   Wittling, Weißling, Merlan, dorschartiger Meerfisch, leichtverdauliches, etwas fades, aber aromatisches Fleisch, möglichst frisch, *brillant*, zu genießen, läßt sich filieren, fritieren, pochieren, ist aber a. ger. oder mariniert erhältlich; gute Zeit Jan.–Apr., Aug.–Dez.; Mittelmeer: Name a. für Seehecht, ↑ *merlu*; Stück aus der Oberschale der Rindskeule, für Beefsteaks
– **bleu, poutassou**   Blauer Wittling, dorschartiger Meerfisch, sehr weiches, schmackhaftes, aber leichtverderbliches Fleisch
– **jaune**   Pollack, ↑ *lieu jaune*
– **noir**   Köhler, ↑ *lieu noir*

merle   Amsel, Schwarzdrossel; reg. a. für Lippfisch, ↑ *labre*

merlot   Rebsorte, die milde, bukettreiche, rasch konsumfähige Rotweine gibt (Südwest-, a. Südfrankreich, Dordogne u. a.)

merlu(s), merluche, saumon blanc   Seehecht, Hechtdorsch, schellfischartiger Meerfisch, oft (bes. in Paris) als *colin* angeboten, festes, aromatisch-feines Fleisch, läßt sich braten, grillieren, fritieren, ist aber a. ger. erhältlich; gute Zeit Apr.–Sept.
– **jaune**   Pollack, ↑ *lieu jaune*

merluche   Name versch. Dorschfische, insbes. des Seehechts, ↑ *merlu*, und des Lengs, ↑ *lingue*; a. ungesalzener Stockfisch, ↑ *morue*

mérou   Zackenbarsch, Meerfisch aus Küstengewässern, rar geworden, heute meist aus Afrika, kräftiges, schmackhaftes Fleisch

merveille   Leichter, in Butter fritierter, überzuckerter Krapfen, kalt, lau oder warm (Bordelais, Charentes, Südfrankreich)

mesclun   [mäßklö͞] Salat-„Mischung“ aus Blättern und Trieben von jungem, wildem Blattgemüse wie Bocksbart, Feldsalat, Kerbel, Löwenzahn, Pimpinelle, Portulak, Rauke usw., oft mit ↑ *croûtons*, Speckwürfeln, Ziegenkäse angemacht (Midi)

Messer   *couteau* [kuto] m

méthode   Im eigenen Saft eingek. Schweinefleisch (Bayonne/Basses-Pyrénées)
– **champenoise**   Schaumweinherstellung durch zweite Gärung in der Flasche

Metzger(ei)   *boucher(ie)* [buschē] m, [buschrī] f

meunier   Mehlschwamm, Mehlräsling, ausgezeichneter Speisepilz, aber sehr zerbrechlich, muß deshalb möglichst rasch nach dem Pflücken vorsichtig zubereitet werden, gute Zeit Juni–Sept.; Name a. für den Döbel, ↑ *chevesne*

meunière, (à la)   Auf Müllerin-Art: (Fisch) in Mehl gewendet, in Butter gebr.; dazu braune Butter, Zitronensaft und geh. Petersilie

meurette, (en)   Der ↑ *sauce bourguignonne* ähnliche Rotweinsauce mit Speckstücken und Zwiebeln, a. ↑ *croûtons*; Eintopf aus Flußfischen (Aal, Karpfen, Schleie usw.), a. Kalb, Huhn, selbst Eiern, Hirn in dieser Sauce

Meursault   Edler, vollmundig trockener und doch weicher Weißwein, TR 2–10 Jahre, TT 12–15° (Côte-de-Beaune, Burgund)

Meyerbeer   Spiegeleier, ↑ *œufs Meyerbeer*

m.g.   „*matière grasse*“, Fett(gehalt)

mi- Halb…, Mitte…

mic Kaffee mit einem Schuß Schnaps (Bretagne)

midi Mittag, zwölf Uhr; Süden

Midi Der mediterrane Süden Frankreichs

Midi-Pyrénées Region zwischen Languedoc und Aquitanien, ↑ S. 54 ff.

mie (de pain) Krume, weiches Innere des Brotes
  pain de – Toastbrot

miel Honig

migliassis Süßes Gebäck, auf Kastanienblättern geb. (Korsika)

mignardises Kl. süßes Gebäck, Naschwerk; ↑ a. *fours*

mignon Kl. Steak aus der Filetspitze; Garnitur aus mit Erbsen und Trüffelscheiben gef. Artischockenböden

mignonnette Bes. fein zubereitetes Stück Fleisch, Geflügel, Gänseleber usw.; sehr dünne Streichholzkartoffel; kl. Erbse; Wilde Zichorie, ↑ *barbe-de-capucin*; grob zerstoßener oder gemahlener (weißer) Pfeffer; Mischung aus schwarzem, weißem Pfeffer und Koriander

migourée Ragout aus vielerlei Meerfischen in Weißwein mit Schalotten, Zwiebeln, Kräutern und Gewürzen (Charentes)

mijoter Bei schwacher Hitze (zugedeckt) schmoren oder dünsten

mikado Auf Curryreis-Kroketten; mit grillierten Tomatenhälften; ↑ a. *sauce mikado*

milanais „Mailänder", i. a. rundes Mandelgebäck mit Anis-, Orangen- oder Zitronenaroma

milanaise, (à la) Mit Eiern, Brotkrumen und (Parmesan-)Käse paniert; mit (Parmesan-)Käse überkrustet; mit geriebenem Käse und Tomatensauce; Makkaroni oder Risotto mit Champignon-, Schinken- und Zungenstreifen

Milch *lait* [lä] m
-flasche *bouteille de lait* [butäj dö lä] f; für den Säugling: *biberon* [bibrõ] m
-geschäft, -laden *laiterie* [lätri] f
-kaffee *café au lait* [kafē olä] m
-kännchen *crémier* [kremjē] m
-pulver *lait en poudre* [lä ãpūdr] m
-reis *riz au lait* [riolä] m
-schokolade *chocolat au lait* [schokola olä] m
-speise *laitage* [lätāsch] m
  Butter⌐ *babeurre* [babȫr] m

Dick○ *lait caillé* [lä kaijē] m
Mager○ *lait maigre* [lä mägr] m
Voll○ *lait entier* [lä ätjē] m

Milch (Thymusdrüse) *ris* [rī] m

Milchstriwlas Milchspätzle, a. süß mit Zucker (Elsaß)

milhassou Nahrhafter Maisbrei (Béarn); Hirsetorte (Gascogne)

milieu Mitte; a. repräsentatives Mittelstück der Tafel
   coup, trou du – Verdauungsgläschen Branntwein

Milke *ris* [rī] m

millas(se), millias(se) Art Polenta, Brei aus ger. Mais-(und Weizen-)Mehl, salzig oder süß (Languedoc)

millefeuille, mille-feuille Millefeuille, Tausendblätter-kuchen, Cremeschnitte, dünne Blätterteigschichten mit Füllung aus Creme und/oder Schlagsahne; wird mit Messer und Gabel gegessen

millésime Wein, Champagner: Jahrgang; oft a.: großer Jahrgangswein, -champagner

millet Hirse; Labmagen der Wiederkäuer, Teil der Kutteln, ↑ *tripes*

millière Mais- oder Reisbrei, salzig oder süß (Anjou)

mimolette, (Frankreich:) **boule de Lille, vieux Lille** Kugelrunder Schnittkäse aus pasteurisierter Kuhmilch, edamähnlich mild haselnussig, Fettgeh. 45 % (Nordfrankreich, Bretagne, Île-de-France, Holland)

mimosa Gefüllte harte Eier; Salat mit gehacktem Eigelb

mince Dünn; fein; klein

Mineralwasser *eau minérale* [omineral] f
– **mit Kohlensäure** *eau minérale gazeuse* [omineral ga-sōs] f
– **ohne Kohlensäure** *eau minérale sans gaz* [omineral ßã gās] f

Minervois, (Vin Noble du) Geschmeidig leichter, duftiger Rotwein, TR 3 – 6 Jahre, TT 14°, a. frische Rosé- und Weißweine, TR 2 Jahre, TT 2° und 6 – 8°, gutes Qualität-Preis-Verhältnis (Languedoc)

minute, (à la) Schnell, auf Bestellung frisch zubereitet; kurzgebraten

Minze *menthe* [mãt] f

mique Knödel aus Mais- und/oder Weizenmehl und Gänse-, Schweinefett oder Butter (Périgord, Béarn, Baskenland)

Mirabeau, (à la) Mit Estragonblättern, entkernten Oliven, Sardellenbutter und -filets

mirabelle Mirabelle, goldgelbe Wachspflaume, aromatisch süß, haupts. in Lothringen zum Einlegen in Sirup, Marmeladen und für Obstwässer gezüchtet, gute Zeit Juni–Sept. (a. Elsaß, Franche-Comté, Schweiz usw.); Mirabellenbrand, ausgeprägtes Bukett, TT 6 – 8°

mirepoix Röstgemüse, kl., mit Butter angeschwitzte Würfel von Gemüsen (Bleichsellerie, Karotten, Zwiebeln usw.) und Schinken oder Speck mit Kräutern zum Würzen von Suppen, Eintöpfen, Saucen, Fleisch oder (ohne Schinken, Speck) Fischen

mirliton Mit Mandelcreme, a. (Aprikosen-)Marmelade gef. Blätterteigtörtchen (Rouen/Normandie)

miro(n)ton, (bœuf) Ragout aus dünnen Scheiben von gesottenem Rindfleisch und Zwiebeln
– **de pommes** Warmer Nachtisch aus geb. Apfelscheiben (Normandie)

Mischbrot *pain de campagne* [pã dö kãpanj] m

mise (en bouteilles) (Flaschen-)Abfüllung; Abfüllbezeichnung auf Weinetikett
– **dans la région (de production)** Aufgepaßt: oft Verschnitt von Weinen nicht eines, sondern mehrerer Produzenten
– **dans nos caves** Abfüllung der Kellerei (nicht unbedingt des Erzeugers)
– **par le propriétaire, à la propriété, par les producteurs** Vom Besitzer, Erzeuger auf dem Gut abgef., Qualitäts- und Authentizitätsnachweis

missiasoga Luftgetrocknetes Ziegenfleisch in schmalen Streifen (Korsika)

missisa Gepökeltes, ger. und gegrilltes Schweinefleisch in schmalen Streifen (Korsika)

mistelle Gemisch aus etwa ⅔ Traubensaft und ⅓ reinem Alkohol, als Dessert-, Süßwein oder Bestandteil von Vermouths angeboten

mitonner Urspr. Brotscheiben in Bouillon verkochen lassen, heute überhaupt langsam köcheln

Mittagessen *déjeuner* [dēschönē] m

MO „*Mise d'Origine*", Originalabzug, im Ursprungsgebiet abgefüllt, sagt über Qualität und Echtheit eines Weins wenig aus

mode, (à la) Nach (unserer) Art; ↑ a. *bourgeoise*
   à la – de... Nach Art von...
   bœuf à la – Schmorbraten aus gespicktem Rindfleisch mit Kalbsfüßen, Karotten, Zwiebeln in Rotwein

moelle [moall] (Knochen-)Mark, meist vom Rind

moelleux, -euse Weich, füllig; Fleisch: zart; Wein: lieblich, zartsüß

Möhre *carotte* [karott] f

Mohrenkopf *tête de nègre* [tät dö nägr] f

mo(n)jette Poitou, Vendée: Weiße Bohne, ↑ *haricot blanc*

moka Mokka, starker, aromatischer Kaffee (Südarabien); Mokkatörtchen

Molkerei *laiterie* [lätrī] f

mollet, -ette Weich(gek.), leicht, zart; reg. für Seehase, ↑ *lompe*
  œuf – Wachsweich gekochtes Ei

mollusques Weichtiere (Muscheln, Schnecken, Tintenfische)

Monbazillac Samtiger, blumiger Likörwein von der Dordogne, auf Alter (mindestens 5–20 und mehr Jahre) und vertrauenswürdige Herkunft achten, TT 5–7° (Bergerac, Périgord)

monsieur(-fromage) Vollfetter Doppelrahmkäse aus angereicherter Kuhmilch, mild pikant, Fettgeh. 60 %, gute Zeit Nov.–Juni (Normandie)

mont-blanc Schlagsahne mit Kastaniencreme-Strängen auf Sandteig- oder Meringeboden

mont-d'or Weichkäse AO aus Ziegen-, heute meist neutralerer Kuhmilch, eigenständiger Geruch und feinwürziger Geschmack, Fettgeh. 45 %, gute Zeit im Herbst (Lyonnais u. a.); nicht zu verwechseln mit dem ↑ *vacherin Mont-d'Or*

monter Mit Butter aufschlagen; Eiweiß steif, Eigelb cremig schlagen

Monthélie Kräftige, elegante rote (TR 5–10 Jahre, TT 14–16°), (wenig) feine weiße Weine (TR 3–5 Jahre, TT 12°) von der ↑ *Côte-de-Beaune*, die „Stiefgeschwister des ↑ *Volnay*", zu Unrecht wenig bekannt und deshalb meist preisgünstig (Burgund)

Montlouis Leichte, feine Weißweine jeder Art (trocken, lieblich, süß, Perlwein, Schaumwein), die es verdienten, bekannter zu sein, TR 4–5 Jahre, TT 9° und weniger (Touraine/Loiretal)

montmorency Helle Sauerkirsche, Tafel- und Konfitürenfrucht, saftig süßsäuerlich-herb; salziges oder süßes Gericht damit; a. Garnitur aus Artischockenböden, glasierten Karotten und Nußkartoffeln

Montrachet [mõraschä] Der Spitzenweißwein Frankreichs, von vollendetem Ebenmaß, füllig und trocken, rassig und fein, TR 3–10 und viel mehr Jahre, TT 10–13° (Côte-de-Beaune/Burgund); ↑ a. *Chassagne-Montrachet, Puligny-Montrachet*

Montravel   Trockener Weißwein mit erdigem Bodengeschmack, TR 5 Jahre, TT 6–8° (Bergerac/Südwestfrankreich)

   Côtes-de- –, Haut- –   Lieblicher bis süßer Weißwein, zart und blumig, TR 10 Jahre, TT 6–8°

Montreuil   Erbsen und glasierte Karottenkügelchen auf Artischockenböden; Fisch: mit von Krabbensauce überzogenen Kartoffelbällchen in Weißweinsauce

Mont-sur-Rolle   Fruchtig-trockener Weißwein von der ↑ *Côte*, jung zu trinken, TT 9–11° (Waadt/Schweiz)

morbier   Weichkäse aus Kuhmilch mit schwarzer Rußschicht in der Mitte, mild aromatisch, Fettgeh. 45 %, gute Zeit im Frühling (Franche-Comté, Jura)

Morchel   *morille* [morīj] f

Morey-Saint-Denis   Kernig eleganter Rotwein großer Klasse, allerdings manchmal, a. preislich, überbewertet, kann je nach Wachstum, ↑ *cru*, 5–25 Jahre alt werden, TT 15–16°.(Côte-de-Nuits/Burgund); ↑ a. *Bonnes-Mares, Tart, Clos de*

Morgon   Männlich robuster, vollmundiger ↑ *Beaujolais*, mit 4–6 Jahren auf dem Höhepunkt, aber bis zu 10 Jahren haltbar, TT 9–11° (Burgund)

morille   Morchel, köstlich duftende und schmeckende Edelpilzgattung, am besten getrocknet, nicht roh essen
– **d'automne**   Lorchel, ↑ *helvelle*

Mornay, (à la)   Mit Käsesauce; ↑ a. *sauce Mornay*

mortadelle   Urspr. ital.: gr., leicht ger. Brühwurst aus Schweine-, Rind- und anderem Fleisch mit Gewürzen, original Myrte, heute vor allem Petersilie

Morteau, (saucisson de)   Würzige Kochwurst aus reinem, grobgeh. Schweinefleisch (Jura, Elsaß); ↑ a. *jésu*

mortier   Auvergne: Eintopf zu Ostern, ↑ *mourtaïrol*

morue   Stockfisch, unges., luftgetr. Kabeljau (frisch: ↑ *cabillaud*) oder anderer Magerfisch (Schellfisch, Seehecht, Seelachs usw.), muß vor dem Verzehr gewässert werden, zartes mageres Fleisch
– **blanche**   Raschgetr., ges. Kabeljau in Salzkruste
– **fraîche, franche**   Frischer Kabeljau, ↑ *cabillaud*
– **noire**   Langsam getr. Kabeljau; a. Schellfisch, ↑ *églefin*
– **plate**   Ges., geöffneter, platter Magerfisch (Kabeljau usw.)

– **repaquée, salée, verte** Laberdan, in Fässern ges. Magerfisch (Kabeljau usw.)

– **ronde** Klippfisch, getr., ges. Magerfisch (Kabeljau usw.)

– **séchée, de Norvège, merluche** Stockfisch, unges., luftgetr. Magerfisch (Kabeljau usw.)

– **verte** Nicht getr., aber ges. Magerfisch (Kabeljau usw.)

Morvan Nordöstlicher Ausläufer des Zentralmassivs, ↑ S. 23 ff.

Moselle, vins de la Die französischen Moselweine, rot, rosé, ebenfalls weiß, leicht, fruchtig, aber ziemlich viel Säure

motelle, loche de mer, mustèle Seequappe, kl. dorschartiger Mittelmeerfisch, zartes, aromatisches Fleisch, verträgt keinen Transport, kann nur frisch am Fangort verzehrt werden

Mothe-Saint-Héray, (La) Kräftiger, camembertartiger Weichkäse, aus Ziegenmilch hergestellt, oft zwischen Platanenblättern gereift, Fettgeh. 45 %, gute Zeit Juni–Dez. (Poitou)

mou, molle Weich, sanft, feuchtwarm; Kalb: Lunge, Beuscherl; Wein: flach

mouclade Zuchtmuscheln in Weißweinsud mit Schalotten und Petersilie, mit Butter, Eigelb und Sahne gebunden (Charentes, Vendée)

moule Miesmuschel, die „Auster für alle Tage", heute meist gezüchtet, an der Nord- und Westküste klein, rund und zart, im Midi größer, aber nicht so fein; gute Zeit Juni–Aug.; man ißt sie, indem man mit der einen leeren Schale das Fleisch aus der anderen auslöst; aufgepaßt: nie tot – mit geöffneten Schalen –, nie roh essen; a. (Back-, Kuchen-)Form

–**s à la poulette** Miesmuscheln in weißer Grundsauce mit Zitronensaft und gehackter Petersilie

–**s au naturel** Miesmuscheln im Sud

– **de bouchot** Zuchtmuschel

–**s marinières** In Weißweinsud, a. Schalotten oder Zwiebeln, Kräutern gek. Miesmuscheln

moulé In der Form gebacken (und gestürzt)

moulin, moulinette (Hand-)Mühle

– **à poivre** Pfeffermühle

Moulin-à-Vent Der nobelste ↑ *Beaujolais*, von Burgunderformat, männlich fest und körperreich, kann 3–5, sogar bis zu 10 Jahre alt werden, TT 12–14°, gutes Qualität-Preis-Verhältnis (Burgund)

Moulis Charmanter, angenehm blumiger Rotwein aus dem ↑ *Haut-Médoc*, zu Unrecht unterschätzt, TR 3–6 Jahre, TT 15–16°, gutes Qualität-Preis-Verhältnis (Bordeaux)

mourtaïrol, mourtayrol Hühnerbouillon mit Safran (Rouergue/Roussillon); nahrhafter Eintopf mit Huhn, Rindfleisch, Schinken, Gemüsen und Safran, meist zu Ostern (Auvergne)

mourvèdre Ertragreiche Rebsorte, die geschmeidige, körperreiche Rotweine gibt (Côtes-du-Rhône, Provence, Languedoc-Roussillon)

mousse Sahnig-sanfte Schaumcreme, salzig oder süß, kalt oder warm; Westschweiz: Glas Bier
– **au chocolat** Schokoladenschaum, der feinste aller Schokoladedesserts
– **du Japon, du Ceylan, Agar-Agar** ↑ *agar*

mousseline Feine Schaummasse aus pürierten Zutaten, salzig oder süß; ↑ a. *sauce chantilly*

mousseron Name versch. Speisepilze wie des Maipilzes, ↑ *tricholome de la Saint-Georges*, des Mehlschwamms, ↑ *meunier*, u. a.
  faux –, – d'automne, marasme Nelkenpilz, Feldschwindling, kräftig aromatischer Speisepilz, gewinnt durch Trocknen (ohne Stiel) an Geschmack, nicht roh essen, gute Zeit Mai–Okt.

mousseux, mousseuse schäumend, schaumig, moussierend; Westschweiz: schäumender Traubensaft

moustelle Gabeldorsch, mittelgr. Dorschfisch aus dem Meer

moût Unvergorener Trauben-, a. Apfel-, Birnensaft

moutarde Senf, Mostrich
– **à l'ancienne** Grobkörniger Senf, ↑ *moutarde de grains*
– **aux simples** Kräutersenf
– **de Bordeaux** Dunkler Senf mit Traubenmost, süßsauer-mild, ähnelt dem deutschen Senf
– **de Champagne** Leichter Senf mit Wein und Essig, mild und fruchtig
– **de Dijon** Der typische frz. Senf mit Most von unreifen Trauben und Wein, scharf, aber fein und fruchtig
– **de grains, grise, de Meaux** Grobkörniger Senf mit Weinessig und Wein, sehr aromatisch und ziemlich scharf

mouton Hammel, Schöps; Fleisch vom (kastrierten) Hammel, a. (minderer Qualität) Schafbock oder Mutterschaf; Fleischteile und -stücke ↑ Lamm

Mouton-Rothschild, Château Einer der vier führenden Bordeauxweine aus dem ↑ *Haut-Médoc*, verführerisch konzentriert und vollfruchtig, ab 12 Jahren jeder Jahrgang gut, ab 15 Jahren fast unbeschränkt haltbar, TT 17–19° (Pauillac)

muge (capiton) Meeräsche, ↑ *mulet*

Mühle *moulin* [mulã] m
  Kaffee○ *moulin à café* [mulã a kafē] m
  Pfeffer○ *moulin à poivre* [mulã a pọawr] m

mulet (gris), muge Meeräsche, barschartiger Meerfisch, wird a. gezüchtet, festes, etwas fettes, aber leichtes Fleisch, nicht ganz so fein schmeckend wie der ↑ *loup de mer*, dafür preisgünstiger, läßt sich braisieren, braten, pochieren, grillieren, gute Zeit Sept.–Okt. sowie Jan.–Febr.; aus dem getrockneten Rogen wird die ↑ *poutargue* gewonnen
– **rouge** Rote Meerbarbe, ↑ *rouget de vase*

Mülleimer poubelle [pubäll] f

Mundtuch serviette [ßärwjätt] f

munster Halbfetter Weichkäse AO aus Kuhmilch, erdig-würzig und sahnig, Fettgeh. 35–50 %, darf noch nicht fließen, kann, muß aber nicht mit Kümmel gewürzt werden, gute Zeit Juli–Nov. (↑ *fermier*) oder ganzjährig (↑ *laitier*), bes. mit Pellkartoffeln (Elsaß, Lothringen)

mûr Reif, abgelagert

Murat (Fisch) mit gewürfelten, sautierten Artischockenböden, Kartoffeln, a. Tomaten und geh. Petersilie

Mürbeteig *pâte brisée* [pāt brisē] f

mûre (blanche, noire) (Weiße, schwarze) Maulbeere, bes. am Mittelmeer heimisch, aromatisch süß, wie Brombeere verwendbar, gute Zeit Juni–Juli
– **de ronce, sauvage** Brombeere, gute Zeit Sept.–Okt.

murène Muräne, gr. Meeraal, fettes, aber schmackhaftes, grätenloses Fleisch (Mittelmeer)

murex (massu), rocher Familie der Stachelschnecken, fleischige Meeresweichtiere, müssen lange gek. werden, gut mit einem ↑ *aïoli*

murol Gepreßter Weichkäse aus pasteurisierter Kuhmilch, sanft aromatisch, Fettgeh. 45 %, gute Zeit Juli–Nov. (Auvergne)

Mus *purée* [pürē] f

muscade, (noix de) Muskatnuß, Samenkern eines tropischen Baums, gewürzhaft süßbitter, sollte frisch gemahlen sein; ↑ a. *macis*

M

Muscadet Der „Beaujolais der Weißweine" aus der gleichnamigen Rebe, frisch und sehr trocken, doch mineralisch würzig und leicht prickelnd, am besten: *Sèvre-et-Maine*, a. als ↑ *Primeur*, TR bis 2 Jahre, TT 8−9° (Loire-Atlantique, Loiretal)

muscat Muskateller, Rebsorte, die rassig noble trockene oder süße Weißweine mit Muskatbukett gibt (Midi, Drôme, Elsaß u. a.)
– **d'Alsace** Trockener, aber anregend fruchtiger Weißwein, darf 10 Jahre alt werden, TT 6−8°, a. als Aperitif und zum Dessert ausgezeichnet (Elsaß)
– **de Rivesaltes** Natursüßer, aber nicht aufdringlicher Weißwein, delikat und blumig, TR 2−3 Jahre, TT 5−8° (Roussillon)
– **du Cap-Corse** Duftiger Likörwein, TT 5° (Korsika)
– **du Valais** Jugendlich leichter, fruchtiger Weißwein mit Muskataroma, TT 8−10° (Wallis/Schweiz)

Muschel *coquille* [kokij] f; Miesmuschel: *moule* [mūl] f
-tiere *coquillages* [kokijāsch] pl

museau Maul, Schnauze
– **vinaigrette, salade de –** Ochsenmaulsalat

Musigny Geschmeidiger Spitzenwein des ↑ *Chambolle-Musigny*

Muskat|blüte *macis* [maßi] m
-nuß *noix de muscade* [noa dö mūßkād] f

mustèle, mustelle Seequappe, ↑ *motelle*

mye, mya Sand-, Klaffmuschel, Strandauster, schmackhafte Meermuschel, nach langer Wässerung roh eßbar

myrte Myrte, Strauchpflanze mit duftigen, süß-würzigen Blättern, bes. am Mittelmeer und auf Korsika heimisch; Myrtenlikör (*nerto*), TT 8−10°

myrtille, brimbelle Heidelbeere, Blau-, Bickbeere, kl. Beerenfrucht, saftig süßsauer, roh oder konserviert genießbar, gute Zeit Juli–Aug., heute a. gezüchtet
– **rouge** Preiselbeere, ↑ *airelle*

mystère Eiscreme mit Kaffee-, Schokoladen- oder Vanillearoma, meist in Meringeschalen und mit Krokant überzogen

Nachtessen *souper* [ßupē] m

Nachspeise, -tisch *dessert* [däßär] m, *entremets* [ātrömä] m

nage Aromatischer Sud, meist mit Weißwein, Gemüsestreifen (insbes. Karotten, Lauch) und Kräutern; ↑ a. *court-bouillon*

à la – Meereskrebstiere im eigenen Sud mit Würzzutaten oder ↑ *crème fraîche*

Nahrungsmittel   *aliments* [alimã] pl

Nantais   Hist. Landschaft an der Loire um die Stadt Nantes, Heimat des ↑ *muscadet*

nantais   (Blut-)Ente aus Nantes; Kuhmilchkäse, ↑ *curé, fromage du;* Sandteigkuchen mit gemahlenen Mandeln oder kandierten Früchten, mit Kirsch oder Rum parfümiert

nantaise, (à la)   Krustentiere, Fisch: in mit Butter aufgeschlagener Weißweinsauce, oft a. mit Schalotten; Fleisch: mit Erbsen, glacierten Weißen Rübchen und Kartoffelpüree

Nantua, (à la)   (Fisch) mit Krebsen oder Krebsschwänzen, ganz oder als Püree, oft a. mit Trüffeln; ↑ a. *sauce Nantua*

napolitain   Neapolitaner, Mandelschichtkuchen mit Aprikosen-, Johannisbeer- usw. Marmelade; (*tranche napolitaine*) Speiseeis in drei verschiedenfarbigen Lagen; Karree aus meist bitterer Schokolade

napolitaine, (à la)   (Teigwaren) mit Tomatenpüree oder -sauce und geriebenem (Parmesan-)Käse

napper   Nappieren, mit Creme, Sauce, Gelee usw. überziehen

natte, natté   Zopfbrot

natur, ohne Sauce   *nature* [natür]

nature, naturel, (au)   Natürlich, naturrein, unbearbeitet; im eigenen Saft, ohne künstliche Zugaben, ohne Beilage; nur in Wasser oder Dampf gegart; Champagne: stiller Wein

navarin   Hammel-, Lamm-, a. sonst Ragout mit tournierten Kartoffeln, glacierten Zwiebeln und versch. anderen Gemüsen, insbes. Weißen Rübchen, ↑ *navet*
– printanier   ↑ *navarin* mit Frühlingsgemüse

navet (potager)   Weißes Rübchen, die feinste Rübe, kugelig und von zart süßlichem Erdgeschmack, im Frühling am besten

navette   Rübsen, Rübsamen; Rüböl; kl. Teigboot, -schiffchen

nectarine   Nektarine, ↑ *brugnon*

nèfle du Japon   Japanische Mispel, Wollmispel, Loquat, subtropische Frucht von zart süß-säuerlichem, aromatischem Geschmack, frisch, aber a. in Obstsalaten, Fruchtgelees, Desserts, Konfitüren und Sirups genießbar

négociant   Großhändler; Weinhändler; Weinhandels-
kellerei

nègre en chemise   „Neger im Hemd", geeister Schoko-
ladendessert in Schlagsahne

négus   Weiche Karamelle; Würzwein mit Zucker, Zitrone und Muskat

neige   Schnee; Eischnee; zerriebenes Eis; Wassereis,
↑ *sorbet*, aus roten Früchten
  œufs à la –   Eischnee in einer ↑ *crème anglaise*

Nelke, (Gewürz-)   *(clou de) girofle* [(klu dö) s̶c̶h̶i̶r̶ōf̶l̶] m

nélusko   Mit Johannisbeermarmelade gefüllte, in Kirsch
glasierte Kirsche; mit Curaçao aromatisierte Schokola-
den-, Pralinéeisbombe

nem   Frühlingsrolle, ↑ *rouleau de printemps*

Nemours   Mit grünen Erbsen, glacierten Karotten und
Herzoginkartoffeln; Fisch mit Garnelensauce, Fischklößchen, Champignons und Trüffelscheiben; ↑ a. *potage Nemours*

Nemrod   (Haarwild) mit Preiselbeerkompott, Kartoffelkroketten, gr. Champignonköpfen usw.

néroli   Orangenblütenöl; kl. Mandel-Orangen-Gebäck

nerveux   Nervig; Wein: nervig, säurehaltig, gut haltbar

Nesselrode   Verschl. Zubereitungsarten mit Kastanienpüree, salzig oder süß

Netzmelone   *melon brodé* [mölö brodē] m

Neuchâtel   Neuenburg, der nördlichste Westschweizer
Rebkanton mit spritzig-leichten, rassigen Weinen von ru-
stikalem Charakter (↑ *chasselas, Cortaillod, Œil de Perdrix, pinot noir*)

neu(f)châtel   Milder Rahmfrischkäse aus entrahmter
oder voller Kuhmilch, leicht salzig erfrischend, camem-
bertähnlich, Fettgeh. 45 %

Neunauge   *lamproie* [lāprọa] f

Newburg   Hummerzubereitung, ↑ *homard Newburg*

Nice   Nizza, Kurort und Seebad an der französischen
Riviera mit eigenständiger reg. Küche, ↑ Riviera, S. 74 ff.

niçoise, (à la)   Mit grünen Bohnen, Tomaten, a. Zucchini, und Estragon, Knoblauch, schwarzen Oliven und
Anchovis; ↑ a. *salade niçoise*

Niere   *rognon* [ronjō] m
-n|braten   Kalb: *longe* [lösch] f

nieule   Kl. runder Kuchen aus Mehl und Milch (Flandern)

nigelle, cumin noir, herbe aux épices   Schwarzküm-mel, Samen einer Würzpflanze, pfefferscharf, leichtes Zi-tronenaroma; heißt gemahlen ↑ *poivrette, toute-épice*

niniche   Schokoladenwürfel mit Karamelfüllung

niolo, niolin   Rahmiger Käse aus Schaf-, a. Schaf- und Ziegenmilch, kräftig pikant, Fettgeh. mindestens 45 %, gute Zeit Juli–Nov. (Korsika)

Nivernais   Hist. Landschaft an der Loire um die Stadt Nevers, aus der einige bekannte Weißweine kommen, ↑ *Pouilly-Fumé, Quincy, Reuilly*

nivernaise, (à la)   Mit glacierten Karotten und Zwie-beln, auch gedünstetem Kopfsalat

Noilly Prat   Trockener frz. Marken-Vermouth, würzig-herb (Marseillan/Languedoc)

noir   Schwarz; dunkel
  café –   Schwarzer Kaffee
  petit –   Kl. starker schwarzer Kaffee

noiri(e)n   Blauer Spätburgunder, ↑ *pinot noir*

noisette   Nüßchen; kl. Flcischscheibe vom Rücken, ent-beintes Kotelett des Kalbs, Lamms, Rehs usw., oft mit Speck umwickelt; haselnußgroßes Stück Butter; ↑ *beurre noisette, pommes de terre noisettes, sauce noisette*; Hasel-nuß; feiner Haselnußlikör, TT 6–8°

noix   (Baum-, Wal-)Nuß; feines Fleischstück aus der Keule von Schlachtvieh, insbes. vom Kalb, oder Wild
  – de coco   Kokosnuß (Tropen)
  – de muscade   Muskatnuß, ↑ *muscade*
  – du Brésil, – para   Paranuß, mandelartiger, wohl-schmeckender Kern (Südamerika)
  – pâtissière   Frikandeau, Nußstück aus der Keule des Kalbs

nonette voilée   Butterröhrling, wenn Huthaut abgezo-gen, gek. und gewürzt, ausgezeichneter Speisepilz, gute Zeit Juli–Okt.

nonnat, nouna   Kl. durchsichtiges Weißfischchen von den Meeresküsten, meist fritiert oder in Omeletten; Mit-telmeer: a. junge Sardine, ↑ *sardine*

nonnette   Kl. runder oder ovaler Honig-, Pfefferkuchen (Dijon/Côte-d'Or, Reims/Champagne)

nonpareille   Kl. Essigkaper; große, leicht säuerliche Herbstbirne; kl. Kügelchen aus gefärbtem Kristallzucker

noque   Nocken, Nockerl, Klößchen aus Mehl, Eiern und Butter (Elsaß)

Nord   Das nördlichste Département Frankreichs, bildet mit dem Dép. Pas-de-Calais die Region Nord, ↑ S. 57 ff.

normande, (à la)   Mit Meeresfrüchten, Butter, ↑ *crème fraîche*, aber auch mit Äpfeln, Apfelwein, ↑ *Calvados;* ↑ a. *crêpe normande, pommes de terre à la normande, sauce normande*

Normandie   Hist.   Region   in   Nordwestfrankreich, ↑ S. 59 ff.

norvégien   Kl. runder Kuchen mit Aprikosen oder Kirschen und Rahm, mit Kirsch aromatisiert

norvégienne, (à la)   Fische, Krustentiere: mit Gelee überglänzt, mit gef. Eiern, Gurken usw. garniert; innen geeist, außen heiß (Omeletts usw.); ↑ a. *omelette norvégienne*

note   Rechnung (Hotel, Tankstelle usw.); ↑ a. *addition*

nougat   Nougat, schnittfeste Masse aus gerösteten Haselnüssen und Mandeln mit Honig, karamelisiertem Zucker usw.

nougatine   Krokant, geh. Mandeln oder Nüsse in karamelisiertem Zucker

nouilles   (Band-)Nudeln

nourriture   Ernährung; Essen, Verpflegung; Futter

nouveau, nouvelle   Neu; jung; frisch
   vin –   Außerhalb Frankreichs: junger Wein, ↑ *primeur*

nouvelle cuisine   „Neue Küche", 1972 von den Gastrokritikern Gault und Millau eingeführter Ausdruck für die Hinwendung von komplizierten, vielfach überladenen Zubereitungen zu natürlicher Kost mit Eigengeschmack durch verkürzte Kochzeiten, frische Zutaten, Verzicht auf fette Saucen, Marinaden u. ä.

noyau   (Obst-)Kern, (Obst-)Stein; Mandel; Branntwein oder Likör aus bitteren Mandeln (gelb, *jaune*) oder Aprikosen-, Kirsch-, Pfirsichkernen (weiß, *blanc*), kühl zu trinken

Nudeln   *nouilles* [nuij] pl

Nuits (-Saint-Georges)   Solide,   saftig   volle   rote (TR 4–15 Jahre, TT 15–16°) und (wenig) weiße Weine, denen die ↑ *Côte-de-Nuits* den Namen gab (Burgund)

nuoc-mâm, nuoq-mâm   Würzige Sauce aus gepökelten, zerstampften, sonnengetrockneten kl. Fischen (Vietnam)

Nuß   *noix* [no̯a] f
-kartoffeln   *pommes (de terre) noisette* [pomm (dö tär) no̯asätt] pl
-knacker   *casse-noix* [kaßno̯a] m

Nüßchen   *noisette* [no̯asätt] f

Ober *garçon* [garßõ] m; heute meist a. *monsieur* [mösjö] m
-kellner *chef de rang* [schäf dörā] m

oblade Brandbrasse, Oblade, Fisch aus Mittelmeer und Ostatlantik, weiches, nicht bes. geschätztes Fleisch

Obst *fruits* [früi] pl
-kuchen, -torte *tarte aux fruits* [tartofrüi] f
-messer *couteau à dessert* [kuto a däßär] m
-saft *jus de fruits* [schüdfrüi] m
  frischgepreßter —— *jus de fruits pressés* [schüdfrüi präßē] m
-salat *macédoine de fruits* [maßedo̠ann dö früi] f

occupé Besetzt

Ochse(nfleisch) *bœuf* [böff] m; Fleischteile und -stücke ↑ Rind

odeur Duft, Geruch

Œil-de-Perdrix „Rebhuhnauge", blaßrosa-bräunlicher Süßdruck der Blauburgundertraube, subtil und mild blumig, jung zu trinken, TT 9–11° (Neuchâtel, Wallis/Schweiz, a. Burgund, Champagne)

œuf, œufs [öff] m, [ȫ] pl: Ei, Eier, Eierspeisen

Kocharten
  – **à la coque** Weiches (Dreiminuten-)Ei (noch ziemlich flüssig, die Franzosen tauchen gern Brotstreifen hinein)
  – **brouillés** Rührei, in Frankreich meist locker und feucht
  – **dur** Hartgekochtes Ei
  – **en cocotte, caissette, cassolette** Ei im Förmchen, Töpfchen
  – **frit, à la poêle** Gebackenes Ei, das Innere weich
  – **mollet** Wachsweiches (Fünfminuten-)Ei, das Innere weich, das Weiße fest
  – **poché** Pochiertes, verlorenes Ei
  – **sur le plat, au plat, (au) miroir** Setzei, Spiegelei

Zubereitungsarten
  – **à la Bercy** Rührei mit Schweinswürstchen und Tomatensauce
  – **à l'américaine** Gebackene Eier oder Rührei mit Bauchspeck und grillierten Tomatenhälften
  – **à l'ancienne** Rührei, pochierte oder wachsweiche Eier mit Champignon- und Trüffelwürfeln, Hahnennierchen, Sahne und Sherry
  – **à la neige** Eischneeballen, ↑ *île flottante*
  – **à la russe** Russisches Ei, hartgekochte Eihälfte, mit Mayonnaise, Remoulade, Kaviar usw. gef.
  – **à la tripe** Hartgekochte Eischeiben mit Zwiebelpüree an ↑ *béchamel*

- **au bacon** Spiegeleier, Rührei mit Frühstücksspeck
- **au jambon** Spiegeleier, Rührei mit Schinken
- **au lait** Omelett mit gezuckerter, aromatisierter heißer Milch
- **en meurette** Pochierte, verlorene Eier in Rotweinsauce mit Speckstreifen, Champignons und ↑ *croûtons*
- **filés** Eiereinlauf, pochierte Eier in Streifen als Suppeneinlage
- **Meyerbeer** Spiegeleier, pochierte Eier mit gegrillter Lammniere und ↑ *sauce Périgueux*
- **mimosa** Hartgekochte Eierhälften mit Mayonnaise

Ofe(n)kiechlas Ofenküchlein, Vanilleplätzchen (Elsaß, Lothringen)

Ofen Backofen: *four* [fūr] m; Herd: *fourneau* [furno] m

ohne *sans* [ßã]

oie Gans

oignon [onjõ] Zwiebel, Gemüse- und Würzpflanze
- **blanc** Weiße Zwiebel, mild-würzig und knackig, als Würze und Gemüse verwendbar, in Frankreich von Apr.–Sept. erhältlich
- – **nacré** Perlzwiebel, kl. runde Zwiebel, frisch als Gemüsebeilage für Schmorgerichte, meist jedoch in Essig eingelegt
- **jaune** Gemüsezwiebel, würzig und etwas süßlich, zum Füllen, als Gemüse und Salat, ganzjährig erhältlich
- **rouge** Rote Zwiebel, fein und mild, nicht scharf, zum Rohessen und für Salate, Juni–März erhältlich
  petit – blanc Frühlingszwiebel, sehr fein, braucht nicht geschält zu werden, zum Rohessen und Dünsten, Apr.–Juli erhältlich

oignonade Gehackte, gedünstete Zwiebeln; Gericht mit viel Zwiebeln.

oiseau Vogel
- **sans tête** Fleischvogel, gefüllte Roulade von Kalb, Rind, auch Lamm

oison Junggans zwischen 5 und 7 Monaten

okra Okra, ↑ *gombo*

Öl *huile* [üjl] f
-sardine *sardine à l'huile* [ßardīn alüjl] f

Olive *olive* [olīw] f
-n|öl *huile d'olive* [üjl dolīw] f

olive Olive, Frucht des Ölbaums, „Frucht und Fett der Provence", je nach Reifegrad grün, rötlich, braun oder schwarz, herb, bitter und ölig, schmeckt nur eingelegt (Provence, Griechenland, Italien, Spanien u. a.)

- **de mer**   Sägezahn; ↑ *donace*
- **noire**   Vollreife schwarze Olive
- **picholine**   Große grüne, eingelegte Tafelolive
- **piquée**   Gewürzte Olive
- **verte**   Unreife grüne (in Lake oder Öl eingelegte) Olive
- **violette**   Halbreife Olive, nicht mehr grün, noch nicht schwarz

olivet cendré   Weicher Bauernkäse, auch Schimmelkäse aus Kuhmilch, in Asche oder Heu gereift, kräftig pikant, Fettgeh. 40 %, gute Zeit Juli–Febr. (Orléanais)

olivette   Längliche Tomatensorte; spätreife rote, a. weiße Tafeltraube; Mittelmeer: Kammuschel, ↑ *pétoncle*

omble   Saibling, Rötel, Forellenart aus der Familie der Lachsfische (fälschlich manchmal auch ↑ *ombre* genannt)
- **chevalier**   Wandersaibling, der edelste Süßwasserfisch aus kalten, sauerstoffreichen Alpen- und Voralpenseen, festes, nussiges Fleisch, überaus wohlschmeckend, läßt sich pochieren, braten
- **de fontaine, saumon de fontaine**   Bachsaibling, in Teichen gezüchtet, etwas weniger delikat als der ↑ *omble chevalier*
- **du Canada**   Seesaibling, aus Kanada eingeführt

ombre   Äsche, Lachsfisch aus Fließgewässern der Alpen und Voralpen, mageres, zart-aromatisches, leichtverdauliches Fleisch, muß frisch sein, läßt sich (behutsam) braten, dämpfen, kochen

ombrine   Umber-, Schattenfisch, feiner barschartiger Meerfisch

omelette   Omelett, Eierkuchen ohne Mehlzusatz, salzig oder süß
- **à la dijonnaise**   Süßes Omelett mit geriebenen Makronen, Konditorcreme und ↑ *crème fraîche*, mit Johannisbeerlikör parfümiert
- **à la ménagère**   Omelett mit Würfeln von gesottenem Rindfleisch und Zwiebeln
- **à la paysanne**   Kartoffelomelett mit Sauerampfer und Kräutern
- **à la verdurière**   Omelett mit Kopfsalat- und Sauerampferstreifen, geh. Estragon, Kerbel und Petersilie
- **à l'espagnole**   Omelett mit Paprikaschoten, Tomaten, Knoblauch und Petersilie
- **aux fines herbes, verte**   Omelett mit feinen Kräutern (Petersilie, Kerbel, Estragon, Schnittlauch usw.)
- **chasseur**   Omelett mit Hühnerlebern, Champignons und Petersilie
- **flambée**   Mit Rum oder anderen Spirituosen flambiertes süßes Omelett

- **fourrée**   Gefülltes Omelett
- **lorraine**   Omelett mit Bauchspeck, Gruyère-Käse und geh. Schnittlauch
- **niçoise**   Omelett mit Tomaten, Sardellenfilets, Knoblauch und Petersilie
- **norvégienne**   Aromatisches Speiseeis in Biskuitteig, mit Baisermasse überbacken, manchmal flambiert
- **soufflée**   Süßes Schaumomelett mit Aromaten
- **surprise**   „Überraschungsomelett", schnell in Biskuitteig überbackenes, aromatisches Speiseeis, a. flambiert

onctueux, onctueuses   Cremig, sahnig, sämig; fettig, ölig; Käse: buttrig, weich; Wein: fett, körperreich, cremig

Orange   *orange* [orāsch] f
  -n|saft   *jus d'orange* [schüdorāsch] m
  frischer ––   *orange pressée* [orāsch präßē] f
  Blut○   *orange sanguine* [orāsch ßāguin] f

orange   Apfelsine, Orange
- **amère, bigaradier**   Bitterorange, ↑ *bigarade*
- **pressée**   Frischgepreßter Orangensaft
  à l' –   Mit Orangen(aroma); Ente: ↑ *canard à l'orange*

orangeade   Orangeade, Getränk aus Orangensaft, Zukker und Wasser

orangeat   Orangeat, mit Zucker eingekochte Orangen-, Pomeranzenschale; kl. Gebäck aus Mandelteig und glacierter Orangenschale; Orangendragee

ordinaire   Einfach, gewöhnlich, alltäglich; einfaches Menü; Speisewirtschaft

ordre   Bestellung; Ordnung, Reihenfolge

Oregano   *origan* [origā] m

oreille   Ohr, i. a. von Kalb oder Schwein
- **d'âne, de lièvre**   „Esels-, Hasenohr", Orangenbecherling, ↑ *pézize orangée*; reg. für Feldsalat, ↑ *mâche*
- **de mer, de Saint-Pierre**   Meerohr, ↑ *ormeau*

oreiller   Pastete in vier- oder rechteckiger Kissenform

orge   Gerste, das älteste Kulturgetreide
- **mondé(e)**   Gerstengraupen, Rollgerste (für kräftige Suppen)
- **perlé(e)**   Perlgraupen; Gerstensuppe
  tisane d' –   Gerstenschleim

orgeat, (sirop d')   Mandelmilch mit Orangenblütenwasser, mit Wasser verdünnt sehr erfrischend

orientale, (à l')   Mit würzigen Zutaten aus dem östlichen Mittelmeerraum, Auberginen, Paprikaschoten, Reis, Safran, Tomaten, Zwiebeln usw.; mit reisgefüllten Tomaten, gedünsteten Gombos und Paprikaschoten

origan, marjolaine   Oregano, Gewürzkraut, kurze Spitzentriebe und Blätter (getr. würziger als frisch) intensives, leicht bitterliches, belebendes Aroma, als Pulver weniger kräftig

orissa   Weizeneintopf mit Rinderbrust, roten Chili- und Paprikaschoten, Zwiebeln, Knoblauch und karamelisiertem Zucker (Marokko)

orizzutu   Geräucherter, gepfefferter Schinken (Korsika)

orléanaise, (à l')   Mit gedünsteten Endivien und Petersilienkartoffeln

Orloff, Orlov   (Lendenstück vom Kalb) mit Champignon- und Zwiebelpüree; mit gedünstetem Kopfsalat, Bleichsellerie und Schloßkartoffeln

Orly   (Fisch) fritiert, paniert oder in Tomatensauce

ormeau, oreille de mer, ormet, ormier   Meer-, Seeohr, kleine, immer seltenere Meerschnecke, festes, köstliches Fleisch, das vor der Zubereitung aber zartgeklopft werden muß; a. in Konserven als *abalone* erhältlich

oronge, amanite des Césars   Kaiserling, Kaiserschwamm, einer der delikatesten, von alters her geschätzten Speisepilze, nicht roh eßbar, gute Zeit Juli–Okt.

orphie, aguillette   Hornhecht, Grünknochen, grüne Gräten, aber trockenes, feines Fleisch, läßt sich kochen, braten, räuchern

ortie   Brennessel, Wildgemüse, junge Blättchen und Triebspitzen würzig spinatähnlich, als Suppe, Gemüse oder Salat verwendbar, gute Zeit Apr.–Sept.

ortolan   Ortolan, Fettammer, das feinste Federwild, heute a. in Frankreich geschützt

os   Knochen
   à l' –   Am, mit Knochen

oseille   Sauerampfer, Wildkraut, junge zarte Blätter, nur frisch verwendbar, in Streifen oder gehackt intensiv-erfrischend säuerlich, kann als Salat, Suppe oder Würze gebraucht werden, gute Zeit März–Sept.

ossau-iraty   Halbhartkäse AO aus frischer Schafmilch, mild und erdig-würzig, Fettgeh. mind. 50 %, gute Zeit Ende Frühling–Herbst (Baskenland, Béarn)

ouil(l)at   Dicke Suppe aus Zwiebeln, Dörr- oder Saubohnen, Knoblauch, a. Lauch, Tomaten auf Brotscheiben (Béarn, Pyrenäen)

ouillade   Gericht aus der *oille*, dem großen irdenen Suppentopf: rustikale Suppe mit Knoblauch und Eiern (Ariège/Midi-Pyrénées) oder Zwiebeln (Béarn); gesottenes Schweinefleisch mit Gemüsen (Roussillon)

oulade Gericht aus der *oule*, dem verzinkten Kupfertopf: Kohlsuppe mit Speck und Gemüsen (Auvergne, Lozère/Languedoc-Roussillon, Rouergue/Midi-Pyrénées)

oursin, châtaigne de mer, hérisson de mer Seeigel, runder Stachelhäuter aus dem Meer, dessen köstliches Fleisch roh oder gekocht wie ein Ei aus der Schale gelöffelt oder gesaugt wird, sollte aus sauberen Gewässern kommen, am besten die einheimische Sorte *vert* (westeuropäische Küsten, Mittelmeer), wird heute a. gezüchtet

ourteto Gemüsesuppe aus geh. Lauch, Sauerampfer, Sellerie, Spinat mit Knoblauch auf in Olivenöl getränkten Brotscheiben (Provence)

ouvre|-boîte(s) Büchsen-, Dosenöffner
-bouteilles Flaschenöffner

oyonnade Gänsepfeffer in Wein mit in Branntwein angerührter Gänseleber und -blut (Bourbonnais)

Pacherenc-du-Vic-Bilh Herzhaft trocken, a. lieblicher bis süßer Weißwein, lebendig und fruchtig, Bruder des ↑ *Madiran*, TR 2–5 und mehr Jahre, TT 8–10° (Béarn/Basses-Pyrénées)

pageau, pagel(le), pageot Rotbrasse, barschartiger Meerfisch, der Dorade, ↑ *daurade*, ähnlich, aber nicht ganz so fein, gute Zeit Aug.–Jan., läßt sich braten oder backen

pagre Meer-, Sackbrasse, barschartiger Meerfisch, der Dorade, ↑ *daurade*, ähnlich, etwas weniger fein, aber wohlschmeckend, läßt sich wie diese zubereiten

pagure Bernhardskrebs, ↑ *bernard-l'(h)ermite*

Païen Walliser Weißwein, ↑ *Heida*

paillard(e) Großes, dünngeklopftes Kalbs-, a. Rinderschnitzel, kurzgebraten

paille Stroh; Stroh-, Trinkhalm; ↑ a. *pommes (de terre) paille, vin de paille*

paillette Warmes (Käse-)Stäbchen aus Blätterteig

pain Brot; a. Pastete mit feingeh. Fleisch usw.; Sulzbrot; Kuchen
– **à café** Kl. langes und dünnes Weißbrot, ↑ *flûte*
– **au lait** Längliches Brötchen aus Briocheteig mit Milch und glatter Rinde
– **au seigle** Brot aus mindestens 10 % Roggenmehl
– **au son** Brot aus 80 % Vollkorn und 20 % Kleie
– **bagnat** Großes gefülltes Sandwich, ↑ *pan bagnat*
– **bâtard** Längliches Misch-, Halbpfundbrot, kürzer als eine ↑ *baguette*

- **bis** Bauern-, Haus-, Mischbrot aus Weizen- und Roggenmehl mit Kleie
- **blanc** Weißbrot aus reinem Weizenmehl
- **carreleé** Halbweißes Fladenbrot (Westschweiz)
- **complet** Vollkornbrot
- **croustillant** Knäckebrot, knuspriges Vollkornschrotbrot
- **de campagne** Landbrot, meist aus Weizenmehl, evtl. etwas Roggenmehl
- **de cuisine** Rahmfarce von Geflügel, Wild usw.
- **de fantaisie, de luxe** Als Stück und nicht nach Gewicht verkauftes Brot, ↑ *baguette, ficelle, pain bâtard*
- **de fruits** Hefebrot mit Backobst, ↑ *Bireweck(e)*
- **de Gênes** Weicher Biskuit mit viel Butter und gemahlenen Mandeln
- **de gruau, viennois** Feines Weißbrot
- **de ménage, de cuisson, ordinaire** Gewöhnliches Hausbrot, meist aus Hartweizenmehl und Hefe
- **de méteil, noir** Dunkles Brot aus Weizen und Roggen, a. Buchweizen
- **de mie** Weißes, rindenloses Toastbrot (in Scheiben)
- **d'épices** Leb-, Honigkuchen, Lebzelten
- **de seigle** Brot mit mindestens 65 % Roggenmehl
- **de viande** Hackbraten, falscher Hase
- **(en) épi** Stangenbrot in Ährenform
- **fendu** Brot aus zwei zylindrischen Teilen
- **gris, russe** Schwarzbrot
- **long** Längliches Brot; ↑ *baguette, ficelle, pain bâtard*
- **moulé** Kasten-, Kommißbrot
- **noir, russe** Schwarzbrot
- **– de Westphalie** Pumpernickel
- **parisien** Lange knusprige Weißbrotstange
- **perdu** Armer Ritter, altbackene Weißbrotscheibe, in Ei und Milch eingeweicht, in Butter gebacken, mit Zimt und Zucker usw. bestreut
- **polka** Gefüllter Brandteigring, ↑ *polka*
- **rassis** Altbackenes Brot
- **rond** Rundes Scheibenbrot mit ausgebauchter Rinde
  petit – Brötchen, Semmel, Wecken

paire Paar

palais Gaumen(segel) des Rinds, meist zusammen mit dem Maul, ↑ *museau*, angeboten; a. Teigplätzchen

palée Art Felchen, Renke, forellenähnlicher Lachsfisch, festes, gutes Fleisch (Genfer See)

paleron Schulter- mit Halsstück vom Rind

palet Küchlein; kl. trockenes, mit Anis, Orange, Rum, Vanille, Zitrone usw. aromatisiertes Biskuitplätzchen

palette Fleisch vom Schulterblatt des Schweins, a. des Schafs

Palette Ausgezeichnete, eher unterschätzte weiße, rosé (frisch und fruchtig, TR 4 Jahre, TT 10°) und rote (gehaltvoll, aber nicht schwer, TR 8 Jahre, TT 15°) Weine aus dem Mündungsgebiet der Rhône (Côtes-de-Provence)

palmier Palme; „Schweinsohr", Blätterteiggebäck mit Puderzucker
  cœur de – Palmherz, Palmenmark, meist in Dosen

palombe Südfrankreich: Ringeltaube, ↑ *pigeon ramier*

palourde Atlantik: Kreuzmuster-Teppichmuschel, Vongola, ↑ *clovisse*, wird a. gezüchtet; einige frz. Gegenden: Kürbis, ↑ *calebasse, courge, pâtisson, potiron*
  – rouge Venusmuschel, ↑ *cythère*

pamplemousse Pampelmuse, größte Zitrusfrucht aus tropischen und subtropischen Gebieten, leicht säuerliches, würzig bitteres Fleisch; so wird oft a. die Grapefruit, ↑ *pomelo*, genannt

panaché(e) Gemischt, bunt; Bier mit Limonade („Alsterwasser", „Radlermaß"); a. Kaffee mit einem Schuß Alkohol

panade Panade, Bindemittel aus Brot, Mehl, Eiern usw. für Füllungen; bäuerliche Brotsuppe

panais Pastinake, stärkehaltiges Wurzelgemüse von süßlich-würzigem Geschmack, gek. als Suppengewürz, Gemüse und Salat verwendbar, gute Zeit Herbst und Winter

pan-bagnat Gr. rundes, waagerecht halbiertes, in Olivenöl „gebadetes Brot" mit ↑ *salade niçoise* zwischen den Hälften, wird hauptsächlich im Freien, bei Picknicks usw. gegessen (Nizza, östl. Côte d'Azur)

pan coudoum Quitten im Teig (Provence)

paner Panieren, Brat- und Backgut durch geschlagenes Ei, Milch, flüssige Butter ziehen und in Paniermehl wälzen

panette Rosinenbrötchen (Korsika)

panier Korb

panisse, panizza Gr. Fladen aus Kichererbs-, Mais- oder Kastanienmehl, salzig oder süß, (Nizza, Provence, Korsika)

panne Bauchfett, Flomen, Schmer des Schweins

pannequet Mit Konfitüre, auch Hack, Püree, Creme usw. gef. Pfannkuchen, Palatschinken, süß oder salzig

panse, rumen Pansen, größter Wiederkäuermagen, Teil der Kutteln, ↑ *tripes*

panure Panier-, Semmelmehl, Brösel, altbackenes, zerriebenes Weißbrot oder Brötchen zum Panieren

panzarotti Süße, mit Branntwein getränkte Reis-, a. Kartoffelkrapfen, werden warm und mit Zucker bestreut gegessen (Korsika)

papaye Papaya, Baummelone, tropische Frucht, zartsüßliches, etwas fades Fleisch, roh gekühlt und ohne Kerne mit Zitronensaft als Vorspeise, unreif als knackiges Gemüse, Salat, reif für Obstsalat, Kompott, Marmelade; erfrischender Saft

papet (vaudois) Waadt/Schweiz: sehr dicke Suppe; kräftiger Eintopf aus Lauch und Kartoffeln zu fetten Waadtländer Würsten

papeton Gebackenes Auberginenpüree mit Ei (Avignon)

Papierbeutel *sac en papier* [ßakãpapjē] m

papillote, (en) In Pergamentpapier oder Alufolie gegart; kl. Naschwerk in buntem Papier

Paprika(schote) *piment (doux)* [pimã (du)] m; *poivron* [poąwrõ] m

-pulver *paprika* [paprika] m

paquet de lapin Kaninchenroulade (Toulouse)

parasol Schirmpilz, ↑ *lépiote*

parer Parieren, zurechtschneiden, auslösen, zurichten; schälen; schmücken

parfait Feiner, zartluftiger Schaum aus edlen Zutaten (Gänseleber, Hummer usw.) mit ↑ *crème fraîche*; Halbgefrorenes, urspr. mit Mokka, heute a. mit versch. (Frucht-)Aromen parfümiert

Parfait Amour Urspr. holländisch: exotisch duftender Likör aus Blütenessenzen des Fernen Ostens

Paris Hauptstadt Frankreichs, in der Verwaltung, geistige, kulturelle und wirtschaftliche Aktivitäten des Landes konzentriert sind, ↑ Île-de-France S. 42 ff.

Paris ail Schweinewurst, ↑ *saucisson de Paris*, mit Knoblauch

paris-brest Mit Creme oder Schlagsahne und Mandelstiften gefüllter Brandteigring

parisien Zitronenbiskuit, mit Mandelcreme und kandierten Früchten gefüllt

  petit –, pain – Lange, knusprige Weißbrotstange

parisienne, (à la) Auf Art der klassischen Pariser Küche, u. a. mit gedämpftem Kopfsalat oder Artischockenböden und Nußkartoffeln, mit Champignons, Gemüsewürfeln und Zungenstreifen; Fisch, Krustentiere: mit dik-ker Mayonnaise und versch. Garnituren; ↑ a. *consommé à la parisienne, potage à la parisienne*

Parmentier, (à la) Mit Kartoffeln zubereitet oder gar-niert; mit (gratiniertem) Kartoffelpüree usw.; ↑ a. *potage Parmentier*

  hachis – Kartoffelpüree mit Hackfleisch, im Ofen überbacken

parure (Haut-, Fett-)Abfall; Überreste von Fleisch, Fisch, Gemüse, mit denen man Saucen, Farcen usw. zube-reiten kann

pascade Pfannkuchen mit Nußöl, auch mit Speck und Zwiebeln (Rouergue/Midi-Pyrénées)

pascaline Osterlamm

Pas-de-Calais Straße von Dover, ↑ Nord – Pas-de-Ca-lais S. 57 ff.

passé Überreif; verblichen, verwelkt; Käse: abgelagert; Wein: überaltert

passe-thé Feines Teesieb

Passetoutgrains,   Passe-Tout-Grain,   Passe-Tous-Grains Saftig-süffiger Rotwein anständiger Qualität aus etwa ⅔ *Gamay-* und ⅓ *Pinot-noir*-Trauben, jung zu trin-ken, TT 14–17° (Burgund)

passe-vite Passiergerät, Presse, Mixer

passoir Sieb

pastèque Wassermelone, ↑ *melon d'eau*

Pastetchen *vol-au-vent* [wolowã] m

Pastete *pâté* [patē] m

pastilla Blätterteigpastete mit Geflügel, Krustentieren, Gemüsen, a. mit Mandeln, Konditorcreme usw., wird warm gegessen (Marokko)

pastille Rundes (Zucker-, Schokoladen- usw.)Plätz-chen, Drops

pastis In Wein eingekochtes Rind- und/oder Schweine-fleisch mit Kräutern und Gewürzen (Médoc, Provence); luftiger Kuchen aus Blätter-, Brioche- oder Hefeteig mit Orangenblütenwasser, Armagnac-Äpfeln, Backpflaumen usw. (Südwestfrankreich)

Pastis Belebend-bekömmlicher Aperitif mit Anis-, La-kritzengeschmack, meist aus Süßholzwurzel, Fenchelsa-men, Sternanis, Zucker und Karamel, wird mit ⅘ eisküh-lem Wasser in dünnem Strahl aus dem Krug verdünnt, wobei er sich milchig trübt; a. gut als *perroquet* mit etwas Pfefferminzlikör oder -sirup oder als *tomate* mit etwas

Grenadinesirup; einige unverdünnte Tropfen können a. Anis, Dill oder Fenchel ersetzen

patate (douce)   Batate, Süßkartoffel, Wurzel der Knollenwinde, kartoffelähnlicher, süßlicher, etwas fader Geschmack, läßt sich mit oder ohne Schale backen, braten, kochen; ugs. a. für Kartoffel, ↑ *pomme de terre*

pâte   Teig; Paste
- **à choux**   Brandteig, delikat locker und leicht
- **à frire**   Back-, Bierteig
- **à génoise**   Genueser Biskuitteig, locker und aromatisch
- **brisée**   Mürbeteig, knusprig leicht
- **d'amandes**   Marzipan
- **de fruits**   Fruchtpaste, -gelee
- **feuilletée**   Blätterteig, locker und knusprig
- **levée**   Hefe-, Germteig, elastisch und süßlich
- **sablée**   Sandteig, fein und leicht

pâté   Pastete, Fleisch-, Geflügel-, Wild-, Fisch-, Krustentier- usw. Füllung in Teighülle
- **de campagne**   Kräftige Bauernpastete (oft ohne Teigkruste, also Terrine) aus verschiedenem grobgeh. Fleisch und Innereien mit Gewürzen
- **de foie gras**   Gänseleberpastete, mit Hülle von gehacktem Kalbfleisch in Teigkruste
- **de fromage**   Quark-, Käsekuchen
- **de Gascogne**   Pastetenbrot mit Geflügelleber und Armagnac
- **de gibier**   Pastete mit mindestens 20 % (aber meist nicht mehr) Wildfleisch
- **de tête**   Schweinskopfsülze, Preßsack
- **de volaille**   Pastete mit mindestens 15 % (aber in der Regel nicht mehr) magerem Geflügel- oder Kaninchenfleisch
- **du Périgord**   Gänseleberpastete mit Trüffeln
- **en croûte**   Pastete im Teigmantel
- **forestier**   Pastete mit Waldpilzen
- **impérial**   Urspr. chinesisch, vietnamesisch: Frühlingsrolle, ↑ *rouleau de printemps*
- **maison**   Hausgemachte Pastete

patelle, bernic(le), bernique   Napfschnecke, festes, etwas fades Fleisch, aber starker Meergeschmack, roh, grilliert oder als Füllung genießbar

pâtes (alimentaires)   Nudeln, Teigwaren

patience   Garten-, Gemüseampfer, Spinatgemüse, säuerliche Blätter (nur frisch und mit Maß) als Salat oder Gewürz

pâtisserie   Feines Backwerk; Feinbäckerei, Konditorei

pâtisson Garten-, Melonenkürbis, zucchino-ähnliches Fruchtgemüse mit weißem, süßem Fleisch, gute Zeit August, September

Patrimonio Korsischer Wein, ↑ *vin de Corse*

patron(ne) Wirt(in), als Anrede ohne Artikel oder Zusatz

patte Pfote, Fuß, Klaue, Lauf
– **blanche, rouge** Krebssorten, ↑ *écrevisse*
–**s bleues** Blaufüßiges Bressehuhn, ↑ *poulet de Bresse*

pauchouse Fischsuppe, ↑ *pochouse*

Pauillac Die Weinkapitale des ↑ *Haut-Médoc* mit dessen körperreichsten, rundesten, saftigsten Gewächsen, TR 12–15 und viel mehr Jahre, TT 17–19° (Bordeaux); ↑ a. *Lafite-Rothschild, Latour, Mouton-Rothschild*

paupiette, alouette sans tête (Fleisch-, Fisch-, Kohl-) Roulade, Fleischvogel vom Kalb, a. Rind oder Lamm

pavé „Pflasterstein"; recht- oder viereckiges Stück Fleisch (aus dem Filet), a. geliertes Mus von Fleisch, Geflügel, Fisch; Stück Gebäck oder Lebkuchen; ugs. fettes, schwerverdauliches Gericht, das aufliegt
– **d'Auge, de Moyaux** Aromatischer Käse aus frischer Kuhmilch, Art großer ↑ *pont l'évêque*, Fettgeh. 50 %, gute Zeit Apr.–Nov. (Normandie)
– **de bœuf** Rindsgrillade, meist aus dem Filet

pavot Mohn, Ölpflanze, getr., geröstete Samen fein nussig, leicht bitter, vor Gebrauch gemahlen besonders aromatisch

pa-y-all Mit Knoblauch und Olivenöl eingeriebene, getränkte Brotscheibe (Midi)

pays Land(strich)
de – Vom Land; ↑ a. *vin de pays*
du – Aus der Gegend

Pays basque Baskenland, Region am Golf von Biscaya, ↑ Aquitaine S. 19 ff.

Pays de Loire Land der Loire, Region um die Loire von Angers zum Atlantik, ↑ Pays de Loire S. 63 ff.

paysan(ne) Bauer, Bäuerin; von bäuerlicher Herkunft, mit starkem, kräftigem Geschmack

paysanne, (à la) Auf Bauernart: mit braungebratenen Kartoffeln und Gemüsen (Karotten, weißen Rübchen, Sellerie, Zwiebeln usw.); in Bouillon mit Aromaten gekochte Kartoffelscheiben; ↑ a. *omelette à la paysanne, potage à la paysanne*

peau Haut; Schale; Fell

pebronata Sauce mit Paprika, Tomaten, Zwiebeln; a. ein Ragout darin (Korsika)

Pécharmant Der beste, feinste Rotwein des ↑ *Bergerac*, vollmundig weich, TR 2–6 Jahre, TT 16° (Dordogne/ Aquitanien)

pêche Pfirsich, Steinfrucht; *blanche:* weißes, feinaromatisches Fleisch, *jaune:* gelbes, festes, haltbares Fleisch; gute Zeit Juni–Sept.; ↑ a. *brugnon*
– **Melba** Pochierte Pfirsichhälften auf Vanilleis, mit Himbeerpüree überzogen

peigne Kammuschel, ↑ *pétoncle*

pélamide, bonite (à dos rayé) Pelamide, Falscher Bonito, Thunfischart, frisch von ausgezeichnetem Geschmack

pèlerine Mittelmeer: Kammuschel, ↑ *pétoncle*, auch Jakobsmuschel, ↑ *coquille Saint-Jacques*

Pellkartoffeln *pommes de terre en robe de chambre* [pommdötär ã robdöschãbr] pl

pelure (abgeschälte) Haut, Schale
– **d'oignon** „Zwiebelschale", blaßrosa-bräunlicher Wein, meist Süßdruck oder Federweißer; auch abschätzig für bräunlich gewordenen Wein

Peperoni *piments doux* [pimã du] pl

pépin (Obst-)Kern

Peppermint Pfefferminzlikör, minzig erfrischend, mit zerstoßenem Eis, auch verdünnt zu trinken (Haute-Garonne/Midi-Pyrénées u. a.)

perche Flußbarsch, Egli, feiner Süßwasserfisch, festes, aromatisches, leichtverdauliches, aber grätiges Fleisch, muß frisch sein (auch tiefgekühlt erhältlich), läßt sich filieren, braten, fritieren

perdreau Weniger als ein Jahr altes Rebhuhn, delikates Flugwild, saftig und doch fettarm; *gris* (nördl. der Loire) nicht ganz so fein wie das fettere *rouge* (Süden und Südwesten Frankreichs); *colin*, aus Amerika eingeführte Art, ebenfalls ausgezeichnet, heute allerdings oft gezüchtet und dann weniger gut

perdrix Das jagdbare Rebhuhn, ↑ *perdreau*
– **de rivière** Reg. für Flußbarsch, ↑ *perche*

périgourdine, (à la) Mit Trüffeln, auch mit Gänseleber; mit ↑ *sauce périgourdine* oder ↑ *sauce Périgueux*

Perlan Perlend-frischer, bekömmlicher Weißwein aus der ↑ *Chasselas*-Traube (Genf/Schweiz)

perlant, perlé Perlend, spritzig

Perlhuhn *pintade* [p̃atad] f; jung: *pintadeau* [p̃atado] m

Perlzwiebel *(petit) oignon blanc nacré* [(pöti) onjõ blã nakrē] m

Pernand-Vergelesses Eher leichte, aber noble rote (TR jung oder bis 10 Jahre alt, TT 12–14°), zartduftig trokkene weiße (TR 4–8 Jahre, TT 8–10°) Weine (Côte-de-Beaune/Burgund)

Pernod Markenaperitif mit Anisgeschmack, ↑ *pastis*

Perrier Tafelwasser mit fast keinem Mineralgehalt und viel Kohlensäure (Languedoc)

perroquet Anis-Aperitif aus Pfefferminzsirup, ↑ *menthe*, oder Pfefferminzlikör, ↑ *anisette* und ↑ *pastis*

persil Petersilie, Küchenkraut, Blätter, Stengel süßlichwürzig und unaufdringlich feinbitter; glattblättrig, *commun*, intensiver als krausblättrig, *frisé*; wenn erhältlich, a. Wurzeln, *bulbes*, ausgezeichnet als Gemüse oder Zutat

persillade Grüner Würzpuder aus feingeh. Petersilie und oft Knoblauch; damit gewürztes Fleisch
– **de tête** Schweinskopf- und Zungensülze

persillé Mit Petersilie zubereitet (in Frankreich oft gedünstet) oder bestreut; Fleisch: von weißen Fettadern durchzogen, ↑ a. *pièce persillée*; Käse: grünblaugeädert, mit Schimmelpilz

Pessac-Léognan Duftiger, charaktervoller Rotwein aus der Nähe der Stadt Bordeaux, noch nicht lange *Appellation d'origine contrôlée*, aber gerade deshalb einen Versuch wert, TR 5–10 Jahre, TT 16–18° (Graves/Bordeaux)

pet-de-nonne,   soupir-de-nonne „Nonnenfürzchen, -seufzer", luftiger, gezuckerter Brandteigkrapfen, oft mit Creme, Konfitüre usw. gefüllt

Petermännchen *vive* [wīw] f

Petersfisch *saint-pierre* [ßãpjãr] m

Petersilie *persil* [pärßĩ] m

pétillant Perlend, leicht schäumend, sprudelnd

petit Klein
– **-beurre** Butterkeks
– **blanc** Einfacher, offener Weißwein
– **chou** Windbeutel
– **déjeuner** Frühstück, ↑ *déjeuner, petit*
– – **complet** Frühstück mit Brot, Butter, Marmelade und (Milch-)Kaffee
-s fours Konfektgebäck, ↑ *fours*
-s gâteaux (secs) Teegebäck
– **-lait** Name versch. Milchprodukte: Molke, Buttermilch, entrahmte Milch

– **-e marmite** Kl. Suppentopf, klare Kraftbrühe mit Rindfleisch, Geflügel(klein), Rindermark und Gemüse
– **noir** Kl. starker schwarzer Kaffee
– **-e oie** Gänseklein
– **oignon (blanc)** Frühlingszwiebel, ↑ *oignon blanc, petit*
– **pain** Brötchen, Semmel, Wecken
– **parisien** Lange, knusprige Weißbrotstange
– **pois** Frische, junge grüne Erbse, zart und süß; *lisse:* frühreif, *ridé:* ausgewachsen
– **radis** Radieschen
○ **Rhin** Name der Rebsorte Riesling im Wallis
– **salé(s)** Pökelfleisch, ↑ *salé, petit*
– **-suisse, demi-suisse, suisse** Ungesalzener Frischkäse, rahmig frisch und säuerlich, Fettgeh. 60–75 %, gern mit Zucker oder Honig als Nachspeise gegessen (Normandie u. a.)

petites Kl. Päckchen von Hammel-, Lamm- oder Kalbskutteln (Rouergue/Midi-Pyrénées); ↑ a. *tripous*
– **-gris** Erdritterling, ↑ *tricholome terreux*, oder Trichterling, ↑ *clitocybe nébuleux*; Gesprenkelte Weinbergschnecke, in Frankreich geschützt, höchstens importiert

pétoncle, olivette, peigne Kammuschel, eßbares Meeresweichtier, kleinere, feinere Verwandte der Jakobsmuschel, ↑ *coquille Saint-Jacques*, empfindlich und leichtverderblich, aber (meist gekocht, auch roh mit Zitrone) ausgezeichnet, gute Zeit Apr.–Okt.

Pétrus, Château Nobler, üppig aromatischer, a. in mittelmäßigen Jahren hervorragender Spitzenrotwein aus dem ↑ *Pomerol*, TR 5–12 Jahre (selten mehr), TT 16–17° (Bordeaux)

pézize (orangée), oreille-de-lièvre Orangebecherling, a. roh genießbarer Speisepilz, aber mehr dekorativ als schmackhaft, gute Zeit Sept.–Okt.

Pfanne Brat○: *poêle* [poal] f; Schmor○: *sauteuse* [ßōtȫs] f

Pfannkuchen *crêpe* [kräp] f

Pfeffer *poivre* [poawr] m
-gurke *cornichon* [kornischō] m
-kraut *sarriette* [ßarjätt] f
-minze *menthe* [mãt] f
-minzlimonade *menthe à l'eau* [mãtalo] f
-minztee *infusion de menthe* [ãfüsjō dö mãt] f
-mühle *moulin à poivre* [mulã a poawr] m
-schote *piment doux* [pimã du] m
-streuer *poivrier* [poawrijē] m

Pfifferling *girolle* [schiroll] f

Pfirsich *pêche* [pãsch] f

Pflaume *prune* [prün] f

Pflütten, Pflutters Kartoffelklöße mit geschlagenen Eiern und Mehl oder Grieß (Elsaß, Lothringen)

Pflümli Pflaumenwasser, TT 6–8° (Elsaß, Schweiz)

Pfund *livre* [līwr] m

pholiote du peuplier Stockschwamm, Schüppling, sehr guter Speisepilz, frisch oder getrocknet, besonders aber als Würze verwendbar, gute Zeit Juni–Okt.

pibal(l)e Südwestfrankreich: Glasaal, ↑ *civelle*

picanchâgne Gedeckter Fruchtkuchen aus Hefeteig mit Birnen, manchmal a. Äpfeln oder Quitten (Bourbonnais/Auvergne)

Picardie Pikardie, hist. Provinz und Wirtschaftsregion Nordfrankreichs, ↑ S. 65 ff.

pichet Kl. Schnabelkrug aus Keramik oder Zinn

picholine Gr. grüne Tafelolive, in Sole oder Olivenöl eingelegt

picodon Kl. weicher Frischkäse aus Ziegenmilch, pikant nussig, je reifer, desto intensiver, Fettgeh. 45 %, gute Zeit Sept.–Nov. (Ardèche AO, Drôme AO, Gard AO, Vaucluse AO, auch anderorts)

Picon Aperitif, ↑ *Amer Picon*
– **bière** Bier mit ↑ *Amer Picon*

picoussel Auflauf aus Buchweizenmehl mit Kräutern und Pflaumen zum Nachtisch (Auvergne)

pièce Stück; (Eichen-)Faß für 205 l (Champagne), 216 l (Beaujolais), 228 l (Burgund) Wein; ↑ a. *barrique*
– **, (petite)** Kleingebäck (Westschweiz)
– **de résistance** Hauptgericht
– **parée, persillée** fettdurchzogenes Schulterfleisch

pied Fuß; Spitzbein
– **-bleu** Rötling, ↑ *tricholome nu*
– **-de-mouton, hydne (sinué)** Semmelpilz, eßbarer Stachelpilz, jung schmackhaft säuerlich, pfifferlingähnlich, gute Zeit Aug.–Nov.
  -s et paquets Ugs. *paquets*, Hammel-, Lammroulade und Hammel-, Lammfüße mit Tomaten in Weißwein und Weinbrand geschmort (Marseille)
  gros – Steinpilz, ↑ *cèpe*

piémontaise, (à la) Mit Risotto, manchmal weißen Trüffeln; mit Makkaroni, Polenta, Ravioli usw.; Gebäck: mit Haselnüssen

pieuvre Krake, ↑ *poulpe*

pigeon, pigeonne (Haus-)Taube
– **ramier** Ringeltaube, meist nur Brust und Schenkel verwertbar, gute Zeit Sept.–Nov.

pigne, pignon Pinienkern, Samenkern des Pinienzapfens, roh, geröstet oder gesalzen erhältlich, ölhaltig, mandelartig mildwürzig, im Süden a. als Gewürz verwendet

Pikefleisch Geräucherte Rinderbrust (Straßburg)

pilaf, (riz), pilau, pilaw Urspr. im Nahen Osten Bezeichnung für gekochten Reis; in westl. Ländern gewürztes Reisgericht mit Fleisch, Geflügel, Fisch, a. Gemüsen

pilchard Urspr. englisch: ausgewachsene Sardine, meist in Konserven in Öl oder Tomatensauce

pilpil Weizen-, Hirsevollkornschrot

Pilz (alle Arten) *champignon* [schãpinjõ] m

piment Name aller Paprika-, Pfefferschotenarten; allg. Würze
– **de Cayenne** Dünne rote Paprikaschote, stark und herb, das ganze Jahr frisch erhältlich
– **de la Jamaïque, poivre-giroflé, toute-épice** Piment, Nelkenpfeffer, getr. Beeren des Pimentbaums, ganz oder gemahlen würzig pikant
– **des Antilles, cerise** Lebhaft rote Paprikaschote, sehr scharf, das ganze Jahr frisch erhältlich
– **doux** Gemüsepaprika (große Schote ↑ *poivron*), je nach Sorte fruchtig süß bis scharf
– **du Chili, enragé, oiseau** Kl. Pfefferschote, Chili, feurig scharf, frisch, getrocknet oder gemahlen (als *poivre de Cayenne* oder *paprika*) erhältlich
– **rouge** Rote, spitze Paprikaschote, starker Geschmack, frisch oder getrocknet erhältlich
– **vert** Grüne Paprikaschote, recht stark, nur frisch erhältlich

pimprenelle Pimpinelle, Pimpernell, Bibernell(e), Gewürzkraut, junge Blätter zartbitterlich und gurkenähnlich, nur frisch, meist feingeh., als Gemüse oder Salat verwendbar

pinard Gewöhnlicher Landwein, ugs. a. für dunkelroten, tanninhaltigen Rotwein

pincée Prise, Fingerspitze voll

Pineau (des Charentes) Aromatisch fruchtiger Likörwein aus jungem Traubenmost und Cognac, kühl als Aperitif, zu Vorspeisen oder zum Nachtisch genießbar (Charentes)

pinée Stockfisch erster Qualität, ↑ *morue (séchée)*

pinne (marine) Steckmuschel, ↑ *jambonneau*

pinot   In Frankreich weitverbreitete Rebsorte, die ausgezeichnete Weine gibt
- **blanc**   „Weißburgunder", „Klevner", gibt geschmeidig-ausgeglichene, durststillende Weißweine (Burgund, Champagne, Elsaß, Jura, Savoyen u. a.)
- **gris**   „Grauburgunder", „Ruländer", gibt gehaltvoll blumige Weißweine (Elsaß, Jura, Savoyen, Luxemburg, Waadt, Wallis/Schweiz u. a.)
- **noir, noiri(e)n**   „Blauer Spätburgunder", gibt vollmundig alkoholhaltige Rosé- und Rotweine (Burgund, Champagne, Elsaß, Jura, Sancerre, Neuchâtel, Waadt, Wallis/Schweiz u. a.)

Pinot noir   Pikant trockener Roséwein, TR 2–4 Jahre, TT 8–10° (Elsaß); ausgeglichen fruchtiger Rotwein, TR 2–4 Jahre, TT 12–14° (Wallis/Schweiz)

pintade   Perlhuhn, delikatester Vertreter der Hühnerfamilie mit leichtem Wildgeschmack, sollte nicht mehr als 11–13 Wochen alt sein; heute meist gezüchtet, *fermier:* aus dem Freilaufgehege, am besten: *de la Drôme*

pintadeau   Junges Perlhühnchen, etwa acht Wochen alt

piperade, pipérade   Omelett oder Rührei mit Paprikaschoten, Tomaten, Knoblauch, Zwiebeln, a. Schinken-, Huhn-, Thunfischstücken (Baskenland)

pirojki, pirogui, pirojok   Urspr. russisch: Pirogge, kl. mit Fleisch, Fisch, Kohl u. a. gefüllte Hefeteigpastete als Vorspeise oder zu Suppen

pirot   Mit Knoblauch und Sauerampfer sautiertes Rehragout (Poitou)

pissala(t)   Salzige Würzpastete aus Sardellen und Sardinen mit Lorbeer, Nelken, Thymian und Pfeffer in Olivenöl (Nizza, Provence)

pissaladiera, pissaladière   Zwiebelpizza mit Sardellenpüree und schwarzen Oliven, warm oder kalt (Nizza, Provence)

pissenlit, dent-de-lion   Löwenzahn, Wiesenpflanze, zarte Blätter herbsüß bitterlich, müssen März–Mai vor dem Blühen verwendet werden, in Frankreich als Salat, ↑ *mesclun*, oder spinatartiges Gemüse geschätzt

pistache   Pistazie, grüne Mandel, angenehm mild und süßlich, rund besser als länglich; ↑ a. *pistache, en*
  en –   Südwestfrankreich: Eintopf aus Fleisch (meist vom Schaf) mit Knoblauchzehen, aufgewärmt besonders gut

pistolet   Rundes oder längliches Brötchen mit tiefer Kerbe (Ostfrankreich, Belgien)

pistou „Zerstampfte" Würzpaste aus Basilikum, Knoblauch, Olivenöl, auch Tomatenmark und Parmesan als kräftige Zutat zu Suppen, Teigwaren, Fischen usw. (Provence)

    soupe au – Art Minestrone, dicke, nahrhafte Gemüsesuppe mit Tomaten, Kräutern und ↑ *pistou* (Provence)

pithiviers Weichkäse aus Kuhmilch, erdig aromatisch, Fettgeh. 40–45 %, gute Zeit Nov.–Mai (Orléanais); Blätterteigkuchen mit Mandelcreme, auch kandierten Früchten (Orléanais)

plaisir Kl. Waffel-, Oblatentütchen

plaquemine Kaki, ↑ *kaki*

Plastikbeutel, -tasche *sac en plastique* [ßakäplaßtīk] m

plat Flach, platt; Teller; Platte, Schüssel; Pfanne; Gericht, Speise, Gang; Tafelwasser: ohne Kohlensäure; Wein: flach, ohne Säure
– **aux œufs** Eiergericht
– **cuisiné** Fertiggericht
– **de côtes, plates-côtes** Rind: Hoch-, Schmorrippe (wird in Frankreich gern mit den Fingern gegessen); Schwein: Rippe(nbrust)
– **du jour** Tagesgericht (mit Beilagen), Tagesspezialität
– **principal, de résistance** Hauptgericht
– **spécial** Schweinskopf und -ohren, Mettfrikadellen mit Kartoffeln (Belgien)
    au – In der Pfanne gebraten
    œuf au –, sur le – Spiegelei, Setzei

plate Flache Auster, ↑ *huître*
– **-côte** ↑ *plat de côtes*

plateau Servierbrett, Tablett; auf dem Tablett servierte leichte Mahlzeit; Auswahl

Platte *plat* [pla] m

plattekees Weißer Quarkkäse aus Kuhmilch (Belgien)

Platz Restaurant: *place* [plaß] f; Gedeck: *couvert* [kuwär] m

Plätzli *escalope* [äßkalopp] f

plein Voll, gefüllt; vollständig, reichlich; Wein: körperreich, voll und rund

pleurote (en forme d'huître) Austernpilz, -seitling, schmackhafter Speisepilz, wird a. gezüchtet und kann den Champignon ersetzen, zum Einlegen und Trocknen geeignet, nicht roh essen; gezüchtet ganzes Jahr erhältlich, frisch, gute Zeit Sept.–Dez.

plie (franche) Scholle, ↑ *carrelet*

plombière(s) Mandel- oder Vanilleeis mit Schlagsahne, mit kandierten Früchten oder mit Aprikosenmarmelade überzogen

pocher Pochieren, in einer Flüssigkeit oder im Wasserbad schonend garziehen

pocheteau Platter Meerfisch aus der Ordnung der Rochen, ↑ *raie*

pochouse, pauchouse Fischsuppe aus versch. Sorten Süßwasserfischen mit regionalen Varianten, meist mit Weißwein, Mehlbutter und Knoblauch gebunden, wird mit gebutterten, mit Knoblauch eingeriebenen Brotwürfeln, ↑ *croûtons*, serviert (Burgund, Bresse, Franche-Comté u. a.)

poêle Pfanne mit Stiel

poêlée Pfanne voll

poêler In einer Pfanne oder Kasserolle zugedeckt mit Butter oder Öl zart andünsten

poffertje Flandern: kleiner Eierkuchen, Kräpfchen

pogne Süßes Hefebrot mit frischen oder kandierten Früchten, Backobst, Johannisbeergelee oder auch Kürbis

Pogues Tafelwasser mit starkem Mineralgehalt

poids Gewicht, Schwere
  selon – Nach Gewicht

point, à „Auf den Punkt" gegart; Fleisch: gerade eben, halb durch(gebraten), im Innern rosa; Wein: trinkreif

pointe Spitze; Stachel; Messerspitze voll, sehr wenig; Schweinekappe, -stert
– **d'asperge** Spargelkopf, -spitze
– **de culotte** Stück aus dem oberen, hinteren Teil der Rinderkeule, Tafelspitz

poirat Mürbeteigkuchen mit in Branntwein eingelegten, gezuckerten Birnen (Berry, Bourbonnais)

poire Birne; Westschweiz: Birnenbrand, TT 6–8°; zartes Stück aus der Unterschale des Rinds
– **(Belle-)Hélène** Pochierte Birne, ↑ *Belle-Hélène*
– **Williams, bon-chrétien** Williamsbirne; edler, fruchtiger und duftintensiver Brannt aus Williamsbirnen, sehr kühl zu trinken (Elsaß, Rhônetal, Südwestfrankreich, Wallis/Schweiz u. a.)

poiré Vergorener Birnensaft, Birnenmost (Westfrankreich); Birnenpaste (Belgien)

poireau Porree, Lauch, Stengelgemüse, Stange und Blätter von mildsüßem, erdigem Zwiebelaroma, als (Würz-)Gemüse verwendbar

- **d'été, gros du Midi, nouveau** Sommerporree, zarter und milder als der gewöhnliche (Winter-)Porree, gute Zeit Mai–Juli
- **farci** Mit Schweinehack, Karotten, Sellerie, Knoblauch, Zwiebeln und Weißbrot gef. Lauch (Waadt/Schweiz)

poirée (à carde, blonde) Mangold, ↑ *bette*

pois Erbse, Hülsenfrucht
- **carré** Markerbse, zart und fein, getr. nicht zum Kochen geeignet
- **cassé** Palerbse, etwas mehlig und fade, je kleiner, desto süßer, nur sehr jung oder getrocknet verwendbar
- **chiche** Kichererbse, knackig nussig, meist getrocknet, gemahlen oder geröstet, als Gemüse, Brei, für Suppen, Eintöpfe, Schmorgerichte verwendbar (Mittelmeer, Naher Osten)
- **gourmand, mange-tout, princesse** Zuckerschote, Kefe mit hellgrüner, zarter, eßbarer Hülse, nur frisch im Winter und Anfang Frühling genießbar
  petit – Junge grüne Erbse, zart und süß, je kleiner, desto besser, gute Zeit März–Juni, a. tiefgekühlt gut

poisson Fisch; Fischgericht
- **blanc** Weißfisch, kleinere Art Karpfenfisch
- **d'eau douce** Süßwasserfisch
- **de mer** Meerfisch
- **de rivière** Flußfisch
- **de roche** Felsen-, Klippenfisch
- **plat** Plattfisch, Flachfisch
- **-scorpion** Ugs. für Drachenkopf, ↑ *rascasse*, a. Groppe, ↑ *chabot*

poissonnerie Fischladen, Fischstand

Poitou Provinz am Atlantik zwischen Loire und Gironde, ↑ S. 67 ff.

poitrine Brust (von Schlachtvieh); Schwein: Bauch, Wammerl
- **hachage** Gehacktes Bauchfleisch vom Schwein
  lard de – Bauchspeck vom Schwein

poivrade Starke Pfeffersauce, meist mit Röstgemüse, Essig und Weißwein, mit Essig und Schalotten (warm) oder Vinaigrettesauce (kalt); kl. Artischocke, nur mit Salz gewürzt (*à la croque au sel*) und ganz gegessen

poivre Pfeffer, scharfes Gewürz, sollte möglichst in ganzen Körnern gekauft und frisch und grob gemahlen oder, noch besser, zerstoßen werden
- **blanc** Weißer Pfeffer aus der reifen, roten Frucht, mild und fein, nicht sehr geschmacksintensiv

- **d'âne**   „Eselspfeffer"; reg. für Bohnen-, Pfefferkraut, ↑ *sarriette;* in Bohnenkraut und/oder Rosmarin gehüllter Ziegen-, Schaf- oder Kuhmilchkäse, angenehm mild, Fettgeh. 45 %, gute Zeit Apr.–Juni (Schaf), Juni–Sept. (Ziege), ganzes Jahr (Kuh) (Provence)
- **de Cayenne**   Chilipulver, ↑ *piment du Chili*
- **d'Espagne**   Pulver aus getr. Paprikaschoten
- **giroflé, de la Jamaïque**   Nelkenpfeffer, ↑ *piment de la Jamaïque*
- **gris**   Mischung aus schwarzem und weißem Pfeffer, a. gemahlener Pfeffer aus ungeschälten Früchten
- **noir**   Schwarzer Pfeffer aus unreifen Früchten, scharf und würzig
- **rose**   Rosa Pfeffer, aromatisch mild
- **rouge**   Chili, ↑ *piment du Chili*
- **vert**   Grüner Pfeffer aus unreifen, weichen Früchten, der mildeste Pfeffer, krautig aromatisch

poivrette   Schwarzkümmelpulver; ↑ a. *nigelle*; reg. a. für Bohnenkraut, ↑ *sarriette*

poivrier, poivrière   Pfefferstrauch; Pfefferstreuer; Pfefferdose

poivron (doux)   Gr. Gemüsepaprikaschote, ↑ *piment doux*

Pojarski   Geh., paniertes Kalb-, a. Geflügel-, Lachsfleisch

polenta, polente   Urspr. ital.: Brei aus Maisgrieß oder grobem Maismehl (Nizza, Savoyen), a. Kastanienmehl (Korsika)

Polignac   Mit Champignon- und Trüffelscheiben in Geflügelrahmsauce; Fisch: mit Champignonscheiben in Weißwein-Rahmsauce; Eier: auf Trüffelscheiben oder in ↑ *sauce Périgueux*

polka   Brandteigring auf Mürbeteigboden, mit Konditor- oder Mandelcreme garniert
  pain –   Flaches, rundes Brot mit quadratischen Einschnitten und brauner Kruste, das sich brechen läßt

Pollack   *lieu jaune* [ljö schön] m

polonais   Reg. für Reizker, ↑ *lactaire*, oder Steinpilz, ↑ *cèpe*

polonaise, (à la)   Mit hartgekochtem, gehacktem Eigelb, Petersilie und/oder feinen Kräutern, a. Brotkrumen bestreutes Gemüse, insbes. Blumenkohl, Spargeln

polonaise, (brioche)   In Rum oder Kirsch getränkter, mit Konditorcreme, kandierten Früchten usw. gefüllter, in Mandelmeringe gehüllter Hefekuchen

pomelo Grapefruit, gr. Zitrusfrucht, Kreuzung zwischen Pampelmuse und Orange, roh ausgelöffelt, in (Obst-)Salaten, als Saft usw. genießbar, gute Zeit Dez.–März

Pomerol Bordeauxwein hoher Qualität; samtig-saftige rote (TR 3–8 Jahre, aber oft nach 12–15 und mehr Jahren auf dem Höhepunkt, TT 16–17°), ↑ *Pétrus, Château*; a. frischfruchtige, trockene weiße (TT 7–11°) (Libournais); ↑ a. *Lalande-de-Pomerol*

pommade Paste aus Eiern, Käse, Gewürzen usw. und Öl; Midi: a. Knoblauchmayonnaise, ↑ *aïoli*

Pommard Der wohl bekannteste Burgunderwein, gern aber auch überbewertet, solide, fest und körperreich, TR 5–12 und mehr Jahre, TT 15–16° (Côte-de-Beaune)

pomme Apfel (in Frankreich, um ihn von der *pomme de terre*, der Kartoffel, zu unterscheiden, manchmal *pomme en l'aire*, „Luftapfel", genannt)
- **d'amour** Reg. für Tomate, ↑ *tomate*; Apfel in Zuckerguß am Stiel
- **de terre** Kartoffel, ↑ *pommes de terre*
- **en robe** Apfel im Schlafrock
- **hérisson** Mit Mandelsplittern gespickter Apfel
- **sauvage** Holzapfel, für Konfitüren und Gelees verwendbar

pommeau Erfrischender, mildsüßer Aperitifwein aus ↑ *Calvados* und ↑ *cidre*, TT 6–8° (Normandie)

pommes de terre Ugs. nur *pommes* genannt; Kartoffeln, Erdäpfel
- **à la bernoise** Rösti, geraspelte Kartoffeln, in heißer Butter geröstet
- **à la berrichonne** Kartoffeln mit Speck und Zwiebeln; ↑ a. *berrichonne*
- **à la boulangère** Kartoffel- und Zwiebelscheiben, im Ofen gebacken
- **à la crème** Rahmkartoffeln mit ↑ *crème fraîche* und feinen Kräutern
- **à l'anglaise** Salzkartoffeln aus dem Wasser oder Dampf
- **à la normande** Rohe Kartoffelscheiben mit geh. Lauch und Petersilie, im Ofen gebacken
- **à la paysanne** Braungebr. Kartoffeln mit Kräutern; ↑ a. *paysanne*
- **à l'huile, en salade, salade de –** Kartoffelsalat
- **Anna** Annakartoffeln, rohe Kartoffelscheiben, mit Butter im Ofen gebacken
- **au four** Mehlig-festkochende Kartoffeln, im Ofen gebacken

- **château** Schloßkartoffeln, oval zugeschnitten, in Butter braungebr., mit geh. Petersilie bestreut
- **chips** In Fett geb. Kartoffelscheiben, ↑ *chips*
- **dauphine** Kartoffelklößchen, ↑ *dauphine, pommes*
- **duchesse** Herzoginkartoffeln, ↑ *duchesse, (à la)*
- **en chemise** Kartoffeln in der Schale, Pellkartoffeln
- **en purée, purée de –** Kartoffelpüree, -mus
- **en robe (de chambre, des champs)** Kartoffeln in der Schale, Pellkartoffeln
- **fondantes** Schmelzkartoffeln, in Butter gebratene, mit der Gabel plattgedrückte und gebutterte Kartoffeln
- **frites** Pommes frites, fritierte Kartoffelstäbchen
- **gaufrettes** Fritierte Kartoffelgitter, -waffeln
- **lyonnaises** Bratkartoffeln mit Zwiebeln und Petersilie
- **Macaire** Zerquetschte, gebackene Pellkartoffeln, mit Butter, Salz und Pfeffer vermischt
- **mignonettes** Fritierte oder gebratene Kartoffelstäbchen
- **mousseline** Schaumkartoffeln, Kartoffelschnee
- **nature** Salzkartoffeln
- **noisettes** Nußkartoffeln, haselnußgroße Stücke in Butter gebraten
- **paille** Strohkartoffeln, feingeschnittene, fritierte Kartoffelstäbchen
- **parisiennes** Pariser Kartoffeln, Kartoffelbällchen mit Petersilie und Kräutern
- **Parmentier** Braungebrannte Kartoffelwürfelchen
- **pont-neuf** Dicke, fritierte Kartoffelstäbchen
- **rissolées** Knusprig braungebratene Kartoffelwürfel
- **sarladaises** Bratkartoffeln, ↑ *sarladaise*
- **sautées** Kurz in Butter gebr. Kartoffeln
- **soufflées** Soufflierte Kartoffelscheiben, blanchiert und fritiert
- **vapeur** Dampfkartoffeln

Pompadour Fleisch: mit Artischockenböden, Nußkartoffeln und ↑ *sauce Choron*; mit Kleinragout aus Gänseleber, Kalbszunge, Champignons und Trüffeln in Madeirasauce; Fisch: mit Champignons und Trüffeln

pompe (Fest-)Kuchen aus Sauer-, Hefe-, a. Blätterteig mit versch. salzigen oder süßen Zutaten (Auvergne, Bourbonnais, Lyonnais, Provence u. a.)

pont-l'évêque Fetter Weichkäse AO aus Kuhmilch, kräftig erdig, Fettgeh. 45–50 %, weich, aber nicht zu reif ohne Rinde zu genießen, gute Zeit Juli–März (Normandie)

pont-neuf Mürbeteigförmchen mit Füllung aus Brandteig, Konditorcreme und rotem Johannisbeergelee (Paris u. a.)

porc   Schwein; Küchensprache: männliches kastriertes Schwein; Schweinefleisch; Fleischteile und -stücke ↑ Schwein

porcelet   Ferkel, junges Schwein, bis zwei Monate alt

porchette   Mit seinen Innereien, Kräutern und Knoblauch gefülltes Spanferkel

Porree   *poireau* [poạro] m

Porto   Portugiesischer Portwein, rot, *rouge:* fruchtig, jung (*Ruby*) oder gelagert (*Tawny*); weiß, *blanc:* trocken; wird von den Franzosen gern kühl als Aperitif getrunken

Port-Salut   Halbfetter, buttrig-milder Käse aus pasteurisierter Kuhmilch, Fettgeh. 45–50 % (ganz Frankreich)

portugais bleu   Blauer Portugieser, tiefblau, frühreife Rebsorte, gibt mundige, süffige und milde Weine (Südwestfrankreich, Südfrankreich)

portugaise   Rauhschalige Auster, seit 1970 meist durch die japanische Auster *gigas* ersetzt, ↑ *huître*

portugaise, (à la)   Mit Tomaten, a. mit Knoblauch, Zwiebeln und Petersilie; ↑ a. *sauce portugaise*

portune   Schwimmkrabbe, ↑ *étrille*

Portwein   *porto* [porto] m

Porzellan   *porcelaine* [porßlän] f

pot   (Koch-)Topf; Kanne, Krug; Beaujolais, Südburgund: länglich-bauchige Halbliterflasche
– **de crème**   Cremenäpfchen; zarte Eiercreme, im feuerfesten Näpfchen aromatisiert und gegart

potable   Trinkbar

potage   (Meist gebundene) Suppe, wird in Frankreich, wenn überhaupt, meist nur abends gegessen; ↑ a. *bisque, consommé, crème, soupe, velouté*
– **à la Dubarry**   Kartoffelrahmsuppe mit Blumenkohl
– **à la parisienne**   Kartoffelrahmsuppe mit Lauch
– **à la paysanne**   Gemüsesuppe
– **à la reine**   Geflügelrahmsuppe
– **ambassadeur**   Suppe aus frischen Erbsen, a. mit ged. Sauerampfer und Kopfsalat
– **aux vermicelles**   Nudelsuppe
– **Bagration**   Suppe aus Kalbfleischwürfeln (*gras*) oder Seezungenstreifen (*maigre*) mit Makkaronistücken
– **bilibi, billy by**   Muschelsuppe, ↑ *bilibi*
– **bonne femme**   Fleisch- oder Geflügelsuppe mit Kartoffeln, Lauch und Kerbel
– **clair**   Klare Fleischbrühe, ↑ *consommé*
– **Condé**   Gebundene Geflügelbrühe mit Püree aus roten Bohnen

P

- **cultivateur, jardinière** Klare Gemüsesuppe mit Bauchspeck
- **du jour** Tages-, meist Gemüsesuppe
- **favorite** Rahmsuppe mit ged. Kopfsalat und Spargeln
- **fermière** Rahmsuppe mit gedünstetem Gemüse
- **Germiny** Sauerampfersuppe, ↑ *Germiny*
- **lié** Gebundene, dicke Suppe
- **Longchamp** Gebundene Erbsensuppe mit Sauerampferstreifen
- **Marigny** Gebundene Suppe mit grünen Erbsen und Stücken kl. grüner Bohnen
- **Nemours** Gebundene Kartoffelsuppe
- **oxtail** Klare Ochsenschwanzsuppe
- **Parmentier** Kartoffelrahmsuppe
- **-purée** Püreesuppe, gebundene Suppe
- **Saint-Clou** Die „Suppe der *concierges*" aus Kartoffeln und Lauch (Paris)
- **Saint-Germain** Püreesuppe aus frischen grünen Erbsen, Kopfsalat usw.
- **santé** Gebundene Kartoffelsuppe mit Sauerampfer und Kerbel
- **velouté** Cremesuppe
- **vichyssoise** Sämige Kartoffelsuppe, ↑ *vichyssoise*

potager, potagère Gemüsepflanze(n); Küchen..., Suppen...; Gemüsegarten; Suppenherd, -topf

pot-au-feu Der „Topf auf dem Feuer", nahrhafter Eintopf, der sich in zwei Gerichte aus einem Topf aufteilen läßt: die klare, kräftige Bouillon und dann das darin gekochte (Rind-)Fleisch, Geflügel mit Gemüse; klassisch der *pot-au-feu parisien*, aber unzählige regionale Varianten; a. Name für das hierfür verwendete Rindfleisch

potée Topfvoll; in irdenem Topf gek. Gericht; deftiger Eintopf aus (gepökeltem) Fleisch, Wurst, Kohl und sonst Gemüse, a. Fisch, für den jede Provinz „ihr" Rezept hat

potiron Riesenkürbis mit mehligem, süßlichem Fleisch, kann für Suppen, als Gemüse oder Frucht verwendet werden, gute Zeit Okt.–März; reg. Name a. für versch. Speisepilze wie den Röhrling, ↑ *bolet*, Schirmpilz, ↑ *lépiote* u. ä.

  graine de – Kürbiskern

potje(fleisch, -flesh, -vleese) Terrine aus dreierlei Fleisch, Kalb, Kaninchen und Schweinespeck (Flandern)

pottekees Pikant-scharfer Kuhmilchkäse aus gewürztem Quark (Belgien)

poubelle Abfall-, Kehricht-, Mülleimer

pouce-pied, pousse-pied Felsenentenmuschel, Meereskrebstier, ausgezeichnet im Sud, ↑ *court-bouillon*

pouding Pudding

Pouilly-Fuissé, Pouilly-Loché, Pouilly-Vinzelles Rassig-elegante, sehr trockene Weißweine aus dem ↑ *Mâconnais*, sauber und erfrischend, jung oder mit 5–8 und mehr Jahren trinkbar, TT 7–11° (südl. Burgund)

Pouilly-(Blanc-)Fumé, Pouilly-sur-Loire Charaktervoller, nervig-feiner, sehr trockener Weißwein mit erfrischender Säure und Bodengeschmack, TR 4 Monate–2 Jahre, TT 9–11° (Nivernais/Loiretal); nicht mit dem ↑ *Pouilly-Fuissé* zu verwechseln

poularde Poularde, junges vollfleischiges Masthuhn, 7–8 Monate alt

poule Henne, (Suppen-)Huhn, 18–20 Monate alt; a. allg. Weibchen anderer Hühner- und Fasanenvögel
- **au pot** Im Wasser gargezogenes (Suppen-)Huhn; Suppeneintopf mit gefülltem Huhn, Rindfleisch und Gemüsen
- **de mer** Petersfisch, ↑ *saint-pierre*, oder Seehase, ↑ *lompe*
- **verte** „Grünes, falsches Huhn" aus Hackfleisch und Kohl

poulet Hähnchen, junges Masthuhn, 8–16 Wochen alt

Angebote, Arten

poulet blanc breton Erstklassiges Hähnchen mit Gütesiegel, 12 Wochen alt (Bretagne)
- **d'appellation, label** In Halbfreiheit aufgezogenes Hähnchen, 15–17 Wochen alt
- **de Bresse, pattes bleues** Erstklassiges, im Freiland mit Körnerfutter aufgezogenes Hähnchen aus der Bresse mit blau-weiß-rotem Gütesiegel, 16 Wochen alt
- **de chair** Auf Fleischleistung gezüchtetes Hähnchen
- **de grain, de marque** (Nicht immer nur) mit Körnern gefüttertes Hähnchen, 8–10 Wochen alt
- **effilé** Ausgenommenes Hähnchen mit Hals und Innereien
- **éviscéré** Ausgenommenes Hähnchen ohne Hals und Innereien
- **fermier** Hähnchen vom Bauernhof
- **jaune** Erstklassiges, nur mit Mais gefüttertes Hähnchen (Landes/Aquitanien)
- **prêt à cuire, P.A.C.** Küchenfertiges Hähnchen
- **quatre quarts** Sehr rasch aufgezogenes Hähnchen, etwa 6–7 Wochen alt
- **reine** Körnergefüttertes, vollfleischiges Brat-, Masthähnchen

Zubereitungsarten

poulet à la reine Hähnchen (mit Beilagen) in ↑ *sauce suprême*

- **archiduc** Rasch angebratenes Hähnchen mit Paprika, Zwiebeln und ↑ *sauce hongroise*
- **Célestine** Mit Champignons und Tomaten rasch angebratenes, mit ↑ *fond* und Weißwein übergossenes, mit Cognac flambiertes Hähnchen
- **en barbouille** Hähnchen in Rotwein-Blut-Sauce
- **Marengo** Hähnchenragout, ↑ *Marengo*
- **rôti** Brathähnchen
- **sauté** Sautiertes, rasch angebratenes Hähnchen

poulette Junges Huhn; ↑ a. *sauce poulette*

pouligny(-saint-pierre) Feiner Ziegenkäse, erdig pikant, Fettgeh. 45 %, auf Qualität AOC achten, gute Zeit Mai–Sept. (Berry/Loiretal)

poulpe, pieuvre Krake, achtarmiger Tintenfisch, kl. junges Tier zart und schmackhaft, muß aber meist weichgeklopft, blanchiert und lange genug gekocht werden; mit ihm werden oft Langustenkonserven gestreckt

pountari, pounti Kohlroulade oder Fladen mit Schweinespeck, -fleisch, Mangold, Zwiebeln, Würzzutaten usw. (Auvergne)

pouprion Nizza: kleiner Krake, ↑ *poulpe*

pour acquit Betrag erhalten

pourboire Trinkgeld

pourpier Portulak, Burzelkraut, Gemüse- und Würzpflanze, in Südfrankreich wildwachsend oder kultiviert (*pourpier doré*), Blätter und Triebe erfrischend, leicht salzig, als Salat, (Spinat-)Gemüse oder Gewürz verwendbar

pourri Verfault, verdorben, verwest; zerkocht

pousse Schößling, Trieb
- **-café** Branntwein oder Likör im Gläschen oder in der noch warmen Kaffeetasse, a. übereinander geschichtete farbige Liköre, mit denen man nach einem Mahl den Kaffee „hinunterschubst"
- **de bambou** Bambussprosse, ↑ *bambou*
- **-pied** Felsenentenmuschel, ↑ *pouce-pied*

poussin Küken, etwa 4 Wochen alt; Küchensprache: meist junges, 250–300 g schweres Hähnchen
- **de Hambourg** Hamburger Stubenküken

poutargue, boutargue „Weißer Kaviar", flaches Würstchen aus gesalzenem, gepreßtem Meeräschenrogen, wird in Scheiben gegessen (Provence)

poutassou Blauer Wittling, ↑ *merlan bleu*

poutine Fischbrut, meist von Sardellen, Sardinen, wie Weißfischchen fritiert (Midi)

praire, coque rayée Rauhe Venusmuschel, kl. eßbares Meeresweichtier, empfindlich, aber feiner Geschmack, sollte vor Verzehr immer geschlossen sein, ab Mai nicht mehr frisch erhältlich, am besten roh, aber a. gek. eßbar

pralin Krokant, Mischung aus gerösteten Mandeln oder Haselnüssen und karamelisiertem Zucker

Praline, Praliné *(bonbon au) chocolat* [(bōbō o) schokola] m

praline Mandel in karamelisiertem Zucker; heute a. allg. mit Schokolade überzogene Süßigkeit

praliné Krokant, ↑ *pralin*; Kuchen aus Pralinécreme zwischen Biskuitschichten; Schweiz: mit Schokolade überzogene Süßigkeit

pratelle Champignon, ↑ *champignon de couche*, überhaupt Schwamm aus der Gattung der Hut- und Lamellenpilze, ↑ *agaric*

pré(s) Wiese, Weide

préamballé Abgepackt

Preis *prix* [pri] m

Preiselbeere *airelle rouge* [äräl rüsch] f

prémontana Mit Wacholder geschmortes Rindfleisch (Korsika)

pré-salé, présalé Fleisch von Schafen, die auf den fetten, jod- und meersalzhaltigen Wiesen an der Ostküste Frankreichs geweidet haben, von besonderem Geschmack und besonderer Güte

presse Presse, Kelter

pressé (Aus)gepreßt

pression, (à la) Getränk, meist Bier vom Faß

prêt Bereit, fertig
– à manger Fast Food, Schnellimbiß, Schnellgaststätte

primeur Junger Rotwein, kurz nach schneller Gärung abgefüllt, ab drittem Donnerstag des Novembers im Ausschank, bis etwa Ende Januar bei 10–12° zu trinken; wird vor allem außerhalb Frankreichs (fälschlich) auch ↑ *vin nouveau* genannt

primeurs Erstes Frühlingsgemüse, Frühobst (oft a. früh aus Treibhauskulturen angeboten)

princesse, (à la) Mit Spargelspitzen und Trüffelscheiben (in Rahm- oder Champignonsauce); ↑ a. *consommé princesse*

princesses Delikateßbohnen, junge, kleine, zarte grüne Bohnen

printanier, printanière, (à la) Mit in Butter gedünstetem jungem Gemüse; ↑ a. *consommé printanière*

pris Flüssigkeiten, Saucen: angedickt, geronnen; gefroren

prix Preis
– **fixe** Festpreis
– **net** Inklusivpreis, Abgaben, Bedienung, Trinkgeld inbegriffen

probieren Speisen: *goûter* [gutē]; Wein: *déguster* [dēgüßtē]

profiterole Kl. Windbeutel aus Brandteig, salzig mit Cremes, Pürees usw., süß mit Cremes, Konfitüre, Schlagsahne oder Eis gefüllt, oft in warmer Schokoladensauce

promotion Sonderangebot

propriétaire Besitzer, Eigentümer; Wein: Erzeuger

Prosit, Prost *santé* [ßātē]f (in Frankreich weniger üblich als in deutschsprachigen Ländern)

provençale, (à la) Mit geh. Knoblauch, Petersilie und Olivenöl gewürzt; mit Tomaten, Knoblauch und Olivenöl; ↑ a. *sauce provençale*

Provence Hist. Landschaft Südfrankreichs, ↑ S. 70 ff.; Weine: ↑ *Côtes-de-Provence*

Provins Größte Winzergenossenschaft des Wallis (Schweiz)

provision Vorrat; Proviant

prune Pflaume, ↑ a. *mirabelle, quetsche, reine-claude*; Pflaumenwasser, TT 10–13° (Elsaß, Lothringen, Schweiz u. a.)

pruneau Back-, Dörrpflaume, Kurpflaume; Westschweiz a. frische Zwetschge

prunelle, épine noire, prunier sauvage Schlehe, Schwarzdorn, herbe Steinfrucht; Schlehengeist, TT 6–8° (Elsaß, Franche-Comté, Burgund); kräftiger Likör aus Schlehen- und Zwetschgenwasser, TT 8–10° (Loire)

psalliote Schwamm aus der Gattung der Hut- und Lamellenpilze, ↑ *agaric*
– **champêtre, des prés** Feldchampignon, ↑ *rosé des prés*
– **de couche** Zuchtchampignon, ↑ *champignon de couche*
– **des bois, des forêts** Kl. Waldchampignon, ↑ *agaric des bois*

Pudding *pouding* [puding], a. *flan* [flā] m, *crème renversée* [kräm rāwärßē] f

Puderzucker *sucre glace* [ßükr glaß] m

puits Brunnen; Vertiefung, Mulde im Teig
– **d'amour** „Liebesbrunnen", kl. süßes Blätter- oder Brandteiggebäck mit Konfitüre- oder aromatisierter Konditorcremefüllung

Puligny-Montrachet Typischer, trockener weißer Burgunderwein, duftig-rauchiges Bukett, sauber und süffig, TR je nach Qualität 3–10 und mehr Jahre, TT 12–14° (↑ a. *Montrachet*); a. (wenig) sehr feine, körperreiche Rotweine, TR 6–12 Jahre, TT 16° (Côte-de-Beaune/Burgund)

pulpe Fruchtfleisch, -mark; Frucht-, Gemüsebrei; a. Fischfleisch

Pumpernickel *pain noir de Westphalie* [pãnǫar dö westfalĩ] m

pur Echt; rein, unverdünnt, unvermischt

purée Püree, Brei, Mus; dicke Suppe
– **Parmentier** Dicke Kartoffelsuppe mit Lauch, Rahm und geh. Petersilie
– **Saint-Germain** Püree aus frischen grünen Erbsen
– **Soubise** Zwiebelpüree (mit Reis)
– **vendéenne** Bohnenpüree

Pute *dinde* [dãd] f; jung: *dindonneau* [dãdonno] m

Puter *dindon* [dãdõ] m; jung: *dindonneau* [dãdonno] m

Putz|eimer *seau* [ßō] m
-lappen *torchon* [torschõ] m

Quappe *lotte de rivière* [lott dö riwjãr] f
Quark *fromage blanc* [fromäsch blã] m
quart Viertel; sehr kl. ↑ *Maroilles*-Käse
quartier Keule mit halbem gespaltenem Rücken vom Lamm; Frucht: Schnitz

Quarts-de-Chaume Lieblicher bis süßer Weißwein, gehaltvoll und harmonisch mit reichem Bukett, TR 10–15 Jahre, TT 5–6° (Anjou/Loiretal)

quasi Dickes Stück aus der Keule des Kalbs zwischen Nierenbraten und Schwanz

quatre-épices „Vier Gewürze", pulverisierte Mischung aus Pfeffer, Muskatnuß, Nelke und Zimt; a. zerstoßene Schwarzkümmelsamen

quatre-quarts „Vierviertel", runder Kuchen aus gleichgewichtigen Mengen Mehl, Butter, Eiern und Zucker, manchmal mit Orangen, Zitronen, Vanille usw. aromatisiert, in der Bretagne mit Früchten, Mandeln und Rosinen

P
Q

quenelle Kloß aus feinzerstoßenem, fettarmem Fleisch, Geflügel, Wild oder Fisch
– de brochet Hechtklößchen (Franche-Comté)

Quercy Landschaft am Südwestrand des Zentralmassivs, ↑ Midi-Pyrénées S. 54 ff.

quetsche Zwetsch(g)e, dunkelviolette Pflaume mit festem, aber saurem Fleisch, eignet sich für Marmeladen und zum Einmachen; Zwetschenwasser, TT je nach Alter 6–13° (Champagne, Elsaß, Lothringen)

queue Schwanz
– de lotte Seeteufel, ↑ *baudroie*, ohne Kopf

quiche Herzhafter flacher Kuchen aus Mürbe- oder Blätterteig mit Eiern, ↑ *crème fraîche*, Milch und Sahne, heute auch mit Speck, Schinken, Zwiebeln, selbst Miesmuscheln usw. (ursprünglich eine Spezialität aus der Region Lothringen)

quignon Brotanschnitt mit Kruste

quillet Rundes Biskuitküchlein, mit aromatisierter Butter gefüllt

Quincy Sehr trockener, aber feinfruchtiger Weißwein mit Bodengeschmack, TR jung oder 5–6 Jahre, TT 7–9° (Berry/Loiretal)

quinquina Chinarinde, chininhaltige Rinde des Chinabaums; leicht bitterer Aperitif- und Gesundheitswein daraus

Quitte *coing* [ko͠ã] m

Quittung *acquit* [akī] m; *reçu* [rößü] m

rabasse, rebasse Provence: Trüffel, ↑ *truffe*

râble Hasen-, Kaninchenrücken; ugs. a. Roastbeef des Rinds, ↑ *aloyau*

rabot(t)e, talibur Apfel oder Birne im Teig, lauwarm oder kalt (Pikardie)

Rachel, (à la) Mit Artischockenböden, Markscheiben und Rotweinsauce; Fisch: mit Krebssauce und Trüffelscheiben

raclette Vollfetter, halbharter Alpenkäse aus roher, heute a. pasteurisierter Kuhmilch, würzig mild, am besten reif, 6–7 Monate alt; wird erhitzt und „gerakelt", geschabt zu Pellkartoffeln, Essiggürkchen, Perlzwiebeln usw. genossen (Wallis/Schweiz)

Radicchio *chicorée rouge* [schikorē rūsch] f

Radieschen *(petit) radis* [(pti) radi] m

radis (noir) Rettich, Radi, Wurzelgemüse, würzig scharf, gute Zeit Aug.–Juni
– **de cheval** Reg. für Meerrettich, ↑ *raifort*
  petit –, – rose, de tous les mois Radieschen, Monatsrettich, knackig scharf, gute Zeit Aug.–Juni

Radlermaß (*demi*) *panaché* [(dömi) panaschē] m

ragoût Ragout, Schmorgericht aus Fleisch-, Geflügel-, Wild-, Fisch- und/oder Gemüsestücken in würziger brauner oder weißer Sauce

Rahm *crème* [kräm] f
  saurer – *crème acidulée* [kräm aßidülē] f

raie, pocheteau Rochen, platter Meerfisch, zartrosa, mageres, ausgezeichnetes Fleisch (meist nur Flügel und Schwanzstück), gute Zeit Winter, läßt sich pochieren, gratinieren, a. für Fischsuppen geeignet (Nordmeere, Nordostatlantik, Ärmelkanal, westl. Mittelmeer)
– **bouclée, clouée** Nagel-, Keulenknochen, der beste, feinste Rochen, Fleisch frisch und mariniert erhältlich
– **cornue, diable-de-mer, mante** Flügel-, Teufelsrochen, der größte Rochen
– **grise, cendrée** Glattrochen, geschätztes Fleisch, in Frankreich oft als „französischer Steinbutt", „*turbot français*" angeboten, frisch oder geräuchert (in Deutschland „Seeforelle" genannt)

raifort (sauvage) Meerrettich, Kren, das schärfste Wurzelgemüse, beißend nussig, kann roh mit Salz und Butter gegessen oder gerieben, geraffelt vielseitig als appetitanregende Würze verwendet werden

raiponce Rapunzel, kleinblättrige Art von Feldsalat, ↑ *mâche*, weiße fleischige Rübe, wohlschmeckendes Wintergemüse

raisin (Wein-)Traube, Weinbeere
– **de caisse, de Provence** Kl. kernlose Rosine (Midi)
– **de Corinthe** Korinthe, kl. getrocknete, kernlose Weinbeere, kräftig herbsüßlich (Griechenland)
– **de Malaga, de Smyrne** Gr. getrocknete Weinbeere, würzig süß (Spanien, Türkei)
– **sec** Rosine, getrocknete kernlose Weinbeere

raisiné Kompottkonfitüre aus zuckerlos in Traubensaft gekochten Fruchtstücken (Burgund u. a.)

raïto, raite, rayte Würzpaste aus lange in Olivenöl und Rotwein gekochten Tomaten, Zwiebeln, Knoblauch und zerstoßenen Nüssen mit Gewürzkräutern (Provence)

ramequin Kl. runde Auflaufform, Portionsförmchen; im heißen Ofen gebackenes Käsetörtchen (Franche-Comté, Westschweiz)

R

ramier Ringeltaube (jung: *ramereau*), ↑ *pigeon ramier*

rancio Intensiv duftender, madeiraartiger Altersgeschmack eines Süßweins durch lange Lagerung im Faß (an der Sonne) und langsame Oxydation

Rande *betterave rouge* [bäträw rüsch] f

râpé Gemahlen, geraffelt, geraspelt, gerieben, geschabt

rapide Schnell

rās al-hānout Pulver aus mindestens 13 Gewürzen wie Ingwer, Kardamom, Koriander, Kümmel, Kurkuma, Muskat, Nelken, schwarzem Pfeffer, Zimt, a. getr. Rosenknospen usw. (Nordafrika)

rascasse, crapaud-, diable-, scorpion-de-mer, scorpène Drachenkopf, Skorpionsfisch, Familie von Meerfischen mit unförmigem Kopf aus gemäßigten und warmen Zonen, in Frankreich haupts. aus dem Mittelmeer, festes, mageres, aromatisches Fleisch, unerläßlicher Bestandteil der ↑ *bouillabaisse* und anderer Fischsuppen, läßt sich (im Sud) kochen, pochieren, füllen, gute Zeit Frühling und Herbst, importiert nicht so gut wie einheimisch
– **brune** Brauner Drachenkopf, Kleine Meersau, selten und teuer, aber ausgezeichnet
– **du Nord** Blaumaul, ↑ *sébaste-chèvre*
– **rouge, chapon** Großer Roter Drachenkopf, festes Fleisch, aber von weniger ausgeprägtem Geschmack

Raspail Würziger Bitterlikör, „*liqueur hygiénique*" aus Kräutern und Wurzeln (Gironde)

rassis Brot, Gebäck: altbacken, nicht mehr frisch, aber noch nicht trocken; Fleisch: abgehangen

ratafia Likör aus gezuckertem Branntwein, in dem Früchte, Pflanzen oder a. Blumen eingelegt waren; heute meist süßer Aperitif aus ⅔ Traubenmost und ⅓ Branntwein

ratatouille (niçoise), ratatouia Gemüseeintopf aus Auberginen, Paprikaschoten, Tomaten, Zucchini und Zwiebeln, mit Thymian, Basilikum, Knoblauch usw. in Olivenöl, a. Weißwein gedünstet (Nizza, ganzes Mittelmeergebiet)

räuchern *fumer* [fümē]

Räucherspeck *lard fumé* [lār fümē] m

rave Speiserübe, Wurzelgemüse; Westschweiz oft: Weißes Rübchen, ↑ *navet*

ravigote Pikante Salatsauce mit Kapern, geh. Zwiebeln und Kräutern (kalt) oder weiße Kalbssamtsauce mit geh. Schalotten, Kräutern und Weinessig, Weißwein (warm); Mayonnaise mit geh. Schalotten und Kräutern, a. Senf

raviole, ravioli Urspr. ital.: kl. Nudelteigtasche mit versch. Füllung aus Blattgemüse, Frischkäse, a. Fleisch usw. (Nizza, Korsika, Savoyen)

rayte Würzsauce, ↑ *raite*

rebasse Provence: Trüffel, ↑ *truffe*

Rebe *vigne* [wĩnj] f

Rebhuhn *perdrix* [pärdrĩ] f; jung: *perdreau* [pärdrō] m

reblochon Geschmeidig cremiger, milder Butterkäse AO aus Alpenkuhmilch, Fettgeh. 50 %, ganzjährig, aber gute Zeit Juli–Nov. (Savoyen)

recette Rezept

réchaud Wärmepfanne, Warmhalteplatte

Rechnung Restaurant: *addition* [adĩßjō] f; Hotel, Tankstelle: *note* [not] f; Geschäft: *facture* [faktür] f

récoltant Wein: Erzeuger, Weingut

récolte (Wein-)Ernte, Jahrgang

recommandé empfohlen

reçu Erhalten, empfangen; Quittung

réduire Eine Flüssigkeit eindicken, einkochen

réfrigérateur Eis-, Kühlschrank

régal Leckerbissen; Schmaus, Festmahl; Lieblingsgericht; a. Tasse Kaffee mit Cognac oder Rum

régalade, (à la) In feinem Strahl direkt aus dem Gefäß in den Mund trinken

régime Diät, Schonkost

réglisse Lakritze, Süßholz

Régnié Der zehnte ↑ *Cru* des ↑ *Beaujolais*, lebhafter, kräftiger Rotwein mit würzigem, fruchtigem Bukett, TR 1–5 Jahre, TT 10° (Burgund)

Reh *chevreuil* [schöwröj] m
   Filet, Lendchen *filet mignon de chevreuil* [filäminjō dö schöwröj] m
   Keule, Schlegel *gigot de chevreuil* [schigo dö schöwröj] m
   Kotelett *côtelette de chevreuil* [kotlätt dö schöwröj] f
   Medaillon *médaillon de chevreuil* [mēdajō dö schöwröj] m
   Nüßchen *noisette de chevreuil* [noạsätt dö schöwröj] f
   Pfeffer *civet de chevreuil* [ßiwä dö schöwröj] m
   Rücken, Sattel *selle de chevreuil* [ßäl dö schöwröj] f
   Schnitzel *escaloppe de chevreuil* [äßkalopp dö schöwröj] f

reif *mûr, mûre* [mür] m, f

rein pur, pure [pür] m, f

reine, (à la) Viele feine Zubereitungsarten, meist mit Kalbsbries, Champignons, Trüffeln usw. in Geflügelrahmsauce; ↑ a. *bouchée à la reine, consommé à la reine, potage à la reine*; körnergefüttertes, vollfleischiges Huhn zwischen Masthähnchen und Poularde

reine-claude Reneklode, gelbgrüne Pflaume mit zartsüßem Fleisch und intensivem Aroma, gute Zeit Juni–Sept.

Reis *riz* [rī] m

Reizker *lactaire* [laktär] m

relais (Land-)Gasthaus, Raststätte
– **de campagne** Schön gelegenes Landgasthaus
– **routier** Gaststätte für Fernfahrer, meist gutbürgerliche Küche zu vernünftigen Preisen

relevé Gang zwischen Suppe oder Vorspeise und ↑ *entrée*; heute a.: Hauptgericht

religieuse „Nönnchen“, kl. über gr. Windbeutel, beide mit gesüßter Schlagsahne oder aromatisierter Creme gef., mit Glasur überzogen; Savoyen und Westschweiz: Fonduekruste

remoudou Pikanter bäuerlicher Weichkäse aus Kuhmilch (Belgien)

rémoulade Kräutermayonnaise mit Senf, Essiggürkchen, Kapern und geh. Kräutern, a. Sardellenessenz

Renaissance, (à la) Mit gedünstetem, glasiertem Frühlingsgemüse und Braten- oder Geflügelrahmsauce

Reneklode *reine-claude* [ränklōd] f

Renke *corégone* [korēgon] m; Westschweiz: *féra* [fēra] f

renversé Gestürzt, umgestülpt; Westschweiz: Milchkaffee mit mehr Milch als Kaffee

repas Mahl(zeit), (Fest-)Essen
– **à toute heure** Durchgehend warmes Essen
– **de midi** Mittagessen
– **rapide** Schnelle Küche, Fast Food

requin, squale Hai, Ordnung von Meerfischen; ↑ a. *aiguillat*
– **-taupe, touille** Heringshai, festes, kalbfleischähnliches Fleisch, in deutschsprachigen Ländern als „Kalbfisch“, „Seestör“ im Handel, läßt sich in Scheiben grillieren, schmoren, marinieren, a. räuchern

réserve, (grande) Wein: eigene Sonderfüllung eines ↑ *AOC*- oder ↑ *VDQS*-Weins, da nicht gesetzlich reglementiert, ohne besondere Bedeutung

résidu Rückstand, Überrest; Bodensatz

résiné Westschweiz: konzentrierter Fruchtsaft; Griechenland: geharzter Wein

restaurant Ugs. *restau, resto*; Restaurant, Gaststätte, die i. a. mittags von 12 bis etwa 14.30 Uhr und abends warme Mahlzeiten serviert, aber selten Getränke allein

reston Dünner Pfannkuchen (Belgien)

restoroute, restop Restaurant, Raststätte an Autobahnen und Fernverkehrsstraßen

Rettich *radis* [radi] m

Reuilly Typische, leichte und trockene, auch halbtrokkene Weißweine aus der ↑ *Sauvignon*-Traube (TT 9°), auch rosé (TT 10°) und rot (TT 11°), alle jung zu trinken (Loiretal)

réveillon Nachtmahl, urspr. nach der Weihnachts- oder Silvestermette

revesset Kl. ↑ *bouillabaisse*, in der die Kartoffeln durch grünes Blattgemüse ersetzt werden (Toulon)

Rezept *recette* [rößätt] f

Rhabarber *rhubarbe* [rübarb] f

rhapontic Rhabarber, ↑ *rhubarbe*

Rhin Rhein
  Gros – Wallis/Schweiz: Name für Rebsorte Silvaner
  Petit – Wallis/Schweiz: Name für Rebsorte Riesling

Rhône Zweitlängster, wasserreichster Strom Frankreichs, entspringt im Schweizer Wallis, mündet ins Mittelmeer, ↑ Vallée du Rhône S. 79 ff.; ↑ a. *Côtes-du-Rhône*

rhubarbe, rhapontic Rhabarber, säuerliche Gemüse- und Obstpflanze, Stengel lassen sich als Gemüse zu Fleisch, für Kompott, Kuchen, Marmelade usw. verwenden, gute Zeit Apr.–Sept.

rhum Rum, Branntwein aus Zuckerrohr, in Frankreich meist aus den frz. Antillen, Guadeloupe, La Réunion, Martinique; oft weiß, *„grappe blanche“*

Ricard Marke eines Anisaperitifs, ↑ *pastis*

riceys Weichkäse aus Kuhmilch, oft in Weinrebenasche gereift, *cendré*, Fettgeh. 30–40 % (Champagne)

riche Reich, ergiebig, üppig

Riche, (à la) Urspr. gebratene Schnepfe auf gerösteter, gebutterter Brotscheibe oder Seezungenfilet in *sauce Riche*; heute allg. in dieser Sauce, ↑ *sauce diplomate*

Richebourg Einer der besten Burgunderweine, außergewöhnlich reich und nobel, TR 6–12 und mehr Jahre, TT 15–16° (Vosne-Romanée, Côte-de-Nuits)

R

Richelieu, (à la) Mit gedünstetem Kopfsalat, gef. Pilzen, Tomaten und Schloßkartoffeln; Fisch: paniert mit Kräuterbutter (und Trüffeln)

Riesling Sauberer, rassig säurefrischer Weißwein aus der gleichnamigen Rebsorte, elegant, feinblumig trockendurchgegoren, der „König der Elsässerweine", TR 2–5, bei guten Lagen und Jahrgängen bis zu 8–10 Jahre, TT 7–9° (Elsaß)

Riex Harmonisch trockener Weißwein aus dem ↑ *Lavaux*, TT 8–9° (Waadt/Schweiz)

rigaudon, rigodon Kuchen aus altbackenen ↑ *brioches* und Eiern mit Schinken oder Speck (als Vorspeise) oder mit geh. (Hasel-)Nüssen, Fruchtpüree und Zimt (als Nachspeise) (Burgund)

rigotte (de Condrieu) Flacher, runder Kuh-, seltener auch Ziegenmilchkäse, mild und milchig, Fettgeh. 45–50 %, gute Zeit Apr.–Nov., a. ganzjährig erhältlich (Lyonnais)

rillaud, rillot In Schmalz gek. Würfel von durchwachsenem Schweinebauch, -schulter, am besten lauwarm (Anjou, Touraine)

rillette(s) Im eigenen Schmalz eingemachtes Schweine-, a. Kaninchen-, Geflügel-, Gänsemett als Vorspeise oder Brotaufstrich (Loiretal)

rillon Grieben, knuspriges Schwarten- und Bindegewebsstückchen von Rinder-, Schweine-, Gänse- oder Entenflomen, als Vorspeise zu Schweinernem (Anjou, Touraine); ↑ a. *rillaud*

rimot(t)e Maisbrei, auch gezuckert (Périgord/Aquitanien)

Rind *bœuf* [böff] m

Fleischteile

Bauchlappen, Dünnung, Lempen, Riedhüfel *bavette* [bawätt] f; *flanchet* [flāschä] m

Brust *poitrine de bœuf* [pọatrin dö böff] f

Hals, Nacken *collier de bœuf* [koljē dö böff] m

Hesse, Wade, Stotzen *gîte* [schīt] m

Hochrippe, Hohes Roastbeef, Hohrücken *entrecôte* [ātrökōt] m

Hüfte, Blume *rumsteck* [rumstäck] m

Kamm, Fehlrippe, Siegelstück *basses-côtes* [baßkōt] pl

Kugel, Nuß *rond de tranche* [rõdötrāsch] m

Oberschale, Kluft *tranche de bœuf* [trāsch dö böff] f

Querrippe, Leiterstück, Spannrippe *plat de côtes* [pla dö kōt] m

Roastbeef, Nierstück, Beiried *aloyau* [alọajo] m

Fleischstücke

Beefsteak, Filetsteak   *bifteck* [biftäck] m

   doppeltes –   *chateaubriand* [schatobriã] m

Beinfleisch   *gîte* [schīt] m

Bürgermeisterstück   *rond de tranche grasse* [rõdö-träsch graß] m

Filet-, Lenden-, Lungenbraten   *filet de bœuf* [filä dö böff] m

Hacksteak   *steak haché* [stäck aschē] m

Hochrippe, Rostbratenstück   *train de côtes* [trãdö-kōt] m

Kotelett, Rippenstück   *côte de bœuf* [kōt dö böff] f

Kutteln   *tripes* [trīp] pl

Kuttelfleck   *gras-double* [gradūbl] m

Lenden|schnittchen   *filet mignon de bœuf* [filäminjõ dö böff] m

-schnitte   *tournedos* [turnödo] m

-stück   *contre-filet* [kõtröfilä] m, *faux-filet* [fofilä] m

Markknochen   *os à moelle* [oß a moall] m

Ochsenmaul   *museau* [müso] m

Ochsenschwanz, Schlepp   *queue de bœuf* [kö dö böff]

Roastbeef mit Lende   *aloyau* [aloajo] m

Schulter, Bug, Laffe   *macreuse* [makrös] f

Schulterspitze   *jumeau* [schümo] m

Schwanzstück, Unterschale, Frikandeau   *gîte à la noix* [schīt ala noa] m

Rinde   Baum, Pflanze: *écorce* [ēkorß] f; Brot, Käse: *croûte* [krūt] f

Rippenstück   Rind: *côte* [kōt] f; Kalb, Lamm, Schwein: *côtelette* [kōtlätt] f

ris   Bries, Milch, Milke, die Thymus-, Wachstumsdrüse des jungen Kalbs oder Lamms, eine zarte, schmackhafte Delikatesse

rissole   Hefe-, Mürbe-, meist Blätterteigtasche, salzig (mit geh. Fleisch, Geflügel, Meeresfrüchten, Champignonpüree usw.) oder süß (mit Cremes, Kompott usw.) gefüllt

rissoler, (faire)   In Butter oder Fett braun und knusprig braten oder backen

rite   Glattbutt, ↑ *barbue*

Rivaner   Zart-aromatischer, kernig-trockener Weißwein aus der Müller-Thurgau-Rebe, TT 8–10° (Luxemburg)

Rivaz   Fruchtig harmonischer Weißwein aus dem ↑ *Lavaux*, TT 8–9° (Waadt/Schweiz)

Rivesaltes   Natursüßer, verstärkter Weißwein zu Aperitif oder Dessert, voll und kräftig mit blumigem Bukett, je älter (↑ *Rancio*), desto feiner, TR 10 Jahre, TT 10–12° (Roussillon)

muscat de – Natursüßer Weißwein, ↑ *muscat de Rivesaltes*

Riviera Küstensaum am Mittelmeer von Menton bis etwa Cannes, ↑ S. 74 ff.

Riwele Kl. längliche Teigklöße (Elsaß)

riz Reis(gericht)

Sorten

riz basmati Basmati-, Langkornreis, der edelste Reis mit feinem, nußartigem Aroma (Indien)

– **blanc, blanchi, mat, usiné** Weißer, geschälter Rundkornreis

– **brun, cargo, complet, décortiqué** Enthülster, ungeschälter brauner Natur-, Vollreis

– **paddy, naturel** Ungeschälter Naturreis

– **patna** Geschälter, polierter Langkornreis

– **poli, glacé** Polierter Rundkornreis

– **sauvage** Wildreis, kein Getreide, sondern Wassergras, feiner Nußgeschmack (Kanada, USA)

Zubereitungsarten

riz au lait Milchreis(pudding)

– **Condé** Süßer Milchreis

– **créole** Pilawreis mit Pfefferschoten und Tomaten

– **(à l')impératrice** kalter Milchreis, ↑ *impératrice*

– **pilaf** Pilawreis, ↑ *pilaf*

Roastbeef *rosbif* [roßbīf] m

robe Kleid, Rock; Wein: Farbe

en – „Im Kleid", in der Haut, Hülse, Schale

Robert Stark gewürzte Sauce, ↑ *sauce Robert*

rocamadour Stark riechender, aber mildherb schmeckender Weichkäse, urspr. aus Schaf-, Ziegen-, heute meist aus pasteurisierter Kuhmilch, bes. gut mehrere Monate alt, hart, kräftig, Fettgeh. 45 %, gute Zeit Schaf: März–Juni, Ziege: Juni–Nov., Kuh: ganzjährig (Aquitanien)

rocambole, ail d'Espagne, ail rouge Rockenbolle, Schlangenlauch, wildes Lauchgewächs, Art milder Knoblauch (Midi); ugs. a. für Perlzwiebel, ↑ *oignon blanc nacré*

roche Fels, Felsen, Klippe

Rochen raie [rä] f

rocher Kl. „Fels" aus Eiweißschnee, Zucker und Mandeln, Kokosnuß, Rosinen, Schokolade usw.

– **épineux, massu** Stachelschnecke, ↑ *murex*

Rocher Die älteste Likördestillerie Frankreichs mit versch. Spezialitäten (Isère/Rhônetal)

roesti Westschweiz: Rösti, ↑ *pommes de terre à la bernoise*

Roggen *seigle* [ßägl] m

rognon Niere (von Schlachttieren, i.a. Kalb oder Lamm, a. Rind, Schwein, Hähnchen), sollte nicht bräunlich, d.h. alt oder tiefgekühlt sein; ugs. a. Hoden, ↑ *animelle*
– **blanc** Stierhoden, ↑ *animelle*

rognannade, rognon de veau Kalbsnierenbraten (mit der Niere in ihrem Fett)

roh Unbearbeitet: *cru, crue* [krü] m, f; ungekocht: *pas cuit, pas cuite* [pa küi, pa küit] m, f

Rohkost *menu diététique* [mönü diëtëtīk] m; *régime à base de crudités* [rēschīm abās dö krüditē] m

Roigabradeldi Kartoffeln mit Speck und Zwiebeln (Elsaß)

rollot Rahmkäse aus Kuhmilch, pikant erdig, Fettgeh. 45 %, gute Zeit Nov.–Juni (Pikardie)

romaine Römischer Salat, ↑ *laitue romaine*

romaine, (à la) Mit Spinat, Parmesankäse, a. grünen Erbsen und Schinken; ↑ a. *sauce romaine*

Romanée(-Conti) Legendärer, kraftvoller und doch samtiger Burgunderwein, in jeder Hinsicht kostbar, TR 6–12 und mehr Jahre, TT 15–16° (Vosne-Romanée, Côte-de-Nuits)

Romanov Mit gef. Gurken und Kartoffeltörtchen, die mit einem Ragout aus Champignons und Selleriewürfeln gef. sind; ↑ a. *fraises Romanov*

romarin Rosmarin, bes. im Mittelmeerraum beliebtes Gewürzkraut, Nadeln und Zweige harzig und bitter würzig, frisch besser als getrocknet, sollte immer mitgekocht werden; Rosmarintee, verdauungsfördernd und sehr belebend

rombosse Apfel im Mürbeteig (Belgien)

romsteck, rumpsteak, rumsteck Rumpsteak aus dem hinteren, flachen Teil des Rinderrückens

ronce Brombeerranke, -strauch
– **cultivée** Himbeere, ↑ *framboise*
  (baie de) –, – (des haies) Brombeere, ↑ *mûre de ronce*

rond Wein: voll, harmonisch
– **de gîte à la noix** Scheibe aus der Kugel, Nuß der Rinderkeule
– **de tranche grasse** Scheibe aus der Kluft, Blume der Rinderkeule

rondelle   Kl. runde Scheibe

roquefort   Blauschimmelkäse AO aus Schafmilch, herzhafter, pikant-würziger Geschmack, sollte buttrig sein, Fettgeh. 45 %, gute Zeit März–Nov. (Rouergue/Aquitanien – der einzig echte mit rotem Label –, auch übriges Südfrankreich, Korsika)

rosbif   Roastbeef, Beiried, Lenden-, Rostbraten von Rind oder in Frankreich a. Pferd
– **de mouton**   Keulen, Filets und Kotelettstücke vom Hammel oder Lamm

Rosé   Rosé, Süßdruck, blaßroter Wein aus gleich nach der Lese gekelterten roten Trauben (auch rote und weiße gemischt), einfacher, aber natürlich frischer Durstlöscher, TT 6–10°
– **d'Anjou**   ↑ *Anjou*
– **de Loire**   Meist trockener Roséwein aus der Gegend von Anjou, Saumur und Touraine, jung und kühl zu trinken (Loiretal)
– **de Provence**   Charmanter, fruchtiger Roséwein, ↑ a. *Côtes-de-Provence, Côtes-du-Rhône, Lirac, Tavel*

rosé des forêts   Ugs. für Kleinen Waldchampignon, ↑ *agaric des bois*

rosé des prés, agaric, champêtre, psalliote champêtre   Feld-, auch Wiesenchampignon, geschätzter Speisepilz, selbst ungekocht zart und mild, zum Einlegen und Trocknen geeignet, gute Zeit Mitte Juni–Okt.

Rosenkohl   *chou de Bruxelles* [schūdbrüßäl] m

rosette   Schweinedarm als Wursthülle; getr. Dauerwurst aus grobgeh. Schweinefleisch in dieser Hülle (Beaujolais, Lyonnais)

Roséwein   *rosé* [rosē] m

Rosine   *raisin sec* [räsã ßäck] m

Rosmarin   *romarin* [romarã] m

ro(u)squille   Trockener Aniskuchen in Form einer Acht mit Zuckerglasur (Béarn, Pyrenäen)

Rossini, (à la)   Mit Gänseleber und Trüffeln

Rot|barbe   *rouget-barbe* [ruschä-barbä] m
-barsch   *sébaste* [ßēbaßt] m
-brasse   *pageau* [pascho] m
-hirsch   *cerf* [ßär] m; Fleischteile und -stücke ↑ Reh
-kohl, -kraut, -kabis   *chou rouge* [schurūsch] m
-wein   *(vin) rouge* [(wã) rūsch] m
-zunge   *limande-sole* [limäd-ßōl] f

rôti   (Im Ofen, in offener Pfanne) gebraten; Braten (ohne nähere Bezeichnung a.: Roastbeef vom Rind)

– **mariné**   Sauerbraten

rôtie   Geröstete (bestrichene, belegte) Brotscheibe
– **galloise**   Käseschnitte

rôtisserie   Grillrestaurant

rouelle   Runde Scheibe Fleisch (insbes. aus der Kalbs-keule), Fisch, Kartoffel, Gemüse

rouennaise, (à la)   Mit Geflügel-, meist Entenleber; Ge-flügel: im eigenen Blut geschmort, in Blutsauce; ↑ a. *sauce rouennaise*

Rouergue   Ehemalige   Grafschaft   in   Südfrankreich, ↑ Midi-Pyrénées S. 54 ff.

rouge   Rot; Rotwein
– **au piment**   Rote Paprikasauce
– **ordinaire**   Gewöhnlicher, billiger roter Tafelwein
  un kilo de –   Ein Liter (offener) Rotwein

rouget   Name für rotfarbige Meerfische aus den Fami-lien der Meerbarben oder Knurrhähne; a. Aprikosensorte (Gard/Languedoc/Roussillon)
– **-barbet**   Meerbarbe, Rotbarbe, feines, intensiv aro-matisches Fleisch, delikate Leber, läßt sich braten, gril-lieren, in Folie garen, kalt marinieren, gute Zeit Mai–Juli, am besten einheimisch
– **de roche, surmulet**   Streifenbarbe, kl., feinste Meer-barbe, gute Zeit im Sept. als *vendangeur* (Bretagne, Normandie)
– **de vase, de sable, mulet rouge**   Rote Meerbarbe, et-was weniger fein als der ↑ *rouget de roche*
– **-grondin**   Seekuckuck, ↑ *grondin rouge*

rouille, rouïo   Scharfe rostrote Knoblauchmayonnaise mit Chili-, Paprikaschoten, auch Safran, und Olivenöl, Semmelbröseln zu Fischgerichten und -suppen, wird dazu meist auf ↑ *croûtons* gestrichen, nur frisch gut (Provence); ugs. a. Flasche Wein, insbes. Champagner

roulade   Roulade, Fleischvogel, Fleisch-, Fisch- oder Kohlblattrolle mit Füllung

roulé   (Auf)gerollt; Biskuitrolle mit Marmeladenfüllung

rouleau   Rolle, Walze; Wallholz, Teigrolle, Nudelwal-ker
– **de la mer**   Fischstäbchen, ↑ *surimi*
– **de printemps, nem**   Urspr. chinesisch, vietnamesisch: Frühlingsrolle, Reisteigrolle mit versch. Füllungen (geh. Fleisch, Garnelen usw.) an süßsaurer Sojasauce

rousseau   Graubarsch, ↑ *daurade rose*; a. allg. für Fisch roter oder rötlicher Farbe oder für Taschenkrebs, ↑ *tour-teau*

roussette   Katzenhai, Fisch aus Ostatlantik und Mittelmeer, wohlschmeckend, muß aber sehr frisch sein, a. gesalzen, ger. im Handel; wird in Frankreich oft enthäutet, ohne Kopf und Schwanz als *roussette-aiguillat* oder *-saumonette*, sogar (irreführend) als *lotte* angeboten, gute Zeit Jan., März–Mai, Sept.–Okt.; goldgelber, knuspriger, sehr süßer Krapfen mit Orangenblütenwasser- und Branntweinparfüm (Beauce/Île-de-France); heller, sehr trockener, aber trotzdem duftiger Weißwein, TR 5 Jahre, TT 8° (Savoyen, oberes Rhônetal)

Roussillon   Landschaft der Ostpyrenäen, ↑ Languedoc-Roussillon S. 46 ff.; ↑ a. *Côtes-du-Roussillon*

routier, (relais)   Gaststätte für Fernfahrer, ↑ *relais routier*

roux   Einbrenne, Mehlschwitze, Einmach aus Butter oder Fett und Mehl zum Binden von Saucen, Gemüsen usw., je nach Kochzeit weiß, *blanc*, hellbraun, *blond*, oder braun, *brun*

royale   Eierstich, in Streifen oder Würfeln, Einlage für klare Suppen

royale, (à la)   Mit Eierstich, ↑ *royale*; Fisch, Geflügel: pochiert, mit Klößchen, ↑ *quenelles*; ↑ a. *sauce royale*

royan   Charentes, Bordelais: große, ausgewachsene, fette Sardine, ↑ *sardine*

Rübe   *betterave* [bäträw] f
  Rote –, Rande   *betterave rouge* [bäträw rusch] f
  Weiße –   *navet* [nawä] m

Rücken   Hammel, Lamm, Reh: *selle* [ßäl] f; Rind: *aloyau* [aloạjo] m; Hase, Kaninchen: *râble* [rābl] m
-speck   Schwein: *lard gras* [lārgra] m
-stück   *carré* [karē] m

Rüewe, süri   Wie Sauerkraut angemachte Rüben (Elsaß)

Rührei   œufs brouillés [öbrujē] pl

Rully   Körper- und bukettreiche Rot- (TT 9–11°) und Weiß- (TT 6–9°), a. ausgezeichnete Schaumweine (TT 2–4°) aus dem ↑ *Chalonnais*, alle innerhalb 4 Jahren zu trinken, gutes Qualität-Preis-Verhältnis (Burgund)

Rum   *rhum* [romm] m

rumen   Pansen, ↑ *panse*

Rumpsteak   *romsteck* [romstäck] m

rumsteck   Rumpsteak, ↑ *romsteck*

Rungis   Großmarkthallen im gleichnamigen Vorort südl. von Paris, versorgt mehr als 10 Mio. Verbraucher in Paris, Frankreich und über Frankreich hinaus

russe, (à la) Krustentiere, Fisch: mit Gelee und ↑ *chaud-froid* oder Mayonnaise überzogen, dazu russischer Salat, ↑ *salade russe*; Mayonnaise mit Kaviar, *sauce russe*, a. mit sauren Gurken, Hering, gef. Paprikaschoten

russule Täubling, Gattung zum Teil eßbarer, mild schmeckender Blätterpilze

– **charbonnière, charbonnier** Frauentäubling, wohlschmeckend mild, aber madenanfällig, muß gewürzt werden, gute Zeit Mitte Juni–Sept.

– **verdoyante** Grüntäubling, feiner, festfleischiger Speisepilz, gute Zeit Juni–Okt.

rustique Ländlich, rustikal

rutabaga Kohl-, Steckrübe, in Frankr. meist nur als Tierfutter, jung aber a. als Wurzelgemüse verwendet

sabardin Wurst aus Rinderdarm, Schweinefleisch und -innereien, stark gewürzt in Weißwein gek., im Schweinedarm (Loire)

sabayon Urspr. ital.: Schaumsauce aus mit einer Flüssigkeit kräftig geschlagenem Eigelb: würzig mit ↑ *fumet* und Butter, süß mit Weißwein, Marsala usw. und Zucker

sablé(e) Sandteig; Gebäck aus Sandteig (mit Geschmackszutaten, Marmelade, Schokolade usw.)

sabodet Kochwurst aus Schweinekopf, -fleisch und -schwarte, wird warm in Scheiben gegessen (Dauphiné, Lyonnais)

sabronade Ragout aus Schweinefleisch, Schinken und Gemüsen

sachet Beutel, Säckchen

sacristain Trockener Blätterteigkringel, -stengel, oft mit geh., zerstoßenen Mandeln bestreut

safran Safran, getr. Blütennarben einer Krokusart, das teuerste Gewürz, ganz oder (aromatischer) gemahlen zartbitter würzig, eines der Hauptgewürze der Fischsuppen, ↑ *bouillabaisse*, des Risotto, der Paella

Saft *jus* [schü] m

saftig *juteux, juteuse* [schütö, schütös] m, f; Früchte: *fondant* [fõdã]

Sagan, (à la) Mit Kalbshirnpüree in Champignonköpfen, oft Risotto und Madeirasauce

sagou Sago, getr. Palmenmark, gekörnte Stärke

Sahne *crème* [kräm] f

Saibling *omble chevalier* [õbl schöwaljē] m

R
S

saignant   Blutig

saindoux, axonge   Schweinefett, Schmalz, Schmer, in Nordfrankreich gern statt Butter verwendet

Saint-Amour   Der nördlichste ↑ *Beaujolais*, konzentriert und charmant verhalten, TR nicht mehr als 2, 3 Jahre, TT 9–13° (Burgund)

Saint-Chinian   Kräftiger, aber nicht harter, je nach Erzeuger vielversprechender Rot- und Roséwein, TR 2–3 Jahre, TT 14–15° bzw. 9–11° (Languedoc)

Sainte-Croix-du-Mont   Natursüßer, sauternesähnlicher Weißwein vom rechten Garonne-Ufer, fein und fruchtig, TR 2–6 und mehr Jahre, TT 5–6° (Bordeaux)

sainte-maure   Vorzüglicher Weichkäse aus roher Ziegenmilch, typischer, würziger Geschmack, Fettgeh. 45 %, heute oft industriell aus pasteurisierter Ziegenmilch hergestellt, weniger gut als der *fermier*, gute Zeit Juni–Dez. (Touraine)

Sainte-Menehould   [ßăt-mönü] Schweinsfüße usw.: mit Senf oder an Senfsauce mit Zwiebeln, Essig und Kräutern

Saint-Émilion   Bedeutendes Rotweingebiet mit den „Burgundern des Bordelais", kräftig, vollmundig und geschmeidig, TR 4–10 und mehr Jahre, TT 12–15° (Gironde/Bordeaux)

Saint-Estèphe   Fülliger Rotwein des ↑ *Haut-Médoc*, trocken-kräftig, aber mit dem Alter immer sanfter, TR 12–15 und viel mehr Jahre, TT 15–18° (Bordeaux)

Saint-Germain   Mit frischen oder getr. grünen Erbsen; ↑ a. *potage Saint-Germain*

saint-honoré   Saint-Honoré-Torte, ↑ *gâteau saint-honoré*

Saint-Hubert   (Wild) mit Wildpüree, -sauce und Madeira oder Cognac

Saint-Joseph   Kräftig duftende Rotweine, je nach Lage von unterschiedlicher Qualität, im besten Fall sehr aromatisch und elegant, TR 7–12 Jahre, TT 15–16°, auch (wenig) nervig fruchtige Weißweine, TR 5–7 Jahre, TT 8–9° (nördl. Côtes-du-Rhône)

Saint-Julien   Ausgewogener, samtig duftender Rotwein von zarter Fülle aus dem ↑ *Haut-Médoc*, ein Muster-Bordeaux, TR 12–15 und viel mehr Jahre, TT 16–18°; ↑ a. *Ducru-Beaucaillou*

Saint-Mandé   Mit grünen Erbsen, grünen Bohnen und Macaire-Kartoffeln, ↑ *pommes de terre Macaire*

saint-marcellin   Cremiger Weichkäse aus urspr. Ziegen-, heute meist neutraler Kuhmilch, leicht säuerlich mild, Fettgeh. 50 %, gute Zeit Apr.–Sept. (Isère/Dauphiné)

saint-nectaire Sehr feiner halbharter Schnittkäse AO aus Kuhmilch, buttrig nussig, Fettgeh. 45 %, gute Zeit Juni–Dezember (Auvergne)

saint-paulin Halbfester Schnittkäse aus pasteurisierter Kuhmilch, leicht säuerlich, je nach Reife mild oder pikant, Fettgeh. 45–50 %, ganzjährig

Saint-Péray Feine, nervig trockene Weißweine (TR bis 6 Jahre, TT 8–9°), bes. aber ausgezeichnete Schaumweine, fruchtiger als der ↑ *Champagne* (TR bis 5 Jahre, TT 6–7°) vom rechten Rhône-Ufer (südl. Côtes-du-Rhône)

saint-pierre, coq, dorée, poule de mer, zée Petersfisch, Heringskönig, abgeplatteter Meerfisch, festes, mageres, schmackhaftes Fleisch, Hauptbestandteil der ↑ *bouillabaisse*, läßt sich braten, pochieren, grillieren, gute Zeit Apr.–Juli (Ostatlantik, Mittelmeer usw.)

Saint-Raphaël Würzig herber Aperitif aus ↑ *mistelle* mit Rot- oder Weißwein und Gewürzextrakten, sehr kühl oder über Eis zu trinken

Saint-Romain Lebendig trockener Weißwein (TR 4–8 Jahre, TT 10°), geschmeidig fruchtiger Rotwein (TR 5–10 und mehr Jahre, TT 16°), beide (noch) ihren Preis wert (Côte-de-Beaune/Burgund)

Saint-Saphorin Ugs. *Saint-Saph*, wohl der typischste, eleganteste Weißwein des ↑ *Lavaux*, feinwürzig trocken, jung zu trinken, TT 8–11° (Waadt/Schweiz)

Saint-Véran Charmanter, angenehm feiner Weißwein, der sogar gut altert, TR 4–8 Jahre, TT 8–10° (Mâconnais/Burgund)

Saint-Yorre, (Vichy) Natürliches, leicht kohlensäurehaltiges Tafelwasser mit viel Mineralien, von ausgeprägtem Geschmack, aber durstlöschend und verdauungsfördernd (Vichy/Auvergne)

saison Jahres-, Reifezeit

salade Salat; die (diskutable) Angewohnheit, den Salat als ersten, magenfüllenden Gang einzunehmen, ist in Frankreich noch nicht ausgebrochen – er wird dort meist nach dem Hauptgang, vor oder mit dem Käse serviert

   Sorten
   salade batavia Bataviasalat, ↑ *laitue batavia*
   – de laitue Kopfsalat, ↑ *laitue*
   – de mâche Feldsalat, ↑ *mâche*
   – frisée Krause Endivie, ↑ *frisée*
   – romaine Römischer Salat, ↑ *laitue romaine*

Zubereitungsarten

salade américaine Salat aus Kopfsalat, Gurken, Mais, Hühnerfleisch, harten Eiern und Ananaswürfeln
- **ardennaise** Kartoffelsalat mit Würstchenscheiben (Belgien)
- **Argenteuil** Salat aus Kartoffeln, Spargelspitzen und Estragonmayonnaise
- **arlésienne** Salat aus Artischockenböden, Kartoffeln, Endivien, Tomatenvierteln, Anchovis, Estragon usw.
- **Carmen** Salat aus Erbsen, Paprikaschoten, Hühnerfleisch und Langkornreis
- **catalane** Reissalat mit Paprikaschoten, Spargelspitzen und Sardellen
- **composée, mixte** Gemischter Salat
- **crue** Rohkostsalat
- **de bœuf** Salat aus Siedfleisch, Kartoffeln, Tomaten und Zwiebeln
- **de cervelas** Wurstsalat
- **de museau** Ochsenmaulsalat
- **de pommes de terre** Kartoffelsalat
- **des midinettes** Reissalat mit grünen Erbsen
- **flamande** Salat aus Chicorée, Kartoffeln, Zwiebeln und Heringsfilets
- **folle, gourmande** Feinschmeckersalat aus frischen, bunten Salatblättern mit kostbaren Zutaten (Krebsschwänze, Gänseleber, Trüffeln usw.)
- **italienne** Ital. Salat aus kleingewürfelten Karotten, weißen Rübchen, Kartoffeln mit Erbsen und Spargeln
- **japonaise** Japanischer Salat aus kleingewürfelten Orangen, Ananas und Tomaten an ↑ *crème fraîche* auf Salatblättern
- **mêlée** Westschweiz: gemischter Salat
- **monégasque** Mittelmeerfischchen mit Tomaten auf Reis
- **niçoise** Ugs. *niçoise*; original Salat aus frischen Tomaten, Gurken, Puffbohnen, Artischocken, grünen Paprikaschoten, kl. Zwiebeln, Basilikum, Knoblauch, harten Eiern, Sardellen, schwarzen Oliven an Olivenöl, heute oft a. Thunfisch usw., aber nie mit gek. Gemüsen, Kartoffeln oder Essig (Nizza, Provence)
- **panachée** Gemischter Salat
- **russe** Russischer Salat aus kleingewürfelten, gek. Gemüsen, a. Fisch- oder Fleischstücken, an Mayonnaise
- **variée** Gemischter Salat
- **verte** Grüner Blattsalat
- **vigneronne** Salat aus Löwenzahn oder Feldsalat, gebr. Speck an Nußöl; ↑ a. *mesclun*

  – **Waldorf** Salat aus kleingewürfelten Äpfeln und Sellerie an leichter Mayonnaise (mit Sahne), darüber zerriebene Hasel- oder Walnüsse

saladier Salatschüssel

– **lyonnais** Salat aus Hammelfüßen, Geflügelleber, harten Eiern und Heringsfilets (Lyonnais)

salaison(s) Eingesalzenes, Eingepökeltes

salam(m)bô Kl. Windbeutel aus karamelisiertem Brandteig, mit Kirsch, Rum usw. getränkter Konditorcreme gef. und mit Karamel überzogen

salami Urspr. ital.: Rohwurst aus stark geräuchertem und gewürztem Rind- und Schweinefleisch sowie aus Speck

– **de Strasbourg** Rohwurst, ↑ *saucisse d'Alsace*

Salat *salade* [ßalad] f

-besteck *service à salade* [ßärwiß a ßalad] m

-sauce *vinaigrette* [winēgrätt] f

-schüssel *saladier* [ßaladjē] m

-teller *assiette de salades* [aßjätt dö ßalad] f

  Eis○ *batavia* [batawja] f

  Feld○ *mâche* [mäsch] f

  gemischter – *salade composée* [ßalad kōposē] f

  grüner Blatt○ *salade verte* [ßalad wärt] f

  Kopf○ *laitue pommée* [lätü pommē] f

  Römischer – *salade romaine* [ßalad romẽn] f

  Chicorée *endive* [ãdīw] f

  Endivie *chicorêe* [schikorē] f

  Endivie, Krause *frisée* [frisē] f

  Winterendivie *chicorée scarole* [schikorē skarol] f

Salbei *sauge* [ßōsch] f

salé Gesalzen, gepökelt; (Ein)Gesalzenes; Pökelfleisch, -fisch; Westschweiz: abgekürzt für vollreifen Greyerzer Käse, ↑ *gruyère*

  petit – Gepökeltes Schweinefleisch, in aromatischer Bouillon gekocht

salée Westschweiz: Eier-Butter-Fladen

– **sucrée** Waadt/Schweiz: süßer Rahmfladen

salers Halbhartkäse aus roher Kuhmilch, erdig-fruchtig, Fettgeh. 45 %, gute Zeit Juni-Sept. (Cantal/Auvergne)

salicorne Queller, Glasschmalz, Salzpflanze von den Meeresküsten, deren eßbare Samen manchmal angeschwemmt werden, können als Salat, gek. als Gemüse oder in Essig eingelegt als Gewürz verwendet werden, gute Zeit Juli

salière Salzstreuer, Salzfaß

salle Saal, Raum, Zimmer

Salm *saumon* [ßomõ] m

salmis   Federwild-, a. Geflügelragout an würziger brauner Sauce

salon   Salon, Gesellschaftszimmer
– **de dégustation**   Bar, Probierstube für Wein
– **de glace(s)**   Eisdiele, Eissalon
– **de thé**   Teestube, Tea Room, Café

salpicon   Feines Ragout aus kleingewürfeltem Fleisch, Geflügel, Wild, Krustentieren, Gemüse usw. an brauner oder weißer Sauce; gemischte Fruchtstücke in Sirup

salsifis   Bocksbart, Gemüse- und Wurzelpflanze; ugs. a. die eßbare Wurzel der Haferwurzel, ↑ *salsifis blanc*
– **blanc, à feuille de poireau, vrai**   Haferwurzel, in Frankreich als feines Wurzelgemüse genossen
– **noir, d'Espagne, scorsonère**   Schwarzwurzel, Winterspargel, mild-würzig und spargelartig fein, die dicke, wohlschmeckende Pfahlwurzel kann wie Spargel als Gemüse zubereitet werden

Salvagnin   Waadtländer Rotwein aus der ↑ *Pinot-noir-* und/oder ↑ *Gamay*-Traube, der einer strengen Qualitätskontrolle unterzogen wurde, entspricht etwa der französischen ↑ *Appellation controlée*, mild elegant und harmonisch fruchtig, TR 1–3 und mehr Jahre, TT 10–12° (Waadt/Schweiz)

Salz   *sel* [ßäl] m
-gebäck   *gâteaux salés* [gato ßalē] pl
-hering   *hareng salé* [arã ßalē] m
-kartoffeln   *pommes (de terre) à l'anglaise* [pomm (dö tär) alãgläs] pl
○ **los**   *sans sel* [ßã ßäl]
-streuer   *salière* [ßaljär] f
  gesalzen   *salé* [ßalē]

Sancerre   Säurebetonte, trockene Weißweine, anregend frisch und leicht rauchig, TR 2 Jahre, TT 6–8°, fruchtig-trockene Rosé- und (wenig) freundliche Rotweine, TR 5–10 Jahre, TT 14°, allesamt von hervorragender Qualität (mittleres Loiretal)

sanciau, sauciau   Rustikaler Pfannkuchen oder Krapfen aus Butter-, heute a. pasteurisierter Milch, Butter und Mehl, salzig oder süß

Sandgebäck   *sablé* [ßablē] m

sandre   Zander, Schill, Fogosch, gr. Süßwasserbarsch, heute oft gezüchtet, frisch besser als tiefgekühlt, fast grätenlos, festes, aromatisches Fleisch, läßt sich braten, pochieren, schmoren, a. für Fischsuppen

sang   Blut
  au –   Im (eigenen) Blut

sanglier Wildschwein, Schwarzwild, jung als ↑ *marcassin* am besten, wird ähnlich zubereitet und zerlegt wie ↑ Reh

sanguette, sanquette Frisches Hühner-, a. anderes Blut, mit Speck, Schmalz oder Gänsefett und Kräutern in der Pfanne gebr. (Südwestfrankreich)

sanguine Rotfleischige Birnen-, Pfirsichsorte; Blutorange

santé Gesundheit; Prosit, zum Wohl! ↑ a. *potage santé*

Santenay Gefälliger, schlanker, blumiger Rotwein, TR 4–8 Jahre, TT 1–15° (südl. Côte-de-Beaune/Burgund)

sapin Tanne; Tannenspitzengeist mit harzigem Waldaroma, TT 6–8° (Elsaß, Franche-Comté u. a.)

Sapindor Würziger Likör aus Tannenextrakten und Jurapflanzen (Pontarlier/Jura)

sar(d), sargue, veirade Geißbrasse, der Dorade, ↑ *daurade*, ähnlicher Meerfisch von den Küsten haupts. des Mittelmeers, feines Fleisch, gute Zeit Frühling

sarcelle d'été Knäkente, ↑ *canard*

sarcelle d'hiver Krickente, ↑ *canard*

sarde, (à la) Mit Reiskroketten in Begleitung von Pilzen und Bohnen oder Gurkenstücken und gef. Tomaten

Sardelle *anchois* [āschǫa] m

sardine Sardine, kl. Heringsfisch, jung delikat, in Frankreich im Frühling und Sommer gern fangfrisch verzehrt, läßt sich grillen, braten, marinieren oder in Dosen konservieren
– **à l'huile** Ölsardine

sargue Geißbrasse, ↑ *sar*

sarladaise, (à la) In Gänseschmalz gebr. Kartoffelscheiben mit geh. Petersilie und Knoblauch (Périgord/Aquitanien)

sarment (Wein-)Rebe; Rebenholz

sarrasin, blé noir, rouge Buchweizen, Heiden, Welschkorn, Getreideart von kernigem, kräftigem, leicht säuerlichem Geschmack, die als ganzes, geschältes Korn, als Grütze, Flocken oder in Frankreich haupts. als Mehl, *farine*, erhältlich ist für Vollwertgerichte, Brot, Gebäck, Pfannkuchen, Breie usw.

sarriette, poivre d'âne Bohnenkraut, Kölle, Pfefferkraut, Würzpflanze, Stengel und Blätter aromatisch pfeffrig, frisch pikant, getr. kräftig, im Sommer (*sarriette commune, des jardins, annuelle*) milder als im Winter (*sarriette des montagnes, sauvage, vivace*)

sauce Sauce, Soße, immer noch ein Prüfstück der französischen Kochkunst

– **Albufera** Geflügelrahmsauce mit Fleischfond und roter Paprikabutter oder -püree

– **allemande** Weiße Grundsauce mit Kalbs-, Geflügel- oder (zu Fisch) Fisch-, Champignonfond

– **andalouse** Kalte Mayonnaise mit Tomatenpüree und Paprikaschoten

– **au beurre** Cremige Buttersauce, weiße Mehlschwitze

– **aurore** Samtsauce mit Tomatenpüree und Butter oder Sahne

– **bâtarde** Cremige Buttersauce, weiße Mehlschwitze

– **béarnaise** Béarner Sauce; ↑ *béarnaise*

– **béchamel** Béchamelsauce; ↑ *béchamel*

– **Bercy, à l'échalote** Samtsauce mit Schalotten, Butter, Fischfond und Weißwein

– **bigarade** Orangensauce, braune Sauce mit Schalen oder Saft von Bitterorangen oder Orangen und Zitronen an karamelisiertem Zucker und ↑ *demi-glace*

– **blanche** Weiße Grundsauce aus Mehlschwitze und Kalbs- oder Geflügelfond

– **bordelaise** Die Sauce des Bordelais, braune Sauce aus Rot-, a. Weißwein, Markwürfeln, Schalotten, Thymian, Lorbeer, schwarzem Pfeffer und ↑ *demi-glace*

– **bourguignonne** Burgundersauce, braune Sauce aus Rotwein, Schalotten, Champignons, Kräutern sowie ↑ *demi-glace*

– **bretonne** Rahmsauce mit Lauch-, Sellerie-, Zwiebel-, a. Champignonstreifen

– **brune** Braune, gebundene Grundsauce

– **chantilly, mousseline** Holländische Sauce, ↑ *hollandaise*, mit Schlagsahne

– **charcutière** ↑ *sauce Robert* mit Gewürzgurkenstreifen

– **chasseur** Jägersauce; ↑ *chasseur*

– **chaud-froid** Gelatinesauce; ↑ *chaud-froid*

– **Choron** ↑ *béarnaise*, mit Tomatenmark, -püree

– **Colbert** Braune Sauce aus Fleischfond mit Butter, geh. Petersilie, Estragon und Zitronensaft

– **(à la) crème** Rahmsauce, ↑ *béchamel* mit ↑ *crème fraîche*, Butter und Sahne

– **demi-glace** Braune Grundsauce, ↑ *demi-glace*

– **(à la) diable** Braune Sauce aus Weißwein, Schalotten, Senf, Würzkräutern und ↑ *demi-glace*

– **diplomate, Riche** Fischrahmsauce mit Hummerbutter, Hummer- und Trüffelwürfeln

– **espagnole** braune Grundsauce mit Wurzelgemüse und Tomatenmark

– **grand veneur** Wildsauce mit Johannisbeergelee, Sahne und Pfeffer

- **gribiche** Kräutermayonnaise; ↑ *gribiche*
- **hollandaise** Holländische Sauce, ↑ *hollandaise*
- **hongroise** Ungarische Sauce aus Zwiebeln, Paprika, Weißwein, feinen Kräutern und Fleischfond
- **ivoire** Geflügelrahmsauce mit Fleischglace
- **lyonnaise** Braune Sauce mit Zwiebeln, Weißwein, Butter und ↑ *demi-glace*
- **(au) madère** Madeirasauce, braune Bratensauce mit Madeira-, a. Rotwein
- **maltaise** Holländische Sauce, ↑ *hollandaise*, mit Saft und geriebener Schale von Blutorangen
- **mikado** Holländische Sauce, ↑ *hollandaise*, mit Mandarinensaft und -streifen
- **Mornay** Béchamelsauce, ↑ *béchamel*, mit geriebenem, geschmolzenem Käse, meist zum Überbacken
- **mousseline** Schaumsauce, ↑ *sauce chantilly*
- **moutarde** Pikante Senfsauce mit Zwiebeln
- **Nantua** Krebssauce, Béchamelsauce, ↑ *béchamel*, mit Krebsbutter und -stücken, Sahne, a. Cognac
- **noisette** Holländische Sauce, ↑ *hollandaise*, mit gebräunter Butter
- **normande** Fischrahmsauce mit Champignonfond
- **périgourdine** ↑ *sauce Périgueux* mit Gänseleberpüree und größeren Trüffelstücken
- **Périgueux** Madeirasauce, ↑ *sauce madère*, mit gehackten oder gewürfelten Trüffeln und Butter
- **poivrade** Pfeffersauce; ↑ *poivrade*
- **portugaise** Braune Sauce mit Tomatenmark oder -püree, Zwiebeln und Knoblauch
- **(à la) poulette** ↑ *sauce allemande* mit Zitronensaft und geh. Petersilie
- **printannière** ↑ *sauce allemande* mit Kräuterbutter
- **provençale** Entkernte, geschälte Tomaten, mit zerdrücktem Knoblauch und geh. Petersilie in Olivenöl gedünstet
- **ravigote** Pikante Salatsauce; ↑ *ravigote*
- **rémoulade** Senfmayonnaise; ↑ *rémoulade*
- **Riche** ↑ *sauce diplomate*
- **Robert** Pikante braune Sauce mit feingeh. Zwiebeln, Weißwein, Butter, Senf und ↑ *demi-glace*
- **(à la) romaine** Süßsaure braune Sauce aus ↑ *demi-glace* mit Korinthen, Pinienkernen und karamelisiertem Zucker
- **rouennaise** Braune Sauce aus Schalotten, Rotwein, Enten- oder sonst Geflügelleber, Butter und ↑ *demi-glace*
- **royale** Geflügelrahmsauce mit geh. Trüffeln und Sherry

- **suprême, velouté à la crème**　Geflügelsamtsauce mit
Butter und Sahne
- **tartare**　Würzmayonnaise, ↑ *tatare*
- **tyrolienne**　Béarner Sauce, ↑ *béarnaise*, mit Tomatenpüree und Öl statt Butter
- **velouté**　Samtsauce, Kalb-, Geflügel-, Fisch-, a. Ge-
müsefond mit Mehlschwitze; ↑ a. *velouté*
- **verte**　Mayonnaise mit pürierten Kräutern und Gemüsen (Petersilie, Kerbel, Estragon, Schnittlauch, Brunnenkresse, Spinat usw.)
- **vinaigrette, à l'huile**　Die klassische Salatsauce, ↑ *vinaigrette*
- **zingara**　Zigeunersauce, ↑ *zingara*

sauciau　Pfannkuchen, Krapfen, ↑ *sanciau*

saucisse　Wurst, Würstchen, Bratwurst, viele regionale
Varianten, muß meist gegart werden
- **au choux**　Brühwurst aus feinem Schweinefleisch mit
Kohlstreifen (Savoyen, Südfrankreich, Waadt/Schweiz)
- **aux poireaux**　Gek. Wurst aus Schweinefleisch mit
Lauchstreifen (Waadt/Schweiz)
- **crue à tartiner**　Mettwurst
- **de campagne**　Stark gewürzte Landwurst aus Speck
und magerem Rindfleisch
- **de Francfort**　Frankfurter Würstchen, entweder echt
aus reinem, geräuchertem Schweinefleisch oder aber
auf frz. Art aus Rind- und Kalbfleisch in beigefarbenem
Darm
- **de Strasbourg**　Knackwurst, i. a. aus Rind- und
Schweinefleisch
- **de Toulouse, toulousienne**　Wurst aus grobgehack-
tem, gewürztem Schweinefleisch und -fett, Bestandteil
des ↑ *cassoulet*
- **fraîche**　Bratwurst aus magerem Fleisch und Fett mit
Gewürzzutaten
- **fumée**　Mit Salz und Pfeffer gewürzte, kaltgeräucherte
Dauerwurst
- **grise**　Leberwurst

saucisson　(Brüh-, Schnitt-)Wurst, viele reg. Varianten
- **brioché, en brioche**　Wurst im ↑ *Brioche*-Teig
- **chasseur**　Kl. fette Wurst aus mittelfein geh. Rind-
und Schweinefleisch
- **d'Alsace, salami de Strasbourg**　Räucherwurst aus
Rind- und Schweinefleisch (Elsaß)
- **d'Arles**　Wurst aus Ochsen- und Schweine-, oft auch
Esel- oder Pferdefleisch mit Knoblauch und aromatischen Kräutern (Provence)
- **de Lorraine**　Luftgetrocknete Wurst aus Schweinefleisch und -fett in gewürztem Rotwein (Lothringen)

- **de Lyon** Hat wenig mit der deutschen „Lyoner" zu tun: aus trockenem, geh. Schweinefleisch mit Fettplätzchen, nur leicht gesalzen und gewürzt; ↑ a. *cervelas de Lyon*
- **de ménage** Hausmacherwurst aus reinem, mittelfein geh. Schweinefleisch
- **de montage** Getr. Bergwurst aus reinem Schweinefleisch mit grobgeh. Speckwürfeln
- **de Neuchâtel** Neuenburger Rohwurst aus feingeh., reinem Schweinefleisch mit Würzen (Neuchâtel/ Schweiz)
- **– sêché** Neuenburger Dauerwurst aus grobgeh., reinem Schweinefleisch, mit Pfeffer gewürzt und luftgetr. (Neuchâtel/Schweiz)
- **de Paris** Gek. Wurst aus grobgeh. Schweinefleisch, oft mit Knoblauch (*Paris ail*)
- **fumé aux herbes** Kräutersalami
- **noir** Ger. Blutwurst, ↑ *boudin*
- **sec** Haltbare Dauerwurst aus frischem Schweine- oder Rindfleisch, oft mit Knoblauch
- **vaudois** Waadtländer Räucherwurst aus grobgeh., reinem Schweinefleisch, am besten mit Garantiesiegel „*Qualité contrôlée*" (Waadt/Schweiz, mit regionalen Abarten in allen Westschweizer Kantonen)

sauer *aigre* [ägr]; Früchte, Milchprodukte: *sur* [ßür]; Milch: *tourné* [turnē]; saure Milch: *lait caillé* [läkajē] m; Wein: *vert* [wär]
○ **ampfer** *oseille* [osäj] f
○ **braten** *rôti de viande marinée* [roti dö wjãd marinē] m
○ **kirsche** *griotte* [griott] f
○ **kohl**, ○ **kraut** *choucroute* [schukrūt] f
○ **teig** *levain* [löwã] m

säuerlich *aigrelet* [ägrölä]; Obst: *suret* [ßürä]; Wein: *verdelet* [wärdölä]

sauge Salbei, Küchen- und Heilkraut, zarte Blätter – je kleiner, desto intensiver – herb duftend, leicht bitterlich, müssen jung und frisch sein, ganz, geh. oder zerstoßen verwendbar; Salbeitee, beruhigend, krampflösend, verdauungsfördernd

saumon Lachs, Salm, Wanderfisch zwischen Fluß und Atlantik, fettes, aber schmackhaft zartes Fleisch, wird heute (leider) a. gezüchtet, ist aber wild von Febr.–Sept. am besten, läßt sich grillieren, pochieren
- **blanc** Seehecht, ↑ *merlu*
- **de fontaine** Bachsaibling, ↑ *omble de fontaine*
- **de mer** Seelachs, ↑ *lieu jaune*
- **fumé** Räucherlachs
- **sauvage** Feiner Räucherlachs

saumonette   Enthäuteter Katzenhai ohne Kopf, ↑ *roussette*

Saumur   Rassig trockene (TR 1–5 Jahre, TT 7–9°), auch fruchtig liebliche (TR 1–10 Jahre, TT 6–8°) Weißweine, kraftvoll kernige rosé (TR 1–4 Jahre, TT 8–10°) und rote (TR 1–5 und mehr Jahre, TT 9–14°) Weine, a. saubere, lebendige und preiswerte Schaumweine; gutes Qualität-Preis-Verhältnis (Anjou/Loiretal)

saumure   (Gewürzte) Pökel-, (Meer-)Salzlake

saupiquet   Kräftig gewürzte Sauce mit Zwiebeln oder Schalotten, Rotwein und Saft unreifer Trauben oder Essig (mit Blut und Leber des darin bereiteten Tieres); a. das Gericht darin (Schinkenscheiben, Ragout usw.)

saupoudrer   Bestreuen (mit Salz, aber a. mit Mehl, Zukker usw.)

saur   Gesalzener Räucherhering

saurel   Midi: Bastardmakrele, ↑ *chinchard*

sausselis   Gef. Blätterteigschnitten, ↑ *dartois*

sauter   Sautieren, in wenig Fett oder Öl bei starker Hitze kurzbraten

sauterelle   Heuschrecke; Nordfrankreich: Nordseegarnele, ↑ *crevette grise*

Sauternes   Landstrich am linken Garonne-Ufer mit edlen Weißweinen, deren beste seinen Namen tragen und, ehrlich produziert, raffinierte Süße mit natürlicher Frucht vereinen, entsprechend etwa einer deutschen Beerenauslese; können (sollen) 10–20 und mehr Jahre warten, TT jung 5–7°, älter 8–10° (Bordeaux); ↑ a. *Barsac, Cérons, Château d'Yquem*

sauvage   wild
  à la –   naturbelassen

sauvignon blanc, blanc-fumé   Rebsorte, die elegant blumige, frisch säuerliche trockene und süße Weißweine mit feinem Rauchgeschmack gibt (Bordeaux, Loire, Touraine u. a.)

savarin   Hefering, mit Zuckersirup, Kirsch oder Rum getränkt, mit Schlagsahne, Konditorcreme, frischen oder ged. Früchten usw. gef., warm oder kalt serviert

savaron   Schnittkäse aus pasteurisierter Kuhmilch, ausgeprägter Geschmack, Fettgeh. 45 %, ganzjährig (Auvergne)

Savennières   Nervig-eleganter trockener oder halbtrokkener Weißwein, TR 4–8 Jahre, TT 7–11° (Anjou/Loiretal)

Savigny-lès-Beaune Charmanter, fruchtig leichter Rotwein, eher jung zu trinken, TT 13–15° (Côte-de-Beaune/Burgund)

Savoie Savoyen, hist. Landschaft in den frz. Alpen, ↑ S. 77 ff.; Rebgebiet am südwestlichen Genfer See, an den Ufern der Isère und der Rhône mit sauberen, lebhaft frischen Weiß- und angenehmen Rot- und Schaumweinen; ↑ a. *Crépy, Roussette, Seyssel*

savoureux, -euse Schmackhaft, köstlich, lecker, lieblich

savoyard, savoyarde, (à la) Mit Käse, a. Kartoffeln; Kartoffelgratin mit geriebenem Käse und Milch oder ↑ *crème fraîche*

sbrinz Der älteste Schweizer Hartkäse aus Kuhmilch, vollfett mürb, wird gebrochen oder gerieben, ausgeprägt würziger Geschmack, Fettgeh. 45 %, ganzjährig

SC, s.c. *service compris*, Bedienung, Trinkgeld inbegr.

Scampi *langoustines* [lãgußtĩn] pl

scarole Winterendivie, ↑ *chicorée scarole*

Schaf *mouton* [mutõ] m; Fleischteile und -stücke ↑ Lamm
-käse *brebis* [bröbi] m
-fleisch *agneau* [anjõ] m; ↑ Lamm

Schafiser Bieler Seewein; ↑ *Bienne*

schälen Eier, Hülsenfrüchte, Nüsse: *écaler* [ēkalē]; Kartoffeln, Obst, Baum-, Walnüsse: *peler* [pölē]

Schalotte *échalote* [ēschalott] f

Schaltiere *coquillages* [kokijãsch] pl

Schankela Mandelhörnchen (Elsaß)

Schaufenster *vitrine* [wĩtrĩn] f

Schaum *mousse* [mũß] f
-gebäck *meringue* [mörãg] f
-wein *vin mousseux* [wã mũßö] m

Scheibe *tranche* [trãsch] f; Frucht: *rondelle* [rõdäll] f

Schellfisch *églefin* [ãglöfã] m

Schenkele Mandelhörnchen (Elsaß)

Schiefela, Schiffela Ges., ger. Schweineschulter (mit Beilagen) (Elsaß, Lothringen)

Schillerwein Roséwein, ↑ *Clairet d'Alsace*

Schinken *jambon* [schãbõ] m

Schirmling *lépiote* [lēpiot] m

Schlachter(ei)   *boucher(ie)* [būschē] m; [būschrī] f

Schlagsahne, -rahm, -obers   *chantilly* [schātiji] f

Schlankheitskost   *cuisine minceur* [küjisīn mǟßör] f

Schleie   *tanche* [tāsch] f

Schloßkartoffeln   *pommes (de terre) château* [pomm (dö tär) schato] pl

Schmalz   *graisse fondue* [grǟß fōdü] f; Schwein: *saindoux* [ßǟdū] m

Schmant   Rahm, Sahne (Luxemburg)

Schmelz|kartoffeln   *pommes (de terre) fondantes* [pomm (dö tär) fōdāt] pl
-käse   *fromage fondu* [fromāsch fōdü] m

Schmier   Belegtes Brot, Butterbrot (Luxemburg)

schmor|en   *braiser* [bräsē]
○ **braten**   *braisé* [bräsē] m; *daube* [dōb] f

Schnaps   *alcool blanc* [alkoll blā] m

Schnecke   *escargot* [äßkargo] m

Schnellkochtopf   *cocotte minute* [kokott minüt] f; *marmite à pression* [marmītapräßjō] f

Schniedenspettel   Leicht ger. Kümmelwurst (Elsaß)

Schnittlauch   *ciboulette* [ßibulätt] f

Schnitz(en)   Backobst mit Speck, in Wein geschmort (Elsaß, Lothringen)

Schnitzel   *escalope* [äßkalopp] f

Schokolade   *chocolat* [schokola] m
-n|creme   *mousse au chocolat* [mūß o schokola] f
-n|tafel   *tablette de chocolat* [tablätt dö schokola] f
  dunkle –   *chocolat foncé* [schokola fōßē] m
  Milch○   *chocolat au lait* [schokola o lä] m

Scholle   *carrelet* [karlä] m

Schonkost   *régime* [rēschīm] m

Schorle   *vin et seltz* [wā ä ßältz] m

Schulter(stück)   *épaule* [ēpōl] f

Schüssel   *saladier* [ßaladjē] m

schütteln   *agiter* [aschitē]

schwach   *faible* [fäbl]

Schwanz   *queue* [kö] f
-stück   *culotte* [külott] f

Schwarte   *couenne* [kuann] f
-n|magen   *fromage de tête* [fromāsch dö tät] m
schwarz   *noir, noire* [noar] m, f

○ **brot** *pain gris* [pã gri] m; *pain bis* [pã bi] m
○ **wurzel** *salsifis noir* [ßalßifi noạr] m

Schwein *porc* [por] m
  Fleischteile
  Eisbein, Hachse, Stelze, Wädli *jambonneau* [schã-bonnō] m
  Filetkotelett, Rippenstück, Nierstück *côtes de filet* [kōt dö filä] pl
  Keule, Schinken, Schlegel *jambon* [schãbō] m
  Kopf *tête* [tät] f
  Kotelett, Karbonade, Karree, Kotelettenstück *carré (de côtes), côtes premières* [karē (dö kōt)] m, [kōt prömjär] pl
  Nacken, Kamm, Hals, Schopfbraten *échine* [ēschīn] f
  Pfote, Hachserl, Füßli *pied* [pjē] m
  Rückenspeck *lard gras* [lārgra] m
  Schinkenspeck *pointe* [poạt] f
  Schulter, Blatt, Laffe *palette* [palätt] f; *épaule* [ēpōl] f
  Wamme, Bauchfleisch *poitrine* [poạtrīn] f; *travers* [trawär] m
  Fleischstücke
  Bauchspeck *lard de poitrine* [lār dö poạtrīn] m
  Braten *rôti de porc* [roti dö por] m
  Kotelett *côte de porc* [kōt dö por] f
  Leber *foie de porc* [foạ dö por] f
  Lende, Filet, Lummer *(côtes de) filet de porc* [(kōt dö) filä dö por] pl, m
  Rippchen *travers* [trawär] m
  Rücken *longe de porc* [lōsch dö por] f
  Schinken *jambon* [schãbō] m
  Schmalz *saindoux* [ßãdu] m
  Speck *lard* [lār] m
  Vorderrippenstück *échine de porc* [ēschīn dö por] f

Schwertfisch *espadon* [äßpadō] m

schwerverdaulich *indigeste* [ãdischäst]

Schwowebredle Mandelgebäck (Elsaß)

sciène Adlerfisch, ↑ *maigre*

scorpène Drachenkopf, ↑ *rascasse*

scorpion de mer Fisch aus der Familie der Skorpionsfische wie Drachenkopf, ↑ *rascasse*; ↑ a. *chabot*

scorsonère Ugs. Schwarzwurzel, ↑ *salsifis noir*

seau (Abfall-)Eimer, Kehrichtkübel
– **à glace** Eiskübel, Weinkühler

sébaste Sebastes, Fisch aus der Gattung der Rotbarsche, gute Zeit Apr.–Sept.

– **-chèvre, rascasse du Nord**   Blaumaul, Skorpionsfisch aus dem tiefen Meerwasser, der meist als Drachenkopf, ↑ *rascasse*, angeboten wird, angenehmes, aber etwas fades Fleisch, auch ger. oder ges. erhältlich (Atlantik)

grand –   Gr. Rotbarsch, Goldbarsch, festes, etwas fettes, aber gutes Fleisch, wird (meist als Filet) frisch, ges., ger. angeboten, läßt sich backen, braten, pochieren, grillieren (Atlantik)

petit –   Kl. Rotbarsch, dem Großen Rotbarsch, ↑ *sébaste, grand* verwandt und ähnlich

sec, sèche   Trocken, getrocknet, gedörrt

sèche   Dünner Teigfladen, salzig oder süß (Franche-Comté, Westschweiz); auch ugs. für Sepia, ↑ *seiche*

See|aal   *congre* [kõgr] m

-barsch   Atlantik: *bar* [bār] m; Mittelmeer: *loup de mer* [lūdmär] m

-hase   *lump* [lõp] m

-hecht   *merlu* [märlü] m

-igel   *oursin* [urßã] m

-lachs   *lieu noir* [ljö noạr] m

-teufel   *baudroie* [bodroạ] m

-zunge   *sole* [ßol] f

seelac   Ges., ger. und in Öl marinierter Seelachs, ↑ *lieu noir*; a. Seehecht, ↑ *merlu*

seiche, sépia   Sepia, zehnarmiger Tintenfisch, wird am Mittelmeer wie der Kalmar, ↑ *calmar*, auch *supion* genannt, festes, gern etwas zähes Fleisch, muß deshalb vor der Zubereitung gut weichgeklopft werden

seigle   Roggen, etwas schwer verdauliches Getreide, als Korn, Schrot oder Mehl im Handel

Sekt   *vin mousseux* [wã mūßö] m

sel   Salz, Koch-, Speise-, Tafelsalz

– **de cuisine**   Kochsalz

– **fin, de table**   Tafelsalz

– **gris**   Grobes Salz

– **iodé**   Tafelsalz mit Jodzusatz

– **marin**   Meersalz

au –   In Salzkruste

gros –   Grobkörniges (Meer)Salz, reich an Geschmacks- und Mineralstoffen

self-service   Ugs. *self*; (Gaststätte mit) Selbstbedienung; Einkaufszentrum

selle   Sattel, hinterer Rücken von Hammel, Kalb, Lamm, Reh

– **anglaise**   Lendenstück mit Bauchfleisch vom Lamm

Sellerie   *céleri* [ßälrĩ] m

selles-sur-cher   Weichkäse AO aus Ziegenmilch, mit Holzkohlenasche bestäubt, delikat cremig und haselnussig, manchmal etwas salzig, Fettgeh. 45 %, gute Zeit Juni–Nov. (Sologne/Loiretal, a. Berry, Orléanais)

selon   Gemäß, nach
– **grandeur, grosseur**   Nach Größe
– **poids**   Nach Gewicht

Seltz, (eau de)   Selters-, Sodawasser, kohlensäurehaltiges, manchmal schwach alkalisches Tafelwasser

sémillon (blanc)   Großbeerige Rebsorte, die alkoholhaltige, weich-blumige trockene wie auch, von Edelfäule befallen, edelsüße Weißweine gibt (Südwestfrankreich)

Semmel   *petit pain* [ptipã] m

semoule   Grieß, gemahlenes Getreide, meist Weizen
– **au lait**   Grießbrei

Sénancole, La   Herber Klosterlikör aus Frühlingskräutern, Blütenhonig und Gewürzen (Sénanque/Provence)

Senf   *moutarde* [mūtard] f
-gurke   *cornichon aux graines de moutarde* [kornischõ o grän dö mūtard] m

sépia   Tintenfisch, ↑ *seiche*

sépiole, souchet   Sepiole, Tintenschnecke, kl. eßbares Meeresweichtier

sérieux   Glas (Faß-)Bier, normalerweise 1 l, je nach Gegend auch ½ l

serpolet   Feld-, wilder Thymian, Quendel, etwas milder und weniger aromatisch als der Gartenthymian, ↑ *thym*; Quendeltee gegen Kopfschmerzen

serran   Sägebarsch, guter Speisefisch aus dem Meer

service   Bedienung, Trinkgeld; (Essens-)Gang; Tischgeschirr
– **à toute heure**   Essen zu jeder Tageszeit
– **compris, s. c.**   Bedienung, Trinkgeld inbegriffen
– **en sus**   Bedienung, Trinkgeld wird zusätzlich berechnet
– **non compris, s. n. c.**   Bedienung, Trinkgeld nicht inbegriffen
   libre –, self- –   Selbstbedienung

serviette   Serviette, Mundtuch; Handtuch

servir   Bedienen

sésame   Sesam, Nahrungs- und Würzpflanze, Samen fein nussig; Sesamöl, delikat und diätetisch

séteau   Kl. Seezunge, ↑ *cétan*

sévereau Bastardmakrele, ↑ *chinchard*

Seyssel Trockener, zart-aromatischer Weißwein, TR 5 Jahre, TT 6–8°, a. einer der besten Schaumweine Frankreichs, TR 3 Jahre, TT 5–6° (savoyisches Rhônetal)

s. g. *selon grandeur, grosseur, nach Größe, Gewicht*

Sherry *xérès* [kēräß] m

siaskas Frischkäse mit Kirsch und Sahne (Vogesen)

sicilienne, (à la) Mit gef. Tomaten, Reistörtchen, Kartoffelkroketten

Sieb *passoire* [paßo̯ar] f; Draht-, Haarsieb: *tamis* [tami] m

sieden *(faire) bouillir* [(fär) bujīr]

Siedfleisch *(bœuf) bouilli* [(böff) buji] m

silure (glane) Wels, ↑ *glane*

Silvaner Rebsorte für Weißwein, ↑ *Sylvaner*

simples, les Aromatische (Heil-)Kräuter

siphon Sodawasser, Tafelwasser unter Kohlendioxyddruck

sirop Sirup, konzentrierte Lösung von Zucker in Wasser, Fruchtsäften, Pflanzenauszügen usw.
  au – . . . kompott

Sisca Johannisbeerlikör (Dijon)

sisymbre Rauke, intensiv würzige Salatpflanze, als Tee a. gegen Heiserkeit

smitane Saure Sahne, manchmal mit Senf, Essigfrüchten usw. gewürzt

SNC, s. n. c. *service non compris*, Bedienung, Trinkgeld nicht inbegriffen

snack(-bar) Schnellimbiß, Schnellgaststätte, Fast Food

sobronade Kräftige Bauernsuppe aus Schweinefleisch und Gemüsen (Weiße Bohnen, Rüben usw.; Périgord/Aquitanien)

socca Urspr. ital.: wagenradgr. Fladen aus Kichererbsmehl, möglichst vom Holzkohlenfeuer, salzig oder süß (Nizza)

Sodawasser *siphon* [ßifō] m; *soda* [ßoda] m

soif Durst

soigné Gepflegt; sorgfältig zubereitet; fam. a. stark, gesalzen (Rechnung)

soja, soya Soja-, Mungobohne, Hülsenfrucht, Keime, *germes*, gelb milder als schwarz, für Suppen, Eintöpfe, als Salat, Gemüse, Beilage usw. verwendbar

soldes Ausverkauf

sole Seezunge, der feinste Plattfisch aus dem Meer, köstlich festes, saftiges Fleisch, meist als *filet* verkauft, gute Zeit Winter, läßt sich backen, braten, dünsten, pochieren, grillieren, gratinieren usw.; ↑ a. *cétan*

Arten

sole à la ligne Geangelte Seezunge aus dem Atlantik, sehr fein

– **commune grise** Die gesuchteste Seezunge, festes, zartes und saftiges Fleisch (Atlantik, a. Mittelmeer)

– **de Dakar, du Maroc** Die gewöhnlichste Seezunge, festes, aber etwas fades Fleisch (Afrika)

– **de roche, targeur** Zwergbutt, kl., aber wohlschmeckend

– **franche** Die meistangebotene Seezunge aus Ärmelkanal und Atlantik, auch Ostsee

– **perdrix, des sables** Kleine, weniger feine Seezunge aus Ärmelkanal und Atlantik

– **pole** Sandzunge, etwas weniger fein als die Seezunge (Atlantik, im Mittelmeer selten)

– **tropicale, – -langue** Senegal-Zunge, Art Hundszunge von den Küsten Westafrikas, festes, apartes Fleisch

Zubereitungsarten

sole Marguery Pochierte Seezunge in Weißweinsauce mit Muscheln und Garnelen

– **Montreuil** Pochierte Seezunge in Weißweinsauce mit Garnelenpüree und Kartoffeln

– **Orly** Seezunge im Backteig mit Tomatensauce und Petersilie

– **Walewska** Pochierte Seezunge mit Langustinenschwänzen und Trüffelscheiben in ↑ *sauce Mornay*

soleil Sonne; Sonnenblume, ↑ *tournesol*

solilem(m)e Feines Hefebrot, mit Butter bestrichen, heiß serviert (Elsaß)

solognote, (à la) Ente: mit der in Armagnac und Kräutern eingelegten Leber gef.; Lamm: in Weißwein, Essig und Kräutern eingelegte Keule

sommelier Weinkellner, in guten Restaurants a. für Einkauf und Lagerung der Weine verantwortlich

somptueux, -euse Prächtig, reichlich; aufwendig; massig, überreichlich

son Kleie, Keim und Schale des Getreidekorns

Sopexa (S.O.P.E.X.A.) *Société pour l'expansion des ventes de produits agricoles et alimentaires*, halbstaatliche Verkaufsförderungsgemeinschaft für frz. Agrarprodukte mit zahlreichen Auslandsbüros

sorbe Vogelbeere, Scheinfrucht einer Ebereschenart, ↑ *sorbier*; wird als *corme* für Konfitüren und Gelees verwendet

sorbet Mit Früchten, Gemüsen, Pflanzen usw. aromatisiertes Wassereis, mit oder ohne Alkohol, oft erfrischender Zwischengang eines Mahls

sorbier Vogelbeerbaum, Ebereschenart, ↑ *sorbe*; Vogelbeergeist, besonderer, frisch aromatischer Geschmack, TT 6–8°

sortie Ausgang

Soße *sauce* [ßōß] f

Soubise Püree aus gedünsteten Zwiebeln, i. a. mit Reis angedickt; ↑ a. *sauce Soubise*

soubressade Urspr. spanisch: Streichwurst mit Aromaten

souchot Tintenschnecke, ↑ *sépiole*

sou-fassum Mit geh. Fleisch, Speck, Mangold, Zwiebeln und Reis gefüllter Wirsingkohlkopf (Nizza, Provence)

soufflé Soufflé, Schaummasse, mit steifgeschlagenem Eiweiß aufgezogen, süß oder salzig mit versch. Geschmackszutaten
- **glacé** Eisauflauf, Schaumeis
  crêpe -e Dünner Eierpfannkuchen mit ↑ *Soufflé*-Füllung

soupe (Nahrhafte, rustikale) Suppe, wird in Frankreich meist nur abends gegessen; ↑ a. *bisque, consommé, potage*
- **à l'ail** Knoblauchsuppe, ↑ *aïgo boullido*
- **à l'oignon** Zwiebelsuppe, mit Mehl gebunden, gewürzt und auf geröstetem Brot serviert
- **– gratinée** Gratinierte Zwiebelsuppe, ↑ *gratinée*
- **au pistou** Art scharfer Minestrone, ↑ *pistou, soupe au*
- **aux poissons** Fischsuppe aus zerquetschten, zerriebenen Fischen
- **cultivateur** Gemüsesuppe, ↑ *potage cultivateur*
- **d'épeautre** Dinkelsuppe (mit Lammfleisch oder Wurst und Gemüsen)
- **de poissons** Fischsuppe, ersetzt in Frankreich ein ganzes Essen

souper (Spätes) Abend-, Nachtessen; in einzelnen Gegenden, in Belgien und der Westschweiz a. noch normales Abendessen

soupir-de-nonne Brandteigkrapfen, ↑ *pet-de-nonne*

souple Geschmeidig, schmiegsam, weich; Wein: geschmeidig

source   Quelle, Quellwasser

sourdon   Herzmuschel, ↑ *coque (blanche)*

Souvaroff, Souvarov, (à la)   Mit Gänseleber und Trüffel gef. Federwild oder Geflügel, in einem verschlossenen Gefäß geschmort; kl., mit (Aprikosen)Marmelade gef. Sandteiggebäck

soya   Soja(bohne), ↑ *soja*

Spa   Leichtes, schwach mineralhaltiges Tafelwasser, still (*Reine*), mit mäßiger (*Barisart*) oder viel (*Marie-Henriette*) natürlicher Kohlensäure (belgische Ardennen)

Spargel   *asperge* [aßpärsch] f
  -kopf, -spitze   *pointe d'asperge* [po͂at daßpärsch] f

Spätzle, Spätzli   Teigware, Beilage für Fleisch- und Gemüsegerichte (Elsaß, Schweiz)

Speck   *lard* [lār] m
  Frühstücks⊘   *bacon* [bēkn] m

spéculaus, spécule, speculo(o)s   Spekulatius, knusprige Backware aus kräftig gewürztem Mürbeteig hergestellt (Belgien)

Speise   *mets* [mä] pl; *plat* [pla] m
-eis   *glace* [glaß] f
-karte   *carte* [kart] f; *menu* [mönü] m
-saal   *salle à manger* [ßallamāsche] f
  Süß⊘   *entremets* [ātrömä] m
  Vor⊘   *entrée* [ātrē] f; *hors-d'œuvre* [ordöwr] m

Spetzli   Teigware, ↑ *Spätzle*

Spezereiladen, -waren   *épicerie(s)* [ēpißrī] f/pl

Spiegelei(er)   *œuf (œufs) sur le plat* [öff (ö) ßür lö pla] m/pl

Spieß   *broche* [brosch] f

Spinat(speise)   *épinard(s)* [ēpinār] m/pl

spiritueux, -euse   Stark alkoholhaltig; Spirituosen, alkoholreiche Getränke (Branntweine, Liköre)

sprat, anchois de Norvège, esprot, melette   Sprotte, kl. Heringsfisch, gute Zeit im Winter, fritiert oder (meist) heiß ger. genießbar, auch ges. oder als Konserve; mit Zukker, Salz und Gewürzen behandelt; Anchovis, ↑ *anchois salé*

squille(-mante)   Fang-, Heuschreckenkrebs, eßbares Meeresweichtier, zartes, aromatisches, dem Kaisergranat ähnliches, aber nicht ganz so feines Fleisch

Stachelbeere   *groseille à maquereau* [grosāj a mākro] f

stark   *fort, forte* [fōr, fort] m, f; adjektivisch: *fortement* [fortmā]

steak   Steak, Fleischscheibe zum Kurzbraten oder Grillieren, meist vom Rind, in Frankreich manchmal a. vom Pferd; ↑ a. *bifteck*
– **à cheval**   Beefsteak mit Spiegelei
– **au poivre**   Pfeffersteak, mit grob zerstoßenem (weißem) Pfeffer gewürztes Steak
– **haché**   Hackbeefsteak
– **ta(r)tare**   rohes Hacksteak, ↑ *tatar*

Steckrübe   rutabaga [rütabaga] m

Stein   *noyau* [nǫajō] m
   -butt   *turbot* [türbō] m
   -obst   *fruits à noyau* [früi a nǫajo] pl

sterlet   Sterlet, kl. schlanke Störart, Meer- und Teichfisch, feines, delikates Fleisch; ↑ a. *esturgeon*

Stint   *éperlan* [ēperlā] m

stocaficado   Stockfischragout, ↑ *estocaficada*

stockfish   Stockfisch, ↑ *morue séchée*

Stöcker   *chinchard* [schǎschār] m

stoficado   Stockfischragout, ↑ *estocaficada*

storzapreti   Klößchen aus geh. Blattgemüse und frischem ↑ *Broccio*-Käse (Korsika)

strasbourgeoise, (à la)   Mit Sauerkraut und Speck; mit Gänseleberschnitte

Striwle   Teigware, ↑ *Spätzle*

Stroganov, Stroganoff   Urspr. russisch: gewürfelte Filetspitzen vom (jungen) Rind mit Pilzen, Zwiebeln und Gurkenstreifen in saurer Sahne

Strohhalm   *paille* [pāj] f

Stück   *pièce* [pjǎß] f; abgetrenntes Stück: *morceau* [morßō]; kleines Stück: *bout* [bū] m

stufatu, stuffato   Fleischragout mit Tomaten und Zwiebeln, meist zu Teigwaren (Korsika)

subric   Kl. Krokette aus geh. oder pürierten Zutaten (Fleisch, Fisch, Gemüse, a. Früchte usw.)

suc   Saft

succès   Biskuit-, Baisertörtchen mit Krokant-Buttercreme

sucette   Lutsch-, Stielbonbon
– **glacée**   Eis am Stiel

sucre   Zucker
– **brut**   Brauner Zucker, Rohzucker
– **candi**   Kandiszucker, reiner Zucker in Brocken
– **cristallisé**   Kristallzucker, weißer Haushaltzucker

— **de canne, colonial**   Rohrzucker
— **de raisin**   Traubenzucker
— **en morceaux**   Würfelzucker
— **glace, granulé, en poudre**   Puder-, Staub-, Mehlzuk-
ker, pulverfein zermahlen
— **semoule**   Grieß-, Streuzucker, fein gemahlen
— **vanillé**   Vanillezucker

sucré   Gezuckert, süß

sucreries   Süßigkeiten, Konfekt, Zuckerwerk

sucrier   Zuckerdose

sucrin   Bes. süße Netzmelone, ↑ *melon brodé*

Süd(en)   *sud* [ßǖd] m
-frankreich   *Midi* [midi] m
-früchte   *fruits tropicaux* [früi tropikō] pl

Sud-ouest   Südwestfrankreich zwischen Bordelais und
Languedoc mit meist einfachen Weinen, den ↑ *Armagnac*
nicht zu vergessen (↑ *Bergerac, Blanquette de Limoux,
Buzet, Cahors, Gaillac, Jurançon, Madiran, Monbazillac*)

suédoise   Sirupfrüchte in Fruchtsaft-, Wein- oder Likör-
gelee

suggestion   Empfehlung

sugus   Westschweiz: kl. Fruchtkaramelle

suif   Talg, Unschlitt, tierisches Fett, i. a. von Rind oder
Schaf

Suisse   Schweiz, schweizerisch
— **romande**   Welsche Schweiz, Westschweiz

suisse   Ungesalzener Frischkäse, ↑ *petit-suisse*

superette   Kl. Lebensmittelmarkt mit Selbstbedienung

supermarché   Supermarkt, mittlerer Lebensmittelmarkt
mit kl. Warenhausabteilung

supion   Junger Kalmar, ↑ *calmar*, a. allg. Tintenfisch,
↑ *seiche*

Suppe   Klare: *consommé* [kõßommē] m; gebundene: *potage* [potāsch] m; nahrhafte, rustikale: *soupe*   [ßūp] f;
Rahmsuppe: *crème* [kräm] f; *velouté* [wölutē] m
-n|fleisch   *(viande à) pot-au-feu* [(wjãd a) potofö] f; gek.:
bouilli [buji] m
-n|grün   *herbes potagères* [ärb potaschär] pl
-n|huhn   *poule au pot* [pulopo] f
-n|löffel   *cuiller à soupe* [küijär a ßūp] f
-n|schüssel, -terrine   *soupière* [ßupjär] f
-n|teller   *assiette à soupe* [aßjätt a ßūp] f
-n|topf   *pot-au-feu* [potofö] m
-n|würfel   *kub* [küb] m; *potage en cubes* [potāsch ã küb] m

supplément Beilage; Ergänzung; Nachgang
en – Mit Aufpreis, Zuschlag auf den Grundpreis

suprême Das feinste Stück eines Tieres (Geflügelbrüstchen, Fischfilet usw.); raffinierte Zubereitungsart; Fleisch usw. mit Gänseleber; Flügel von jungem Geflügel; feiner, leichter Rahmnachtisch; ↑ a. *sauce suprême*

Süralawarla Saure Leber, Kalbsleberstückchen in saurer Sahne (Elsaß)

surchoix Auslese, erste Qualität, erste Wahl

sureau Holunderbeere, Holler, Steinbeere des Holunderstrauchs oder -baums, im Geschmack herb und süßsäuerlich, als Gelee, Marmelade, Saft usw., aber a. in Suppen oder Saucen verwendbar; Holundertee, schweißtreibend, gegen Erkältungen; Holundergeist, verdauungsfördernd, TT 6–8°

surface, grande Groß-, Supermarkt

surgelé Gefroren, tiefgekühlt

surimi, bâtonnet au crabe, rouleau de la mer Urspr. japanisch: Surimi, Fisch-Crabmeat, Krebsfleischimitation aus weißem Fischfleisch und pulverisierter Krebsschale

süri Rüwe „Saure Rüben", Eintopf mit in Schmalz gekochten Weißen Rüben, Zwiebeln und Schweinefleisch (Elsaß)

Sürkrüt, Surkrut Elsaß: Sauerkraut, ↑ *choucroute*

sur lie(s) Hefe-Abzug von Wein

surmulet Streifenbarbe, ↑ *rouget de roche*

surprise Überraschung; mit überraschendem Inhalt, Geschmack, Kälte- oder Wärmegrad

sus, en Noch dazu, zusätzlich; mit Aufpreis

süß doux, douce [du] m, [düß] f; gezuckert: *sucré* [ßükrē]
⌒**igkeit** Süße: *douceur* [dußör] f; Nascherei: *sucrerie* [ßükrörī] f
⌒**most** *jus de pommes* [schüdpomm] m
⌒**speise** *entremets* [ātrömä] m
⌒**wasserfisch** *poisson d'eau douce* [poaßõ dodüß] m
⌒**wein** *vin doux* [wãdü]

Suze Erdig-bitterer Aperitif aus Enzianwurzeln (Jura), mit einem Schuß *Cassis* erfrischend

s.v.p. *s'il vous plaît*, bitte

Sylvaner, Silvaner Belebend leichter, herbsüffig trockener Weißwein aus der gleichnamigen, eher neutralen Rebsorte von verhaltener Säure und mildzartem Bukett, TR i. a. 1–4 Jahre, TT 7–9° (Elsaß, Provence, Wallis/ Schweiz)

Syrah Robuste, tanninhaltige, aber elegante Rebsorte, die spätreife Rotweine mit intensiver Blume ergibt (Côte-Rôtie, Hermitage, Côtes-du-Rhône, Provence, Languedoc usw.)

tabac Tabak; Tabakladen (mit Briefmarkenverkauf), Kennzeichen: roter Rhombus

taboulé, tabbouleh Erfrischender Salat aus Minze, Tomaten, Zwiebeln, a. Paprika und Zitrone, mit Weizenschrot und Aromaten (Mittlerer Orient)

table (Eß-)Tisch
  à – Zu Tisch

Tablett *plateau* [plato] m

tablette Westschweiz: Pastille, süßer Bonbon
  – de chocolat Schokoladentafel

tablier de sapeur Panierte, gebr. oder grillierte Rindskutteln, mit Schneckenbutter und Kräutermayonnaise oder Tatarsauce heiß serviert (Lyonnais)

tabouret Schemel
  – de bar Barhocker, Barstuhl

tacaud, (grand) capelan Franzosendorsch, Schellfisch aus dem Meer, grätiges und leichtverderbliches, aber feines, delikates Fleisch, in Frankreich sehr geschätzt, läßt sich dämpfen, dünsten, braten, gute Zeit Jan.–Juni (Atlantik, westl. Mittelmeer)

Tâche, La Spitzenwein des ↑ *Vosne-Romanée*, aristokratisch eleganter und vollmundiger Roter, meist noch seinen Preis wert, TR 5–12 und mehr Jahre, TT 15–16° (Côte-de-Nuit/Burgund)

tadjin, tagine, tajin(e) Irdener, innen glasierter Kochtopf mit konischem Deckel; das Schmorragout darin aus Fleisch, Geflügel, Fisch, Gemüsen, a. Früchten, mit Gewürzen, Oliven, Schalen eingelegter Zitrone (Nordafrika)

Tafel *table* [tābl] f
-obst *fruits de table* [früi dö tābl] pl
-spitz *pointe de culotte* [poãt dö külott] f
-traube *raisin* [räsã] m
-tuch *nappe* [nap] f
-wasser *eau minérale* [ōminēral] f

Tages|gericht *plat du jour* [pladüschür] m
-karte *carte du jour* [kartdüschür] f
-menü *menu du jour* [mönüdüschür] m

tagine Schmortopf, -gericht, ↑ *tadjin*

taillole, taillaule Westschweiz: ringförmiger Kuchen aus Mehl, Eiern, Butter und Zucker

tajin(e)   Schmortopf, -gericht, ↑ *tadjin*

talibur   Flandern, Pikardie: Apfel, Birne im Teig, ↑ *rabote*

Talleyrand, (à la)   I. a. mit Käsemakkaroni und Trüffelsauce; Curry-Omelett mit Kalbsbries; Hefekuchen mit Ananasstücken

talmouse   Mit Käse-, auch Mandelcreme gef. und überbackenes Blätter- oder Mürbeteigtörtchen (Saint-Denis/Paris)

tamié, (abbé de, trappiste de)   Aromatischer Trappistenkäse aus Kuhmilch, ausgeprägt milchig, Fettgeh. 40–45 %, gute Zeit Juni–Nov. (Savoyen)

tanche   Schleie, karpfenartiger Süßwasserfisch, heute a. gezüchtet, fettes, aber schmackhaftes, leicht süßliches Fleisch, läßt sich blau kochen, fritieren, braten

tangerine   Tangerine, kl. Zitrusfrucht, Kreuzung zwischen Orange und Mandarine, wenig oder keine Kerne, sehr süß

tan(n)in   Tannin, Gerbsäure, gibt dem Wein Charakter und Haltbarkeit

tapenade   Würzig-pikante Paste aus gewässerten Anchovis, schwarzen Oliven und Kapern an Olivenöl, Zitronensaft und Aromaten, a. scharfem Senf, auf Brot zum Aperitif, als Vorspeise oder (vermischt mit einer ↑ *vinaigrette*) Beilage (Provence, Nizza)

tapinette   Frischkäse auf Mürbeteig aus dem Ofen (Orléanais)

tapioca, tapioka   Stärkemehl aus den Wurzeln der tropischen Maniokpflanze, macht Suppen geschmeidig; a. Suppe damit

Tart, Clos de   Der beste ↑ *Morey-Saint-Denis*-Rotwein, fein und bukettreich, TR ab 7 Jahre, TT 15° (Côte-de-Nuits/Burgund)

tartare   Rohes Hackfleisch; Würzmayonnaise, ↑ *tatare*

tarte   Flacher, meist runder Kuchen aus Blätter-, Mürbe- oder Sandteig, salzig mit Gemüsen, Käse usw., süß mit Früchten, Cremes, Schokolade usw.
– **à l'oignon**   Rahmiger Zwiebelkuchen (Elsaß)
– **alsacienne**   Mandelkuchen mit Marmelade (Elsaß)
– **au côrin**   Kuchen mit Apfel- und Pflaumenmus (Bretagne)
– **au matton**   Käsekuchen (Belgien)
– **bourbonnaise**   Süßer Quarkkuchen (Bourbonnais)
– **flambée**   Flammenkuchen, ↑ *Flammeküeche*
– **normande, Le Deun**   Apfelkuchen (Normandie)

– **(des demoiselles) Tatin** Gestürzter Mürbeteigkuchen mit karamelisierten Äpfeln (Orléanais u. a.)

tartelette Tortelett, rundes oder ovales Törtchen aus Blätter-, Mürbe- oder Sandteig

tartine Butterbrot, bestrichenes Brot

tartiner (Brotscheibe) bestreichen, schmieren

tartinette Streichfertige Mettwurst (Elsaß)

Taschenkrebs *tourteau* [tūrto] m

tasse Tasse, Schale
– **à café** Kaffeetasse
– **à thé** Teetasse
– **de café** Tasse Kaffee
– **de thé** Tasse Tee

tassergal Blaubarsch, Blaufisch, Mittelmeerfisch mit leichtverderblichem, aber sehr feinem Fleisch, frisch oder tiefgefroren im Handel

taste-vin, tâte-vin Silbernes oder versilbertes Schälchen zum Weinprobieren
  Confrérie des Chevaliers du ○ „Bruderschaft der Ritter Weinkoster", 1934 gegründete Weinbruderschaft mit Sitz im *Château du Clos de* ↑ *Vougeot* (Côte-de-Nuits/Burgund)

tasteviné Von der *Confrérie des Chevaliers du* ↑ *Tastevin* mit einem Etikett versehen, das aber nicht unbedingt ein Gütesiegel ist

tatare, tartare Rohes Hacksteak, mageres, geschabtes oder feingehacktes Rind-, a. Fischfleisch, zum Rohessen gewürzt, muß frisch sein; Mayonnaise (*sauce tatare*) mit hartgek. Eigelb, geh. Zwiebeln und Schnittlauch, auch feingeh. Gürkchen, Kapern und Kräutern

Taube *pigeon* [pischō] m

Täubling *russule* [rüßül] f

Tauchsieder *thermo-plongeur* [tärmoplōschör] m

taupe Heringshai, ↑ *requin-taupe*

Tavel Der Roséwein Frankreichs, elegant blumig, leicht würzig und süffig, TR 3–4 Jahre, TT 8–10° (Rhônetal)

taverne (Wein-)Schenke, Kneipe

taxes Steuern, Taxen

tea-room Teestube, Konditorei, Café

Tee *thé* [tē] m; Kräuter, Pflanzen: *infusion* [ãfüsjō] f; Heilkräuter: *tisane* [tisann] f
-beutel *sachet de thé* [ßaschä dö tē] m
-gebäck *petits gâteaux (secs)* [pöti gātō (ßäck)] pl

-kanne   *théière* [tējãr] f
-löffel   *petite cuiller* [pötit küjjã] f
-sieb   *passe-thé* [paßtē] m
-tasse   *tasse à thé* [taßatē] m
– mit Zitrone   *thé citron* [tēßitrõ] m
   Schwarz⚬   (ohne Zutaten) *thé nature* [tē natür] m
   Tasse –   *tasse de thé* [taß dö tē] f

Teig   *pâte* [pãt] f
   -waren   *pâtes (alimentaires)* [pãt (alimãtär)] pl
   Back⚬   *pâte à frire* [pãtafrīr] f
   Blätter⚬   *feuilletage* [föjtäsch] m
   Brand⚬   *pâte à chou* [pãtaschu] f
   Hefe⚬   *pâte levée* [pãt löwē] f
   Mürbe⚬   *pâte brisée* [pãt brisē] f
   Sand⚬   *pâte sablée* [pãt ßablē] f

Teller   *assiette* [aßjätt] f
   flacher (Eß) –   *assiette plate* [aßjätt plãt] f
   tiefer (Suppen) –   *assiette creuse* [aßjätt krös] f

telline   Plattmuschel, eßbares Meeresweichtier, angenehmes Fleisch, wird im Süden Frankreichs von den Be-
wohnern roh gegessen

tende-de-tranche   Oberschale aus der Rinderkeule

tendineux, -euse   Sehnig; Fleisch: zäh

tendre   Weich, zart, mürbe; Brot: frischgebacken

tendron   Brustknorpel vom Kalb, a. Rind; Kalbsbrust-
schnitte

Teppichmuschel   Atlantik: *palourde* [palūrd] f; Mittelmeer: *clovisse* [klowīß] f

terrine   Feuerfeste Porzellan- oder Steingutform; Pastete
darin ohne Teigkruste aus durchgedrehtem, gewürztem
Fleisch, Geflügel, Fisch, heute a. Gemüse usw.

terroir   Boden, Erdreich, Gegend
   du –   Aus eigenem Boden, aus der Gegend
   goût de –   Bestimmter Boden-, Erdgeschmack

tête   Kopf; in der Küchensprache meist Kalbs- oder
Schweinekopf, ganz oder in Stücken
– d'ail   Knoblauchknolle (mit mehreren Zehen)
– d'aloyau   Äußerster Teil des Roastbeefs, Rumpsteak
vom Rind
– d'asperge   Spargelkopf, -spitze
– de cru, – de cuvée   Etwa „aus dem besten Faß", un-
verbindliche Bezeichnung für Weinqualität
– -de-moine, Bellelay   Vollfetter, zylindrischer Halbhartkäse aus Kuhmilch, dessen weicher, milder und
doch würziger Teig abgeschabt wird, am besten nicht
zu jung, Fettgeh. 45–45 %, gute Zeit Sept.–März (Bern,
Jura/Schweiz)

– **de veau vinaigrette**   Kalbskopf in Essigkräutersauce
  fromage de –   Schweinskopfsülze, Preßsack
  persillade de –   Schweinskopf und -zungensülze

teuer   *cher, chère* [schär] m, f

tfina   Ragout aus Rinderbrust, Kalbsfüßen, Kichererb-sen oder Weißen Bohnen, Kartoffeln und Eiern in der Schale mit Knoblauch, Paprika, Olivenöl und Honig (Nordafrika)

thé   Tee (vom Teestrauch)
– **(au) citron**   Tee mit Zitrone
– **nature**   Tee ohne Zutaten
– **noir, de Chine**   Schwarztee
– **vert**   Grüner Tee
  sachet de –   Teebeutel
  tasse à –   Teetasse
  tasse de –   Tasse Tee

thermidor   Art der Hummerzubereitung, ↑ *hommard thermidor*

thon (rouge)   Großer Roter Thunfisch aus dem Meer, fettes, wohlschmeckendes Fleisch, kann wie Kalbfleisch zubereitet werden, läßt sich grillieren, schmoren, gute Zeit Juni–Okt., a. ger. oder als Ölkonserve im Handel; ↑ a. *germon*

thonné   Vor dem eigentlichen Kochen in Öl, Thymian, Lorbeer und Gewürzen mariniert und mit Thon vorgek. (Kalb)

Thonon   Natürliches Tafelwasser ohne Kohlensäure mit nur wenig Mineralgehalt (Thonon-les-Bains/Hochsa-voyen)

Thunfisch   *thon* [tõ] m

thym   (Garten-)Thymian, Gewürz-, Küchenkraut, Heil-pflanze, ätherisch-ölige Zweiglein (ganz) oder Blätter (ge-hackt) würzig-nelkig, a. getrocknet noch sehr intensiv, als Gewürz für Fleisch, Gemüse usw.; Thymiantee, balsa-misch entspannend, hustenlösend; ↑ a. *serpolet*

tian   Gr. flache, meist irdene Auflaufform für überbak-kene Speisen; das Gratingericht darin (Kartoffeln, versch. Gemüse, a. Fisch usw.); a. Art ↑ *trouchia* mit Saisonge-müse (Provence)

tianu   Korsika: irdene Kasserolle, in der Ragouts aus Würsten, Roten Bohnen, Lauch usw., a. Reis geschmort werden

tiède   Lau, lauwarm

Tiefkühl|fach   *casier à surgélation* [kasjē a ßürschēlaß-jõ] m
-truhe, -schrank   *congélateur* [kõschēlatör] m

tilleul   Linde(nblüte), Blütenstände süßlich duftig, können getr. in Pulverform a. als Geschmackszutat für Saucen
verwendet werden; Lindenblütentee beruhigend, husten-
stillend

timbale   Becher-, Füllpastete; Mürbeteigtörtchen mit
Ragout aus Gemüsen, Risotto usw.; Pastete mit Cremes,
Eis, Früchten

Tintenfisch   *seiche* [ßäsch] f, *calmar* [kalmar] m

tire-bouchon   Korken-, Zapfenzieher

tisane   Aufguß, Tee aus Heilkräutern und -pflanzen,
↑ a. *infusion*; ugs. auch fader, schlechter Wein

Tisch   *table* [tābl] f
-tuch   *nappe* [nap] f

Toast   *toast* [tōst] m
-brot   *pain de mie* [pã dö mī] m
-er   *grille-pain* [grījpã] m

toilette   Eingeweidemembran, ↑ *crépine*

Toiletten   *lavabos* [lawabō] pl, *toilettes* [tǫalätt] pl, WC
[wéßē] pl

Tokay (d'Alsace)   Harmonischer, gehaltvoll trockener
Weißwein aus der gleichnamigen Rebsorte, dem „Grauburgunder", wird deshalb heute meist als ↑ *Pinot gris* angeboten, einer der elegantesten Weine des Elsaß, a. ausgezeichnete Spätlesen, *vendanges tardives*, TR 3–8 Jahre,
TT 8–10°

Tomate   *tomate* [tomat] f
-n⏐saft   *jus de tomates* [schüdtomat] m
-n⏐sauce   *sauce tomate* [ßōßtomat] f

tomate   Tomate, Paradeiser, Fruchtgemüse, gute Zeit
Juni–Sept.; erfrischender Anisaperitif aus ↑ *pastis* mit
Granatapfelsirup, ↑ *grenadine*
— **cherry, cocktail**   Cherry-, Cocktailtomate, kl. Schwester der Tomate, wohlschmeckend und dekorativ
   concassée de –s   Geschmolzene Tomaten, ohne Kerne
   und geschält
   concentré de –s   Tomatenmark, konzentriertes
   Fleisch vollreifer Tomaten
   purée de – s   Tomatenpüree aus vollreifen Tomaten

tom(m)e   Sanfter Halbhartkäse in vielen Varianten aus
Schaf-, Ziegen- (Dauphiné, Savoyen, Südostfrankreich)
oder Kuhmilch (Savoyen, Westschweiz), Fettgeh. 45 bzw.
20–40 %, gute Zeit Juni–Nov.
— **vaudoise**   Kl. Weichkäse mit Schimmelbelag aus Kuhmilch, manchmal mit Kümmel gewürzt, mild sahniger
   Geschmack, Fettgeh. 50 %, gute Zeit Juni–Okt.
   (Waadt/Schweiz)

Topf   *pot* [po] m; *casserole* [kaßrol] f

topinambour   Topinambur, Erdartischocke, stärkehaltige Wurzelknolle, die „Kartoffel der Diabetiker", festes Fleisch von etwas fadem, aber angenehm nussigem, gek. leicht süßlichem Geschmack, läßt sich roh als Salat oder Gemüse verwenden sowie, geschält oder ungeschält, wie die Kartoffel zubereiten

torréfier   Rösten (Kaffee usw.)

torta   Aniskuchen mit Pinienkernen (Korsika)

Törtchen   *tartelette* [tartlätt] f

Torte   *tarte* [tart] f; gefüllt: *tourte* [tūrt] f

tortue   (Suppen-)Schildkröte, vom Aussterben bedroht, sollte deshalb nicht mehr zubereitet und gegessen werden
   en – Kalbskopf in Weißweinsauce mit Champignons, Essiggürkchen und Oliven

toscane, (à la)   I. a. mit Parmesankäse und Schinken

tôt-fait   ↑ *Quatre-quarts*-Kuchen mit Zitronen- oder Vanillearoma

touille   Heringshai, ↑ *requin-taupe*

toulousaine, (à la)   Mit Ragout aus Geflügelklößchen, Kalbsbries, Hahnenkämmen und -nierchen, Champignons und Trüffeln in weißer Sauce; a. allg. nach Art der südwestfranzösischen Küche

toupin   Würziger Hartkäse aus Kuhmilch, fruchtig, Fettgeh. 45 %, gute Zeit Sept.–März (Savoyen)

toupine   Kl. Ton- oder Keramikgeschirr

Touraine   Hist. Region im Westen Mittelfrankreichs, der „Garten Frankreichs", ↑ Centre – Val-de-Loire, S. 28 ff.; ausgeglichene, gefällige Rot-, Rosé- und trockene wie süße Weiß- und Schaumweine, meist jung und kühl zu trinken; ↑ *Bourgeuil, Chinon, Loire, Vouvray*

tourin   Zwiebel-, manchmal Knoblauch- oder Tomatensuppe mit Schweine- oder Gänseschmalz (Südwestfrankreich)

tournedos   Kl. dicke Lendenschnitte aus dem Kopf oder der Spitze des Rindsfilets
– **(à la) Rossini**   Lendenschnitte auf in Butter geröstetem Weißbrot mit Gänseleber- und Trüffelscheiben, mit Madeirasauce überzogen
   façon –   Der Lendenschnitte, ↑ *tournedos*, ähnliches, zartes Stück Rindfleisch

tourner   Drehen, wenden, umkehren; (Gemüse usw.) rund oder oval formen, zurechtschneiden; gerinnen, sauer werden

tournesol, soleil Sonnenblume, Kerne, ganz oder gemahlen, für Brot, Gemüse-, Vollwertgerichte und Salate oder als nussige Würze; Sonnenblumenöl, angenehm mild

touron, torrone, turone Urspr. spanisch: aromatisches Konfekt aus zerstoßenen Mandeln, Nüssen oder Pistazien, a. getr. Früchten, Eiweiß und Zucker

tourte Runder, mit Fleisch, Geflügel, Wild, Fisch, Gemüsen usw. oder mit Früchten, Cremes usw. gef. Blätteroder Mürbeteigkuchen; Pastete mit Teigdeckel; rundes Brot

– **de bléa** Mangoldkuchen mit Pistazienkernen (Nizza)
– **lorraine** Pastete aus Kalb- und Schweinefleisch mit Eiern, Sahne und aromatischen Kräutern (Lothringen)

tourteau, (crabe) Taschenkrebs, der größte europäische Meereskrebs aus Atlantik, Ärmelkanal und a. Mittelmeer, schwerverdauliches und nicht sehr feines, aber kräftiges und aromatisches Fleisch, am besten weibliche Tiere gegen Frühlingsende, wie Hummer, ↑ *homard*, zuzubereiten

– **fromagé** Kuchen mit Ziegenfrischkäse (Poitou, Vendée)
– **pruné, pruneau** Blätterteigkuchen mit Pflaumenmus (Poitou, Vendée)

tourterelle Turteltaube; ↑ *pigeon*

tourton, tourtou Flacher Buchweizenkuchen; ↑ *galette*

tout compris Alles, Trinkgeld inbegriffen

toute-épice Piment, Nelkenpfeffer, ↑ *piment de Jamaïque;* Schwarzkümmelpulver, ↑ *nigelle*

toute heure, à Durchgehend, zu jeder Stunde, Tageszeit

train de côtes Hochrippe, Rostbratenstück des Rinds

traiteur Feinkosthändler, -laden

tranche Scheibe, Schnitte
– **(grasse)** Oberschale, Kluft des Rinds
  (tende de) – Oberschale aus der Rinderkeule
– **de bœuf** Beefsteak, ↑ *bifteck*
– **de veau** Kalbsschnitzel

trancher Abschneiden, zuschneiden, in Scheiben schneiden; Westschweiz: gerinnen, sauer werden, umschlagen

Trappistine Blaßgrüner Klosterlikör aus Armagnac und Bergkräutern, TT 6–8° (Doubs/Franche-Comté)

Traube *grappe* [grapp] f; Weinbeere: *raisin* [räsã] m

travers Schweinerippchen

trebuc Eingemachtes Stück Gans, Ente, Schwein (Béarn/Aquitanien)

Treipen Blutwurst (Luxemburg)

tremper Eintauchen, anfeuchten, aufweichen; wässern, tränken; Wein: mit Wasser mischen

trénels Schafkutteln mit Knoblauch, Schinken, Speckschwarten, Karotten, Thymian und Lorbeer in Weißwein (Aveyron/Aquitanien)

tresse Zopf(brot), Striezel

trévise Radicchio, ↑ *chicorée rouge*

Tricastin Rebgelände im Rhônetal, ↑ *Coteaux-du-Tricastin*

tricholome Ritterling, Gattung vieler, meist eßbarer Blätterpilze
– **de la Saint-Georges, mousseron** Maipilz, einer der begehrtesten Speisepilze, mehlig saftig, nicht roh essen, zum Einlegen, Trocknen, a. Würzen geeignet, gute Zeit April–Mai und Sept.
– **équestre** Grünling, Echter Ritterling, vorzüglicher Speisepilz von erdig-mehligem Geschmack, nicht roh essen, gute Zeit Aug.–Nov.
– **nu, pied-bleu** (Nackter) Rötling, angenehmer, aber madenanfälliger Speisepilz von kräftigem Geschmack, bes. gut in Öl konserviert, beste Zeit April und Mitte Sept.–Nov.
– **terreux, petit-gris** Erdritterling, pfeffrig würzig, als Mischpilz oder in Öl eingelegt genießbar, gute Zeit Mitte Juni–Nov.

Trichter *entonnoir* [ãtonnǫar] m

trigle Knurrhahn, ↑ *grondin*

triléye Belgien: Biersuppe

trink|en *boire* [bǫar]
-bar *buvable* [büwãbl]
○ **geld** *pourboire* [purbǫar] m; Westschweiz: *bonne-main* [bonnmã] f
○ **– inbegriffen** *service compris* [ßärwïß kõprī] m
○ **halm** *paille* [pāj] f
○ **wasser** *eau potable* [ōpotãbl] f

tripa Mit Spinat und Kräutern gef. Schafsdarm, -magen (Korsika)

tripe à l'djotte Belgien: Wurst aus Schweinefleisch und Grünkohl

triperie Innereien-, Kaldaunenladen

tripes Eingeweide von (Schlacht-)Tieren; Kutteln, Kaldaunen, Fleck, Pansen, Magen vom Rind, a. von Kalb oder Schaf, in Streifen geschnitten, mit Aromaten und Kräutern an Bouillon

T

– à la mode de Caen   Eintopf aus Rinderkutteln und Kalbsfüßen mit Suppengemüse, Zwiebeln und Knoblauch an gewürzter Bouillon mit Apfelwein, ↑ *cidre*, und ↑ *Calvados*

triple crème   Dreifach-Rahm-Käse, süßlich cremig, oft aromatisiert, Fettgeh. 60–75 % (Île-de-France, Normandie)

Triple-Sec   Klarer Likör aus Orangenschalenölen und Gewürzen, süß und trocken, TT 6–8° oder über Eis

tripotch(a)   Stark gewürzte Blutwurst aus Innereien vom Schaf, auch Kalb (Baskenland)

tripous, tripoux   Geh. Schafskutteln und -füße, mit Speck, Kräutern und Gewürzen zu kl. Päckchen zusammengebunden und in Bouillon mit Weißwein gek. – ein Rezept mit vielen Varianten in ganz Zentralfrankreich; ↑ a. *petites*

trocken   *sec, sèche* [Bäck, Bäsch] m, f

trompette-de-la-mort, trompette-des-morts, corne d'abondance, craterelle   Herbst-, Totentrompete, Füllhorn, sehr guter Speisepilz aus der Familie der Pfifferlinge, a. getr. und gemahlen als Aromazutat und Würze verwendbar, nicht roh essen, gute Zeit Mitte Juni–Mitte Okt.

tronçon   Längs abgeschnittenes Stück Fleisch, Fisch, Gemüse usw.

troquet   Einfache Gaststätte, Schenke, Ausschank; Weinhändler

trouchia, trucha   Omelett mit Mangold-, auch Spinatblättern, Kerbel, Petersilie, a. Basilikum, und geriebenem Parmesankäse, manchmal mit Tomatenpüree, wird oft kalt gegessen (Nizza)

trou   Loch
– du milieu   Gläschen Branntwein, ↑ *coup du milieu*
– normand   Gläschen ↑ *Calvados* oder sonst Branntwein in der Mitte eines Essens zur Verdauungsförderung und um im Magen „ein Loch", Platz zu schaffen

trouville   Kuhmilchkäse, Art ↑ *pont-l'évêque* (Normandie)

trucha   Mangoldomelett, ↑ *trouchia*

truffade, truffado   Dicker Fladen aus in Schweinefleisch gebratenen Kartoffeln mit Speck und geschmolzenem (↑ *Cantal*-)Käse (Auvergne); ugs. a. für Gericht mit Trüffeln, ↑ *truffe*

truff(i)at   Topf mit feingeraffelten Bratkartoffeln und Frischkäse (Berry/Zentralfrankreich)

truffe Trüffel, der edelste, kostbarste Speisepilz, in Frankreich schwarz (früher Périgord, Lot, heute eher aus Quercy und südl. Rhônetal), von subtilem, überfeinertem, irgendwie morbidem Duft und Geschmack; a. Kugel aus geschmolzener Schokolade mit Butter oder Sahne, nicht lange haltbar

truffiat Bratkartoffeln, ↑ *truffat*

truite Forelle, lachsartiger Süßwasserfisch, heute meist gezüchtet, feines, zart nussiges Fleisch, je frischer, desto besser, läßt sich blau kochen, braten, dünsten, a. kalt pochieren

– **arc-en-ciel** Regenbogenforelle, 1880 aus den USA eingeführter Zuchtfisch, eher etwas fade, frisch, tiefgekühlt und geräuchert im Handel

– **au bleu** Blau gek. Forelle mit ausgelassener Butter

– **de lac, argentée** Seeforelle aus tiefen Alpenseen

– **d'élevage** Zuchtforelle

– **de mer, saumonée** Meer-, rotfleischige Lachsforelle

– **de torrent** Zuchtforelle aus fließendem Wasser

– **fario, de rivière, sauvage** Bach-, Flußforelle aus klaren, schnellfließenden Gewässern (in Frankreich wie anderswo rar)

– **fumée** Geräucherte Forelle

Trüsche *lotte de rivière* [lott dö rīwjār] f

Truthahn, -henne ↑ Pute, Puter

ttoro, tioro Vorläufer der ↑ *bouillabaisse*, Suppe oder Frikassee aus kl., vorher in Öl angebratenen Atlantikfischen mit Tomaten, Paprikaschoten, a. Meeresfrüchten (Baskenland)

tuile „Dachziegel", ziegelförmiges Mandelplätzchen aus Rührteig

turban Spektakuläres Gericht von Fisch-, Krustentier-, Geflügel-, Wild- usw. Füllung aus der Ringform

Turbigo Lammnieren mit Würstchen, Champignons und dick eingekochter Tomatensauce

turbot Steinbutt, edler Plattfisch aus dem Meer, weißes, festes, aber zartes und saftiges Fleisch, läßt sich pochieren, dünsten, braten, gute Zeit Mai–Juli (Nordostatlantik, Mittelmeer)

turbotin Kl. Steinbutt, ↑ *turbot*, nicht ganz so fein wie dieser

turque, (à la) Mit Pilawreis; Beilage aus mit geh. Schaffleisch, Reis und ↑ *duxelles* gef. Auberginen oder Paprikaschoten

Türt Fleischtorte (Elsaß)

Tüte Papier: *sac en papier* [ßackapapjē] m; Eis: *cornet* [kornā] m

T.V.A. *taxe à la valeur ajoutée*, Mehrwertsteuer (in Frankr. überall inbegriffen)

Twanner Bieler Seewein, ↑ *Bienne*

tyrolienne, (à la) mit fritierten Zwiebelringen und geschmolzenen Tomaten; ↑ a. *sauce tyrolienne*

U.H.T. *ultra-haute température*, ultrahocherhitzte, uperisierte Vollmilch

unreif *pas mûre* [pamür]

Unter|satz *dessous* [dößu] m
-tasse *soucoupe* [ßūkūp] f

usé Gebraucht; Wein: umgeschlagen, durch falsche Behandlung oder Lagerung verdorben

utensil (Küchen-)Gerät

vache Kuh(fleisch); Fleischteile und -stücke ↑ Rind

vacherin Vollfetter, geschmeidiger Halbweichkäse aus roher Kuhmilch (*Mont-d'Or AO*), sahnig mild, Fettgeh. 45 %, meist aus einer Spanschachtel gelöffelt, am besten ohne Rinde reif und fließend, gute Zeit: Aug.–März (Franche-Comté, Jura, Savoyen); in der Westschweiz nur noch aus erhitzter, keimfreier Milch, deswegen von weniger typischem, ausgeprägten Geschmack (Freiburg, *fribourgeois*, Jura, *Mont-d'Or*); Ring o. ä. aus Meringemasse, mit Eis und Schlagsahne oder Creme gef.
– Mont-d'Or ↑ *vacherin*

Valais Wallis, Kanton im oberen Rhônetal mit rund 40 % aller Schweizer Reben und hochgradigen Weinen von Frucht, Körper und Rasse (↑ *Amigne, Arvine, Dôle, Ermitage, Fendant, Flétry, Frisan, Goron, Heida, Johannisberg, Malvoisie, Muscat, Rèze*)

valaisan, valaisien Aus dem Wallis (Westschweiz)

Val de Loire Loiretal, ↑ Centre – Val de Loire S. 28 ff.; das vielgestaltige Rebgelände den Fluß entlang von Orléans bis Nantes gliedert sich in vier versch. Weinregionen, ↑ *Nivernais, Touraine, Anjou, Nantais*

valençay Fester Weichkäse aus Ziegenmilch, mit Holzkohlenasche bestäubt, delikat nussiger Schimmelgeschmack, Fettgeh. 45 %, gute Zeit Mai–Nov. (Berry/Loiretal, a. Touraine, Charentes)

valencienne, (à la) Fetter Reis mit Paprikaschoten und Rohschinken, a. Tomaten usw.

valériane, herbe au(x) chat(s) Baldrian, Heilstaude; Baldriantee, beruhigend und magenstärkend

vallée d'Auge In Butter aufgeschmorte Hähnchen-stücke, mit ↑ *Calvados* flambiert, in Apfelwein, ↑ *cidre*, gek., in Rahmsauce; a. Ente süßsauer mit Äpfeln (Nor-mandie)

Vallée du Rhône Rhônetal, ↑ S. 79 ff.; eine der besten Weinlandschaften Frankreichs; ↑ *Coteaux-du-Tricastin, Côtes-du-Luberon, Côtes-du-Rhône, Côtes-du-Ventoux*

Vals(-les-Bains) Frisches, leicht sprudelndes Tafelwas-ser mit viel Mineralgehalt (Ardèche/Languedoc)

vanille Vanille, getr. Schote eines tropischen Liancenge-wächses, aus der meist das Mark herausgekratzt wird, süßlicher, eigenartig aromatischer Geschmack, als Ge-würz – nicht nur süß – vielseitig verwendbar

vanillé Mit echter Vanille aromatisiert

vanilliné Mit chemisch erzeugtem Vanillegeschmack

vanne(au) Reg. Kammuschel, ↑ *pétoncle*, a. Jakobsmu-schel, ↑ *coquille Saint-Jacques*

vapeur, (à la) (Im) Dampf (erhitzt, gedünstet)

varech, verêche Angeschwemmte Algen, die man als Einlage für Suppen, Salate, Reis-, Nudelgerichte usw. ver-wendet

varié Mannigfaltig, verschieden

Vaud Waadt, Waadtland, Kanton mit rund ¼ des Schweizer Rebgeländes in der Gegend vorwiegend des Genfer Sees; meist feine, spritzig trockene Weißweine (↑ *Chablais, [La] Côte, Dorin, Lavaux, Vully*), a. saubere, milde Rotweine (↑ *Salvagnin*)

V.C.C. *vin de consommation courante*, einfacher Kon-sum-, Tischwein

V.C.N. Herkunftsbezeichnung des echten ↑ *camembert*

V.D.L. Likörwein, ↑ *vin de liqueur*

V.D.N. Natürlicher Süßwein, ↑ *vin doux naturel*

V.D.Q.S., V.Q.P.R.D. *vin délimité de qualité supé-rieure*, Wein gehobener Qualität aus begrenztem Anbau-gebiet, von ehrlicher, gesunder Güte und reg. Charakter, gilt für rund 5 % der frz. Produktion, entspricht etwa einem „Qualitätswein eines bestimmten Anbaugebiets" in Deutschland

veau Kalb(fleisch); Fleischteile und -stücke ↑ Kalb

veirade   Geißbrasse, ↑ *sar*

velouté   Samtsauce aus Fleisch-, meist Kalbs-, Geflügel-
oder Fischfond mit Mehlschwitze; Samtsuppe, mit Mehl,
Butter, Eigelb und Sahne sämig gebunden; Wein: samtig
– **à la crème**   Geflügelsamtsauce, ↑ *sauce suprème*
– **grasse**   Kalbssamtsauce
– **maigre**   Fischsamtsauce

venaco   Weichkäse aus Schaf- oder Ziegenmilch, kräftig
pikant, Fettgeh. etwa 45 %, gute Zeit Juni–Sept. (Korsika)

venaison   Rotwild, a. allg. Wildbret; Wildsauce, ↑ *grand
veneur*

vendange   Weinlese; a. Jahrgang eines Weins
– **tardive**   Spätlese

vendangeur   Streifenbrasse, ↑ *rouget de roche*

veneur, grand   Wild an Pfeffersauce, ↑ *grand veneur*

vente   Verkauf; Absatz
– **à l'emporter**   Verkauf zum Mitnehmen, über die
Straße

Ventoux   Landschaft im provenzalischen Vaucluse;
↑ *Côtes-du-Ventoux*

ventre   Bauch, Unterleib; Wamme vom Schwein

Venusmuschel   *praire* [prär] f

verdünnen   Flüssigkeit: *diluer* [dilüē̃]; Sauce: *allonger*
[alõschē]; Wein: *couper* [kupē]

verdure   Salat, grüne Kräuter; Grünzeug

véritable   Echt, richtig, wichtig

verjus   Saft unreifer Trauben; sehr saurer Wein, Krätzer

verkaufen   *vendre* [wãdr]

Verkäufer(in)   *vendeur, vendeuse* [wãdör, wãdös] m, f

vermicelles   Fadennudeln; Nudelsuppe; Schweiz: zu
Strängen durchgedrehtes Kastanienpüree, meist mit Sahne
und Vanillezucker

vermouth   Vermouth, aromatischer Wein aus vielen
Pflanzen, Kräutern, Hölzern und Früchten, herb, trocken
(*dry, extra dry, sec*) oder würzig süß (*doux*), kann gekühlt
pur oder mit Wasser verdünnt, in Cocktails usw. getrunken werden
– **cassis**   Fruchtiger Aperitif aus einem Teil Johannisbeerlikör, *crème de* ↑ *cassis*, und etwa 6 Teilen trockenem Vermouth
– **français**   Herb-trockener Vermouth, leicht nussiger,
oxydierter Geschmack

verni(e) Braune Venusmuschel, ↑ *cythère*

verre Glas; Trinkglas

verrine Pastete im Glasgefäß

verser (Ein)gießen; verschütten

vert Grün; ↑ *sauce verte;* Wein: bitter, zuviel Säure
– **-pré** Gegrilltes Fleisch: Mit Brunnenkresse, Kräuterbutter und Strohkartoffeln; weißes Fleisch und Geflügel: mit grünen Erbsen, Bohnen und Spargelspitzen, a. mit ↑ *sauce verte*

verveine Eisenkraut, Küchen- und Heilpflanze, getr. Blätter erfrischend, a. als Spinatgemüse verwendbar; als Tee oder Likör krampflösend, verdauungsfördernd
○ **de Velay** Likör aus Eisenkraut sowie vielen weiteren Pflanzen mit Branntwein und Cognac, herb-bitterlich; grün, *verte*: alkoholisch kräftig, gelb, *jaune*: mild süßlich, TT 8–10° (Auvergne)

vesse-de-loup, lycoperdon Birnenstäubling, Speisepilz, unangenehmer Geruch, aber jung und ohne Haut durchaus eßbar, gute Zeit Mitte Aug.–Mitte Dez.

vessie Pergamentartige Blasenhaut von Schlachtvieh
en – In der Schweinsblase gegart

viande Fleisch(gericht)
– **congelée** Gefrierfleisch
– **(séchée) des Grisons** Binden-, Bündner Fleisch, leicht gepökeltes, an der Bergluft getr. Rindfleisch in dünnen Scheiben (Graubünden/Schweiz)
– **froide** Kaltes Fleisch, Braten usw.
– **hachée** Hackfleisch
– **séchée** (Luft)getrocknetes Fleisch

viandox Klare Bouillon aus Fleischextrakt (als Getränk)

Vichy Mineralwasser aus dem gleichnamigen Heilbad (Auvergne)
– **Célestins** Natürlich kohlensauer, viel Mineralgehalt, verdauungsfördernd
– **Saint-Yorre** Leicht kohlensäurehaltig, viel Mineralgehalt, kräftig aromatisch, durstlöschend

Vichy, (à la) Mit (in ↑ *Vichy-Saint-Yorre*-Wasser) glacierten Karottenscheiben, frischer Butter und Petersilie

vichyssoise Sämige Suppe aus Lauch und Kartoffeln, a. weiteren Gemüsen, mit ↑ *crème fraîche* verfeinert, meist kalt serviert, im Winter aber a. warm

Victoria Mit Langustenmedaillons, Trüffelscheiben und anderen kostbaren Zutaten

vide Leer

viel *beaucoup* [boku]

Vieille Cure Klosterlikör aus 52 in Cognac oder Armagnac eingelegten Kräutern und Wurzeln, TT 8–10° (Abtei Cenon, Gironde/Bordelais)

viennoise, (à la) Panierte, kurzgebratene Kalbsschnitzel oder Geflügel-, Fischfilets mit hartgekochten, geh. Eiern, Petersilie, a. Anchovis, Oliven, Kapern und Zitronenscheiben

vieux, vieille Alt
– hollande, – Lille In Frankreich hergestellter ↑ *Mimolette*-Käse

vif Lebend; lebendig, frisch; gesund

vigne Weinrebe, Weinstock; Weinberg

vigneau Bretagne: Strandschnecke, ↑ *bigorneau*

vigneron Weinbauer, Winzer; ↑ a. *viticulteur*

vigneronne, (à la) Mit herbstlichen Zutaten; über Rebenholz grilliert; ↑ a. *salade vigneronne*

vignette Bretagne: Strandschnecke, ↑ *bigorneau*

vignoble Weinberg, -garten; Rebgelände

vignot Bretagne: Strandschnecke, ↑ *bigorneau*

Villeneuve Leichter, eleganter, mild mineralischer Weißwein aus dem ↑ *Chablais*, TT 9–11° (Waadt/Schweiz)

Villette Harmonisch fruchtiger Weißwein aus dem ↑ *Lavaux*, TT 9–11° (Waadt/Schweiz)

vin Wein
– blanc Weißwein
– bourru Junger Wein
– chaud, brûlé Glühwein mit Gewürzen
– courant, de consommation courante, V.C.C. Einfacher Konsum-, Tischwein
– crémant Zartschäumender Wein, ↑ *crémant*
– cuit Frisch gekelterter, unfermentierter Traubenmost, der eingekocht und zudem mit etwas Weinbrand verschnitten wurde, auch mit Gewürzen sowie mit Aromen
– d'Alsace Herkunftsbezeichnung für alle Elsässer Weine
– d'Appellation (simple) Einfacher Tischwein
– de Blanquette Schaumwein, ↑ *Blanquette de Limoux*
– de comptoir Billiger offener Wein
– de Corse Wein aus Korsika, originelle, alkoholhaltige Gewächse, feine aromatische Weißweine, jung bei 8° zu trinken, kräftige, bukettreiche Rotweine, TR 2–3 Jahre, TT 12°, und vor allem fruchtig-würzige Rosé-

weine, jung bei 10° zu trinken; am besten, authentisch-sten: *Patrimonio*; ↑ a. *Cap-Corse*

- **de garde** Wein, der mit der Lagerung und mit dem Alter an Qualität und Charakter gewinnt
- **de liqueur, liquoreux, V.D.L.** Verstärkter Likörwein mit natürlicher Süße und Alkoholzusatz, TT 9°
- **de Marcillac** Rustikale, vollfruchtige rote (TT 11°) und rosé (TT 10°) Weine aus der Auvergne (Bourbonnais/Südwestfrankreich)
- **de Moselle** Leichte, aromatische rote, rosé und zarte weiße Weine von den Moselufern zwischen Metz und Luxemburg, jung bei 8 –10° zu trinken (Lothringen)
- **de neige** Eiswein
- **de paille** Hochprozentiger „Strohwein" aus vollreifen, auf Stroh oder hängend getrockneten Trauben, alkoholisch likörsüß, kalt, aber alt zu Aperitif oder Nachtisch zu trinken (Jura)
- **de pays** Einfacher, aber ehrlicher, geprüfter Landwein, höchste Stufe des Tafelweins, entspricht etwa dem deutschen „Qualitätswein"
- **de provenance directe** Landwein, vom Restaurantbesitzer kurz nach der Lese ausgewählt und im Faß übernommen
- **de sable, des sables** „Sandwein" von den Sandbänken an der Mittelmeerküste des Languedoc-Roussillon
- **de table** Tafel-, Tischwein, meist offen oder in Literflaschen
- **d'origine** Originalabfüllung, ↑ *AO, AOC*
- **doux naturel, V.D.N., moelleux** Natürlicher, aufgespriteter Süßwein mit kontrollierter Herkunftsbezeichnung
- **du buffet** Wein einfacher, aber guter Qualität
- **du pays** Wein aus der Gegend, in der man sich befindet
- **en pichet** (Offener) Wein im Krug
- **et eau de Seltz** Gespritzter Wein, Schorle
- **fin** Guter Wein, Spitzenwein
- **fou** „Verrückter Wein", moussierender Weißwein (Jura)
- **gris** „Grauer Wein", durch rasches Abpressen der blauen Trauben sehr heller Rosé, ↑ *rosé*
- **jaune** „Gelber Wein", einer der großen frz. Weißweine aus der *Savagnin*-, Traminer-Traube, sherryähnlich cremig und fein nussig, ab 6 Jahren außerordentlich langlebig (bis 100 Jahre!), TT 12° (Arbois/Jura)
- **mousseux** Schaumwein
- **nouveau** „Neuer Wein", so genannt, wenn er nach der Lese vor der nächsten herauskommt, also nie älter als ein Jahr alt; ↑ a. *primeur*

- **ordinaire** (Offener) Tischwein
- **pétillant** Leicht moussierender Perlwein
- **rosé** Roséwein, ↑ *Rosé*
- **rouge** Rotwein
- **sec** Trockener, durchgegorener Wein
- **tonique** Gesundheits-, Stärkungswein
- **viné** Mit Alkohol verstärkter Süßwein
  au – In, mit Wein gekocht

vinaigre „Saurer Wein", Essig (ohne nähere Bezeichnung Weinessig)

vinaigrette Die klassische frz. Salatsauce (nicht zu verwechseln mit dem sog. „French Dressing") aus ¼ Essig, ¾ Öl, Pfeffer und Salz, der nach Belieben Würzzutaten beigefügt werden können; als Adjektiv verwendet: in dieser Salatsauce

vinification Weinbereitung

Vinzel Leichter, aber gehaltvoll trockener Weißwein von der ↑ *Côte*, TT 9–11° (Waadt/Schweiz)

violet Große Meerscheide, eßbare Meeresfrucht, wird wie der Seeigel, ↑ *oursin*, roh ohne Beilagen oder auf Butterbrot gegessen, nahrhaft salziger Meergeschmack, sollte aus sauberen Gewässern kommen

violette (de Toulouse) Veilchen; in der Gastronomie meist kandierte Veilchenblüte; a. sonst diese Blume als Aromat

Viroflay Gratinierte Kugeln aus Spinatpüree an ↑ *sauce Mornay* mit Artischockenböden und Schloßkartoffeln

Vittel Reines Mineralwasser aus dem gleichnamigen Heilbad westlich von Épinal (Vogesen)
- **Grande Source** Ohne Kohlensäure, mittlerer Mineralgehalt, als Tafelwasser und für Babykost geeignet
- **Hépar** Ohne Kohlensäure, aber starker Mineralgehalt, heilkräftig

Vitelloise Tafelwasser mit Kohlensäure (Vogesen)

vitoulet Belgien: Kalbsfrikadelle

Vivarais Landschaft in Südfrankreich am rechten Ufer der Rhône, ↑ Languedoc-Roussillon S. 46 ff.; Rebgelände ↑ *Côtes-du-Vivarais*

vive Drachenfisch, Familie barschartiger Meerfische mit giftiger Rückenflosse
  grande – Großes Petermännchen, festes, trockenes, jedoch aromatisches Fleisch, aber giftige Stacheln, läßt sich pochieren, braten, grillieren, gratinieren, für Fischsuppen, a. geräuchert im Handel

V.O. *Very Old;* ↑ *Armagnac, Calvados, Cognac*

vogel zonder kop   „Vogel ohne Kopf", mit Hackfleisch gef. Kohlroulade (Flandern)

volaille   Federvieh, Geflügel; gastr.: Hausgeflügel und Kaninchen; Küche: Hühnergeflügel

vol-au-vent   Leichte, delikate Blätterteigpastete, hoch und rund, i. a. mit warmem Ragout gefüllt

Voll|kornbrot   *pain complet* [pãkõplä] m
-milch   *lait entier* [lä ãtjē] m

Volnay   Vornehmer, verführerisch eleganter Rotwein, TR 6–12 und mehr Jahre, TT 15–16° (Côte-de-Beaune/Burgund)

volonté, à   Nach Belieben, soviel man mag

Volvic   Natürliches, weiches Tafelwasser mit wenig Mineralien und ohne Kohlensäure (Auvergne)

Vongola   Atlantik: *palourde* [palūrd] f; Mittelmeer: *clovisse* [klowīß] f

Vor|essen   *sauté* [ßotē] m
-rat   *provisions* [prowisjõ] pl
-speise   *hors-d'œuvre* [ordöwr] m; *entrée* [ãtrē] f

vorzüglich   *excellent* [äxällä]

V.O.S.   *Very Special Old;* ↑ *Armagnac, Calvados, Cognac*

Vosges   Vogesen, Mittelgebirge im Nordosten Frankreichs, ↑ Lorraine – Vosges S. 51 ff.

Vosne-Romanée   Der kostbarste Winkel der ↑ *Côte-de-Nuits* mit reich duftenden, anmutig samtenen Rotweinen, TR 5–12 und mehr Jahre, TT 15–16° (nördl. Côte-d'Or/Burgund)

votion   Zucker-Zimt-Kuchen (Belgien)

Vougeot   Gehaltvoll feste, geschmeidige Rot-, a. Weißweine; wegen der vielen (80!) Besitzer des Weinbergs in der Qualität schwankend, i. a. aber doch großer Burgunder, TR 5–10 und mehr Jahre, TT 14–16°; gegen ¾ des Rebgeländes nennen sich *Clos (de) Vougeot* (Côte-de-Nuits/Burgund)

Vouvray   Prickelnd frische, aromatisch trockene, halbtrockene und edelsüße Weißweine (TT 10°) sowie ausgezeichnete Schaumweine (TT 7–8°), ab 3 Jahren zu trinken, lange haltbar (Touraine/Loiretal)

V.Q.P.R.D.   *Vin de Qualité Produit dans une Région Délimitée,* ↑ *V.D.Q.S.*

vrai   Wahr; echt

V.S.   *Very Superior (Old Pale);* ↑ *Armagnac, Calvados, Cognac*

Vully, (Mont)   Leichter, aber markanter Wein aus der
↑ *Chasselas-* (weiß) oder ↑ *Pinot-noir-* (rot) Traube vom
Höhenzug zwischen Murten und Neuenburgersee (Freiburg, Waadt/Schweiz)

Waadt(land)   *Vaud* [wō] m

Waage   *balance* [baläß] f

Wacholder   *genièvre* [schönjäwr] m

Wachsbohne   *haricot jaune* [ariko schōn] m

Wachtel   *caille* [käj] f

Waffel   *gaufre* [gōfr] f

Wahl, (nach)   *(au) choix* [(o) schọa]

Walewska, (à la)   Pochierter Fisch, meist Seezunge,
↑ *sole:* mit Langusten- und Trüffelscheiben in ↑ *sauce Mornay*

Wallis   *Valais* [walä] m

Walnuß   *noix* [nọa] f

Warenhaus   *grand magasin* [grāmagasä] m

warm   *chạud, chaude* [schō, schōd] m, f
○ **halteplatte**   *réchaud* [rēschō] m; *chauffe-plats* [schōf- pla] m

Wärme   *chaleur* [schalör] f

Wasser   *eau* [ō] f
-glas   *verre à eau* [wäraō] m
-krug   *cruche* [krüsch] f
  frisches –   *eau fraîche* [ofräsch] f
  heißes –   *eau bouillante* [obujät] f
  kaltes –   *eau froide* [ofrọad] f
  kühles –   *eau fraîche* [ofräsch] f
  Mineral ○   *eau minérale* [ominēral] f
  Trink ○   *eau potable* [opotābl] f
  warmes –   *eau chaude* [oschōd] f

Wasserstrimlas, Wasserstriwlas   In Wasser gekochte
Spätzle, Knöpfli (Elsaß)

waterzo(o)ï   Suppentopf aus Nordseefischen und Aal, a.
Süßwasserfischen oder Geflügelstücken, mit Lauch, Zwiebeln, Sellerie, Wurzelpetersilie usw. an viel Butter oder
Sahne, dazu Butterbrot, a. Schweinefleischklößchen usw.
(Flandern)

weich   *mou, molle* [mū, moll] m, f

Wein   *vin* [wä̃] m
-brand   *eau-de-vie de vin* [ōdwī dö wä̃] f
-essig   *vinaigre (de vin)* [wī̃nägr (dö wä̃)] m

-handlung *commerce de vins* [kommärß dö wã] m
-karte *carte des vins* [kart dē wã] f
-keller *cave* [kāw] f
-kellner *sommelier* [ßommöljē] m
-kühler *seau (à glace)* [ßō (aglaß] m
-traube einzelne Beere: *raisin* [räsã] m; Beeren am Stiel:
grappe [grapp] f
  leichter – *vin léger* [wã lēschē] m
  offener – *vin en carafe* [wã ã karaf] m
  trockener – *vin sec* [wã ßäck] m
  Rot○ *vin rouge* [wã rūsch] m
  Weiß○ *vin blanc* [wã blã] m

weiß *blanc, blanche* [blã, blãsch] m, f
○ bier, Weizenbier *bierre à la fermentation haute* [bjär a
la fermãtaßjõ ōt] f
○ brot *pain blanc* [päblã] m; *baguette* [bagätt] f
○ kohl, -kraut, -kabis *chou blanc* [schū blã] m
○ wein *vin blanc* [wã blã] m

Weiße | Bohnen *haricots blancs* [ariko blã] pl
– Rüben *navets* [nawä] pl

Weizen *froment* [fromã] m

Wels *silure* [ßilür] m

wenig *peu* [pö]
  noch ein – *encore un peu* [ãkorõpö]

Wiener Schnitzel *escalope viennoise* [äßkalopp wjän-
noas] f

Wild *gibier* [schibjē] m
-pfeffer *civet* [ßiwä] m
-ragout *salmis* [ßalmi] m
-reis *riz sauvage* [ri ßowāsch] m
-schwein *sanglier* [ßãglijē] m
  Feder○ *gibier à plume* [schibjē a plüm] m
  Haar○ *gibier à poil* [schibjē a poal] m

William(s), Williamine Williamsbirne, sehr saftig und
süß; Birnenbrannt, ↑ *poire Williams*

Windbeutel *chou* [schū] m

Wirsing(kohl), Wirz *chou frisé* [schu frisē] m

Wirt(in) *patron(ne)* [patrõ, patronn] m, f

witlo(o)f Belgien u. a.: Chicorée, ↑ *endive*

Wittling *merlan* [märlã] m

Wohl, zum *santé* [ßātē] f

Wolfsbarsch Atlantik: *bar* [bār] m; Mittelmeer: *loup de
mer* [lūdmär] m

Würfelzucker *sucre en morceaux* [ßükrãmorßō] m

Wurst *saucisse* [ßōßĭß] f; größere (Schnitt-)Wurst: *saucisson* [ßōßĭßō] m

-waren *charcuterie* [scharkütrĭ] f; vom Schwein: *cochonailles* [koschonāj] pl

Würstchen *saucisse* [ßōßĭß] f

Würze *condiment* [kōdimā] m; *assaisonnement* [aßäsonmā] m; Gewürz: *épice* [ēpĭß] f

würzen *assaisonner* [aßäsonnē], *épicer* [ēpĭßē]

Würzmittel *condiments* [kōdimā] pl

Xérès [kēräß] Jerez, Sherry, spanischer Aperitif- und Dessertwein, TT 8–10°

X.O. *Extra Old*, ↑ *Armagnac, Cognac*

yaourt, yog(h)ourt Joghurt, Sauermilchprodukt, meist aus Kuhmilch, erfrischend säuerlich-aromatisch

yorkaise, (à la) Eier mit York-Schinken

Yvorne Rassiger, geschmeidig trockener Weißwein mit Feuersteingeschmack aus dem ↑ *Chablais*, TR 2–4 und mehr Jahre, TT 9–11° (Waadt/Schweiz)

Yquem, Château d' ↑ *Château d'Yquem*

zäh *dur* [dür]; *coriace* [koriaß]

zahlen *payer* [päjē]
– , bitte! *l'addition s'il vous plaît!* [ladĭßjō ßĭlwuplä]

Zahnstocher *cure-dents* [kürdā] m

Zander *sandre* [ßādr] m

Zapfen *bouchon* [būschō] m
-geschmack *goût de bouchon* [gudbūschō] m

zart *tendre* [tādr]

zée Petersfisch, ↑ *saint-pierre*

zéphir, zéphyr(e) Leichte Schaumspeise, Schaumauflauf, -pudding, salzig oder süß, warm oder kalt

zeste Hauchdünner Streifen aus der Schale einer Zitrusfrucht

Ze(e)welewai, Ziwelwaia, tarte à l'oignon Zwiebelkuchen mit ↑ *crème fraîche* und Eiern, a. Speck (Elsaß)

Ziege *chèvre* [schäwr] f
-n|käse *(fromage de) chèvre* [(fromäsch dö) schäwr] m

ziminu Korsische Fischsuppe, Art ↑ *bouillabaisse*

Zimt *cannelle* [kanäl] f

zinc Theke, Bar, Schanktisch (früher meist aus Zink); Kneipe, kleine Bar

zingara, (à la) Garnitur oder Sauce aus Paprika und Tomaten, dazu Champignons, Pökelzunge- und Schinkenstreifen

Zitrone *citron* [ßitrō] m
-n|presse *presse-citron* [präßßitrō] m
-n|saft *jus de citron* [schüdßitrō] m
  frischer –– *citron pressé* [ßitrō präßē] m

Zubereitung *préparation* [prēparaßjō] f

Zucchetti, Zucchini *courgettes* [kūrschätt] pl

Zucker *sucre* [ßükr] m
-erbse, -schote *(pois) mange-tout* [(poa) māschtū] pl
-waren, -werk *sucreries* [ßükrörī] pl
  Puder○ *sucre en poudre* [ßükrāpūdr] m
  Würfel○ *sucre en morceaux* [ßükrāmorßō] m

Zündholz *allumette* [alümätt] f

Zunge *langue* [lãg] f

zusätzlich *en plus* [āplüß]

zuviel *trop* [tro]

Zwetsch(g)e *quetsche* [kwätsch] f

Zwieback *biscotte* [bĩßkott] f

Zwiebel *oignon* [onjō] m
-suppe *soupe à l'oignon* [ßūp alonjō] f; *gratinée* [gratinē] f

Zwischenrippenstück *entrecôte* [ātrökōt] f

3

PARLONS FRANÇAIS – SPRECHEN WIR FRANZÖSISCH
Sprachschatz und Redewendungen

ALLGEMEINES

Abend	soir [ßọar] m
abends	le soir [lö ßọar]
Abschied	congé [kōschē] m
Ansichtskarte	carte postale [kartpostal] f
Apotheke	pharmacie [farmaßī] f
Aufenthalt	séjour [ßēschūr] m
Bank(haus)	banque [bãk] f
beanstanden, beschweren	se plaindre de [ßö plãdr dö]
Behörden	autorités [otoritē] pl
bezahlen	payer [päjē]
billig	bon marché [bõmarschē]
bitte	s'il vous/te plaît [ßilwuplä/ßiltöplä]
bitte sehr – keine Ursache!	je vous en prie! [schö wu sã prī]
Brief	lettre [lãtrö] f
-kasten	boîte aux lettres [bọatolãtrö] f
-marke	timbre [tãbrö] m
-träger	facteur [faktör] m
danke (sehr; vielen Dank)!	merci (bien, beaucoup)! [märßi (bjã, boku)]
Eilbrief	lettre exprès [lãttrö exprä] f
Eilboten, durch	par exprès [parexprä]
Einladung	invitation [ãwitaßjõ] f
eingeschrieben	recommandé, recommandée [rö-kommãdē] m, f

einverstanden	d'accord, entendu, entendue [dakor, ātādü]
empfehlen	recommander [rökommādē]
Feuerwehr	pompiers [põpjē] pl
Fremdenverkehrsbüro	syndicat d'initiative [ßãdika dinißjatïw] m
Geld	argent [arschã] m
-wechsel	change [schāsch] m
gern	volontiers [wolõtjē]
gut	bon, bonne [bõ] m, [bonn] f
heute	aujourd'hui [oschurdüi]
ja	oui [üi]
Klein-, Wechselgeld	monnaie [monnä] f
Konsulat	consulat [kõßüla] m
kosten	coûter [kutē]
Luftpost, per	par avion [parawjõ]
Mehrwertsteuer	T. V. A. [tēwē|a] f
Mittag	midi [midi] m
mittags	à midi [amidi]
Morgen	matin [matã] m
morgen	demain [dömã]
Nachmittag	après-midi [aprēmidi] m
Nacht	nuit [nüi] f
nein	non [nõ]
Paket	colis [koli] m
Parkplatz	parking [parking] m
bewachter	parking surveillé [parking ßürwäjē] m
Polizei	police; (auf dem Land:) gendarmerie [polïß] f; [schãdarmrie] f
-wache	poste de police [post dö polïß] m
Polizist	agent de police [aschã dö polïß] m
Post	poste [post] f
-amt	bureau de poste [bürodpost] m
-karte	carte postale [kartpostal] f
-leitzahl	code postal [kõdpostal] m
-, Briefe	courrier [kurjē] m
Preis	prix [prï] m
Rechnung	(Restaurant, Café usw.:) addition; (Hotel, Tankstelle usw.:) note [adïßjõn] f; [not] f

Reisebüro	agence de voyages [aschäß dö woajäsch] f
Schalter	guichet [gischä] m
Scheck	chèque [schäk] m
- einlösen	encaisser un chèque [äkäßē ȫ schäk]
schlecht	mauvais, mauvaise [mowä, -s] m, f
später	plus tard [plütar]
Stadtplan	plan de la ville [plä döla wĭll] m
Tankstelle	station-service, d'essence [ßtaßjō-ßärwĭß, -däßäß] f
Telefon	téléphone [telefon] m
-kabine, -zelle	cabine téléphonique [kabin telefo-nĭk] f
-nummer	numéro de téléphone [nümero dö telefon] m
öffentliches -	téléphone public [telefon püblĭk] m
teuer	cher, chère [schär] m, f
Unterschrift	signature [ßĩnjatür] f
Versicherung	assurance [aßüräß] f
Vormittag	matinée [matinē] f
Vorwahl	indicatif [ãdikatif] m
vorzüglich	excellent [äxällā]
Wechselstube	(bureau de) change [(büro dö) schäsch] m
Zahlung	payement [päjmā] m
Zoll	douane [duann] f

Redewendungen

Können Sie mir helfen?	Pouvez-vous m'aider? [puwewu mädē]
Ich habe nichts verstanden	Je n'ai rien compris [schönē rjã kōpri]
Ich spreche nicht (gut) Französisch	Je ne parle pas (bien) le français [schönö parl pa (bjã) lö frãßä]
Wie heißt das/dies auf Französisch?	Comment apelle-t-on cela/ceci en français? [kommã tapältō ßöla/ßößi ã frãßä]
Sprechen Sie Deutsch?	Parlez-vous l'allemand? [parlēwu lallmã]

Spricht hier jemand Deutsch?	Y a-t-il quelqu'un qui parle l'allemand? [Jatĩl kälkő ki parl lallmā]
Darf ich Sie etwas fragen?	Puis-je vous demander quelque chose? [püischőwu dömādē kälkeschōs]
Wie bitte?	Comment? [kommā]
Ah, ich verstehe	Ah oui, je comprends [aui, schö kőprā]
Vielen Dank für Ihre Hilfe/Bemühungen	Merci beaucoup de votre aide/vos efforts [märßiboku dö wotrād/wosäffor]
Guten Morgen! (Gruß usw., im Französischen immer mit Anrede)	Bonjour Madame/Mademoiselle/Monsieur [bőschur madam/madmoasäl, mőßjö]
Guten Morgen, die Herrschaften!	Bonjour Messieurs-Dames! [bőschur mäßjö-dam]
Guten Tag!	Bonjour! [bőschūr]
Guten Abend!	Bonsoir! [bőßoar]
Gute Nacht!	Bonne nuit! [bonnüi]
Hallo! Tschüs!	Salut! [ßalü]
Ich heiße, mein Name ist . . .	Je m'appelle . . . [schö mapäll]
Sehr erfreut!	Enchanté! [āschātē]
Wie geht es?	Comment ça va? [kommā ßawa]
Wie geht es Ihnen/Dir?	Comment allez-vous/vas-tu? [kommā tallewu/watü]
Mir geht es ausgezeichnet	Je vais très bien [schőwe trä bjā]
Mir geht es nicht (sehr) gut	Je ne vais pas (très) bien [schönwē pa (trä) bjā]
Vielen Dank für Ihre Einladung/den netten Abend/Ihren Besuch	Merci infiniment de votre invitation/la charmante soirée/votre visite [märßi āfinimā dö wotr āwitaßjő/la scharmāt soarē/wotrő wisit]
Wir kommen sehr gern	Nous viendrons très volontiers [nu wjādrő trä wolőtjē]
Bitte besuchen Sie uns!	Venez nous voir, s'il vous plaît! [wönē nu woar, ßĩlwuplä]
Auf Wiedersehen	Au revoir [oröwoar]
Verzeihung, entschuldigen Sie!	Pardon, excusez-moi! [pardő, äxküsēmoa]

Bitte sehr, gern geschehen, keine Ursache	Je vous en prie, de rien, il n'y a pas de quoi [schöwusāpri, dörjā, il nja padko̱a]
Vielen Dank!	Merci beaucoup, infiniment! [märßi boku, āfinimā]
Ich bin (sehr) froh	Je suis (très) heureux [schö ßüi trä sörö]
Es tut mir (wirklich) leid	Je suis (vraiment) désolé [schö ßüi (wrämā) dēsolē]
Wieviel Uhr ist es?	Quelle heure est-il? [källör ätil]
Wann, um wieviel Uhr?	À quelle heure? [a källör]
Ich brauche . . .	J'ai besoin de . . . [schē böso̱ā dö]
Ich möchte, hätte gern . . .	Je voudrais . . . [schö wudrä]
Ich suche . . .	Je cherche . . . [schö schärsch]
Ich wünsche . . .	Je désire . . . [schö dēsir]
Ich habe . . . verloren	J'ai perdu . . . [schē pärdü]
Wo ist der, das/die nächste . . .?	Où est le/la . . . le/la plus proche? [u ä lö/la . . . lö/la plü prosch]
Wo ist . . .?	Où se trouve . . .? [ußö trūw]
Wo finde/bekomme ich . . .?	Où puis-je trouver/obtenir . . .? [upüischö trūwē/obtönīr]
Zeigen Sie mir . . .!	Montrez-moi . . .! [mōtrēmo̱a]
Was kostet das?	C'est combien? [ßä kōbjā]
Das ist (zu) teuer	C'est (trop) cher [ßä tro schär]
Kann ich mit Kreditkarten/Scheck zahlen?	Acceptez-vous une carte de crédit/un chèque? [akßäptēwu ün kartdökredi/ō schäk]
Besten Dank für . . .!	Mes meilleurs remerciements de . . .! [mē mäjör römärßimā dö]
Ich bin Ihnen (sehr) dankbar	Je vous suis (très) reconnaissant [schö wu ßüi (trä) rökonnäßā]
Ich muß mich beschweren	J'ai une réclamation à faire [schē ün reklamaßjō a fär]
Wo kann ich Geld wechseln?	Où puis-je changer de l'argent? [u püischö schāschē dö larschā]
Ich möchte diesen (Reise-)Scheck einlösen	Je voudrais encaisser ce chéque (de voyage) [schö wudrä ākäße ßö schäk (dö wo̱ajasch)]
Haben Sie Briefmarken/Ansichtskarten?	Avez-vous des timbres/cartes postales? [awewu dē tābr/kartpostal]

Wo ist das nächste Postamt?	Où est le bureau de poste le plus proche? [u ä lö büro dö post lö plü prosch]
Was kostet eine Postkarte/ein Brief nach …?	Combien coûte une carte postale/ une lettre pour …? [kôbjä kut ün kartpostal/lättrö pur]
Wo kann ich telefonieren?	Où puis-je téléphoner? [u püischö tēlēfonē]
Verbinden Sie mich bitte mit …	Mettez-moi en communication avec …, s'il vous plaît. [mättemoa ä kommünikaßjö awäk …, ßīlwuplä]
Wo ist die nächste Telefonzelle?	Où se trouve la cabine téléphonique la plus proche? [u ßö trūw la kabin telefonīk la plü prosch]
Wo ist die nächste Tankstelle?	Où se trouve la station-service/station d'essence la plus proche? [u ßö trūw la ßtaßjö-ßärwīß/ßtaßjö däßäß la plü prosch]
Den Tank füllen, bitte!	Faites le plein, s'il vous plaît! [fätlö plä, ßīlwuplä]

UNTERKUNFT

Camping(platz)	camping [kāping] m
Ferienwohnung	appartement de vacances [ápart- mä dö wakäß] m
Herberge, Gasthof	auberge [obärsch] f
Hotel	hôtel [otäl] m
Jugendherberge	auberge de jeunesse [obärsch dö schönäß] f
Motel	motel [motel] m
Pension	pension (de famille) [pāßjö (dö famij)] f
Privatzimmer	chambre (chez l'habitant) [schābr (schē labitā)] f
Unterkunft	logement [loschmā] m
Wohnwagen	caravane, mobil-home [kara wann] f, [mobilōm] m
Zelt	tente [tāt] f

Abreise	départ [dēpār] m
Ankunft	arrivée [ariwē] f
Anzahlung	arrhes [ār] pl, (Schweiz:) acompte [akōt] m

Aufenthalt	séjour [ßēschūr] m
Ausflug	excursion [äxkürßjō] f
Bad	bain [bã] m
besetzt, belegt	complet [kōplä] m, complète [kōplät] f
Bett	lit [lĩ] m
-decke	couverture [kuwärtūr] f
-flasche	bouillotte [buijott] f
-wäsche	draps de lit [dradölĩ] pl
bügeln	repasser [röpaßē]
Dusche	douche [dūsch] f
Empfang(s)	réception [reßäpßjō] f
-chef	chef de la réception [schäf dö la reßäpßjō] m
Frühstücksraum	salle de petit déjeuner [ßall dö pti dēschönē]
Garage	garage [garasch] m
Gepäck, Koffer	bagages, valises [bagasch] pl, [walĩs] pl
Handtuch	serviette (de toilette) [ßärwjätt (dö toalätt)] f
Hausdiener	garçon (de service) [garßō (dö ßärwĩß)] m
Heimreise, Heimfahrt	rentrée [rãtrē] f
Heizung	chauffage [schōfāsch] m
Kleiderbügel	cintre [ßãtr] m
Klimaanlage	climatisation [klimatisaßjō] f
Kopfkissen	oreiller [orajē] m
Liegematratze	matelas [matla] m
Liegestuhl	chaise longue [schäslōg] f
Miete	loyer [loaje] m
mieten	louer [lu|ē]
Mieter	locataire [lokatãr] m
parken	stationner [staßjonnē]
Parkplatz (bewachter)	parking (gardé) [parking (gardē)] m
Prospekt	prospectus [prospäktüß] m
reinigen	nettoyer [nättoajē]
Reiseleiter	guide [gĩd] m
Rückreise	retour [rötūr] m
Schlüssel	clé [klē] f
Haus-	clé de la maison [klē dö la mäsō] f
Zimmer-	clé de la chambre [klē dö la schãbr] f
Sonnenschirm	parasol [paraßoll] m
Speisesaal	salle à manger [ßallamãschē] f
Stadtplan	plan de la ville [plã döla wĩll] m
Steckdose	prise de courant [prĩs dö kurã] f
Swimmingpool	piscine [pĩßĩn] f
übernachten	passer la nuit [paßē la nüi]

Verkehrsbüro	syndicat d'initiative [ßãdika dinißjatĩw] m
Waschbecken	lavabo [lawabo] m
Wäsche	linge [lãsch] m
wecken	réveiller [rēwäjē]
Wolldecke	couverture de laine [kuwärtür dö lãn] f
Zimmer	chambre [schãbr] f
– mit zwei Betten	chambre à deux lits [schãbr a dölĩ] f
– mit Doppelbett	chambre à un grand lit [schãbr a ö grãlĩ] f
Zimmermädchen	femme de chambre [famm dö schãbr] f

Redewendungen

Gibt es hier ein/eine . . .?	Y a-ti-il ici un/une . . .? [jatĩl ißi õ/ün]
Können Sie mir ein (gutes) Hotel empfehlen?	Pourriez-vous me recommander un (bon) hôtel? [purjē-wu mö rekommãdē õ (bõ) notäl]
Ich habe bei Ihnen ein Zimmer bestellt	J'ai retenu chez vous une chambre [schē rötönü schē wu sün schãbr]
Haben Sie ein Einzelzimmer/Zimmer mit zwei Betten/Zimmer mit Doppelbett frei?	Avez-vous une chambre pour une personne/avec deux lits/avec un grand lit? [awewu sün schãbr pur ün pärßonn/awäk dölĩ/avec õ grãlĩ]
Wieviel kostet das Zimmer	Quel est le prix de la chambre [källä lö prĩ dö la schãbr]
– je Tag/Woche?	par jour/semaine? [par schür/ßmãn]
– mit Frühstück?	avec petit déjeuner? [awäk pti dēschönē]
– mit Halbpension?	avec demi-pension? [awäk dömipãßjõ]
– mit Vollpension?	avec pension complète? [awäk pãßjõ kõplätt]
Ist alles/die Bedienung inbegriffen?	Tout/le service est compris? [tu/lö ßärwĩß ä kõpri]
Das ist zu teuer	C'est trop cher [ßä tro schär]
Kann ich das Zimmer sehen?	Est-ce que je peux voir la chambre? [äßköschöpö w̦oar la schãbr]
Haben Sie etwas	Avez-vous quelque chose de [awēwu kälköschōs dö]
– Besseres?	mieux? [mjȭ]
– Größeres?	plus grand? [plü grã]

– Billigeres?   moins cher? [moã schär]

– Ruhigeres?   plus tranquille? [plü trãkij]

Gut, ich nehme/wir nehmen das Zimmer

Bien, je prends/nous prenons la chambre [bjã, schö prã/nu prönõ la schãbr]

Welche Zimmernummer habe ich?

Quel est le numéro de la chambre? [kälä lö nümēro dö la schãbr]

Den Schlüssel, bitte

Ma clé, s'il vous plaît [ma klē, ßilwuplä]

Wo kann ich meinen Wagen parken?

Où puis-je garer ma voiture? [u pöschö garē ma woatür]

Sind die Betten gemacht?

Les lits sont faits? [lēli ßõ fä]

Herein!   Entrez! [ãtrē]

Einen Augenblick bitte!

Un moment, s'il vous plaît! [õmomã, ßilwuplä]

Ich möchte noch ein Kissen/eine Decke/ Kleiderbügel

Je voudrais encore un oreiller /une couverture/des cintres [schö wudräsäkor õnoräjē/ün kuwärtür/dē ßãtr]

Können Sie mir ... bügeln/reinigen/ waschen?

Pouvez-vous repasser/nettoyer/laver ...? [puwewu röpaßē/nättoajē/ lawē]

Es ist (zu) kalt/warm im Zimmer

Il fait (trop) froid/chaud dans la chambre [il fä (tro) froa/scho dã la schãbr]

Das Zimmer/ Waschbecken/W.C. ... ist nicht sauber

La chambre/le lavabo/le W.C. ... n'est pas propre [la schãbr/lö lawabo/lö wēßē nä pa propr]

... funktioniert nicht

... ne fonctionne pas [nö fõxionn pa]

... ist kaputt   ... est cassé(e) [ä kaßē]

Ich möchte telefonieren

Je voudrais téléphoner [schö wudrä tēlēfonē]

Bestellen Sie mir bitte ein Taxi!

Demandez-moi un taxi, s'il vous plaît! [dömãdē-moa õ taxi, ßilwuplä]

Wecken Sie mich bitte (morgen) um ... Uhr

Réveillez-moi (demain) à ... heures [rewäje-moa (dömã) a ... ör]

Machen Sie bitte meine Rechnung bis ... fertig

Veuillez préparer ma note pour ..., s'il vous plaît [wöjē prēparē ma not pur ..., ßilwuplä]

Kann ich bitte meine Rechnung haben?

Puis-je avoir ma note, s'il vous plaît? [püischawoar ma not, ßilwuplä]

Wo ist der Camping-platz?	Où est le (terrain de) camping? [u ä lö (tärrã dö) kāping]
Haben Sie noch Platz für einen Wohnwa-gen/ein Zelt?	Y a-t-il encore de la place pour une caravane/tente? [jatil ākor dö la plaß pur ün karawann/tāt]
Was kostet eine Über-nachtung?	Combien coûte une nuit? [kōbjã kut ün nüi]
Wo sind die Toiletten/Waschräume?	Où sont les toilettes/lavabos? [u ßō lē tǫalätt/lawabo]
Wo ist der Stroman-schluß?	Où est la prise de courant? [u ä la prĩs dö kurã]

RESTAURANT

Bar, Nachtlokal	boîte de nuit [bǫat dö nüi] f
Bierlokal	brasserie [braßrī] f
Café	salon de thé, tea-room [ßalō dö tē] m, [tirūm] m
Eisdiele	glacier [glaßjē] m
Fernfahrerrasthof	routier [rūtjē] m
Gasthaus	petit restaurant, bistrot [pti räßto-rā] m, [bĩßtro] m
Grillrestaurant	rôtisserie [rotißrī] m
Hotelbar	bar américain [baramerikã] m
Imbißstube	snack-bar [snakbar] m
Konditorei	pâtisserie [patißrī] f
Raststätte	restoroute [räßtorüt] m
Restaurant	restaurant [räßtorã] m
Selbstbedienungs-gaststätte	self(-service) [ßälf(-ßärwĩß)] m
Speiselokal	café(-restaurant) [kafē(-räßtorā)] m
	Nordfr., Belgien: estaminet [äßta-minã] m
Stehkneipe	bar [bar] m
Wirtshaus, rustikale Gaststätte	auberge [obärsch] f

Abendessen	dîner [dinē] m; versch. Gegenden Frankreichs, Belgien und frz. Schweiz: souper [ßupē] m
Bedienung	service [ßärwiß] m
Besteck	couvert [kuwär] m
Bestellung	commande [kommād] f
Diät	régime [rēschīm] m
-menü	menu diététique [mönü di | ētē-tīk] m
Eierbecher	coquetier [koktjē] m
Eiswürfel	glaçon [glaßō] m
essen	manger [māschē]
Essig- und Ölständer	huilier [üiljē] m
Gabel	fourchette [furschätt] f
Garderobe(n)	vestiaire, garde-robe [wäßtjär] m, [gardrōb] f
-ständer	portemanteau [portmāto] m
Gericht, Speise	plat [pla] m
Getränkekarte	carte des boissons [kart dē bo̜aßō] f
Glas	verre [wär] m
Schnaps-	verre à liqueur [wäralikör] m
Wasser-	verre à eau [wära|o] m
Wein-	verre à vin [wärawā] m
Kellner, Ober	garçon; älter: monsieur [garßō] m, [mösjö] m
Kellnerin	serveuse, madame [ßärwȫs] f, [madam] f
Kleiderständer	portemanteau [portmāto] m
Koch, Küchenchef	cuisinier [küisīnjē] m
Köchin	cuisinière [küisīnjär] f
Löffel	cuiller [küijär] f
Kaffee-	cuiller à café [küijär akafē] f
Tee-	petite cuiller [ptit küijär] f
Mahlzeit, Essen	repas [röpa] m
Menü	menu [mönü] m
	menu gastronomique (gastronomisches Menü mit mindestens vier Gängen) [mönü gaßtronomīk] m
	menu à prix fixe (Menü zum festen Preis) [mönü aprīfix] m
	menu touristique (preiswertes, einfaches Touristenmenü) [mönü turīßtīk] m

Messer	couteau [kuto] m
Mittagessen	déjeuner [dēschönē] m versch. Gegenden Frankreichs, Belgien und frz. Schweiz: dîner [dinē] m
Nachtessen (zu vor- gerückter Stunde)	souper [ßupē] m
Nachtisch	dessert [däßär] m
Ober, Kellner, Ober- kellner	maître d'hotel [mãtr dotäl] m
Pfefferstreuer	poivrier [poawrjē] m
probieren, kosten	goûter [gutē]
Senf	moutarde [mūtard] f
Serviette	serviette [ßärwjätt] f
Speisekarte	carte, menu [kart] f, [mönü] m
Strohhalm	paille [paj] f
Tagesgericht	plat du jour [pla dü schür] m
Tageskarte	carte du jour [kart dü schür] f
Tasse	tasse [taß] f
Teller	assiette [aßjätt] f
-gericht	plat [pla] m
Suppen-	assiette creuse [aßjätt krȫs] f
kleiner –	petite assiette [ptit aßjätt] f
Tischtuch	nappe [napp] f
Toilette, W. C.	lavabos, toilettes [lawabo] pl, [toalätt] pl
trinken	boire [boar]
Trinkgeld	pourboire [purboar] m
vegetarische Kost	menu végétarien [mönü wescheta- riã] m
Verzehr	consommation [kõßommaßjõ] f
Waschraum	lavabos [lawabo] pl
Wein	vin [wã] m
-flasche	bouteille de vin [butäj dö wã] f
-glas	verre de vin [wär dö wã]
offener –	carafe (de vin), pichet (de vin) [ka- raff (dö wã) f, [pischä (dö wã)] m
Weinkellner, Keller- meister	sommelier [ßomöljē] m
Zahnstocher	cure-dent [kürdã] m
Zuckerdose	sucrier [ßükrijē] m

Gibt es hier in der Nähe ein gutes/preiswertes Restaurant?	Y a-t-il un bon restaurant/un restaurant à prix raisonnables dans les environs? [Jatil ő bő räßtorā/ő räßtorā a pri räsonnabl dā lesāwirő]
Können Sie mir ein gutes einfaches Restaurant empfehlen?	Est-ce que vous pouvez me recommander un bon petit restaurant? [Äßkö wu puwē mö rökomādē ő bő pti räßtorā]
Reservieren Sie mir bitte für ... Uhr einen Tisch für ... Personen	Pouvez-vous me retenir une table à ... couverts pour ... heures, s'il vous plaît [puwewu mö rötönir ün tabl a ... pärßonn pur ... őr, ßilwuplä]
Haben Sie einen Tisch für ... Personen?	Avez-vous une table pour ... personnes? [Awewusün tabl pur ... pärßonn]
Platz nehmen	Prendre place [prādr plaß]
Ist dieser Tisch (noch) frei?	Cette table est-elle (encore) libre? [ßät tablätäll (ākor) librö]
Herr Ober, bedienen Sie hier?	Garçon/Monsieur, faites-vous le service ici? [garßő/mösjö, fātwu lö ßärwiß ißi]
Wir haben Hunger/ Durst	Nous avons faim/soif [nusawő fā/ ßoaf]
Wir möchten etwas essen	Nous aimerions manger [nu sämörjő māschē]
Wir möchten (bloß) etwas trinken	Nous aimerions (juste) boire quelque chose [nu sämörjő (schüst) boar kelköschōs]
Wir haben nicht viel Zeit	Nous n'avons pas beaucoup de temps [nu nawő pa boku dö tā]
Wir möchten nur eine Kleinigkeit	Nous ne voulons pas grand'chose [nu nö wulő pa grädschōs]
Ich möchte etwas Leichtes	J'aimerais quelque chose de léger [schämrä kelköschōs dö lēschē]
Haben Sie auch vegetarische Kost/Diätkost/diabetische Kost?	Avez-vous aussi des plats végétariens/de régime/diabétiques? [awewusoßi dē pla wēschētariā/dö reschīm/diabētīk]
Was können Sie mir empfehlen?	Qu'est-ce que vous me conseillez? [käßkö wu mö kőßäijē]
Ich möchte ...	Je voudrais ... [schö wudrä]

Ich esse (besonders) gern . . .	J'aime (surtout) . . . [schäm (ßürtu)]
Ich esse/möchte lieber . . .	Je préfère . . . [schö prefär]
Ich mag . . . nicht	Je n'aime pas . . . [schö nãm pa]
Die Speisekarte/ Getränkekarte/ Weinkarte bitte	La carte/carte des boissons/carte des vins, s'il vous plaît [la kart/kart dē boaßon/kart dē wã, ßilwuplä]
Was kostet das Menü?	Que coûte le menu? [kökut lö mönü]
Wir nehmen das Menü	Nous prenons le menu [nu pränō lö mönü]
Wir essen lieber nach der Karte	Nous préférons manger à la carte [Nu prefärō mãschē ala kart]
Bringen Sie mir/uns bitte . . .	Apportez-moi/nous, s'il vous plaît . . . [aportē-moa/nu, ßilwuplä]
Können wir . . . haben?	Pouvons-nous avoir . . .? [puwõnu sawoar]
Guten Appetit! (In Frankreich nicht allgemein üblich)	Bon appétit! [bōnapeti]
Auf Ihr/Dein Wohl!	À la votre/tienne! [ala wotr/tiänn]
Es fehlt . . .	Je n'ai pas de . . . [schönē pa dö]
Das ist nicht gut/ frisch/genug gekocht	Ce n'est pas bon/frais/assez cuit [ßönä pa bō/frä/aßē küj]
Das ist zu fett/ trocken/versalzen	C'est trop gras/sec/salé [ßä tro gra/ßäk/ßalē]
Es hat gut/nicht besonders geschmeckt	C'était délicieux/cela n'avait rien d'extraordinaire [ßäta delißjö/ßla nawä riã dextraordinär]
Herr Ober, die Rechnung bitte!	Garçon/Monsieur, l'addition, s'il vous plaît! [garßō/mösjö, ladißjō, ßilwuplä]
Ich glaube, die Rechnung stimmt nicht	Je crois qu'il y a une erreur dans l'addition. [schö kroa kilija ün ärör dã ladißjō]
Ich zahle alles zusammen	Je paie le tout [schö päj lö tu]
Jeder (zahlt) für sich	Chacun pour son compte [schakȫ pur sō kōt]
Nehmen Sie Kreditkarten/Schecks/ Euroschecks?	Acceptez-vous les cartes de crédit/ des chèques/un eurochèque? [axäptēwu lē kart dö krēdi/dē schäk/ önöroschäk]

Ist das Trinkgeld inbegriffen?	Est-ce que le pourboire est compris? [äskö lö purbo̜ar ä kōpri]

ESSEN

Abendessen	dîner; (spät:) souper [dinē] m; [ßupē] m
zu Abend essen	dîner [dinē]
essen	manger [mãschē]
Frühstück	petit déjeuner [pti dēschönē] m
Gabel	fourchette [furschätt] f
Gedeck	couvert [kuwär] m
Löffel	cuiller [küijär] f
Mahlzeit, Essen	repas [röpa] m
Messer	couteau [kuto] m
Mittagessen	déjeuner [dēschönē] m
zu Mittag essen	déjeuner [dēschönē]
Nahrung, Verpflegung	nourriture [nuritür] f
Teller	assiette [aßjätt] f
flacher –	assiette plate [aßjätt plat] f
tiefer –	assiette creuse [aßjätt krȫs] f
Tischtuch	nappe [nap] f

Auflauf	soufflé [ßuflē] m
Aufschnitt	viande froide [wjãd fro̜ad] f
-platte	plat de charcuterie [pla dö scharkütrī] m
-platte (Braten)	assiette anglaise [aßjätt ãgläs] f
Auster	huître [üïtr] f
Beilage	garniture [garnitür] f
bitter	amer, amère [amär] m, f
Braten	rôti [roti] m
Brot	pain [pã] m
Brötchen, Semmel	petit pain [ptipã] m
Brotkorb	corbeille à pain [korbäj a pã] f
Brotscheibe	tranche de pain [trãsch dö pã] f
Butter	beurre [bȫr] m
-dose	beurrier [börjē] m
-messer	couteau à beurre [kuto a bȫr]

Ei/Eier	œuf/œufs [öff] m [ő] pl
Eierbecher	coquetier [kokötjē] m
-speisen	plats à base d'œufs [pla abās dő] pl
Eis	glace [glaß] f
-becher	coupe glacée [kūp glaßē] f
-creme	glace, crème glacée [glaß, kräm gla-ßē] f, f
-kaffee	café glacé [kafē glaßē] m
Eßbesteck	couvert [kuwär] m
Essig- und Ölständer	huilier [üiljē] m
faul (Früchte usw.)	pourri, pourrie [puri] m, f
Feinschmecker	fine bouche [finbūsch] f
fett	gras/grasse [gra] m, [graß] f
Fisch	poisson [poaßő] m
-besteck	couvert à poisson [kuwär apoaßő] m
-suppe	soupe de poissons [ßūp dö poaßő] f
Fleisch	viande [wjād] f
Hammel	mouton [mutő] m
Hase	lièvre [ljäwr] m
Kalb	veau [wo] m
Kaninchen	lapin [lapā] m
Lamm	agneau [anjō] m
Ochse, Rind, Kuh	bœuf [böff] m
Schwein	porc [por] m
Wild	gibier [schibjē] m
Garstufen:	
stark blutig, innen noch roh	bleu [blö]
blutig, englisch	saignant [ßänjā]
halb durch	medium [mēdjom]
gerade durch	à point [apoā]
gut durch	bien cuit [bjäküi]
Frucht	fruit [früi] m
-kuchen	tarte aux fruits [tartofrüi] f
-salat	salade de fruits [ßalad dö früi] f
Gang, Gericht	plat [pla] m
Garnelen, Krabben	crevettes [kröwätt] f/pl
Gebäck	pâtisserie [patĭßrĭ] f
Teegebäck	petits fours [pöti fūr] pl
gebacken	cuit, cuite [küi] m, [küit] f
gebraten	rôti, rôtie [roti] m, f
gedämpft, gedünstet	à l'étouffé, étouffée [alētuffē]
Geflügel	volaille [wolāj] f
Ente	canard [kānār] m

Fasan	faisan [fäsã] m
Gans	oie [oa] f
Hähnchen, Hühnchen	poulet [pulä] m
Huhn	poule, poularde [pul, pulard] f
Perlhuhn	pintade [pãtad] f
Pute	dinde [dãd] f
Rebhuhn	perdrix [pärdri] f
Taube	pigeon [pischõ] m
Wachtel	caille [käj] f
gekocht	cuit, cuite [küj] m, [küjt] f
Gemüse	légumes [lēgüm] pl
geschmort	braisé, braisée [bräsē]
gesund	sain, saine [ßã] m, [ßãn] f
Getreideflocken	céréales [ßērē|al] pl
gewürzt	assaisonné(e), épicé(e) [aßäsonnē, ēpißē]
hart	dur, dure [dür] m, f
heiß	chaud, chaude; (kochend:) bouillant, bouillante [scho; buijã] m, [schōd; buijãt] f
Honig	miel [mjäl] m
Hörnchen	croissant [kroaßã] m
Imbiß	repas léger [röpa lēschē] m
Joghurt	yaourt [ja|ur] m
kalt	froid, froide [froa] m, [froad] f
Kartoffeln	pommes de terre [pommdötär] pl
Käse	fromage [fromāsch] m
-gebäck	petits gâteaux au fromage [pti gato o fromāsch] pl
-messer	couteau à fromage [kuto a fromāsch] m
-platte	plateau de fromages [plato dö fromāsch] m
Ziegen-	chèvre [schäwr] m
Kekse	gâteaux secs [gatoßäck] pl
Ketchup	ketchup [kätschöpp] m
Kraftbrühe	consommé [kõßommē] m
Kuchen	gâteau; tarte [gato] m; [tart] f
Obstkuchen	tarte aux fruits [tartofrüi] f
mager	maigre [mãgr]
Marmelade	confiture [kõfitür] f

Meerfrüchte	fruits de mer [früidmär] pl
Menü	menu [mönü] m
Menage, Gewürz-ständer	huilier [üiljē] m
Milch (kalte, warme)	lait (froid, chaud) [lä (froa, schō] m
mild	doux, douce [du] m, [dūß] f
(Mies-)Muscheln	moules; coquillages [mūl] pl, [koki-jäsch] pl
Nachtisch, Süßspeisen	dessert; entremets [däßär] m; [ātrö-mä] m
Nudeln	nouilles [nui] pl
Nüsse	noix [noa] pl
Obst	fruits [früi] pl
-kuchen	tarte aux fruits [tartofrüi] f
-messer	couteau à dessert [kuto a däßär] m
-salat	salade de fruits [ßalad dö früi] f
-schüssel	coupe à fruits [kupafrüi] m
Pfeffer	poivre [poawr] m
pikant	relevé, relevée [rölwē]
Portion	portion [porßjō] f
Praline	bonbon au chocolat [bōbō o scho-kola] m
reif	mûr, mûre [mūr]
Reis	riz [ri] m
roh, ungekocht	cru, crue [krū] m, f
Rohkost	crudités [krüditē] pl
saftig	juteux, juteuse [schütö] m, [schü-tȫs] f
Sahne, Rahm	crème [krām] f
Schlagsahne, Obers	Chantilly [schātiji] f
Salat	salade [ßalad] f
-besteck	service à salade [ßärwīß a ßalad] m
-schüssel	saladier [ßaladjē] m
Salz	sel [ßäl] m
Sauce(n), Tunke(n)	sauce [ßoß] f
-schüssel	saucière [ßoßjär] f
sauer	acide [aßid]
Schaltiere	crustacés [krūstaßē] pl
(sehr) scharf	(très) épicé, epicée [(träs) epißē]
Serviette	serviette (de table) [ßärwjätt (dö tabl)] f

Suppe(n)	potage; soupe [potasch] m; [ßūp] f
-kelle	louche [lūsch] f
-löffel	cuiller à soupe [küjǟr a ßūp] f
-schüssel	soupière [ßupjǟr] f
-teller	assiette à soupe [aßjätt a ßūp] f
-topf, Eintopf	potée [potē] f
Süßspeise	entremets [ātrömä] m
Schokolade(n)	chocolat [schokola] m
-tafel	plaque de chocolat [plak dö scho-kola] f
Tagesmenü	menu du jour [mönü dü schūr] m
Tagesgericht	plat du jour [pla dü schūr] m
Teigwaren	pâtes [pāt] pl
Toast	toast [tōst] m
Torte	tarte [tart] f
Törtchen	tartelette [tartölätt] f
unreif	pas mûr, pas mûre [pamür] m, f
verdorben	gâté, gâtée [gatē] m, f
versalzen	trop salé, trop salée [troßalē] m, f
Vorspeisen kalt	hors-d'œuvre [ordȫwr] pl
- warm	entrées [ātrē] pl
warm	chaud, chaude [schō] m, [schōd] f
Wärmplatte	chauffe-plats [schōfpla] m
weich	mou, molle [mu] m, [moll] f
Wurst, Würstchen	saucisse [ßoßīß] f
Wurstwaren	charcuterie [scharkütrī] f
Schnittwurst	saucisson [ßoßißō] m
zäh	coriace [koriaß]
zart	tendre [tādr]
Zucker (Würfel-, Puder-)	sucre (en morceaux, en poudre) [ßükr (āmorßo, āpūdr)] m
-werk	friandises [friādīs] pl

Redewendungen

Wir haben Hunger	Nous avons faim [nusawō fã]
Ich möchte, hätte gern …	Je voudrais … [schö wudrä]
Ich möchte … probieren	Je voudrais goûter … [schö wudrä gutē]

Spezialität des Hauses	Spécialité de la maison [ßpeßialitē döla mäsõ]
Hiesige Spezialität	Spécialité locale [ßpeßialitē lokal]
Was ist das?	Qu'est que c'est? [käßkößä]
Nur ein wenig	Rien qu'un peu [riãkõpö]
Ich hatte … bestellt	J'avais demandé … [schawä dömãdē]
Mir fehlt …	Il me manque … [il mö mãk]
Das schmeckt gut/ schlecht	C'est bon/ce n'est pas bon [ßä bõ/ ßö nä pa bõ]
Gut/nicht genug/zu sehr gebacken/gebraten/gekocht	Bien/pas assez/trop cuit [bjã/pasaßē/tro küj]
Ich finde Ihr Essen ausgezeichnet	Votre cuisine est excellente [Wotrö küjsīn ätäxälät]
Ihre Küche hat uns enttäuscht	Votre cuisine nous a déçus [wotrö küjsīn nusa dēßü]
Ich bin Ihr Essen nicht gewöhnt	Je ne suis pas habitué à votre cuisine [schönßüjpa sabitü|ē a wotrö küjsīn]
Es hat geschmeckt	C'était bon [ßetä bõ].

TRINKEN UND RAUCHEN

Aschenbecher	cendrier [ßãdrijē] m
Feuerzeug	briquet [brikä] m
Flasche	bouteille [butäj] f
Getränk	boisson [boaßõ] f
alkoholisches –	alcoolisée [alkolisē] f
alkoholfreies –	sans alcool [ßãsalkol] f
warmes –	chaude [schõd] f
kaltes –	froide [froad] f
Glas	verre [wär] m
Pfeife	pipe [pīp] f
rauchen	fumer [fümē]
Streich-, Zündhölzer	allumettes [alümätt] pl
trinken	boire [boar]
Zigarette	cigarette [ßigarätt] f
Zigarre	cigare [ßigār] m

Alkohol	alcool [alkoĺ] m
alkoholfrei	sans alcool [ßäsalkol]
Alsterwasser	panaché [panaschē] m
Aperitif	apéritif [aperitif] m
Apfelmost	cidre doux; moût [ßĭdr dü] m; [mü] m
Apfelsaft	jus de pommes [schüdpomm] m
Apfelwein	cidre [ßĭdr] m
schäumender –	bouché [buschē] m
Aufguß	infusion [ãfüsjõ] f
Bier	bière [biär] f
- vom Faß	pression [präßjõ] f
-deckel	dessous [dößu] m
dunkles –	brune [brün] f
helles –	blonde [blõd] f
Dosen –	en boîte [ã boat] f
Flaschen-	en bouteille [ã butäj] f
Branntwein	eau-de-vie [odwi] f
Champagner	champagne [schãpanj] m
Durst	soif [ßoaff] n
eingießen, einschenken	verser [wärßē]
(mit) Eis	(avec de la) glace [(awäk döla) glaß]
eisgekühlt	glacé, glacée; Champagner: frappé, frappée [glaßē; frappē]
Eiskaffee	café glacé [kafē glaßē] m
Eistee	thé glacé [tē glaßē] m
Eiswürfel	glaçon [glaßõ] m
Feuerzeug	briquet [brikä] m
-benzin	essence à briquet [äßäß a brikä] f
Benzin-	à essence [a äßäß] m
Gas-	à gaz [a gãs] m
Wegwerf-	à jeter [a schötē] m
Flasche(n)	bouteille [butäj] f
-öffner	ouvre-bouteilles [uwr-butäj] m
Fruchtsaft	jus de fruits [schüdfrüj] m
frischgepreßter –	pressé [schü präßē] m
Glas	verre [wär] m
- Wasser	- d'eau [wãrdo] m
- Wein	- de vin [wärdöwã] m
Grapefruitsaft	jus de pamplemousse [schü dö pãplömüß] m

Kaffee	café [kafē] m
-kanne	cafetière [kaftjār] f
- espresso	espresso [äßpräßo] m
- koffeinfrei	déca [deka] m
- mit Milch	- au lait [kafē olä] m
- mit Sahne, Rahm	- crème [kafē kräm] m
- schwarz	- noir [kafē nọar] m
Karaffe	carafe [karaf] f
(Wein-)Keller	cave [kāw] f
Korken	bouchon [buschõ] m
-zieher	tire-bouchon [tīrbuschõ] m
Kräutertee	infusion [ãfüsjõ] f
Krug	pichet [pischä] m
Likör	liqueur [likör] f
Limonade	limonade [limonad] f
Magenbitter	bitter [bitär] m
Milch (kalt, warm)	lait (froid, chaud) [lä (frọa, scho)] m
Mager-	écrémé [lä ekremē] m
Voll-	- entier [lä ãtiē] m
ein Glas –	un verre de - [õ̃ wär dö lä] m
Mineralwasser	eau minérale [omineral] f
- mit Kohlensäure	eau gazeuse [ogasös] f
- ohne Kohlensäure	eau plate [oplat] f
Orangensaft	jus d'oranges [schüdorãsch] m
frischgepreßter –	oranges pressés [orãsch präßē] pl
Pfeife(n)	pipe [pīp] f
-besteck	nécessaire à pipe [neßäßär apīp] m
-reiniger	nettoie-pipe [nättọapīp] m
-stopfer	cure-pipe [kürpīp] m
-tabak	tabac pour la pipe [taba pur la pīp] m
pur	sec, sèche [ßäk] m, [ßäsch] f
Radlermaß	panaché [panaschē] m
Rahm, Sahne	crème [krām] f
sauer	acide [aßīd]
Schnaps	eau-de-vie [odwī] f
(heiße) Schokolade	chocolat (chaud) [schokola (scho)] m
Sekt	vin mousseux [wã̃ mußö] m
Soda	soda [ßoda] m
Spirituosen	spiritueux [ßpiritüö] pl
Streich-, Zündholz-schachtel	boîte d'allumettes [bọat dalümätt] f

süß	doux, douce [dū] m, [dūß] f
Tabak(s)	tabac [taba] m
-beutel	blague à - [blagataba] f
-laden	bureau de - [büro dö taba] m
Päckchen –	paquet de - [pakä dö taba] m
Feinschnitt	coupe fine [kup fin] f
Krüllschnitt	caporal [kaporal] m
Navy Cut	coupe marine [kup marin] m
Tasse	tasse [taß] f
Unter-	soucoupe [ßukup] f
Tee	thé [te] m
-kanne	théière [tejär] f
-löffel	cuiller à thé [kü̱ijär a té] f
- mit Milch/Zitrone	- au lait/citron [té o lä/bitro] m
Kräuter ○	infusion [ä̱füsjō] f
Temperatur	température [tä̱peratür] f
richtige	- voulue [tä̱peratü̱r wulü] f
zu kalte	- trop froide [tä̱peratü̱r tro fro̱ad] f
zu warme	- trop chaude [tä̱peratü̱r tro schod]
temperiert	tempéré, temperée [tä̱perē]
Tomatensaft	jus de tomates [schüd tomat] m
Tonic	tonic [toni̱k] m
trocken	sec, sèche [ßäk] m, [ßä̱sch] f
Traubensaft	jus de raisin [schü dö räsä] m
Wasser	eau [o] f
-glas	verre à eau [wära o] m
ein Glas –	un verre d'eau [ö wärdo] m
Wein	vin [wä] m
-kühler	seau [ßō] m
Land ○	vin du pays [wä̱ dü pe|i] m
leichter –	vin léger [wä̱leschē] m
lieblicher –	vin doux [wädu] m
offener –	vin en carafe [wä ä karaf] m
Qualitäts ○	appellation [apällaßjō] f
Rosé	rosé [rosē] m
Rot ○	vin rouge [wä̱rūsch] m
Tisch ○	vin de table [wä̱ dö täbl] m
trockener –	vin sec [wä̱ßäk] m
Weiß ○	vin blanc [wä̱blä] m
Weinbrand	cognac; eau de vie de vin [konjak] m; [odwi dö wä̱] f
Wermut	vermouth [wärmut] m
Zigarette(n)	cigarette(s) [ßigarätt] f/pl
-mundstück	bout [bū] m
-spitze	fume-cigarettes [fümßigarätt] m

Filter-	cigarette-filtre [ßigarätt-fíltr] f
Schachtel –	paquet de cigarettes [pakä dö ßiga-rätt] m
Zigarillo	cigarillo [ßigarïjo] m
Zigarre(n)	cigare [ßigār] m
-abschneider	coupe-cigares [kupßigār] m
-etui	étui à cigares [etüi a ßigār] m
Brasil-	brésil [bresil] m
Havana-	havane [awan] m
Kiste	boîte de cigares [bọat dö ßigār] f
Sumatra-	sumatra [sümatra] m
Zitronensaft	jus de citron [schüd ßitrõ] m
frischgepreßter –	citron pressé [ßitrõ präßē] m

Redewendungen

Ich habe Durst	J'ai soif [schē ßọaff]
Ich hätte gern . . .	Je voudrais . . . [schö wudrã]
Haben Sie . . .?	Auriez-vous . . .? [orijewu]
Eine (halbe) Flasche Wein	Une (demi-)bouteille de vin [ün (dömi) butäj dö wã]
Ich trinke ein Bier	Je prendrai une bière [schö prãdrä ün biär]
Ich nehme Mineral-wasser	Je prends de l'eau minérale [schö prã dölo mineral]
Auf Ihr/Dein Wohl, prosit! (In Frankreich nicht allgemein üblich)	À votre/ta santé! [a wotr/ta ßātē]
Den Wein verdünnen	Couper le vin [kupē lö wã]
Dieser Wein schmeckt nach Korken	Ce vin sent le bouchon [ßö wã ßã lö buschõ]
Herr Ober, noch ein Bier bitte!	Garçon/Monsieur, une autre biè-re, s'il vous plaît! [garßõ/mösjö, ünotrö biär, ßilwuplä]
Kaffee kochen	Faire du café [fär dü kafē]
Ich trinke den Kaffee schwarz	Je bois mon café noir [schö bọa mõ kafē nọar]
Darf man hier rau-chen?	Est-ce qu'il est permis de fumer ici? [Ãskilä pärmi dö fümē ißi]
Stört es Sie, wenn ich rauche?	Ça vous dérange si je fume? [ßawu deräsch ßischö füm]
Ich rauche nicht	Je ne suis pas fumeur [schönßụi pa fümör]

Darf ich Sie um Feuer bitten?	Avez-vous du feu, s'il vous plaît? [Awewu dü fö̃, ßilwuplä]
Würden Sie mir bitte das Feuerzeug füllen?	Voudriez-vous me remplir le briquet, s'il vous plaît? [wudrijewu mö räplir lö brikä, ßilwuplä]
Rauchen Sie bitte nicht, es ist hier nicht erlaubt	Ne fumez pas, s'il vous plaît, ce n'est pas permis ici [nö fümē pa, ßilwuplä, ßö nä pa pärmi sißi]

KÜCHE

Abfalleimer, Kehrichtkasten	poubelle [pubäl] f
Backofen	four [fūr] m
Eimer	seau [ßo] m
Gefrierfach, Tiefkühltruhe	congélateur [kõschelatör] m
Geschirrspülmaschine	lave-vaiselle [lav wäßäll] m
Herd	cuisinière [küisinjär] f
elektrischer –	- électrique [küisinjär eläktrīk] f
Gas-	- à gaz [küisinjär agās]
kochen	(faire) cuire [(fär) küjr]
Kochplatte	plaque de cuisson [plak dö küjßõ] f
Kochtopf	marmite; (schwer:) faitout; (mit Stiel:) casserole [marmīt] f; [fätu] m; [kaßrol] f
Küche	cuisine [küjsīn] f
Küchengeräte	ustensiles de cuisine [üßtäßil dö küjsīn] pl
Kühlschrank	réfrigérateur [refrischeratör] m
Pfanne	poêle [poal] f
Spülbecken	évier [ewjē] m

Babybrei	bouillie de bébé [buji dö bēbē] f
backen	(faire) cuire au four [(fär) küjr o fūr]
braten	(faire) rôtir; Kartoffeln: (faire) sauter [(fär) rotir; (fär) ßotē]
auf dem Grill –	(faire) cuire sur le gril [(fär) küjr sür lö gri]
am Spieß –	(faire) rôtir à la broche [(fär) rotir ala brosch]

Bratpfanne	sauteuse [ßotös] f
Büchsenöffner	ouvre-boîte [uwr-boat] m
dämpfen, dünsten	étuver [etüwē]
fritieren	(faire) frire [(fär) frīr]
Fritiertopf	friteuse [frītös] f
Gewürze	épices [epīß] pl
Grill, Bratrost	gril [gri] m
grillieren	griller [grijē]
Grillspieß	broche [brosch] f
Handrührer	batteur [batör] m
Kaffeemaschine	machine à café [maschin akafē] f
Kaffeemühle	moulin à café [mulã akafē] m
kochen	(faire) cuire; (Flüssigkeiten:) bouillir [(fär) küir; bujir]
Kochgelegenheit	possibilité de faire la cuisine [poßibilitē dö fär la küisĩn] f
Kochlöffel	cuiller en bois [küijärãboa] f
Kochnische	coin cuisine [koãküisĩn] m
Kräuter	herbes [ärb] pl
Kuchen backen	faire un gâteau [färõ gato]
Küchenabfälle	ordures [ordür] pl
(mit) Küchenbenutzung	avec possibilité d'usage de la cuisine [awäk poßibilitē düsäsch döla küisĩn]
Kuchenblech	tôle [tōl] f
Küchentisch	table de cuisine [tabl dö küisĩn] f
Küchenwaage	balance de cuisine [baläß dö küisĩn] f
Milchtopf	pot au lait [potolä] m
Mixer	mixer [mikßär] m
Rührlöffel	cuiller en bois [küijãr aboa] f
Saftpresse	presse-agrumes [präßagrüm] f
Schlagbesen	fouet [fuä] m
schmoren	braiser [bräsē]
Schnell-, Dampfkochtopf	cocotte minute [kokot-minüt] f
Tablett	plateau [plato] m
Tauchsieder	chauffe-liquide [schoflikid] m
Toaster	grille-pain [grijpã] m
Topf	pot [po] m

Topflappen	poignée [poanjē] f
überbacken	gratiner [gratinē]
Wasserkessel	bouilloire [bujoar] f
zubereiten	préparer [preparē]

Redewendungen

Die Küche ist gut/ schlecht eingerichtet	La cuisine est bien/mal installée [la küisīn ä bjã/mal ãßtalē]
Ich suche einige Küchengeräte	Je cherche quelques ustensiles de cuisine [schö schärsch kälkö süstäßil dö küisīn]
Sie kocht gut	Elle fait de la bonne cuisine [äll fä döla bonn küisīn]
Was kochst du heute?	Que fais-tu à manger aujourd'hui? [kö fätü a mãschē oschurdüi]
Heute muß er kochen	Aujourd'hui c'est à lui de faire la cuisine [oschurdüi ßäta lüi dö fär la küisīn]
Der/die/das ... kocht	Le/la ... bout [lö/la ... bu]
Hilfst du mir ...	Est-ce que tu m'aides à ... [Äßkö tü mädsa ...]
... kochen?	... faire la cuisine? [fär la küisīn
... abwaschen?	... laver la vaisselle? [lawē la wäßäll]
Wer wäscht das Geschirr ab?	Qui fait la vaisselle? [ki fä la wäßäll]

■ EINKAUF ■

Einkauf	achat [ascha] m
einkaufen	faire les courses [fär lē kurß]
Einkaufszentrum	centre commercial [ßãtr kommärßial] m
kaufen	acheter [aschtē]
Kauf-, Warenhaus	grand magasin [grã magasã] m
kleiner Laden, eleganter Laden	boutique [butik] f
Laden, Geschäft	magasin [magasã] m
Lebensmittel	aliments [alimã] pl

Markt	marché [marschē] m
Mehrwertsteuer	T. V. A. [tēwē|a] f
Preis	prix [prī] m
Supermarkt	supermarché; grande surface [ßü-permarschē] m; [grād ßürfaß] f
Tante-Emma-Laden	épicerie du coin [epißrī dü koã] f

Auslage	étalage [etalāsch] m
Ausverkauf	soldes [ßold] pl
Bäckerei	boulangerie [bulāschrī] f
billig	bon marché [bōmarschē]
Delikateßgeschäft	traiteur [trätör] m
Dose	boîte [boat] f
Einkaufskorb	panier [panjē] m
-tasche	sac à provisions [ßakaprowisjō] m
-wagen	caddie [kädi] m
Fischhandlung	poissonnerie [poaßonrī] f
Fleischerei, Metzge-rei, Schlachterei	boucherie [buschrī] f
Schwein, Auf-schnitt, Wurst-waren	charcuterie [scharkütrī] f
Gefriergut	produits surgelés [prodüi ßürschö lē] pl
Gemüseladen	marchand de légumes [marschā dö legüm] m
Getränke	boissons [boaßō] pl
Haushaltwaren	articles de ménage [artikl dö me-nāsch] pl
Käseladen	fromagerie [fromaschrī] f
Kasse(n)	caisse [kāß] f
-bon	ticket [tikä] m
Kassiererin	caissière [kāßjär]
Kilo	kilo [kilo] m
halbes –	livre [līwr] f
Konditoreiwaren	pâtisserie [patißrī] f
Konserven	conserves [kōßärw] pl
Kühlvitrine	vitrine réfrigérée [witrīn refrischē-rē] f
Ladenschluß	fermeture [färmötür] f

Lebensmittelhand-lung	épicerie et alimentation [epißrī ä alimātaßjō] f
Liter	litre [lītr] m
Milchgeschäft, Molkerei	laiterie; crémerie [lätrī] f; [krämrī] f
Nahrungsmittel	denrées alimentaires [dārē alimā-tär] pl
Obstladen	marchand de fruits [marschā dö früi] m
Pack	paquet [pakä] m
Packmaterial	matériaux d'emballage [materjo dābalasch] pl
Packung	emballage [ābalasch] m
Plastikbeutel	sac en plastique [ßakäplastik] m
Quittung	quittance [kitäß] f
Reformhaus	magasin diététique [magasā di|etē-tik] m
Schaufenster	vitrine [witrin] f
-auslage	étalage [etaläsch] m
Selbstbedienung	libre-service [librößärwiß] m
Stück	morceau [morßo] m
Süßwaren	confiserie [kōfisrī] f
Tabakladen	bureau de tabac [büro dö taba] m
Teigwaren	pâtes [pāt] pl
teuer	cher, chère [schär] m,f
Teuerung	renchérissement [räscherißmā] m
Tragetasche, Tüte	sac [ßack] m
Verkäufer/in	vendeur/vendeuse [wādör] m; [wā-dös] f
Vorrat	stock [ßtock] m
Ware	marchandise [marschādīs] f
Wurstwaren	saucisses [ßoßiß] pl

Redewendungen

Besorgungen machen, einkaufen	Faire des achats [fär desascha]
Wann öffnet/schließt-...?	Quand ouvre/ferme le/la ...? [Kā tüwr/färm lö/la]
Wo ist/sind...?	Où est/sont...? [u ä/ßō]

Wo gibt es . . .?	Où y a-t-il . . .? [ujatil]
Ich sehe mich nur um	Je ne fais que regarder [schönfä kö rögardē]
Wo kann ich . . . finden/bekommen/kaufen?	Où est-ce que je peux trouver/voir/acheter . . .? [U äßkö schö pö truwē/awoar/aschtē]
Kann ich mich selbst bedienen?	Puis-je me servir moi-même? [püjschö mö ßärwīr moamäm]
Bedienen Sie hier?	Servez-vous ici? [ßärwēwu sißi]
Ich brauche . . .	J'ai besoin de . . . [sche bösoa dö]
Haben Sie . . .?	Avez-vous . . .? [awewu]
Zeigen/Geben Sie mir bitte . . .	Montrez/Donnez-moi . . ., s'il vous plaît . . . [mōtrē/donnē moa, ßilwuplä]
Sind diese . . . frisch/reif?	Ces . . ., sont-ils (elles) frais (fraîches)/mûrs (mûres)? [ßē . . ., ßōtil (ßōtäl) frä (fräsch)/mür]
Genug	Assez [aßē]
Noch etwas	Encore un peu [ākor õpö]
Noch mehr	Davantage [dawātasch]
Das gefällt mir	Cela me plaît [ßöla mö plä]
Haben Sie nichts Besseres/Billigeres?	N'avez-vous rien de mieux/moins cher? [nawewu rjä dö mjö/moä schär]
Kann ich das umtauschen?	Je peux l'échanger? [schöpö leschäschē]
Danke, das ist alles	Merci, c'est tout [märßi, ßä tu]
Können Sie das bestellen?	Pouvez-vous le commander? [puwewu lö komādē]
Wann bekommen Sie es?	Quand est-ce que vous l'aurez? [kädäskö wu lorē]
Wieviel kostet das?	Ça coûte combien? [ßa kut kōbjä]
Die Rechnung zahlen	Régler la note [reglē la not]
Nehmen Sie Kreditkarten/Reiseschecks/Euroschecks?	Vous acceptez des cartes de crédit/chèques de voyages/eurochèques? [wusaxäptē dē kartdökredi/schäk dö woajāsch/öroschäk]
Kann ich eine Quittung haben?	Puis-je avoir une quittance? [püischawoar ün kitäß]
Ich nehme es mit	Je l'emporte [schölāport]
Gibt es einen Kundendienst?	Y a-t-il un service clientèle? [jatil õ ßärwiß kliätäl]
Schicken Sie es bitte an . . .	Veuillez l'envoyer à . . ., s'il vous plaît [wöje lāwoajē a . . ., ßilwuplä]